AF537976

Johannes Frank

Eva Braun

Ein Frauenschicksal 1912–1945

ARNDT

Titelseite: Großes Bild: Historische Postkarte des Hauses Wachenfeld am Obersalzberg; kleines Bild: Eva Braun auf dem Berghof (Foto: Walter Frentz).
Rückseite: Eva Braun im Abendkleid.

Bibliographische Information der Deutschen Bibliothek
Die Deutsche Bibliothek verzeichnet diese Publikation in der Deutschen Nationalbibliographie; detaillierte bibliographische Daten sind im Internet über www.dnb.de abrufbar.

ISBN 978-3-88741-283-8

ARNDT-Verlag
D-24035 Kiel, Postfach 3603

Gedruckt in der Europäischen Union

VORWORT

Aus der Flut von Beiträgen und Berichten über Eva Braun ist so gut wie nichts ernst zu nehmen. Manches ist als „authentisch" überliefert, sogar von ihrer Verwandtschaft, und zählt in Wahrheit doch zur Legende. Für Geld schreckten nur wenige davor zurück, das zu erzählen, was man hören wollte. Für ein gutes Honorar ließ sich mancher zur „besseren Einsicht" überreden. Die Produkte der Autoren schillern bunt. Begonnen bei schlichter Unwissenheit, reicht die Skala bis zum bösen Willen. Skandaljournalismus und Profitgier gingen und gehen einher mit den Umerziehungsmethoden der Sieger. Dafür nur ein kleines Beispiel: Trevor Roper, renommierter englischer Historiker, seinerzeit Abwehroffizier und Verhörer, scheute sich nicht, einen „Augenzeugenbericht" von Hanna Reitsch zu erfinden und diese Fälschung mit eklatantem Inhalt in einem „historischen" Bericht zu publizieren. Hanna Reitsch zählte auch nach dem Krieg noch zu den Sportidolen der Jugend. Um wieviel leichter war es dann, über eine Tote herzufallen. Da gab es sensationshaschende Illustriertenschreiber, die über andere Machwerkproduzenten herzogen und dann diese Erfinder noch weit übertrafen. Schlimm freilich wird es erst, wenn Historiker kommen und von solchen skrupellosen Zeilenschindern unbesehen übernehmen, was ihnen ins Konzept paßt und sich dann auf diese Romanschreiber berufen. Vor diesen Ergebnissen steht staunend jeder, der sich mit diesem Thema befaßt. Aber sind unsere Historiker noch Historiker? Mit Schaum vor dem Mund läßt sich so wenig die Wahrheit finden, wie mit Berichten im Witzblatt-Stil. Die wenigsten der Zeitgeschichtsschreiber kommen davon los. Schwarzweißmalerei freilich ist einfach. Aber es gibt nun einmal auf der einen Seite nicht nur Teufel und auf der anderen nicht nur Engel. „Das Gespenstische an der Potsdamer Konferenz", schrieb Rudolf Augstein im Januar 1985 in seinem „Spiegel", „lag darin, daß hier ein Kriegsverbrechergericht von Siegern beschlossen wurde, die nach Maßstäben des späteren Nürnberger Prozesses allesamt hätten hängen müssen."

Ein Zeitgeschichtler, der angibt, sich sachlich um die Tatsachen der jüngsten Vergangenheit zu bemühen, im gleichen Atemzug aber feststellt, daß das schon „viel zuviel Objektivität für diesen Gegenstand" sei, hat seine Aufgabe sicherlich verkannt. Als Moralapostel auftreten ist die eine Aufgabe; nüchtern, besonnen und vorurteilslos forschen, zusammentragen, abwägen, analysieren und urteilen eine andere. Freilich, Moral predigen, wenngleich unmoralisch, ist dankbarer und bequemer. Vom Berufsethos der meisten Historiker nicht erst zu reden. Sie verteufeln, verkriminalisieren die Geschichte ihres Volkes unter dem Beifall jener, die selber noch viel vor ihrer eigenen Haustür zu kehren haben. „Es gibt kein gutmütigeres, aber auch kein leichtgläubigeres Volk als das deutsche", urteilte Napoleon I. „... Untereinander haben sie sich gewürgt, und sie meinen, damit ihre Pflicht zu tun. Törichter ist kein anderes Volk auf der Erde. Keine Lüge kann grob genug ersonnen werden, die Deutschen glauben sie. Um eine Parole, die man ihnen gab, verfolgen sie ihre Landsleute mit größerer Erbitterung als ihre wirklichen Feinde." Ein gutes Jahrhundert später der französische Staatsmann Clemenceau: „Die Deutschen kennen keine Mittellinie. In guten Zeiten verherrlichen sie ihre Ideale bis zur Selbstaufopferung, nach der Niederlage beschmutzen sie ihr eigenes Nest, nur um uns zu gefallen."

Daran hat sich bis heute nichts geändert. Geschichtsforschung, Geschichtsdeutung findet in unseren Landen zunehmend in den Gerichtssälen statt. Es feiern Zeiten fröhliche Urständ, in denen Zensur zum Alltag gehörte. Das verordnete Geschichtsbild der Sieger haftet fest, auch die sich allmählich öffnenden Geheimarchive, die manches korrigieren, können daran nichts ändern. Sie werden ignoriert von Historikern und Politikern zugleich.

Wahrheit ist immer unbequem, besonders in unserer Zeit. Wer sie vertritt, muß gegen den Zeitgeist angehen, wer an die Quelle will, muß gegen den Strom schwimmen. Jede Zeit hat ihren Geist, lebt in ihrem Wahn. Und nur wer mit offenen Augen und hellen Ohren die gegenwärtige Zeit gründlich mustert, kann begreifen, daß dreihundert Jahre lang unschuldige Menschen als Hexen oder Hexenmeister auf dem Scheiterhaufen bei lebendigem Leibe elend verbrennen mußten. Wer sich mutig diesem Wahn der Zeit entgegenstellte, konnte damit rechnen, daß auch er auf dem Scheiterhaufen endete.

Handlungen werden aus der Zeit geboren. Die Zeit mit ihrem Geist wiederum entsteht aus den komplexen Abläufen vergangener Zeit. Alles ist verflochten, verwoben, nichts ist für sich alleinstehend

denkbar. So wird Ursache zur Folge, die Schuld des einen wird zur Schuld des anderen.
Auch ein Mensch steht nicht für sich allein. Das Leben und die Ereignisse um ihn herum beeinflussen ihn mehr, als er wahrnimmt.
„Eva Braun wird die Nachwelt beträchtlich enttäuschen." Das sagte ausgerechnet Albert Speer, der als Überlebender nach der Stunde null mehr als nur enttäuschte. Die amerikanische Nachwelt freilich war enttäuscht. Eine Skandalnudel, egozentrisch und skrupellos, intrigierend, denunzierend, die teilnahm an Sexorgien und rauschenden Festen, schockierende Enthüllungen pikanter und teuflischer Geheimnisse, das alles hatten die Schreiber erwartet. Ein Charakter mit eher edlen Zügen, mit menschlichen Höhen und Tiefen, damit ließ sich kein Dollar machen. Deshalb half man dieser „Folie Hitlerscher Charakterzüge" kräftig nach. Alles, was die Schreiber erwartet hatten und nicht vorfanden, berichteten sie trotzdem. Ihr Leben wurde „verarbeitet" von Sadisten, Pornographen, von fälschenden und verfälschenden „Künstlern". Und alles brachte viel Profit. Denn Profit ist allein das, was zählt in einer auf Skandale, Sensationen und Kampagnen-Journalismus aufgebauten Medien- und Massengesellschaft. Die Wahrheit bekommt da nur einen kleinen, versteckten Platz.
Eine Frauengestalt an der Seite Hitlers bedeutet mehr, als Gelehrte wahrhaben wollen. Von menschlichen Größen, mehr noch von menschlichen Schwächen lebt die Geschichte. Eva Braun war die menschlichste Seite Adolf Hitlers. Durch ihn ist sie zur „Eva Braun" geworden. Ihr starker Wille ließ sie die Jahre an Hitlers Seite überstehen, möglicherweise hätte sie auch die Jahre nach dem Krieg überstanden. Zweifellos aber hat sie sich einer würdelosen Zukunft entzogen. Das ist es, was sie, neben Magda Goebbels, heraushebt aus der übrigen Frauengesellschaft der braunen Prominenz. Sie nahm den siegesberauschten Triumphatoren ihre perverse Schau.
Soll eine Zeit mit komplizierten Verstrickungen nicht verfälscht wirken, kann sie nicht ausschließlich aus heutiger Sicht beurteilt werden. Dem ersten Weltkrieg und seinen Ursachen ist genügend Raum gegeben, da die Folgen ohne diesen Krieg nicht denkbar sind.
Wenn anderswo von Ereignissen berichtet wird, wenn Gespräche zitiert werden und Briefe, die in vorliegenden Zeilen fehlen, dann heißt das nicht, daß ich davon keine Kenntnis hatte, wohl aber zu der Erkenntnis kam, daß es sich um plumpe Fälschungen handelt.

Den Instituten und Archiven sage ich Dank für ihre Hilfe. Dank auch an Lady Diana Mosley, Frau Gertrud Junge und Herrn Kurt Berlinghoff mit Frau. Besonderen Dank aber möchte ich sagen Frau Herta Schneider mit ihrem Gatten, Herrn Oberst a.D. Erwin Schneider. Frau Schneider hat keine Mühe gescheut, mich bei meinem Vorhaben zu unterstützen.

Der Verfasser

UNTER TAGE

Berlin, 25. April 1945. Die Reichskanzlei erbebt im Bomben- und Granathagel. Der Ring der Roten Armee um Berlin ist geschlossen. Die Flugplätze Tempelhof und Gatow liegen im Feuer der russischen Artillerie, somit ist auch die Luftversorgung ausgefallen. Die Reichshauptstadt beginnt zu sterben. Mit ihr beginnt zu sterben das Deutsche Reich, und die Zeit, ja sogar ein Zeitalter, liegt in den letzten Atemzügen.

Tief unter der Reichskanzlei aber, im Führerbunker, im Grab aus Stahl und Beton, herrscht noch keine Grabesruhe. Noch ist ein geschäftiges Kommen und Gehen. Noch immer sind Geist und Sprache des Führers wach und überzeugend. So scheint es wenigstens. Seit 1942, so glaubt man heute zu wissen, sei er nicht mehr im Vollbesitz seiner geistigen Kräfte gewesen. Er selbst hat von einem „schweren Nervenleiden“ gesprochen. Sein außergewöhnliches Gedächtnis läßt ihn auch jetzt noch nicht im Stich. Auch jetzt noch scheint er der „Gigant, der alles überschattet, was um ihn herum“ ist[1)]. Daß er mit Divisionen, mit Armeen operiert, die längst im Inferno des Verzweiflungskampfes verblutet sind, weiß er genau. Aber er weiß keinen anderen Ausweg, als der Realität zu entfliehen, wie er stets in der Partei-Kampfzeit den Realitäten entflohen ist – und damit Erfolg gehabt hat. Daß dieser Krieg nicht zu gewinnen ist, das weiß er bereits seit Dezember 1941, als er die Meldung über örtliche russische Gegenangriffe mit Panzern bekam. „Meine Herren“, hatte er zu Feldmarschall Keitel und Generaloberst Jodl gesagt, „wir haben das große Spiel verloren. Dieser Krieg ist nicht mehr zu gewinnen.“

Zu jener Zeit haben die Soldaten in den weiten verschneiten Ebenen vor Moskau gestanden. Und nun, in dem Betongrab, in seiner letzten Bastion, im großen Chaos, weiß Hitler immer noch zu faszinieren. Sein linker Arm ist von Schüttellähmung befallen, seine Knie zittern, sein Gesicht ist fahl und sein Rücken krumm. Die Last eines sechsjährigen Krieges und auch das Attentat vom 20. Juli des Vorjahres haben mehr Spuren hinterlassen, als man weithin glaubt. Aber ein erprobter Soldat wie der soeben ernannte Generalfeldmarschall Robert Ritter von Greim, in einem abenteuerlichen Flug nach Berlin gelangt und dabei verwundet, von Hitler als Nachfolger Görings zum

Oberbefehlshaber der Luftwaffe ernannt – einer Luftwaffe, die nicht mehr besteht, sei es auch nur aus Spritmangel – ist nach seinem Kummer und nach ein paar Worten mit dem Führer wie umgewandelt. Es wird sich alles zum Guten wenden, telefoniert er seinem sorgenvollen Stabschef General Karl Koller. Und er fühlt sich „hier unten" wie in einem „Jungbrunnen". Das war in Friedenszeiten schon so gewesen. Auch Hjalmar Schacht, der große Zauberer in Wirtschaft und Währung, der kalte Rechner, der nüchterne Denker, war nie ohne „innere Befreiung" von einer Aussprache mit Hitler fortgegangen, nie ohne das „Gefühl der Bedeutung für die eigene Arbeit".

Erst wenn er wieder allein ist in seinen vier Wänden, wenn er nicht „Führer" zu sein braucht, wird offenbar, daß er körperlich am Ende ist, ausgebrannt, verbraucht. „Sein Händedruck war schlaff und weich", so Kapitän zur See Heinz Assmann, seit August 1943 erster Stabsoffizier der Marine im Wehrmachtsführungsstab und stets in der Nähe Hitlers, „alle Bewegungen greisenhaft, nur die Augen hatten bei flackerndem Glanz ihren durchdringenden Blick behalten. Trotz dieses physischen Ruins blieben seine Energie und seine Willenskraft bis zum Schluß ungebrochen und waren für den, der es täglich miterlebte, erstaunlich. In eindringlicher Form predigte er bis zum Schluß seiner Umgebung immer wieder Ausdauer, Härte, Rücksichtslosigkeit und Energie . . . Mit unglaublicher Härte und Entschlossenheit kämpfte er gegen seinen körperlichen Verfall und bäumte sich gegen das unaufhaltsame gegen ihn und sein Volk hereinbrechende Schicksal."

Für Hanna Reitsch, die im „Fieseler-Storch" über die Schulter des verwundeten, ohnmächtigen Greim Steuerknüppel und Gashebel ergriffen und die Maschine trotz unzähliger Treffer und rinnender Tanks sicher vor dem Brandenburger Tor aufgesetzt hat, ist dieses Labyrinth des Unterganges mit der verbrauchten, muffigen Luft sicherlich kein Jungbrunnen. Mit ihrer Fliegerei ist sie längst über die Grenzen Deutschlands hinaus bekannt. In vieler Herren Länder ist sie vor dem Krieg gekommen, hat dort stets Bewunderung erfahren. Ebenso wie Greim ist auch sie von Hitler warm begrüßt worden.

Und dann steht diese kleine, zierliche Frau im Vorraum, von Offizieren und Parteimännern umgeben: „Strahlend und offenbar frei von allen menschlichen Ängsten . . .", berichtet Rittmeister Gerhard

Boldt. „Ich mußte mich bei ihrem Anblick unwillkürlich für mein Geschlecht schämen. Während die meisten hier im Bunker, ob Soldaten oder Parteimänner, mutlosen Gedanken nachhingen, sprühten ihre Augen stählernen Lebenswillen." Sie geht zu den Goebbels-Kindern, erzählt ihnen von ihrer Fliegerei, singt mit ihnen, erzählt ihnen Geschichten und Märchen, die letzten, die sie hören. Am nächsten Tag, da ihr der Führer eine Giftampulle reicht, lächelt sie nur.

Am 26. April ist sie in den Bunker gekommen, am 29. April steigt sie auf der Ost-West-Achse mit dem gehbehinderten Greim[2]) und einem tapferen Piloten wieder auf, begibt sich in ihrer gewohnten Art in die Lüfte, dem Leben entgegen. Zunächst freilich einem würdelosen, deprimierenden Leben, dafür werden die Sieger sorgen und alle, die sich dafür halten. „Gott schütze Sie", hat ihr Hitler beim Abschied gesagt.

Aber da ist noch eine andere Frau im Führerbunker, wohlgestaltet, zart und blond, schön, aber verhärmt. Sie ist nach Berlin gekommen, obwohl der Führer Bormann ausdrücklich verboten hatte, ihr hierbei irgendeine Hilfe zu leisten, und Hitler sie wiederholt telefonisch gebeten hatte, sich auf dem Obersalzberg in Sicherheit zu bringen. Freiwillig hat sie München verlassen, ist sie zu ihm gekommen, gegen seinen Willen. Denn auch sie ersehnt sich die Freiheit. Die Freiheit freilich eines anderen Lebens, eines Lebens, von dem noch niemand berichtet hat. Und nun haust sie, nahezu drei Meter Stahlbeton über dem Kopf und vierzehn Meter Erdreich, – zweifellos der sicherste Platz Berlins – in einem Grab. Viele der Bunkerinsassen hören das erste Mal von ihr. Sie ist nicht hilflos, nicht verzweifelt, wie manch einer der Herren im Bunker. Ihre blühende Jugend, der noch ein langes Leben folgen könnte, will sie opfern. Sterben als unpolitische, namenlose Frau an der Seite des ersten Mannes Deutschlands. Was treibt sie dazu? „Alles Schöne in meinem Leben habe ich Hitler zu verdanken. Und deshalb bleibe ich jetzt bei ihm."

Gewiß, es war schon viel junges Blut geflossen in der sechsjährigen mörderischen Tragödie, und mit Polen hatte am 1. September 1939 die große Ernte des Todes begonnen. Aber war der Samen zu dieser Ernte nicht schon weit früher gesät worden? Hatte nicht das Ende des letzten Krieges den neuen Krieg heraufbeschworen? Da war am 28. Juni 1914 ein Mord geschehen, in die Geschichte eingegangen als der

Mord von Sarajewo. Der österreichische Thronfolger Franz Ferdinand und seine Frau waren jugendlichen Mördern bei einem Besuch in Bosnien zum Opfer gefallen. Die Spur führte in die serbische Hauptstadt Belgrad. Regierungsmitglieder und Militärs waren in das Attentat verstrickt, sogar Petersburg hatte seine Finger im Spiel. Für den serbischen König Peter I. war der Mord an dem Thronfolgerpaar „ein gutes Stück Arbeit" gewesen. Die Reformpläne des Thronfolgers hatten so gar nicht zu den Zielen der serbischen Geheimbündler gepaßt, sie hätten eines Tages nur noch offene Türen einrennen können und dabei alle Anhänger verloren. Österreich stellte ein Ultimatum, aber die serbische Regierung, Rußland im Rücken, ließ die Drahtzieher in ihrem Land in Ruhe und das Datum verstreichen. Das bedeutete Krieg für Österreich.
Am 29. Juli 1914 kam der Präsident der Französischen Republik, Raymond Poincaré, von einem Rußlandbesuch im Hafen von Dünkirchen an. Senator Trystram fragte ihn: „Herr Präsident, glauben Sie, daß man den Krieg abwenden kann?" Poincaré erwiderte: „Dies zu tun, wäre sehr bedauerlich, denn wir werden niemals günstigere Umstände finden!"
Deutschland hatte ein Waffenbündnis mit Österreich – vielleicht ein unseliges Bündnis – und kämpfte an der Seite der Donau-Monarchie nach Ost und West, nach Nord und Süd. Nach der Schuld Rußlands am Ausbruch des ersten Weltkrieges fragten die Historiker bisher nicht[3]).
Nach vier Jahren nutzlosen Ringens bot Deutschland den Frieden. Ein Land, dessen Soldaten in Feindesland kämpften und weite Teile besetzt hielten, bot den Frieden. Die Gegner, Frankreich voran, erkannten die Kriegsmüdigkeit der Deutschen an der Front und in der Heimat. Deshalb forderten sie: bedingungslose Kampfeinstellung, Rückzug aller Truppen aus den besetzten Gebieten, Absetzung des angestammten Herrscherhauses. Mit dem Kaiser wollte auch Amerikas Wilson nicht verhandeln. Hätte man ähnliches von den Engländern verlangt, so bemerkte der britische Historiker Chmier, sogar um einen Narren hätten sie sich geschart. Die deutsche Regierung aber, so spöttelte er, „beschäftigte sich sogleich mit der Schwierigkeit, sich selbst das Haupt abzuschlagen".
Und die Deutschen holten ihre Soldaten nach Hause, schickten ihren Kaiser Wilhelm II. außer Landes und riefen die Republik aus. Jetzt

aber geschah das Unfaßbare: Deutschland wurde entgegen allen Abmachungen von den Friedensverhandlungen ausgeschlossen! Unter der Federführung des alten, verbissen und infantil rachsüchtigen französischen Ministerpräsidenten Clemenceau schneiden sich „Sieger" und die, die sich dafür halten, vom deutschen und vom österreichischen Kuchen, was ihnen schmeckt. Die Friedenskonferenz von Paris beginnt am 18. Januar 1919, dem Tag, an dem achtundvierzig Jahre zuvor in Versailles die Deutschen das Deutsche Reich proklamiert haben. Als Ort der Unterzeichnung bestimmten die Sieger den Spiegelsaal von Versailles, wo die Proklamation stattgefunden hatte. Der Tag der Unterzeichnung ist der 28. Juni 1919. An diesem Tag vor fünf Jahren ist das österreichische Thronfolgerpaar unter den Kugeln jugendlicher wirrköpfiger Mörder zusammengebrochen. So kleinmütig kann sich nur ein Sieger verhalten, der nur zufällig und innerlich beschämt zu den Siegern zählt.
Hier setzte der alte achtundsiebzigjährige Clemenceau – er hatte als Patriot sicher noch unter den getäuschten Hoffnungen von 1870/71 zu leiden – seinem Frankreich ein unrühmliches Denkmal. Ein Denkmal, das in seiner Niedertracht erst in späterer Zeit von der Welt und der Geschichte erkannt werden wird. „Irgendeine Nation", schrieb dazu Lord Bruckmaster, „so böse und abscheulich sie auch sein mag, auf der Grundlage bestimmter Bedingungen zur Waffenniederlegung zu veranlassen und dann, wenn sie wehrlos ist, ihr andere Bedingungen aufzuerlegen, ist ein Akt von Ehrlosigkeit, der nie ausgetilgt werden kann."[4])
War sich Clemenceau, den sie „Tiger" nannten, wirklich im klaren, wer 1870 den Krieg erklärt hatte? Wußte er vom Aachener Kongress 1818 – noch war über die Gräber des Napoleonischen Friedhofes in Europa kein Gras gewachsen – und der vornehmen Behandlung Frankreichs durch die Siegermächte, allen voran Deutschland? Der Krieg von 1870 war von Frankreich begonnen worden. Die Niederlage hatte die Franzosen fünf Milliarden Franken gekostet. Binnen Jahresfrist hatten die Verlierer die Summe auf den Tisch gelegt. Elsaß-Lothringen war wieder an Deutschland gekommen, das man dem Reich während seiner Zeit der Schwäche und Ohnmacht geraubt hatte. Da war nichts von Wirtschaftssanktionen, nichts von Unterdrückung irgendeiner französischen Konkurrenz. Schon nach wenigen Jahren sogar hatte sich der westliche Nachbar wieder stark

gefühlt, und von Vergeltung war allemal die Rede gewesen. So war es geblieben bis 1914. Und nun war endlich der Tag der Rache gekommen. Es gebe ohnehin zwanzig Millionen Deutsche zuviel, so sagte Clemenceau, als sich Österreich, dem Wunsch der Nationalversammlung in Wien entsprechend, Deutschland anschließen wollte.
Der amerikanische Präsident Wilson, dessen Vorstellungen über den Frieden mit seinen vierzehn Punkten übersehen wurden, kam nach Europa. Professor für Staatswissenschaften, Amateurtheologe, Sohn eines Predigers, sah er sich als Apostel aus „God's own country". Aber was nützt ein Apostel aus Gottes eigenem Land ohne Profil, ohne Missionierungsdrang, ohne Durchsetzungsvermögen? Er war den Ränken und Intrigen eines Clemenceau nicht gewachsen. Dieser Mann, der sich der Geschichte seines Landes selbst nicht rühmen konnte – die Fundamente der USA ruhen auf 14 Millionen Indianerleichen –, dessen Wissen von der europäischen Völkerordnung und deren Sprachgebiete ungetrübt war, ließ alles geschehen. Am Ende fand er die Vertragsbedingungen sogar gut, fügte aber hinzu, als Deutscher hätte er niemals unterschrieben.
Wie zuversichtlich war die Berliner SPD gewesen, als sie die heimkehrenden Soldaten mit einem Transparent begrüßt hatte: „Seid willkommen, tapfere Streiter, Gott und Wilson helfen weiter."
„Präsident Wilson hat nicht darauf bestanden", schrieb der spätere britische Schatzkanzler Philip Snowdon im Mai 1919, „daß auch nur eine einzige der Friedensbedingungen, die er aufstellte, gehalten wurde . . . Hätte er Amerika nicht in den Krieg gebracht, so wäre wahrscheinlich ein anständiger Friede zustande gekommen. Sein Eingreifen hat die europäische Lage außerordentlich verschärft und brodelnde Eifersucht, Haß, bösen Willen und die Gewißheit zurückgelassen, daß ein Menschenalter von Krieg und Blutvergießen vor uns liegt."[5]) Daß Wilson Amerika in den Krieg gebracht hatte, weil das amerikanische Kapital um die Rückzahlung der Anleihen an England und Frankreich fürchtete – die in der Tat bei einem deutschen Sieg ausgeblieben wäre –, das hatte Snowdon nicht geschrieben.
Deutschland, von vier Jahren Krieg heruntergewirtschaftet, hatte jetzt noch dazu 132 Milliarden Goldmark Kriegsschulden bei den Gegnern – 1921 waren es schon 226 Milliarden –, keine Kolonien mehr, ein Achtel seiner Fläche eingebüßt und ein Zehntel seiner Bevölkerung. Fünfzig Milliarden Mark Forderungen im Ausland

waren von den Siegern gestrichen. Es fehlten sechzehn Prozent Kohle, achtundvierzig Prozent Eisenerz und zwanzig Prozent Stahlerzeugung. Das linke Rheinufer mußte geräumt, die Kriegsflotte ausgeliefert werden. Das 100000-Mann-Heer, von den Siegern zugestanden, durfte sich im eigenen Land nur beschränkt aufhalten, die Grenzen waren streng abgesteckt. Die Hochseeflotte wurde interniert und die Blockade aufrechterhalten. Nebenbei nahmen sich die Sieger noch fünftausend Lokomotiven und hundertfünfzigtausend Waggons. Von den anderen Drangsalen nicht zu reden.[6])
Sollte Deutschland die Reparationsverpflichtungen nicht erfüllen, waren Gewaltmaßnahmen, „Sanktionen", vorgesehen.
Die Franzosen drohten mit der Besetzung Deutschlands – die Soldaten griffen schon nach den Gewehren –, und die deutsche Regierung unterschrieb. So hatte Frankreich mit seinen Helfern von der Entente „Sieger" und „Besiegte" geschaffen, ehe das die Mittelmächte recht begriffen hatten. Das Motto Clemenceaus: „Der Boche bezahlt alles!" So hatte das Versailler Diktat – von Vertrag konnte keine Rede sein – das Podest Hitlers geschaffen, ja, war ein Hitler geradezu notwendig geworden. „Die Geburtsstätte der nationalsozialistischen Bewegung", so Theodor Heuss 1932, „ist nicht München, sondern Versailles!" „Als Deutschland besiegt war", schrieb Lenin in „Über Krieg, Armee und Militärwissenschaft", „da schrie der Völkerbund, der Bund der Nationen, die gegen Deutschland gekämpft hatten, das sei ein Befreiungskrieg, ein demokratischer Krieg gewesen. Deutschland wurde ein Frieden aufgezwungen, aber das war ein Frieden von Wucherern und Würgern, ein Frieden von Schlächtern, denn Deutschland und Österreich wurden ausgeplündert und zerstückelt. Man nahm ihm alle Existenzmittel, ließ die Kinder hungern und des Hungers sterben. Das ist ein ungeheuerlicher Raubfrieden . . . , der Millionen und aber Millionen Menschen, darunter die zivilisiertesten, zu Sklaven macht . . . Bedingungen, die einem wehrlosen Opfer von Räubern mit dem Messer in der Hand diktiert worden sind."
Von den abgetrennten deutschen Gebieten war Posen, ein großer Teil Westpreußens, kleine Teile Ostpreußens, Pommerns, Brandenburgs und Schlesiens an Polen gekommen. Es war der „Korridor" entstanden. Danzig, zur freien Stadt erklärt, und Ostpreußen waren abgeschnitten, hatten keine Landverbindung mehr mit dem

Deutschen Reich. War es Absicht? Wollte die Entente, wie nach der Stunde Null im Jahre 1945 Stalin, ein dauernd gärendes Problem zwischen Deutschland und Polen schaffen? „Was hätte Frankreich gesagt", schrieb der französische Schriftsteller Viktor Margueritte im Jahre 1931, „wenn Deutschland ihm 1871 mit eiserner Hand einen solchen Zustand aufgezwungen hätte? Und was würde es sagen, wenn es ihn heute ertragen müßte? . . . Der Frieden von 1919 war nicht allein dumm in seinen Bedingungen, die Lloyd George selbst als schrecklich bezeichnet hat. Er war – man darf nicht müde werden, es zu wiederholen – ein gigantischer Vertrauensmißbrauch, das schamloseste Vergehen gegen die Ehre, die in der modernen Geschichte Staatsmänner, zweimal wortbrüchig, begangen haben . . . Dieser durch wilde Leidenschaft und Begier diktierte Frieden, der das unglückliche Europa an den Rand des Ruins und des Hungers führen wird . . ."[7])

Derselbe englische Staatsmann Lloyd George, wie ihn Margueritte zitiert, beileibe kein Deutschenfreund, tat 1919 in einer Denkschrift kund: „Der Vorschlag, daß wir 2,1 Millionen Deutsche der Autorität eines Volkes unterstellen sollen, das abweichender Konfession ist und im Laufe seiner Geschichte niemals gezeigt hat, daß es sich selbst zu regieren versteht, dieser Vorschlag würde uns früher oder später zu einem neuen Kriege im Osten Europas führen." In der Tat trugen die Polen keinen Heiligenschein. In Warschau waren in den Krisentagen von 1939 Demonstrationen mit Sprechchören „Auf nach Berlin" nicht selten. Am 10. August 1939 schrieb der „Kuryer Polski": „Immer allgemeiner ist jetzt die Auffassung, daß ‚Karthago' zerstört werden muß. Mit raschen Schritten nähert sich der Augenblick, in dem die Auffassung über die Notwendigkeit der Beseitigung des Pestherdes im Zentrum Europas Allgemeingut wird. Dann wird von Deutschland nur ein Trümmerhaufen übrigbleiben." Es gibt heute Historiker, die nachweisen, daß Hitler der Krieg aufgezwungen wurde.[8]) Außenminister Oberst Beck träumte von einem „Groß-Polen". An diesem Ziel hatten die Polen seit der Neugründung ihres Staates im ersten Weltkrieg keinen Zweifel gelassen. 1920 hatten polnische Aufständische Oberschlesien gewaltsam besetzt. Die Alliierten hatten das Ergebnis der oberschlesischen Volksabstimmung vom 20. März 1921 ignoriert und den kleineren, aber wirtschaftlicheren Teil Polen zugesprochen. Ostgalizien hatten sie sich 1923 einverleibt – wenngleich ein Jahr zuvor die Autonomie versprochen – und die dort lebenden Ukrainer ausgewiesen. Einige tausend Litauer mußten nach 1920 das Wilna-Gebiet, ihre Heimat, verlassen. Zwischen 1920 und 1926 wurden 600000 Deutsche aus Posen und Westpreußen vertrieben. Im Jahre 1938 besetzten polnische Soldaten das Olsa-Gebiet und jagten mehrere tausend Tschechen aus ihrer Heimat, von Haus und Hof. Im März und nochmals im November 1933 versuchte die polnische Regierung, Frankreich für einen gemeinsamen Krieg gegen Deutschland zu gewinnen. Als am 7. März 1936 deutsche Soldaten in das entmilitarisierte Rheinland einzogen, erhielt der französische Botschafter in Warschau, Leôn Noel, ein Schreiben Außenminister Becks: Polen sei bereit, so hieß es da, Deutschland im Osten sofort anzugreifen, wenn Frankreich sich bereit erkläre, in Westdeutschland einzumarschieren. Am 26. Januar 1934 aber war ein Nichtangriffspakt zwischen Deutschland und Polen abgeschlossen worden.

Das alles hatte nichts mehr mit der vielgelästerten „polnischen Wirtschaft" zu tun. Das war Expansionsdrang mit allen Konsequenzen. Eine Postkarte kursierte in Polen, darauf waren graphisch dargestellt „Die historischen Grenzen Polens" und „Die heutigen Grenzen Polens". Sicherheitshalber auch in den Sprachen der Garantiemächte, Französisch und Englisch. Überschrieben war die Karte mit einem Satz des polnischen Schriftstellers Adam Mickiewicz: „Und jeder von euch hat in seiner Seele ein Korn der künftigen Rechte und der künftigen Grenzen."

Diese Grenzen sahen Breslau polnisch, führten knapp an Berlin vorbei, nahmen Böhmen und Mähren ein, selbstverständlich auch Ostpreußen und sogar einen Teil Rußlands.[9]) Und nun sollte, in diesem Wahn, dem Deutschen Reich eine exterritoriale Eisenbahn durch den Korridor nach Danzig zugestanden werden? Die polnische Zeitung „Dziennik Poznanski" vom 26. Juni 1939 brachte gar eine Karte, auf der Polen bis Nürnberg und Bremen reichte. „Jeder Ausländer", schrieb der flämische Schriftsteller Ward Herrmanns am 3. August 1939, „der in Polen die neuen Karten betrachtet . . . muß denken, daß Polen eine riesige Irrenanstalt geworden ist."[10])

Daß diese irre Euphorie der polnischen Nationalisten schon weit früher begonnen hatte, davon gibt die polnische Zeitschrift „Przeglad Wzechpolski" vom 1. Februar 1898, erschienen in Lemberg, beredtes

Zeugnis: „Wer hätte vor 60 Jahren", so hieß es da, „(nach der blutigen Niederschlagung des polnischen Aufstandes gegen die russische Zwangsherrschaft im Jahre 1830) die nationale Bewegung unter den Masuren, das üppige Anwachsen des polnischen Bewußtseins des Volkes in Polen und Westpreußen, das reichliche Hineinfluten unseres Auswandererstroms nach Deutschland voraussehen können? ... Ohne Zweifel ist heute der freie Weg von Königsberg nach Breslau über Posen für den preußischen Staat unentbehrlich ... Aber es ist kein allzu kühner Traum, daß in weiteren 60 Jahren die Sicherung dieses Weges sich schon als beinahe unmöglich erweisen wird, sobald unsere nationale Bewegung sowohl Königsberg als auch Breslau mit ihren Flügeln umspannt haben wird. Durch Zugeständnisse ans Polentum kann sich die preußische Regierung den Besitz der Ostprovinzen nicht sichern; auch durch Gewinnung der Ostbevölkerung würde sie das natürliche Streben unserer Nationalpolitik nicht aufhalten, nämlich die Vereinigung aller früher polnischen Landesteile. Der Verlust dieser Gebiete würde ein Todesstoß für die Macht Deutschlands sein. Wir müssen nicht nur mit Preußen, sondern mit ganz Deutschland einen Kampf auf Leben und Tod führen! Armselig wäre das künftige Polen nicht nur ohne Posen, sondern auch ohne Schlesien, ohne Zutritt zum Meer, also ohne Danzig und Königsberg."

Am 26. März 1939 lehnte Polen den deutschen Vorschlag ab, Danzig an das Reich zurückzugeben, eine exterritoriale Auto- und Eisenbahn durch den Korridor zu gewähren und eine langfristige Garantie der deutsch-polnischen Grenzen zu akzeptieren. Offen war im polnischen Lager die Rede von einem „allgemeinen Krieg", einem Weltkrieg also, und die Siegeszuversicht so groß, daß der polnische Oberkommandierende, Marschall Rydz-Smigly, bereits im Sommer 1939 ein Gemälde in Auftrag gab, das ihn hoch zu Roß in voller Gala-Uniform unter dem Brandenburger Tor zu Berlin zeigt. „Polen will den Krieg", sagte er, „und Deutschland wird ihn nicht verhindern können, selbst wenn es wollte."

Erst vierzig Jahre nach Kriegsausbruch gab das englische Außenministerium Dokumente frei, Berichte von zwei englischen Diplomaten, William Strang und Gladwyn Jebb. Sie reisten durch Polen, nachdem England und Frankreich Waffenhilfe zugesagt hatten und wunderten sich darüber, daß sich die Polen seit der Garantie „schrecklich anmaßend" zeigten. „Der geistig hochgebildete Leiter der Wirtschaftsabteilung im Außenministerium", so berichteten die beiden nach London, „Herr Wezelaki . . . ging tatsächlich so weit zu sagen, daß er im Falle eines Kriegsausbruchs fürchte, ein furchtbares Massaker unter den Volksdeutschen könnte schwer zu verhindern sein."

Weshalb „anmaßend" und keine Verhandlungsbereitschaft der Polen? Weshalb, so hatten sich die beiden englischen Diplomaten gewundert, der Begriff „allgemeiner Krieg"? Auch das kam erst vierzig Jahre nach dem Kriegsbeginn an das Tageslicht: „Sollte der Krieg ausbrechen", hatte der amerikanische Diplomat William C. Bullit dem polnischen Missionschef in Paris, Graf Juliusz Lukasiewicz, versichert, „werden wir zwar nicht gleich von Beginn an daran teilnehmen, aber wir werden ihn beenden." So jedenfalls erfuhr es die polnische Regierung in einem Geheimbericht vom 5. Februar 1939.

„. . . nicht gleich von Beginn an teilnehmen . . ." – dieser Satz barg zweierlei: Mochten sich die Völker Europas erst einmal gegenseitig abschlachten, ehe Amerika eingriff. Zum zweiten mußte Amerikas Präsident Roosevelt, der „kranke Mann", zuerst mit einer problematischen Frage fertig werden: „Wie bringe ich Amerika in den Krieg, ohne meine Wähler zu verprellen?" Seine Devise im Wahljahr 1936 war „strikte Neutralität" gewesen. Wenig später, in der „Quarantäne-Rede" am 5. Oktober 1937, sprach er schon anders. Ein amerikanischer Historiker nannte diese Rede „eine ideologische Kriegserklärung gegen die Achsenmächte". Und die „New York Herald Tribune" dazu: „Vermutlich werden wir bald wissen, was der Präsident beabsichtigt. Man kann nur hoffen, daß sich zur gleichen Zeit die Öffentlichkeit über die ganze Bedeutung des Kurses klar werden wird, den einzuschlagen seine ruhelose Natur ihn nun treiben mag." Das war zwei Jahre vor Kriegsausbruch und vier Jahre vor dem amerikanischen Kriegseintritt. Aber schon 1934 hatte dieser Mann – er war zwölf Jahre Präsident – Kriegspläne gegen Deutschland geschmiedet. Sein Deutschenhaß war noch älteren Ursprungs. Der deutsche Reichskanzler aber durchschaute die Rolle Roosevelts nicht, hofierte Amerika, fühlte sich stark, dachte vor allem an einen kurzen, begrenzten Krieg, indessen sein und der Deutschen Untergang längst beschlossen war. „Ich müßte ein Idiot sein", äußerte Hitler im

Die unablässigen Nachforschungen nach den in den ersten Septembertagen Verhafteten und Verschleppten haben uns die Gewißheit gebracht, daß außer den von uns bereits gemeldeten Opfern auch die nachstehend genannten Geistlichen unserer evangelischen Kirche von polnischer Mörderhand umgebracht sind:

Pfarrer Oskar Reder

in Mogilno, im 63. Lebens- und 36. Amtsjahre, Anfang September bei Chodecz erschossen,

Pfarrer lic. theol. Ernst Kienitz

in Czempin, Dozent an der Theologischen Hochschule in Posen, im 44. Lebens- und 17. Amtsjahre, Anfang September bei Turek ermordet,

Pfarrer Heinz Werner

in Exin, im 34. Lebens- und 10. Amtsjahre, in der Nacht vom 4. zum 5. September in Hohensalza ermordet,

Pfarrer Wilhelm Borgmann

in Neustadt b./Pinne, im 30. Lebens- und 3. Amtsjahre am 4. September bei Kostschin erschossen,

Vikar Max Riecke

in Schmiegel, im 25. Lebensjahre, am 8. September bei Turek ermordet.

Das Andenken dieser Männer wird für immer in unseren Herzen bleiben.

„Sei getreu bis in den Tod, so will ich dir die Krone des Lebens geben." Offbg. 2, 10.

Posen, den 11. November 1939. 6890

Das Evangelische Konsistorium und der Synodalvorstand der Unierten Evangelischen Kirche

D. Blau — Generalsuperintendent

Birschel — Präses der Synode

engsten Kreis, „wenn ich wegen dieser lausigen Korridorfrage in einen Weltkrieg hineinschlittern wollte wie die unfähigen Menschen im Jahr 1914." Vorurteilslose Experten sind sich heute darüber einig: Der wirtschaftliche und politische Interessenkonflikt zwischen dem Dritten Reich und den USA war eine der wesentlichen Ursachen des Zweiten Weltkrieges. Ähnlich äußerte sich auch Chamberlain, der die „Weltfinanz" dafür verantwortlich machte. So gesehen war Adolf Hitler der Tolpatsch, der sich in den Krieg locken ließ und ihn obendrein noch selber für jene vom Zaune brach, die klammheimlich darauf gewartet hatten.

Als am 23. August 1939 der deutsche Außenminister Ribbentrop in den Kreml zu Stalin kam, um einen Nichtangriffspakt mit der Sowjetunion zu schließen, sah darin der polnische Botschafter in Moskau nur die „verzweifelte Lage", in der sich das Reich befinde. Dafür aber strahlte der polnische Rundfunk deutschsprachige Hetzparolen aus, wie sie einem friedliebenden Staat, einer kompromißbereiten Regierung fremd sind. Vor Jahren schon hatte Botschafter Lipski als Ergebnis einer deutschen Militärparade nach Warschau berichtet: Die deutschen Panzer seien für die Parade aus Pappe gefertigt, allein zu dem Zweck, den ausländischen Botschaftern Kampfstärke vorzugaukeln. Deshalb fiel es ihm auch nicht schwer, den britischen Botschafter Henderson in Berlin anzuschreien: „Ich denke nicht daran, für den Frieden zu sprechen. Wenn Krieg kommt, ist in Deutschland in drei Tagen Revolution und Polen kann einmarschieren."[11])

Die gleichen Töne kamen aus Frankreich. „Am Tage unserer Kriegserklärung an Deutschland", so sagte der französische Generalstabschef Gamelin 1939 dem Historiker Benoist-Méchin, „wird Hitler gestürzt! In Berlin werden Unruhen ausbrechen. Statt die Reichsgrenzen zu verteidigen, wird die deutsche Armee in die Hauptstadt zurückfluten, um dort die Ordnung wiederherzustellen. Die in der Westfestung stationierten Truppen werden wenig Widerstand leisten. Dann werden wir in Deutschland eindringen, wie ein Messer Butter schneidet."[12]) Das war allen Ernstes die Strategie des Generalstabschefs einer „traditionsreichen Militärnation".

Wunschdenken hatte auch den Polen alle Realitäten verdrängt, auch noch, als am 1. September 1939 frühmorgens die deutschen Truppen die polnische Grenze überschritten hatten. Wie sonst wäre es zu einem „Blutsonntag von Bromberg“ gekommen, da deutsche Frauen und Männer wahllos zusammengetrieben und in einem Massaker niedergemetzelt wurden? Und während in Westpreußen der polnische Mob deutsche Priester in ihren Kirchen hängte[13]), erklärten Großbritannien, Australien, Indien, Neuseeland und Frankreich an Deutschland den Krieg. Strategie und Ziel der Alliierten werden klar bei der Frage: Weshalb war England nicht schon 1920 Polen zu Hilfe geeilt, da es im Krieg gegen Sowjetrußland vorübergehend in eine bedrohliche Lage geraten war? Warum erklärte England 1939 nicht auch Rußland den Krieg, da es doch ebenfalls in Polen einmarschierte? War es den „Garantiemächten“ wirklich um Polen zu tun? Oder war dieser Streitfall den „Garantiemächten“ ein willkommener Anlaß, um die sich ankündigende Großmacht Deutschland und ihr Wirtschaftspotential mit allen Kräften niederzuhalten? Hatten sie diesen Streitfall gar mit Biedermannsmiene und Engelsgesicht provoziert? „Mit der persönlichen Frömmigkeit fast eines Thomas von Kempen“, so der amerikanische Professor Harry E. Barnes 1962, „plante und entfesselte Lord Halifax bewußt den grausamsten und verheerendsten Krieg der Geschichte.“ Am 3. September 1939 erklärte W. Churchill im englischen Rundfunk seinem Volk: „Dieser Krieg ist ein englischer Krieg und sein Ziel ist die Vernichtung Deutschlands.“

Unverhohlen ging von skandinavischen Regierungskreisen eine Nachricht an den englischen Kriegspremier Churchill: Ein nationalsozialistisches Deutschland sei ihnen lieber als ein kommunistisches Europa.

Tausend erfolglose Verhandlungen sind erfolgreicher als ein erfolgreicher Krieg. Und Hitler, der in einer kriegerischen Lösung des Konfliktes die beste sah, wollte keine Verhandlung mehr; so wird es seit Kriegsende berichtet. Wollte er wirklich nicht mehr verhandeln? Schon einmal hatte er am 26. August seine Divisionen in Marsch gesetzt und noch in letzter Minute – es hatte von neuem den Anschein von Verhandlungsmöglichkeiten gegeben – wieder aufgehalten. Auf das letzte Verhandlungsangebot, bei dem auch England eingeschaltet war, hatte Polen mit der Mobilmachung geantwortet. Darauf war Hitler so erbost, daß er nur noch „Angst“ hatte, „irgendein Schweinehund“ könne in letzter Minute seine Lösung mit Vermittlungsplänen durchkreuzen. Er wußte, daß Polen und

England provozierten und ließ sich trotzdem provozieren. Mehr und mehr erhalten wir durch die Öffnungen der Geheimarchive in England und Amerika dafür die Bestätigung. Auch die „Garantiemächte" waren an einer friedlichen Lösung nicht interessiert und führten nur Scheinverhandlungen, um am Ende besser dazustehen. Schließlich aber war es Stalin, der Hitler mit dem Nichtangriffspakt – und einer Geheimklausel über die Aufteilung Polens – in Marschrichtung Polen grünes Licht gegeben hatte. Da aber auch die Herren in Warschau rein gar nichts vom Frieden gehalten hatten, waren auch hier wieder aus Gegensätzen Feindschaften geworden und in Europa die Lichter ausgegangen.

„Sagt mir doch", wollte im Jahre 500 Burgunderkönig Gundobad von Bischof Aritus wissen, „ob die Zeiten schon gekommen sind, von denen geschrieben steht: Dann werden sie ihre Schwerter umschmieden in Pflugscharen und ihre Lanzen in Sensen. Dann wird kein Stamm das Schwert erheben wider den andern, sondern sie werden vom Kriege abstehen."

Schon um 500 hatte dieser König, der gut gerüstet war und sich im Kampf zu behaupten wußte, am Krieg als politisches Mittel gezweifelt. Niemals aber konnten sich die Menschen dieses „Schiffbruchs aller guten Dinge"[14]) entledigen. Keiner der kriegsbeteiligten Regierungen war es in den Sinn gekommen, dieses mörderische Blutvergießen, Jahr für Jahr, auf normalem Wege zu beenden, keiner wollte zum Wohltäter der Menschen werden, als das „Menschenalter des Blutvergießens" seinen Anfang nahm. Und nun war Eva bei „ihm", tief unter der Erde. Hatte sie wirklich schon alles Schöne im Leben gelebt? Durfte sie um der vergangenen Jahre und des Dankes Willen ihr junges, dreiunddreißig Lenze zählendes Leben opfern? Nur wenn das Leben gelebt, ist der Tod die Befreiung. Wieviel verlachte Tage aber hatte sie bezahlt mit verweinten Nächten?

KINDHEIT UND JUGEND

Es war kein besonders turbulentes Jahr, das Jahr 1912, wenngleich bulgarische, serbische, montenegrinische und griechische Soldaten gegen die Türkei zogen. Da nützte auch der Internationale Sozialisten-Kongreß in Basel mit seinem Manifest gegen den Krieg recht wenig. In diesen Balkanregionen war die Unruhe in jenen Jahrzehnten ohnehin chronisch.

Deutschland erneuerte den Dreibund mit Österreich und Italien, und mit England versuchte der Deutsche Kaiser über die Seestreitkräfte ins reine zu kommen. Es war die vierzigjährige Friedensära Bismarckscher Prägung.

Im Reichstag waren die deutschen Sozialdemokraten mit 110 Sitzen zur stärksten Fraktion geworden, aber auch die Zentrumspartei hatte wieder jene Geltung erlangt, die sie 1907 eingebüßt hatte. Die Firma Krupp feierte ihr hundertjähriges Jubiläum. Der deutsche Archäologe Ludwig Borchardt grub die Büste der ägyptischen Königin Nofretete aus. Die Franzosen hielten in diesem Jahr alle Rekorde der Luftfahrt. Zur „Internationalen Luftfahrtausstellung" 1909 in Frankfurt hatte es in einem Pressebericht geheißen: „Das deutsche Volk ist zum Fliegen nun einmal nicht geboren! Die wendigen Franzosen sind uns von Natur aus in dieser Kunst überlegen." 1914 werden Dauerflug, Höhenflug und Streckenflug in deutschen Händen sein, allein der Geschwindigkeitsflug wird bei den Franzosen bleiben. Und es war im Jahr 1912, da Homer Lea, amerikanischer Wissenschaftler chinesischer Herkunft, von den künftigen Niederlagen Japans und Deutschlands schrieb, die dem Aufstieg Rußlands zur Weltherrschaft vorausgehen würden!

Ein Ereignis freilich ließ die Menschen der zivilisierten Welt aufhorchen: der dramatische Untergang des Luxus-Schnelldampfers Titanic. Fahrlässig hatte der Kapitän das „unsinkbare" Riesenschiff auf seiner ersten Fahrt nachts gegen einen Eisberg laufen lassen. 1517 Menschen starben am 14. April 1912 in den eisigen Fluten des Nord-Atlantik einen elenden Tod.

Noch kaum jemand nahm ernst, daß die russischen Bolschewisten dem Internationalen Sozialisten-Kongreß in Wien fernblieben, was eine endgültige Trennung von den Menschewisten bedeutete. Und es war auch in jenen Monaten, da Wladimir Iljitsch Uljanow, seit 1901 Deckname Lenin, erstmals Jossif Wissarionowitsch Dschugaschwili näher kennenlernte. Er selbst nannte sich Stalin, „der Stählerne". Es war jener Stalin, der dem neuen kleinen Erdenbürger auf unglaublichen Umwegen zum Schicksal werden sollte, der am 6. Februar 1912 in München zur Welt kam. In der Isabella-Straße 45, „vormittags um zwölfeinhalb Uhr". So jedenfalls steht es in der Geburtsurkunde der Eva Anna Paula Braun. Auf gut deutsch hieß das schlicht und einfach: frühmorgens um halbeins. Freudig hielt Vater Fritz Braun sein Töchterchen im Arm – und war doch nicht ganz glücklich. Er hatte einen Sohn erwartet, denn Baby Eva hatte bereits ein dreijähriges Schwesterchen, Ilse. Die junge Mutter, Franziska Katharina, geborene Kranburger, besaß nur Schwestern – was den Gewerbelehrer Friedrich Wilhelm Otto nachdenklich werden ließ – und war am 12. Dezember 1885 in Geiselhöring zur Welt gekommen. Als junges Mädchen war sie von ihrem Vater, dem Tierarzt, nach München geschickt worden. Und da es dem Tierarzt an Töchtern nicht mangelte – es waren vier – und er auch ein sparsamer Familienvater war, sollte „Fanny" in München bei ihren Schwestern wohnen und in einem Modeatelier ihre Kleider selbst nähen lernen. Denn schon zu allen Zeiten zogen Töchter gerne schöne Kleider an.

„Ich war gerade fünfzehn Tage dort", erzählte Franziska Braun viele Jahre später, „und meine drei Schwestern hatten vorgeschlagen, mit mir meinen achtzehnten Geburtstag im Café Peterhof, gegenüber dem Rathaus, zu feiern. Ein junger Mann holte mich zum Tanz. Wir redeten ein paar Worte miteinander – o Wunder, er war auch Skiläufer – und dann lud er mich für Sonntag zu einem Ausflug ein."

Skisport, eine Gemeinsamkeit, die in jenen Jahren nicht alltäglich war, dazu ein höflicher, strammer junger Mann von vierundzwanzig Jahren in gesicherter Beamtenlaufbahn! Warum sollte das nicht das Herz eines jungen Mädchens von achtzehn Jahren höher schlagen lassen? Und sie war nicht nur hübsch, sie schwamm auch wie eine Wasserratte, wird zwei Jahre später, im Jahre 1905, eine Skimeisterschaft gewinnen!

Eine Woche nach dem Sonntagsausflug kam Fannys Vater mit aufgesetzter Miene nach München und hielt einen Brief in den Händen: „Ein gewisser Herr Braun hat geschrieben, daß er mich um die Hand meiner Tochter bittet. Was soll das heißen?" Ja, was sollte das heißen?

Was konnte die Tochter ihrem Vater antworten? Sollte sie reden von Wünschen und Hoffnungen auf die große Liebe und davon, daß das Ja-Wort allein noch keine Ehe bringt? Vielleicht wußte sie schon in jungen Jahren, daß die Seele eines Lebenskameraden ein ungeheueres Vermögen, aber auch den Abgrund bergen kann; daß Seligkeit, Glück und Lebensfreude warten – oder die Hölle. Aber das wußte der erfahrene Vater alles selber. Niemand konnte eine Ehe voraussagen, in der es „keinen einzigen Schatten" gab und „nicht einmal einen richtigen Streit". Schließlich ist jeder Lebensbund der Schritt ins eigene Dunkel. In jenen Jahren freilich war „Heirat" für ein junges Mädchen immer noch ein Zauberwort, das den Schleier einer geheimnisvollen Welt lüften konnte, von Freiheit träumen ließ und den Anspruch erhob, mit „Gnädige Frau" angesprochen zu werden. Das war es wohl, was Franziska in diesen Augenblicken durch ihr hübsches Köpfchen ging. Das am allerwenigsten konnte sie ihrem Vater antworten.

Überrascht und verlegen sahen sich die Schwestern an. Vater Kranburger unterbrach das unsichere Schweigen und sagte ruhig: „Ich bin einverstanden, und du, Fanny?"

Das war keine Frage, nein, das war ein Wunsch, eine Anordnung, „denn mein Vater duldete keinen Widerspruch".

Die Tochter aber mußte auf der Stelle mit nach Hause, „wegen der Schicklichkeit". Und so kam Fritz jeden Sonntag mit dem Zug nach Geiselhöring, „um mir den Hof zu machen".

Am 27. Juli 1908 war Hochzeit gewesen. Die Braut hatte das Hochzeitskleid ihrer Großmutter getragen, und auch Eva sollte es dereinst tragen.[15]) Noch aber wußte niemand von dieser Eva. Noch war Fritz Braun fleißig dabei, die Existenz der zweiten Tochter seiner Verwandtschaft kundzutun. Er selbst war in Stuttgart geboren, am 17. September 1879. Württemberg ist das klassische Land der Brauns. Aber außer nach Stuttgart gingen die Geburtsanzeigen nach Tübingen, nach Schwäbisch Hall, nach Schlesien und ins Elsaß. In „Bonsels bayerischer Biographie" sind nicht weniger als dreizehn Persönlichkeiten zu finden mit dem Namen Braun.

Fritz Braun war evangelisch-lutherischer Konfession. Bei seiner Heirat hatte er versprochen, seine Kinder im katholischen Glauben erziehen zu lassen. Das war in Bayern und bei einer katholischen Mutter nicht anders zu denken. Und so wuchs Eva – sie hatte drei

Jahre später noch eine Schwester, Gretl, bekommen – in einer bürgerlichen Familie auf. In einer Beamtenfamilie, die mit drei Kindern keine Reichtümer sammeln konnte, aber „gut situiert" war und niemals Not litt. Nicht Not litt außer in jenen Zeiten, in denen alle Menschen Not litten. 1914 mußte Vater Fritz Braun dem Ruf des Deutschen Kaisers und des Königs von Bayern folgen. Mag für die alten Griechen der Krieg der Vater aller Dinge gewesen sein, mögen im Land und beim Gegner Gedanken von einem „frischen fröhlichen Krieg", der die „Fäulnis Europas" hinwegspülen sollte, mitgespielt haben: Begeisterung gab es auch bei diesem Krieg nur zu Beginn. „Ich kenne keine Parteien mehr", hatte Kaiser Wilhelm II. gesagt, „ich kenne nur noch Deutsche." Das hatte die Opferbereitschaft der Soldaten beachtlich gehoben. Aber die Tränen der Frauen um Väter, Söhne und Brüder zeugten auch hier bald wieder von dem rohen, gewaltsamen Handwerk mit seinen Begleitern Elend, Leid und Tod. Der Krieg – das sollte sich hier bald zeigen – schlägt die Herde und den Hirten. Fritz Braun kämpfte als Leutnant in Flandern, Fanny Braun nahm Untermieter. Sie nähte Uniformen für die Soldaten und fertigte für Nachttischlampen Schirme an. Das Fleisch auf den Tellern wurde klein und kleiner. Die Butter war ein rarer Luxusartikel geworden, und wenn Mama Braun die Brotschnitten bestrichen hatte, war es den Geschwistern nicht immer eindeutig, ob Butter darauf war oder nicht. Als das wieder einmal von einem der Mädchen klagend bezweifelt wurde, sagte „Evi" zu ihrer Schwester: „Leg' deine Schnitte halt unters Licht. Wenn es glänzt, ist Butter drauf."
Eine findige, kindliche Unschuld, die aus der Not zwar keine Tugend machen konnte, aber doch wenigstens zu einer Erkenntnis kam. Die Kindheit, die der Blondschopf mit seinen Schwestern verlebte, waren eben Kindheitstage, war Kinderland, war Himmelreich. Dieses unbewußte Himmelreich wurde wohl kaum unterbrochen, als Evi mit dem Schulalter zu ihren Großeltern nach Geiselhöring kam und dort in einer nahen Klosterschule mit Buchstaben und Ziffern umgehen lernte. Eine Einschränkung der Kinderfreiheit gewiß, in der Klassengemeinschaft auch andere Kinder etwas gelten zu lassen. Da sie mit zwei Geschwistern aufwuchs, dürfte ihr das nicht allzu schwer gefallen sein.

Als es zu Ende war, das vierjährige eiserne Würfelspiel, als Vater Braun wieder heimkehrte und als Freiwilliger im „Freikorps

Oberland" mitgeholfen hatte, München von den kommunistischen Rebellen zu befreien, kam auch Eva wieder zu den Eltern und Geschwistern und ging nun in München in die Schule. „Ein wildes Kind", urteilt ein Lehrer, „das in der Stunde oft abgelenkt war, nie seine Aufgaben lernte und am liebsten Sport trieb. Darin war sie allerdings die Beste. Sonst war sie faul, sie konnte sich aber durchschlagen, weil sie intelligent war."

Über die sportliche Note der Tochter Eva mag Mutter Braun so manches Mal geschmunzelt haben, in Gedanken an ihre eigene Jugend. Aber Eva war nicht nur sportlich, sie war gut und böse, launisch und lustig, so wie jedes andere Mädchen. Mit der „Handschrift" ihres Vaters machte sie öfters Bekanntschaft, da sie hin und wieder und nur allzugern die Schule schwänzte. Und die Schulaufgaben? Morgens beim Anziehen kramte sie die Hefte heraus. Das war auch später im „Heydenaber-Lyzeum" so. Vor einem Stuhl kniend schrieb sie ihren englischen Aufsatz, während sie mit der anderen Hand ihr Haar kämmte. Im Lyzeum war es auch, wo sie Herta Ostermayr kennenlernte. Ein Jahr jünger als Eva, in Nürnberg geboren und aus gutem Hause stammend, war die kleine Herta bereits viel gereist. Die ersten zwei Volksschulklassen in Nürnberg, die dritte in Franzensbad im Sudetenland, damals Tschechoslowakei, die vierte in München, das hatte sie schon hinter sich, als sie auf Eva stieß. In sechs Jahren gemeinsamen Lyzeumbesuches entwickelte sich eine Freundschaft fürs Leben. Die knappe Stunde auf der Straßenbahn von der Hohenzollernstraße zum elterlichen Heim Hertas konnte dabei nicht hinderlich sein.

Der Kriegsausgang und die Revolution in München hatten die Brauns in ihrem familiären, gesellschaftlichen Status kaum berührt. Der König war gegangen, und die Zeit der primitiven Vereinfachung war angebrochen. Alle Könige waren schlecht, alle Republikaner groß und edel. Da aber nur noch die Republikaner das Sagen hatten, stritten die Edlen jetzt untereinander. Die vielfältigen Rechts-Gruppierungen, besonders in Bayern, machten es jenen, die gerade an der Macht waren, nicht leichter. Jede Partei lag mit jeder im Hader. Ruhe, Ordnung, ein gesundes Wirtschaftsleben, ein normales Auskommen der meisten Menschen, das alles war ausgeblieben. Das war so im ganzen Deutschen Reich, das konnte bei den Lasten des Versailler Friedensdiktates auch nicht anders sein.

Der Lehrerberuf Fritz Brauns war in dieser Zeit zum Segen geworden. 1925 zog die Familie in die Hohenzollernstraße 93, einer großen Wohnung im zweiten Stock, man war wieder wer.
Die Kinder des „Dreimädelhauses“ unterschieden sich nicht von dem Nachwuchs anderer Familien. Da gab es Spiele und Geselligkeit auf der Straße und im Treppenhaus, da gab es unter Evas „Regie“ Theatervorstellungen, zu deren Maskerade alte Kleider vom Dachboden herhalten mußten, die sich unter den geschickten Händen der Mädchen zu phantastischen Kostümen verwandelten. Und da gab es auch Schlagball-Spiele. „Eva tobte dabei herum“, erzählt ein Spielkamerad, „und wälzte sich mit den anderen unter wildem Geschrei auf der Erde. Wenn ihre Mutter sie abends vom Balkon aus zum Essen rufen wollte, hatte sie Mühe, ihre Tochter wiederzuerkennen.“
Vielleicht auch einmal eine kleine Liebäugelei mit einem der Jungen? Keine Spur! „Sie war viel zu sehr damit beschäftigt, uns unterzukriegen und irgendwelche Streiche auszuhecken, um an so etwas zu denken.“
Eines Tages aber schwärmte sie für einen jungen Mann, aus dem Schwarm wurde Kameradschaft und aus dieser wiederum formte sich eine Freundschaft, die bis ans Ende hielt: die Freundschaft mit Georg Fischer. Es war wohl auch um die Zeit des ersten „Schwarms“, als Eva mit Freundinnen auf dem Motorrad Hans Ostermayrs vor der Kamera posierte. Aber mußte es für einen jungen Mann wie Hertas Bruder so etwas wie ein Glück aus Blech und Eisen geben, war Eva dafür nicht zu begeistern. „Ein Motorrad ist nicht chic“, fand sie, „ich ziehe Luxuslimousinen vor.“
Es kam ihr also nicht auf den Besitzer eines Motorrades an, sie zählte nicht zu jenen, von denen Julius Kreis 1924 zum Münchner Alltag schrieb: „Die schönen Mädchen und Frauen, die bekanntlich jene mit Recht so geschätzten Rosen ins irdische Leben weben, verschwenden an uns, die wir kein Kraftrad mit Teilhabersitz haben, kein Auge mehr . . .“
In jenen Jahren war in der Tat ein Junge an ihr verlorengegangen, daran hatte auch die Tanzstunde nichts geändert. Aber immer wieder sprechen die Lehrer von ihrer Intelligenz, wenngleich „jeder Blödsinn, der in der Klasse angestellt wurde“, von ihr ausgegangen war. Selbstredend hat dabei Herta Ostermayr nicht gefehlt, es wurde „alles angestellt, was möglich war.“ Auch ihre alte Lehrerin Hei-

denaber erzählte: „Aber sie war intelligent, begriff schnell das Wesentliche und konnte selbständig denken. Wenn sie unbedingt still sein mußte, las sie Karl-May-Bücher. Für Liebesgeschichten interessierte sie sich nicht."

Eine Liebe aber hatte ein Lehrer in ihr geweckt: die Liebe zu Oscar Wilde. Das änderte sich auch später nicht, als der englische Dichter längst auf dem nationalsozialistischen „Index" stand.

So verließ Eva das Lyzeum in der Hohenzollernstraße im Jahre 1928, sechzehnjährig, mit einem Abschlußzeugnis, dessen sie sich mit vielen Zweier-Noten nicht zu schämen brauchte. Daß sie weiterhin noch die Schulbank drücken sollte, das wollte ihr gar nicht in den Kopf und bereitete ihr leidvollen Kummer. Die Eltern Braun wünschten aber, daß ihre Töchter in einer Klosterschule auf Beruf und Leben vorbereitet würden. Und so warteten bereits in den Mauern ihres Ordens auf der Marienhöhe in Simbach am Inn, ganz in der Nähe der österreichischen Grenze, gegenüber von Braunau, die „Englischen Fräulein" auf Eva.

Dieses „Institut der seligen Jungfrau Maria", lateinisch Institutum Beatae Mariae Virginis, abgekürzt I.B.M.V., hatte sich zur Aufgabe gemacht, sich um die Erziehung der weiblichen Jugend sozial gehobener Schichten zu kümmern. Eine katholische Kongregation, die auf die Engländerin Mary Ward zurückführt. Altem katholischem Landadel entstammend, wuchs sie auf unter dem Regiment Elisabeth I., einer Zeit, in welcher die Katholiken in England unerbittlicher Verfolgung sicher waren. Ursprünglich Klarissin in Frankreich, hatte sie als eine Suchende nach wechselreichen Jahren 1609 die „Jesuitinnen" gegründet, die nach den Regeln der Jesuiten lebten, aber von ihnen unabhängig blieben. Im Vordergrund stand der Schulunterricht für Mädchen. Von hohem schlanken Wuchs, beeindruckte sie Gelehrte, Kaiser und Päpste mit Intelligenz und rethorischer Brillanz. Sie richte mehr Schaden an als sechs Jesuiten, sagte man ihr nach. Und der Kölner Nuntius Pierluigi Carafa hielt sie sogar für das „Unkraut im Garten der Kirche". Bald hatte der Orden seine Klöster in ganz West- und Mitteleuropa stehen, als Papst Urban VIII. 1630 die Verfassung mißfiel. Die Nonnen hatten keine Klausur, die Klöster gehorchten nur einer einzigen Generaloberin, auf die allein der Heilige Stuhl einwirken konnte. Das offene weltliche Wirken erregte Ärger, „denn diese Frauen oder Jungfrauen haben unter dem Schein, das größere Heil der Seelen zu fördern, Werke unternommen, die sich dem weiblichen Geschlecht bei der Schwäche seines Verstandes, für die weibliche Bescheidenheit und für die jungfräuliche Sittsamkeit nicht geziemen". Als „Rebellin" gegen den Heiligen Stuhl, ihrer Zeit weit voraus, wurde sie von der römischen Inquisation gefangengesetzt. Die Klöster wurden aufgehoben. 1632 gründete Mary Ward in neuer Form ihr Institut in Rom. Auch in Bayern rührten sich die ehemaligen Jesuitinnen wieder und gründeten die Kongregation der Englischen Fräulein mit neuen Regeln. Dazu bat Bayerns Kurfürst Max Emanuel 1703 Papst Clemens XI. um sein segnendes Wohlwollen, was dieser auch gab. Merkwürdig bleibt nur, daß der Heilige Stuhl den Damen Gottes immer noch nicht recht traute. So erklärte der Nachfolger Christi, Benedikt XIV., 1749 nochmals ausdrücklich, daß die Frauenkongregation nicht die Fortsetzung der Jesuitinnen sei.

Die Säkularisation 1808 in Bayern überstanden die Englischen Fräulein mit einer Wiederauferstehung im Jahre 1835. Und nach wie vor verehren sie Mary Ward als ihre Stifterin.

Dahin mußte Eva jetzt also. Die vielen Mädchen , die sich alle nur wie Mädchen benahmen! Die strengen Regeln in der Schule und im Internat und die Schwestern, die allein schon ihrer gutmütigen Würde wegen aus Sympathie zu anständigem Benehmen animierten. Gute Manieren sollte sie hier lernen und das, was man für einen Beruf brauchte. Zwei volle Jahre lang. Aber das wollte sie niemals. Lieber wollte sie fortlaufen, nach Berlin oder Wien, so drohte sie ihrer Mutter. So einigten sich Mutter, Tochter und Mater Oberin auf ein Jahr. Und wenn von Ehrgeiz und Intelligenz zusammen mit dem Internat die Rede ist, dann gründen diese Beurteilungen auf Überlieferungen der Mutter. Kein Zeugnis, keine Verhaltensbeurteilung kann mehr eingesehen werden, da das Institut während des Krieges aufgelöst und hier ein Lazarett eingerichtet wurde. Die Unterlagen der Schule und des Instituts sind seitdem verschollen. Gottesdienst, Beichte, Kommunion gehören immer noch zum Alltag einer Klosterschule und waren auch damals nicht wegzudenken.

So stand das Mädchen, kein Kind mehr und noch nicht Weib, Ende Juli 1929 mit einem Zeugnis über einen bestandenen Kaufmannslehrgang in der Tasche und zwölf Pfund mehr an ihrem Körper auf dem einsamen Bahnhof von Simbach. Das baumwollene Röckchen zu kurz, da es dem Umfang nachgeben mußte und so an den Beinen um so besser erkennen ließ, daß das Kind den Weg zur Frau schon beschritten hatte. Ein Mädchen von siebzehn Jahren, im ungewissen Schweben zwischen Gewesenem und Werdenden, das oft grundlos lacht. Wer weiß denn schon, ob spätere Jahre Grund zum Lachen geben werden? So fuhr sie München entgegen und dem Ende jener Jahre, die man später die „Goldenen zwanziger Jahre" nennen wird. Was war golden an dieser Zeit? War es der Glitzer, der Flitter, der das abgrundtiefe Elend verdeckte? War es der Überzug, die dünne Schicht auf rostendem Eisen? Der Glanz dieser Jahre war nur ein Selbstbetrug, war Lebensgier, geboren aus den Opfern eines schlecht überstandenen und verlorenen Krieges. Während das bayerische Komiker-Paar Karl Valentin und Lisl Karlstadt die Gäste des Münchener Kabaretts „Serenissimus" mit Späßen ergötzte, tobte draußen auf den Straßen die Revolution. Das war schon 1919 gewesen, aber es war wegweisend für das künftige Jahrzehnt. Der Geist von Weimar – so gerne heraufbeschworen, da die Verfassung in Weimar entstanden war –, er war es nicht. Er war im Mausoleum des historischen Friedhofes geblieben. Der Funke war nicht übergesprungen auf diesen Staat, den man die Weimarer Republik nannte, der wiederum identisch war mit den „Goldenen zwanziger Jahren". Da nützte auch ein Mann mit guten Ansätzen wie Friedrich Ebert als Reichspräsident nur wenig. Die Bürde des Friedens war zu groß. Das Damoklesschwert des Versailler Vertrages war allgegenwärtig, es hing drohend über allen guten Vorsätzen. Kriegsschuld und Reparationen, das waren die dominierenden, deprimierenden Leitworte für die Zukunft. Dazu ein Staat mit zwanzig Parteien, zeitweise waren es sogar über dreißig. In vierzehn Jahren zwanzig Regierungen; das allein schon offenbart die Situation jener Jahre. Ein Zentner Kartoffeln kostete vor dem Krieg drei Mark. 1919 waren dafür dreißig Mark zu bezahlen.

Bayern, noch vor der Berliner Revolution Republik geworden, hatte seinen König Ludwig III. weggeschickt. Kurt Eisner, Journalist aus Berlin und mosaischen Glaubens, Führer der von den Sozialdemokraten abgespaltenen Unabhängigen Sozialisten, war Ministerpräsident der provisorischen Revolutionsregierung. Seine Vorstellungen einer Revolution waren nicht übel: „. . . Das russische Beispiel lockt uns nicht, auch nicht die Methode. Ich bin der Meinung, daß wir genug Blutvergießen gehabt haben . . ." Aber am 21. Februar 1919 lag er im eigenen Blut. Auf dem Weg zum Landtag, wo er abdanken wollte, wurde er von einem monarchistischen Schwärmer, dem jungen Offizier Graf Arco-Valley, ermordet. Am 7. April bekam Bayern eine Räterepublik, die erste Deutschlands. In jener Zeit hatte Eva Braun das erste Schuljahr nahezu hinter sich. Es war „die Zeit der Armbindentyrannen, der Bohème-Bolschewisten, der politisierenden Literaten".[16]) Aber schon in den Maitagen machten anrückende Freikorps als „weißer Terror" dem roten Terror ein Ende. Nahezu tausend Tote lagen auf den Straßenpflastern Münchens, als hätte der Krieg noch nicht genug Opfer gefordert. In Berlin und anderen Landen des Deutschen Reiches war es nicht anders. Der Krieg war vorüber, aber die zehn Gebote schienen noch außer Kraft. Das war der Weg in die Jahre des äußeren Glanzes. Und dieser Glanz war die Flucht aus der Gegenwart in die Illusion, wozu nicht wenig die Kunst beitrug, die abseits von Politik und Wirtschaft ihr Leben führte. Dabei waren Lust und Vergnügen, war das Spiel der Sinne stets im Vordergrund. Varietés und Nachtlokale feierten Hochsaison, die Theater brachten ihre jungen Dichter. Der Film, eben auf dem Weg zur Kunst, verfolgte sein Ziel auf schlüpfrigen Pfaden. „Prostitution", „Verlorene Töchter", „Anders als die Anderen", waren nur einige jener „Aufklärungsstreifen", bei denen schon damals Sexualforscher ihre Weisheiten anbrachten. „Es gibt keine Sensation der Gefühle und der Lenden", so klagte seinerzeit ein Kritiker, „die nicht in Großaufnahme naturgetreu nachgekurbelt würde."

Über Paris und London kam der amerikanische Jazz nach Deutschland und erfaßte vorwiegend die intellektuelle Jugend. Nur ungebunden, losgelassen sein bei Lärm und neuen Musikinstrumenten, Banjo und Saxophon. Autohupe und sogar Kuhglocken zählten dazu und die „Kunst", auf Whiskyflaschen zu blasen. Das alles zu den Zuckungen und Verrenkungen wilder Tänze, nach dem Vorbild der amerikanischen Neger.

Die Revolution von 1918 war 1922 endgültig vorbei. Es war ein Spuk, der nichts hinterlassen hatte als Blut. Im Grunde war dieser Staat nicht Republik geworden, sondern Monarchie geblieben, ein Kaiserreich ohne Kaiser. Die Demokratie, von den Siegermächten aufgezwungen, wurde nicht als Folge des Krieges empfunden, sondern, wie es den Tatsachen entsprach, als Folge der Niederlage. Die

Monarchie war nicht zerfallen, sondern mit Gewalt niedergerissen worden. Und mit den monarchischen Steinen ließ sich eine Republik so leicht nicht bauen. Im Frühjahr 1921, als die letzte Kaiserin, Auguste Viktoria – im holländischen Doorn gestorben –, in Berlin zu Grabe getragen wurde, säumten allein in Potsdam viele tausend Menschen ihren letzten Weg. Dafür aber war eine Revolution ausgebrochen, die Revolution der Frau. Sie wollte endlich frei sein, denn, so sagte es Marianne Weber, Historikerin und Gattin des Soziologen Max Weber: „Die Frau ist nicht nur Weib, sie ist auch Mensch." Daran hatte bisher sicherlich niemand gezweifelt. Soweit der Mensch zurückblicken kann, hat die Frau immer wieder bewiesen, daß sie stark sein kann, wenn sie stark sein will. Die „Emanzipation" aber, wie so vieles mit sinnvollen Ansätzen begonnen, sollte noch weit über ihr Ziel hinausschießen und damit der Frau nehmen, was nur ihr eigen sein kann.
Jetzt aber hatte die Frau begonnen, zunächst ihren Körper zu befreien. Sie sprengte das Korsett am Leib und in der Gesellschaft. Sie drängte in die Natürlichkeit, ließ Schnürbrust, Mieder, hochgeschnürte Stiefel und bodenlange Kleider hinter sich und erkannte rückblickend, welch schrecklichen, entwürdigenden Modezwängen sie bisher gefrönt hatte. Schon vor dem Krieg war die amerikanische Tänzerin Isadora Duncan nach Europa gekommen und hatte den Europäerinnen gezeigt, wie vollkommen der natürliche Körper des schönen Geschlechtes war. Die Röcke wurden kurz und kürzer. Jahrhundertelang verhüllt, ganze Geschichtsepochen von Mode und Zeitgeist verpönt, feierte das Frauenbein erneut Triumphe. Kurz: die Frauen zeigten ihre Beine und bewiesen, wie gut sie damit auf der Erde standen. Sie kämpften um das Wahlrecht und erhielten es; Frauenarbeit war bald nicht mehr „unschicklich".
Zur gesellschaftlichen Revolution gesellte sich die Revolution der Kunst, der Expressionismus, dessen Anfänge schon um die Jahrhundertwende zu suchen waren. Diese Bewegung – Deformieren der Form zu ausdrucksübersteigernden Entstellungen – war die deutsche Form einer Kunsterneuerung. Nicht mit dem Auge sehen, mit dem Ohr hören, sondern die Sinnesorgane nur als Vermittler an die Seele benützen. Da war freilich Unkraut unter den Früchten, einfach nur Affront gegen den bürgerlichen Geschmack.
Da gab es auch einen Walter Gropius und sein Bauhaus in Weimar. Hier sollten „Handwerker-Künstler" herangebildet, die „Beidhän-

digkeit“ gelehrt werden. Industrie, Architektur und Gewerbe sollten neu erblühen, mit der Kunst verschmelzen nach der Devise: zweckmäßig und schön, wenngleich diese Revolution der Kunst viele Bürger als „Kulturbolschewismus“ ablehnten.
Von den blutigen Aufständen der linken Radikalinskis bekehrt – sie hatten sich mit Schwerpunkten über das ganze Reich erstreckt – folgten Antikommunismus und aggressiver Antisemitismus, da die führenden Linken zumeist Juden waren.[17]) Je linker, desto rechter, das scheint im Lande der Deutschen ein ungeschriebenes Gesetz. Rechtsradikalen Gruppen fielen Kommunistenführer und Staatsmänner zum Opfer, von denen man glaubte, sie seien schuld an diesem unfriedlichen Frieden. Mehr Holz und mehr Kohlen forderten die Franzosen und fielen mit den Belgiern am 1. Januar 1923 in das Ruhrgebiet ein. 180000 Menschen vertrieben sie aus ihrer Heimat, die nervösen Besatzer wurden mit dem passiven Widerstand der deutschen Arbeiter in den ersten Monaten nicht fertig. Tausende füllten die Gefängnisse, und als die Soldateska 1925 wieder abzog, hinterließ sie 133 deutsche Leichen. Als Lebende hatten sie weder Waffenrock noch Waffe getragen. Die Franzosen hatten nichts gescheut, um den Deutschen den restlichen Glauben an sie zu nehmen. Noch immer galt statt Verständigung Betrug, anstatt Versöhnung Gewalt. Für die Machthaber in Paris war es der zweite Sieg über die Deutschen in diesem Jahrhundert, was sie mit Genugtuung erfüllte. Da gab es auch den Völkerbund, tätig seit 16. Januar 1920, der gegründet worden war, um Ungerechtigkeiten unter den Völkern auszuschließen. Aber dieser Bund war ein Bund der Sieger gegen die Unterlegenen und sollte daran schließlich auch zugrunde gehen. Mittlerweile hatte der Totentanz der Reichsmark begonnen. Die galoppierende Inflation machte Geld zu Unsinn. Eine illustrierte Zeitschrift kostete am 8. Juli 1923 1500 Mark, drei Monate später 200000 Mark, vier Monate später 50 Milliarden. Für ein Zweikilogrammbrot zahlte der hungernde Deutsche im Juni schon 2500 Mark, ein Liter Milch kostete 1440 Mark. Mit dem Wert des Geldes sank die Moral, denn: „Man lebt ja nur so kurze Zeit und ist so lange tot.“ Es kamen Ausnahmezustand und Exekutivgewalt durch die Reichswehr. Am 9. November marschierten Adolf Hitler und General Ludendorff mit Anhängern zur Feldherrnhalle. Unter den Kugeln der Landespolizei brach der Putsch zusammen. Am 15. des

gleichen Monats kam die Rentenmark und stabilisierte die Währung. Aber es kamen Steuernotverordnungen. Ende 1923 zählte man 2,58 Millionen Arbeitslose. Im April 1925 wurde Feldmarschall Paul von Hindenburg, der Held des Krieges, zum Reichspräsidenten gewählt. Der stete Drang ausländischen Kapitals war nicht mehr zu übersehen. Im Herbst 1925 verhandelten die europäischen Staatsmänner in Locarno. Ein jeder von ihnen träumte von einem ewigen Völkerfrieden in Europa auf seine Weise. Über eine kleine Annäherung zwischen Deutschland und Frankreich mußte man schon zufrieden sein.

In den Theatern waren große Revuen in Mode gekommen, in denen technisch gedrillte, seriengefertigte „Girls" aus England und Amerika ihre gepuderten Beine schwangen. Die „Kleine Revue" mußte nach Texten frivoler Liedchen greifen. Hilde Hildebrand sang:

> „Ich bin die Sünde persönlich,
> ich bin ganz außergewöhnlich.
> Ich mache scharf, aber keiner darf . . . ätsch!"

Bubikopf war Trumpf, und Franz Lehár feierte den zweiten Ruhm seiner Operetten mit dem Sänger Richard Tauber. Jugendbünde aller Schattierungen zogen mit Klampfe und Rucksack übers Land. In Berlin zogen Erich Kästner und Kurt Tucholsky mit spitzen Versen gegen die Republik, sägten an dem Ast, auf dem sie selbst saßen. Die Linksintellektuellen verhöhnten den Staat, der sie am Leben erhielt, machten ihn, der ihnen ihre Freiheit gewährte, lächerlich. Das erkannten die Nationalsozialisten, seit 1919 von einer kleinen regionalen Gruppe unter Adolf Hitler zu einer Partei angewachsen, als typischen Ausdruck dieses Weimarer Staates. Sie versäumten nicht, diese Erkenntnis zu ihrem Vorteil zu nutzen, denn sie waren nach Golo Mann „ungeheuer energische und in ihrer Art begabte Gesellen".

Im Februar 1929 gab es 3,1 Millionen Arbeitslose, und es sollten noch mehr werden. Es war eine verworrene, eine entfesselte Zeit. Seit Kriegsende hatten sich Umwälzungen vollzogen, die breiten Schichten die Lebensgrundlagen vernichteten. Selten noch war die Verflechtung von Politik und Wirtschaft so offenbar geworden. Es waren Jahre, die den Reichen noch mehr Reichtum gebracht hatten, die den Mittelstand um seine Existenz bangen ließ; Jahre, in denen die Armen noch ärmer geworden waren, aber Gauner und Ganoven leichtes Spiel hatten. Erloschen war auch der Charme der Isarstadt, erloschen der Glanz der Gründerjahre und der Jahrhundertwende. Das „Leuchten“, einst in der Bayernmetropole fühlbar, war trübe geworden. Die unterernährten Menschen, ausgehöhlt von Arbeitslosigkeit und Schiebertum, sahen die verbliebenen Schönheiten ihrer Kunststadt nicht. Die Not, die ideelle, die geistige, vor allem die materielle Not, versperrte ihnen den Blick auf Säulentempel, antike Monumente, Barockkirchen, Gärten und Brunnen. Für die Schönheiten seiner Stadt hat der Einwohner ohnehin nur ein halbes Auge. Was blieb, war das politische Ventil, mit dem die Menschen alle Last auszugleichen suchten, war die Hoffnung auf die Zeit ohne Hunger, ohne Elend. Ein Boden, der reif war für die Saat eines Adolf Hitler. „Die Geburtsstätte der nationalsozialistischen Bewegung ist nicht München, sondern Versailles“, das schrieb der spätere Bundespräsident Theodor Heuss 1932.[18]) „Wo war Deutschland?“, hatte der Schriftsteller Ernst von Salomon geschrieben. „War es Weimar, war es Berlin? Einmal war es an der Front, aber die Front zerfiel. Dann sollte es in der Heimat sein, aber die Heimat trog. Es tönte in Lied und Rede, aber der Ton war falsch. Man sprach von Vater- und Mutterland, aber das hatte der Neger auch. Wo war Deutschland? War es beim Volk? Aber das schrie nach Brot und wählte seine dicken Bäuche. War es der Staat? Doch der Staat suchte geschwätzig seine Form und fand sie im Verzicht.“

Als Eva Braun wieder in München war, lag der „schwarze Freitag“ nicht mehr fern. Kursstürze an der New Yorker Börse lösten am 24. Oktober 1929 die Weltwirtschaftskrise aus. In Deutschland war freilich der Börsenkrach nur einer von vielen Fakten, die zusammenspielten, um die Not und das Elend ins Unendliche zu treiben.

Zu Hause, bei Vater, Mutter und Schwestern gingen für Eva die Uhren wieder anders. Ein Jahr Klosterschule geht auch an einem kleinen, modernen und nüchternen „Goldmädchen“ nicht spurlos vorüber. Mit großen Augen sah sie ihrer Schwester Ilse zu, als sie sich schminkte. „Pfui“, rief sie entsetzt, „wie kannst du dir nur so das Gesicht beschmieren.“ Und als sie die seidene Unterwäsche fand, geriet sie vollends aus der Fassung. Ilse bekam eine Standpauke, die den tugendhaften Englischen Fräulein in Simbach zur Ehre gereichte.

Aber das Leben ist vielfältig, unergründlich und wandelbar; besonders bei jungen Mädchen. Das Kloster war aus den Augen, weshalb sollte es nicht aus dem Sinn sein? So stand Eva bald vor dem Spiegel, prüfte kritisch und begann mit dem Zentimetermaß zu messen: zuerst ihre Taille, dann die Hüfte. Als Ilse aus dem Bad kam, legte sie auch bei ihr das Maßband an – und war entschlossen, schlanker zu werden. Sie hieß jetzt also nicht nur Eva, sie war bereits auch zu einer „Eva" geworden.

Sie fand Arbeit bei dem Frauenarzt Dr. Gunther Hoffmann in der Theresienstraße, denn auch Ilse war Empfangsdame bei einem Facharzt für Hals-, Nasen- und Ohrenleiden jüdischen Glaubens, Dr. Martin Levi Marx. Nach drei oder vier Monaten hatte Eva das Vorzimmer satt, den Schwesternkittel und die Patienten. Blut sah sie ohnehin nicht gern. Danach mißglückte ein neuer Anlauf im Büro an der Schreibmaschine ebenso kläglich. Im Grunde hatten die Mädchen eine Arbeit nicht nötig. Vater Braun hatte eine Erbschaft gemacht, sie reichte gut für die Mitgift seiner Töchter. Aber der Vater war streng, Eva mußte für alles bezahlen. Er kontrollierte die Post, überwachte die abendliche Heimkehr seiner Töchter und schaltete abends um zehn Uhr den Strom ab. Daß die Mädchen mit der Taschenlampe unter der Bettdecke weiterlasen, daran dachte er so wenig wie an ein Taschengeld für seine Zweitälteste. Als dann eines Abends ein Freund Ilses kam und Eva zu einem Tanzabend einlud, als sie an der Kasse stand und zwei Mark fünfzig Eintritt bezahlen sollte, da erst wurde ihr peinlich und erschrocken bewußt, was außer dem gedeckten Tisch bei Vater und Mutter im Leben sonst noch zählte. Der junge Mann bezahlte, aber Eva hatte an diesem Abend keine Freude mehr. Nach dem ersten Tanz lief sie weinend nach Hause. Nie mehr, so schwor sie, wollte sie sich so blamieren. Indessen: Große Kavaliere konnten Ilses Freunde nicht gewesen sein, sonst hätte jener Eva erst gar nicht in Verlegenheit gebracht.

Die Wege der beiden eng befreundeten jungen Damen Eva und Herta waren indes auseinandergegangen. In Simbach hatte es keine Freundschaft gegeben und jetzt, so schien es, war in ihrer Umgebung nichts Gleichwertiges zu finden. Herta war nach der Schule nach England gegangen. Sie hatte sich vorgenommen, eine Gymnastikschule zu gründen und dafür brauchte sie im Examen eine Fremdsprache. Diese wollte sie sich in England aneignen.

Die Stellenanzeigen in den Zeitungen Münchens waren spärlich geworden, und Eva suchte stets von neuem. Was Fritz Braun ver-

anlaßt hatte, bei dem Inhaber eines Fotogeschäftes anzufragen, bleibt ungeklärt. Mag er in der Fotografie eine gute Zukunft gesehen haben? Vielleicht ging er öfters dort vorbei und fragte auf gut Glück. So stand Eva eines Tages in der Schellingstraße vor dem Haus Nummer 50. „Heinrich Hoffmann, Kunstphotographie", stand auf dem Schild. Gegenüber das „Buchgewerbehaus", die Müller'sche Druckerei, in der der „Völkische Beobachter" gedruckt wurde, die Zeitung der NSDAP, der Nationalsozialistischen Deutschen Arbeiterpartei. „Heinrich Hoffmann". Nomen atque omen? Nein, der Name bedeutete ihr nichts, sie wollte bei diesem Mann arbeiten und Geld verdienen. Sie wußte nicht, daß Hoffmann ein trinkfester Bursche war, gesellig und unterhaltsam, und seit einigen Jahren Parteifotograf der nationalsozialistischen Bewegung. Im „Photographischen Atelier" seines Onkels in Regensburg am Jesuitenplatz hatte er 1897 seine Lehre begonnen. Seitdem hatte er sich in Deutschland, Frankreich und England herumgeschlagen und war zu einem der ersten Bildreporter geworden. Den Krieg überstand er als „Fliegerfotograf im Felde". Aus dem offenen Aufklärer heraus „schoß" er seine Bilder über die Lage des Feindes. Dann war die Not der Revolution für ihn zum Brot geworden, denn er hatte die blutige Anarchie 1918 in München fotografiert und die Bildsammlung in hoher Auflage herausgegeben. Das große Geld war nicht ausgeblieben, aber auch wieder im sandigen Boden der Inflation versickert. Er richtete sich ein Atelier in der Schellingstraße ein und kümmerte sich wenig um die NSDAP und das Treiben im Buchgewerbehaus gegenüber, obgleich er einen Duzfreund hatte, der auch Adolf Hitlers Duzfreund war: Dietrich Eckart. Als Hauptschriftleiter des „Völkischen Beobachters", Schriftsteller und Idealist, griff er mit den Geldern aus seinen Tantiemen der jungen Bewegung kräftig unter die Arme.
Noch nie war der findige Bildreporter Hoffmann auf die Idee gekommen, „Trommler" Hitler zu fotografieren – bis ihm eine amerikanische Bildagentur für ein Bild Adolf Hitlers hundert Dollar bot. Hatte er richtig gelesen? Für eine Aufnahme des Reichspräsidenten Ebert hatte die gleiche Agentur fünf Dollar gezahlt! Nun, wozu hatte er schließlich Eckart? Aber Eckart, inmitten der fünfziger Jahre, schlank aber kräftig, sagte mit bayerischer Ruhe in seinem tiefen Baß: „Keine hundert und keine tausend Dollar, sondern dreißigtausend!" In der Tat ließ sich Hitler nicht fotografieren unter dieser Summe,

womit er seine Sturmabteilung, die „SA", aufbauen wollte. Zwanzigtausend hatte man ihm bereits geboten, aber Angebote schätzte er nicht, er forderte. Zugleich brachte die Kamerascheu – sie war von Hitler klug durchdacht – weiteren Nutzen: Da die Menschen über ihn lasen und von ihm hörten, gingen sie in seine Versammlungen, um ihn zu sehen.
Hoffmann gab nicht auf. Vor der Druckerei wartete er Stunden mit seiner „Nettel 13x18" auf den begehrten Mann, dessen Mercedes und Begleiter stets im Blick. Als Hitler endlich kam, ging alles sehr schnell, der Fotograf riß seinen Kasten hoch, suchte, drückte ab, zwei derbe Hände packten ihn am Hals, vier entrissen ihm den Kasten, zogen die Platte heraus, belichteten sie – aus. Hoffmann schrie etwas von „Einschränkung der persönlichen Freiheit" und „Sie hindern mich, meinen Beruf auszuüben", aber die drei Begleiter stiegen wortlos ein. Hitler nickte Hoffmann freundlich grüßend zu und fuhr davon. Das war des Fotografen Hoffmann erste Begegnung mit Hitler. Bald sollten sich Lichtbildner und Parteimann wiederfinden, sogar in der Wohnung Hoffmanns. Hermann Esser, ein Parteifreund Hitlers und wiederum auch ein Freund des Fotografen, hielt Hochzeit, das Festmahl spendete als Hochzeitsgeschenk Heinrich Hoffmann in seiner Schwabinger Wohnung. Als Trauzeuge saß Hitler in der Schnorrstraße „als charmanter, witziger Plauderer" mit an der Tafel. Hier war es, wo Hoffmann den begehrten Mann mit versteckter Kamera auf die Platte bannte. In einem Nebenraum zeigte er Hitler das Bild und schlug die Platte in Scherben: „Es bleibt dabei", sagte er dem verblüfften Hitler, „ohne Ihren Wunsch fotografiere ich Sie nicht mehr." „Sie gefallen mir, Herr Hoffmann", erwiderte Hitler. „Darf ich öfter zu Ihnen kommen?"
Seitdem war Hitler bei dem Bildberichter ein und aus gegangen, hatte Hoffmann mittlerweile eine ganze Sammlung an Bildern von Hitler.
Und jetzt stand Eva Braun in der Schellingstraße 50 im Laden, der dem Atelier angeschlossen war, kümmerte sich um die Buchführung und half im Labor, weil sie Freude daran hatte. Eine „rentable" Arbeitskraft, wie so viele andere auch in dieser Zeit. Angebot und Nachfrage regelten den Lohn. Menschen kamen und gingen, kauften, ließen sich fotografieren, holten die Bilder, bezahlten und verschwanden. Manche kamen immer wieder, wollten zu Hoffmann selbst, oder er brachte sie mit. Für Eva waren sie alle gleich. Was

kümmerte sie Politik, was Politiker? Die Mode interessierte sie, ein schickes Kleid, Schuhe, eine Handtasche, eine flotte Frisur. Schließlich schwärmten davon auch ihre Kolleginnen. Interessen des schönen Geschlechts seit Urzeiten, denn schon „ewig lockt das Weib". Und sie hörte Musik, sah sich einen Film an, ein Theaterstück, ließ sich im gewagten zweiteiligen Badeanzug im Schwimmbad sehen, radelte durch die Straßen Münchens und lief im Winter Schlittschuh. Sie tanzte gern, ging mit Freunden aus und konnte jetzt, da sie verdiente, ihren Eintritt selbst bezahlen. Und eines Tages stand sie auf dem Bahnsteig des Münchener Hauptbahnhofs und wartete auf den Zug, der ihre Freundin Herta wiederbringen sollte. Ein gutes Jahr war vergangen, seitdem sie sich nicht mehr gesehen hatten. Aber es schien tatsächlich für die junge Dame Ostermayr ein gutes Jahr gewesen zu sein, ein Jahr, das sie „in Form" gebracht hatte. Überrascht begrüßte Eva sie mit den Worten: „Mein Gott, bist du plunzert!"

HERR WOLF

An einem kühlen Oktobertag zu Beginn des Monats, es war ein Freitag, war Eva länger im Geschäft geblieben. Ordnungsliebend wie ihr Vater wollte sie noch die Ablage erledigen, nicht auf den morgigen Samstag verschieben oder gar den neuen Wochenanfang damit belasten. Sie war auf eine Leiter gestiegen und nahm die Ordner vom Schrank, als die Tür aufging. Ihrer Schwester erzählte sie: „Da kommt der Chef herein und mit ihm ein Herr von gewissem Alter mit einem komischen Bart und einem hellen englischen Mantel, einen Filzhut in der Hand. Die beiden setzen sich in die andere Ecke des Zimmers, mir gegenüber. Ich schiele zu ihnen hinüber, ohne mich umzudrehen, und merke, daß der Mann auf meine Beine schaut. Ich hatte gerade an dem Tag meinen Rock kürzer gemacht und fühlte mich nicht ganz wohl, weil ich nicht sicher war, ob ich den Saum richtig hingekriegt hatte."

Eva stieg von der Leiter, und Hoffmann stellte ihr den Fremden vor: „Herr Wolf – unser braves, kleines Fräulein Eva."

Hoffmanns Fotografenaugen waren die Blicke des Herrn Wolf zu dem Mädchen nicht entgangen. „Sei lieb, Fräulein Braun", sagte er, „und hol uns aus der Gastwirtschaft an der Ecke Bier und Leberkäs."

Eva kam das gerade recht, sie hatte mit den Überstunden nicht an ihren Magen gedacht. „Ich war ausgehungert", erzählte sie, „ich verschlang den Leberkäs und trank aus Höflichkeit auch ein paar Schluck Bier. Der alte Herr machte mir Komplimente, wir unterhielten uns über Musik und über ein Stück im Staatstheater. Dabei verschlang er mich ständig mit den Augen. Dann – es war schon spät – wollte ich gehen. Er bot mir an, mich in seinem Mercedes nach Hause zu bringen, aber ich lehnte ab. Stelle dir das Gesicht von Papa vor!"

Bevor Eva aus dem Geschäft ging, konnte Hoffmann sie noch beiseite nehmen und ihr zuraunen: „Hast du denn nicht erraten, wer dieser Herr Wolf ist? Schaust du nie unsere Fotos an? Es ist der Hitler, unser Adolf Hitler!" „Ach ja?", gab Eva ein wenig hilflos von sich und verschwand.

Zu Hause, beim abendlichen Familiengespräch, fragte sie plötzlich: „Du, Papa, wer ist das eigentlich, der Adolf Hitler?" „Hitler? Ja, ja,

das ist so ein junger Dachs, der glaubt, die Weisheit mit Löffeln gefressen zu haben!"
Da war also gar nichts in den Eindrücken Evas von den fesselnden blauen Augen, von dem Blick, der aus der Tiefe kam, „wie aus der Unendlichkeit".[19]) Aber wer war er eigentlich, dieser Adolf Hitler, wer war er in jenen Jahren? Mit vierzig ist der Mensch kein „junger Dachs" mehr. Schließlich hatte sie ihn für einen „alten Mann" angesehen. Am folgenden Tag nützte Eva die Mittagspause, ging nicht nach Hause essen, sondern sah sich im Geschäft die Bilder an. Und was sie da alles sah! Adolf Hitler in Uniform vor großen Menschenmassen, redend, gestikulierend. Kolonnen in Uniform, die Männer trugen Hakenkreuzbinden am linken Arm, viele Fahnen mit dem Hakenkreuz. Und überall Hitler als Mittelpunkt und vor jubelnden Menschen. Mit diesem Mann hatte sie gestern bei Leberkäs und Bier an einem Tisch gesessen. Sogar nach Hause fahren wollte er sie!
Später, nach jeder Unterhaltung mit Hitler, vergrub sie sich in ein Lexikon und suchte nach Begriffen, die aus seinem Mund gekommen waren. Wahrscheinlich suchte sie auch nach dem Symbol des Hakenkreuzes, dem uralten, seit der Steinzeit in Europa, Amerika und Asien nachgewiesenen Sonnen- und Lebenszeichen. In Indien erschien es bereits in der Indus-Kultur von Mohendscho-Daro – wahrscheinlich als Glückssymbol – um 2500 vor Christus. 1917 hatte die Kerenski-Regierung in Moskau das Hakenkreuz als Zeichen der Unabhängigkeit auf die Banknoten drucken lassen. In den Teegärten von Darjeeling am Himalaya, „am Rande der Welt", gilt dieses „Swastika-Zeichen" als Glücksbringer für den ersten Tee. Die indische Reederei „Scindia, The India Steam Navigation Co., Ltd., Bombay" zeigt es in roter Farbe groß in ihrer Flagge. Als Mahnung und Fürbitte ist das Hakenkreuz in unseren Regionen noch als „Pestkreuz" an alten Bauernhäusern zu finden. Im alten Japan der Nara-Zeit trägt es der „Kannon mit den tausend Händen" im achten Jahrhundert nach Christus auf einer seiner Hände. Bei Grabungen am Limes fand man 1973 bei Rainau-Dalkingen in Württemberg Hakenkreuze als Fibeln und Zierknöpfe vom Pferdegeschirr aus dem 2. Jahrhundert. Davon ähnelt ein Zierknopf dem Parteiabzeichen der NSDAP beachtlich. Noch heute wird in Tibet die Brust der Toten vor der Bestattung mit einem Hakenkreuz geschmückt.

Wer war er, der Adolf Hitler? War er wirklich jener, dessen Gebärden nichts weiter waren, als der „Krampf eines aufgeregten Steuerzahlers", wie Herbert Blank unter dem Pseudonym Weigand von Miltenberg in seiner Streitschrift „Hitler – Wilhelm III." es sah? War er „. . . eine feige, verweichlichte Pyjamaexistenz, ein schnell feist gewordener Kleinbürgerrebell, der sich's wohl sein läßt und nur sehr langsam begreift, wenn ihn das Schicksal samt seinen Lorbeeren in beizenden Essig legt", wie Carl von Ossietzky schrieb? Wunschdenken war es wohl, was den Schreibern die Feder führte, denn gerade als diese Zeilen ihre Leser fanden, war der Erfolg Hitlers nicht mehr zu leugnen. Wunschdenken war es auch, was seinen Gegnern den Blick in die Wirklichkeit trübte und all jenen, denen die Not des Volkes nicht sonderlich nachging, da sie selber nichts davon verspürten. Hitler wußte, was er wollte, und es war zum Nachteil derer, die das nicht wußten. Von Feigheit war auch später in der Siegerliteratur der Nachkriegsjahre zu lesen, und die Nachplapperer des deutschen Sensations- und Blätterwaldes wußten sogar, daß Hitler das Eiserne Kreuz I. Klasse zu Unrecht getragen habe, da es ihm niemals verliehen worden sei. Die Kriegsstammrolle Hitlers freilich ist ein untrügliches Dokument und belegt alle Auszeichnungen und Orden, die er im Felde verliehen bekam:

2. Dezember 1914:	Eisernes Kreuz II. Klasse
17. September 1917:	Militärverdienstkreuz III. Klasse mit Schwertern
9. Mai 1918:	Regimentsdiplom wegen hervorragender Tapferkeit vor dem Feind
18. Mai 1918:	Verwundetenabzeichen schwarz
4. August 1918:	Eisernes Kreuz I. Klasse
25. August 1918:	Dienstauszeichnung III. Klasse.

Daß er seinen Regimentskommandeur bei einem Feuerüberfall mit seinem Körper deckte und ihn so in Deckung drängte, ist ebenfalls verbürgt. In dem Antrag für das EK I schrieb sein Vorgesetzter: „Hitler ist seit dem Ausmarsch beim Regiment und hat sich in allen mitgemachten Gefechten glänzend bewährt. Als Meldegänger leistete er im Stellungskrieg als auch im Bewegungskrieg Vorbildliches an Kaltblütigkeit und Schneid und war stets freiwillig bereit, Meldungen in schwierigsten Lagen unter größter Lebensgefahr durchzubringn. Nach Abreißen aller Verbindungen in schwierigen Gefechtslagen war es der unermüdlichen und opferbereiten Tätigkeit des Hitler zu verdanken, daß wichtige Meldungen trotz aller Schwierigkeiten durchdringen konnten."

Das Kriegsende im Herbst 1918 erlebte Hitler im Lazarett Pasewalk bei Stettin. Bei einem Gasangriff der Engländer mit Gelbkreuz-Gas, einem Haut- und Nervengift, war er erblindet. Und hier in Pasewalk erlebte er den unwahrscheinlichen Kriegsausgang, das Chaos, die Revolution. Inmitten des Elends im Lazarett mußte er begreifen, daß vier Jahre Opfer, Blut und Sterben umsonst gewesen waren, er, der freiwillig in den Krieg gezogen war und sich eine Erneuerung Deutschlands erhofft hatte. In „Mein Kampf" berichtet er, daß es im Lazarett war, als er das erste Mal daran dachte, in die Politik einzugreifen, wo er „beschloß, Politiker zu werden". Zugleich aber mit diesem Entschluß sah er die Hindernisse groß und unüberwindlich, fühlte er die Ohnmacht eines „Namenlosen".

Seine Wiege hatte im österreichischen Braunau am Inn gestanden, da, wo Napoleon I. den Nürnberger Buchhändler Johann Philipp Palm erschießen ließ. Jetzt aber, vierzig Jahre alt, war er nicht mehr der Namenlose, war aus dem „Trommler" ein Führer geworden, ein Idol, dem viele Menschen zujubelten, all ihre Hoffnung an ihn hängten. Wenngleich nach dem mißlungenen Putsch vom 9. November 1923, dem Marsch zur Feldherrnhalle, die Partei an Bedeutung verloren hatte – ihre Arbeit hatten die „Braunen" trotz Verbote und Niederlagen nicht aufgegeben. So war aus der kleinen regionalen Partei eine Bewegung über ganz Deutschland geworden und aus Hitler der große Volksredner, dem die Menschen zuströmten. Nur wenige hielten ihn jetzt noch für einen „aufgeregten Steuerzahler", ihn, der davon überzeugt war, daß aus einer „parlamentarischen Schwätzervereinigung", aus allgemeinen Wahlen niemals ein Genie geboren wird, daß das, was in der Politik über das Normalmaß hinausragt, sich persönlich bei der Weltgeschichte anmeldet. Während die Redner der bürgerlichen Parteien kompliziert um den Brei herumredeten – um die Wählerstimmen ängstlich besorgt – und weder die eine, noch die andere Interessengruppe verärgern wollten, erkannte der Volksredner klar die wesentlichen Probleme und damit auch die Lösungen und nannte die Dinge beim Namen. Das Volk aber bestand nicht aus demütigen Sündern, nicht aus hohen Seelen, es bestand aus

hungrigen Mäulern. Je größer die Not der Menschen, desto mehr waren die Worte Hitlers auch ihre Worte. Wenn er seine Reden hielt, ob vor hundert Zuhörern oder vor 20000 und mehr auf freiem Platz, dann brauchte er kein Mikrophon. Seine Stimme drang ohne Lautsprecher über die Menge. „Wohltemperiert einsetzend", schrieben die „Hamburger Nachrichten" am 1. Mai 1926, „die Mundart leicht wienerisch gefärbt, führt er seine Hörer langsam ansteigend auf den Höhepunkt einer Periode, die er mit einem blitzenden scharfen Schlußsatz beendet; die Wirkung bleibt nicht aus. Diese Technik wiederholt er in kürzeren oder längeren Abschnitten. Unterstützt wird der Eindruck durch eine sehr gewandte Gebärdensprache des schlanken Körpers, die schauspielerisch sehr wirksam, jedoch durchaus nicht geschmacklos ist." „Du kannst Dir nicht vorstellen, wie still es wird, sobald dieser Mann spricht", schrieb eine Anhängerin ihrer Familie. „Manchmal scheint es mir fast, als ob Hitler einen magischen Zauber benutzt, um das bedingungslose Vertrauen der Jungen wie der Alten zu gewinnen."
Hitler selbst glaubte an das, was er sagte, und seine Zuhörer spürten das: „Was er verhieß, war für ihn im gleichen Augenblick, in dem er es aussprach, schon Tatsache."
Das Naturtalent Hitler mit einem unglaublichen Gedächtnis hielt seine Reden stets frei. „Aus Parteien soll ein Volk werden", notierte eine Hamburger Lehrerin, „das deutsche Volk . . . Als die Rede beendet war, erhob sich brausender Jubel und Beifall. Hitler grüßte, dankte, das Deutschlandlied tönte über die Bahn. Man half Hitler in den Mantel. Dann ging er. Wie viele sehen zu ihm auf in ergreifender Gläubigkeit als dem Helfer, Erretter, als den Erlöser aus übergroßer Not. Zu ihm, der den preußischen Prinzen, den Gelehrten, den Geistlichen, den Bauern, den Arbeiter, den Erwerbslosen aus der Partei rettet ins Volk hinein."
„Viel Feind, viel Ehr", viele Freunde, viele Gegner, und so mancher seiner Gegner sah in Hitler nichts weiter als einen „heulenden Derwisch". Aber er war jetzt nicht mehr der Namenlose, der Kneipenredner, der Agitator eines Vereines mit „Satzungen".
Von all dem hatte die junge Eva Braun bisher nichts wahrgenommen. Mit einem Mal hatte sie erfahren, daß es ihn gab und wer er war, bei Leberkäs und Bier. Einen schwarzen Mercedes hatte er, einen Chauffeur und einen großen Schäferhund. Fühlte sie den tiefen spre-

chenden Blick nur unterbewußt? „Vom ersten Augenblick an fesselten mich die Augen.“ So schrieb Otto Wagener[20]) nach dem Krieg, der 1929 als Wirtschaftsmann auf Hitler gestoßen war. „Sie waren klar und groß, ruhig und selbstbewußt auf mich gerichtet. Aber der Blick kam nicht aus dem Augapfel, er kam viel tiefer her, ich hatte das Gefühl, wie aus der Unendlichkeit . . .“

Sobald Hitler zu Hoffmann kam, machte er Eva Komplimente, schenkte gelegentlich Blumen, aber das war nicht neu und bei Eva keine Ausnahme. Mehr und mehr berichteten die Zeitungen über ihn, die NSDAP wuchs zusehends, was die Wahlen in den Landtagen und auch im Reichstag offenkundig bewiesen.

Wenn er dann wieder in München war, fragte er sogleich nach der „kleinen Eva Braun“. Kam er zu Hoffmann, schenkte er Eva Bonbons und küßte ihr galant die Hand. Aber auch das tat er in seinem gekonnt österreichischen Charme bei anderen Frauen. Ihr natürliches Aussehen gefiel ihm, und eines Tages nannte er sie „meine schönste Nixe bei Hoffmann“. Liebevoll bewahrte sie die erste gelbe Orchidee von ihm auf. Noch Jahre nach dem Krieg fanden sich einige getrocknete Blütenblätter davon in einem ihrer „Fototagebücher“. So auch das erste Foto von ihm, in SA-Uniform, das er ihr gewidmet hatte: „Weihnachten 1929 – Adolf Hitler“. Ein Beweis dafür, daß er zu dieser Zeit das lebendige, natürliche junge Mädchen gerne sah und es dabei beließ. Und so blieb für Eva Adolf Hitler der Mann, von dem sie sich gern den Hof machen ließ und ging weiter mit Freunden und Freundinnen ihrer Leidenschaft nach, dem Tanzen. Für Maskeraden, besonders in Vamp- oder Hosenrollen, war sie stets zu haben. So besuchten eines Tages Mutter und Schwester eine Veranstaltung, in der ein Sänger, zu einem Neger geschminkt, den amerikanischen Filmschauspieler und Jazzsänger Al Jolson imitierte und mit begabter Gestik das Lied sang vom „Sonnyboy“. Als der Sänger in das Parkett ging und Mutter und Tochter Braun umarmte, war die Überraschung groß – niemand anderes hatte gesungen als Eva. Ein Foto blieb davon erhalten, Hitler lächelte später darüber. Beim Schwabinger Turnverein und in gymnastischen Übungen sorgte sie bei aller Liebe zum Sport zugleich auch für ihre Figur, das sollte auch in den späteren Jahren so bleiben. Das Sportliche hatte sie nun einmal von ihrer Mutter geerbt.

Hitler kam Ende des Jahres 1930 wieder öfter zu Hoffmann, und Eva merkte auch bald warum. Er lud sie in die Oper ein, führte sie anschließend zum Essen und zeigte sie gelegentlich gern in der „Osteria Bavaria" herum, einem Lokal in der Nähe des „Völkischen Beobachters", wo der Parteiführer stets Gesinnungsfreunde traf. Stets begleitete Hitler sein Adjutant, Oberleutnant a.D. Wilhelm Brückner, oft noch zwei weitere „Leibwächter". Zotige Witze in Evas Gesellschaft hatte er den Männern streng untersagt, niemals brachte er sie nach Mitternacht nach Hause. In der „Schauburg", einem Kino in Schwabing, sah man die beiden öfters und in den „Carlton-Teestuben", einem kleinen bürgerlichen und gemütlichen Lokal gegenüber dem „Café Luitpold". Hier waren sie unter sich, Brückner immer mit eingerechnet. Entgegen anderen Berichten verehrte der Adjutant die junge Dame von Anfang an, Eva ihrerseits respektierte Wilhelm Brückner bis zu seiner ungnädigen Versetzung. Von Picknickfahrten ins Grüne wird erzählt, in Gesellschaft aktiver vertrauter Parteigenossen freilich, wobei aber Eva niemals im Auto des „Chefs" sitzen durfte. In den Beziehungen Hitlers zu dem dreiundzwanzig Jahre jüngeren Mädchen hatte sich nichts geändert, es war weiterhin eine lose Bindung, eine kleine Freundschaft geblieben. Schließlich ließ sich der allseits begehrte Mann wieder seltener sehen, bis die Nachricht einer Morgenzeitung am 18. September 1931 einschlug wie eine Bombe: „. . . Der Polizeibericht meldet: In einer Wohnung in Bogenhausen hat eine 23 Jahre alte Privatstudierende durch Erschießen Selbstmord begangen. – Das unglückliche Mädchen – Angela Raubal – war die Tochter der Stiefschwester Adolf Hitlers und wohnte im Hause Prinzregentenplatz 16 im gleichen Stockwerk wie ihr Onkel. Am Freitagnachmittag hörten die Inhaber der Wohnung, in der Angela Raubal ein Zimmer hatte, einen Aufschrei, ohne zu ahnen, daß dieser aus dem Zimmer der Untermieterin kam. Als sich am Abend im Zimmer des Mädchens nichts rührte und auf Klopfen keine Antwort kam, entschloß man sich, die Tür, die von innen versperrt war, gewaltsam zu öffnen. Angela Raubal lag mit dem Gesicht nach unten tot am Boden. Auf dem nahen Diwan fand man eine kleinkalibrige Walter-Pistole. – Über die Beweggründe ist vorerst keine volle Klarheit zu erlangen."

Was war geschehen? Im Mai 1928, nach den Reichtagswahlen – die NSDAP hatte dabei zwölf Sitze errungen, aber rund hunderttausend Stimmen verloren – war Hitler nach Berchtesgaden gefahren. Auf dem Obersalzberg hatte er endlich gefunden, was er schon lange

gesucht hatte: ein eigenes Domizil in abgeschiedener herber Naturschönheit. Die Besitzerin, Witwe eines Industriellen und Parteimitglied seit 1925, hatte ihm „Haus Wachenfeld" für hundert Mark monatlich vermietet. Das erste Mal war Adolf Hitler durch seinen Parteifreund Dietrich Eckart auf den Obersalzberg gekommen. Als Verantwortlicher des „Völkischen Beobachters" hatte sich Eckardt im Winter 1922/23 einer Verhaftung entzogen – er war zuvor gewarnt worden – und sich in der Pension Moritz versteckt, wozu ein Mitarbeiter des „Völkischen Beobachters", Christian Weber, geraten hatte. Nach der Landsberger Festungshaft – die Folge des fehlgeschlagenen Putsches am 9.November 1923 in München – hatte Hitler einen kurzen Unterschlupf in einer Blockhütte oberhalb des Platterhofes gefunden. „Ich rief sofort meine Schwester in Wien an", so machte Hitler später glaubhaft, „erzählte ihr die Neuigkeit und bat sie, sie möge doch so gut sein und die Rolle der Dame des Hauses übernehmen." Seine Halbschwester Angela Raubal war Witwe geworden und nahm gerne an. Jetzt, da Hitler eine gut situierte und bekannte Persönlichkeit war – was wohl auch seiner Schwester nicht entgangen sein mag – konnte er getrost jene Tage vergessen, da ihm als jungen, mittellosen Mann in Wien Schwager Raubal mit der Würde eines herablassenden Beamten hin und wieder eine Mahlzeit vorsetzen ließ.
So zog Halbschwester Angela ein in das Haus Wachenfeld und mit ihr ihre Töchter Friedl und Angela Maria. Die Ältere, Geli genannt, einundzwanzig Jahre alt, jugendfrisch und lebenslustig, mit braunem Haar und allen Vorzügen weiblicher Natur ausgestattet, war „eine liebenswürdige junge Frau, die mit ihrer ungekünstelten und sorglosen Art jedermann für sich einnahm". Auf der Staats-Realschule in Linz, wo sich auch Hitler zwanzig Jahre zuvor widerwillig abquälen mußte, hatte sie das Abitur, die „Matura", wie es in Österreich hieß, gemacht und war schon dort als „nettes Wesen" aufgefallen. Hitler war fasziniert von der einundzwanzigjährigen Geli. Mit ihrem Witz, ihrem Wiener Charme war sie Naturkind und Dame zugleich, und es scheint, daß er von Anfang an in ihr nicht nur die Nichte sah.
Die NSDAP, dank der Industrie mittlerweile finanzkräftig geworden, kaufte in München in der Briennerstraße ein Haus, drei Stockwerke hoch, in dem sich die zentrale Parteileitung einquartierte. Es war das künftige „Braune Haus". Auch Adolf Hitler war jetzt kein armer Mann mehr. Die Honorare seines Buches „Mein Kampf", das

er während der Landsberger Festungshaft geschrieben hatte, waren bereits vor seiner Reichskanzlerschaft beachtlich. Am 3. September 1929 zog er aus seiner spärlichen Bleibe in der Thierschstraße mitsamt seiner bisherigen Wirtin Reichel, die er in einem separaten Zimmer auf der Etage seiner neuen Wohnung einlogierte. Jetzt also war er zu Hause in Bogenhausen, einem vornehmen Viertel Münchens rechts der Isar, in einer Neunzimmer-Wohnung im zweiten Stock des Hauses Prinzregentenplatz 16.[21]) Ein Zimmer bezog Geli, die ohnehin in München ihr Gesangsstudium fortsetzen wollte. Den Haushalt führte Frau Anni Winter, die Gattin eines Parteigenossen, der beim „Völkischen Beobachter" beschäftigt war. Das Ehepaar wohnte ebenfalls im Haus.

„Häufiger als sonst", berichtet Heinrich Hoffmann, „besuchte Hitler in Gelis Begleitung Theater und Kinos. Auch an Autoausflügen mit Picknick auf einem verschwiegenen Plätzchen im Walde fand er plötzlich Gefallen." Sie war ja auch die einzige Frau, mit der er ins Theater ging. Während der Festspiele 1930 im Prinzregententheater wurden die beiden zusammen gesehen, wobei Geli mit einem „Weißfuchs von besonderer Schönheit" auffiel. Der Onkel war nicht mehr arm, er konnte seine Halbnichte mit Garderobe verwöhnen. Wenn er sie zum Stammtisch mitnahm, wenn sie zum angenehmen und heiteren Mittelpunkt der Männerrunde wurde und alle Blicke auf sich zog, dann saß inmitten dieser Runde ein wohlwollender, zuhörender Hitler, ganz entgegen seinen üblichen Gepflogenheiten, jedes Gespräch an sich zu ziehen. Freilich sonnte sich auch Geli in der Popularität ihres Onkels, der stets umringt war, dem Frauen die Hand küßten und um Andenken baten. „Klatschbase" Hanfstaengel, der Pressechef der NSDAP, will gesehen haben, wie Hitler in der Spielpause einer Oper wie ein Primaner sich mit Geli in einer Nische des Foyers herumdrückte und seine Angebetete um einen Kuß anflehte. Hanfstaengel, der später den Größen der NS-Regierung auf einen makabren Scherz hereinfiel[22]), ins Ausland floh und damit seinen Reinfall aller Welt kundtat, vergaß bei seiner Schilderung absichtlich, daß Hitler in Damenkreisen verschiedenster Prominenz nicht nur in hohem Kurs stand, sondern geradezu angebetet wurde. Auch seine Halbnichte Geli dürfte kaum imstande gewesen sein, sich seiner Faszination zu entziehen, wenngleich sie nichts dabei fand, sich ihre Anziehungskraft, ihren Charme gelegentlich auch von anderen Männern bestätigen zu lassen. Johann Gottfried Herder, der gleiche Herder, der auf den Modetrend seines Jahrhunderts, den „Panslavismus“ hereingefallen war, er sagte einmal: „Weiberschönheit macht durch ihren allmächtigen Zauber weise Männer zu Toren.“ Um einen Kuß von Geli zu ergattern, brauchte Hitler freilich nicht die Operngänge als Kulisse. Am Prinzregentenplatz 16 und auf dem Obersalzberg waren die Gelegenheiten weitaus größer.

War Geli Raubal eine Schönheit? Oder war sie eine jener Frauen, deren Eigenschaften sich zur klingenden Harmonie zusammmenfinden, deren optische Schönheit nicht alleine zählt? „Nicht, daß sie nun überaus hübsch gewesen wäre“, erinnert sich Ilse Heß, Gattin von Rudolf Heß, Stellvertreter des Führers der NSDAP, „aber sie hatte diesen berühmten Wiener Charme.“ Und schön ist immer das, was gefällt, und Gefallen findet der Mensch an dem, was er liebt. In der Frau-Mann-Beziehung freilich kann das zu einem Teufelskreis werden, in den sich das eine oder das andere Geschlecht mehr hineinziehen läßt. Daß Hitler Geli abgöttisch liebte, steht außer Zweifel, obgleich sie auch derb, spöttisch und streitlustig war, wie nach dem Krieg böse Zungen behaupteten. Es waren dieselben Zungen, die später von Eva Braun als dem kleinen Mädchen redeten, das für einen „Hungerlohn Filme verkaufte“. Es waren die Zungen der Eifersucht und des Neides, nicht selber an den ersten Mann des Reiches, den ungeheuer populären und verehrten Mann herangekommen zu sein, obwohl es an Gelegenheiten gewiß nicht gefehlt hatte.

Wollte Geli baden, dann ging es mit Picknick-Körben und einer kleinen Gesellschaft in zwei oder drei Autos über Land. Da war der Chiemsee für die Badenixe geradezu gut genug. Hitler selber badete niemals, er hatte etwas gegen den „Politiker in der Badehose“, wohl eingedenk des Skandals, den eine Illustrierte hervorrief, die auf der Titelseite Reichspräsident Ebert mit Minister Noske in Badehosen gezeigt hatte.

Nur Geli war es möglich, „Onkel Adolf“ zu einem Einkaufsbummel zu bewegen. Er konnte es nicht ausstehen, wenn sie Hüte probierte, ein Dutzend Paar Schuhe um sich herum hatte, einen Ballen Stoff nach dem anderen kritisch prüfte und dann nach langen Unterhaltungen mit der Verkäuferin ungeniert aus dem Laden ging, ohne daß ihr etwas gefallen hatte. Bei jedem Einkauf wiederholte sich das, Hitler wußte es, aber er war immer wieder gern in ihrer Begleitung.

Später bedauerte er, daß er nicht mehr allein und unbeobachtet durch die Stadt bummeln, daß er nicht mehr selbst einkaufen konnte. „Wie schön war das doch damals mit Geli“, schwärmte er dann den Sekretärinnen bei einer Teepause vor und schilderte, wie sie ihn in einen Hutsalon geschleppt, alle Hüte probiert und keinen passenden gefunden habe. „Aber du kannst das doch nicht machen und jetzt gehen, ohne etwas zu kaufen“, hatte er dann zu ihr gesagt. Aber sie hatte lachend geantwortet: „Aber dafür sind die Verkäuferinnen doch da!“

Bei all dem gab er sich als der gestrenge, wohl mehr eifersüchtige Onkel, der über alles wachte, was der Nichte seinen Ansichten nach schaden konnte. War es auch nur ein Kostüm, das sie sich für den Fasching ausgedacht hatte und ihm den Entwurf zeigte, dann fand er es zu gewagt. „Wenn du so etwas anziehen willst, kannst du genausogut nackt gehen.“ Über seinen Gegenvorschlag wurde sie ärgerlich, was für ihn wiederum Grund genug war, sich eifrig um bessere Stimmung bei ihr zu bemühen. Wollte sie dann zu einem Ball, mußte sie ihm tagelang in den Ohren liegen, bis er zustimmte. Zum „Bal paré“ im „Deutschen Theater“ durfte sie, von Hoffmann und Max Amann, einem Parteifreund, begleitet! Im Abendkleid durfte sie gehen, die Entwürfe für ein Faschingskostüm – von Modezeichner Ingo Schröder entworfen und von Hitler aufgegeben - waren „hervorragend und dekorativ“, aber eben zu auffallend. So geschah es, daß die beiden „Tugendwächter“ wie befohlen um elf Uhr mit Geli den Ball verließen. Hoffmann, der tags darauf Hitler auf diese Situation ansprach, bekam zu hören: „Wissen Sie Hoffmann, Gelis Zukunft liegt mir so am Herzen, daß ich mich verpflichtet fühle, über sie zu wachen. Ich liebe Geli und könnte sie heiraten. Gut! Aber Sie kennen meinen Standpunkt: ich will ledig bleiben. So behalte ich mir das Recht vor, Einfluß auf ihren Bekanntenkreis zu nehmen, bis sich der richtige Mann findet. Was Geli als Zwang ansieht, ist lediglich Vorsicht. Ich will verhindern, daß sie einem Unwürdigen in die Hände fällt.“

So einfach war das also für ihn, was für Geli sicherlich eine Last war. Ob aber auch völlig unerträglich? Aus den Erzählungen Hitlers über Geli war für Sekretärin Christa Schroeder „deutlich hörbar, daß er Geli für ein gemeinsames Leben zu erziehen gedacht hatte“. Denn nach einer Schwärmerei von der Verstorbenen sagte er einmal: „Es gab nur eine Frau, die ich geheiratet hätte." Aber was hätte sie es gekostet, nach ihrer Mündigkeit sich dem Einfluß ihres Onkels zu entziehen? Gab es da wirklich einen jungen Mann in Wien, mit dem es Geli ernst war? Immer wieder taucht er auf in den Memoiren, aber niemand weiß richtig von ihm. Es war gewiß nicht nur einer, der sich um Geli ernsthaft bewarb.

Es muß noch vor ihrem einundzwanzigsten Lebensjahr gewesen sein, als Geli einen Kunstmaler in Linz heiraten wollte. Hitler veranlaßte seine Schwester, dem jungen Paar ein prüfendes Jahr der Trennung aufzuerlegen. Aufgebracht schrieb der junge Mann an Geli: „Jetzt sucht Dein Onkel, der sich des Einflusses auf Deine Mutter bewußt ist, ihre Schwäche mit grenzenlosem Zynismus auszunutzen. Unglücklicherweise sind wir erst nach Deiner Großjährigkeit in der Lage, auf die Erpressung zu antworten. Er legt unserem gemeinsamen Glück nur Hindernisse in den Weg, obwohl er weiß, daß wir für einander geschaffen sind. Das Jahr der Trennung, das uns Deine Mutter noch auferlegt, wird uns noch inniger aneinander binden. Da ich selbst stets bemüht bin, gradlinig zu denken und zu handeln, fällt es mir schwer, das von anderen Menschen nicht anzunehmen. Ich kann mir jedoch die Handlungsweise Deines Onkels nur aus egoistischen Beweggründen Dir gegenüber erklären. Er will ganz einfach, daß Du eines Tages keinem anderen gehören sollst als ihm . . . Dein Onkel sieht in Dir immer noch das ‚unerfahrene Kind' und will es nicht verstehen, daß Du inzwischen erwachsen bist und Dir selbst Dein Glück zimmern willst. Dein Onkel ist eine Gewaltnatur. In seiner Partei kriecht alles sklavisch vor ihm. Ich verstehe nicht, wie seine scharfe Intelligenz sich noch darüber täuschen kann, daß sein Starrsinn und seine Ehetheorien sich an unserer Liebe und an unserem Willen brechen werden. Er hofft, daß es ihm in diesem Jahr gelingen wird, Deinen Sinn zu ändern; aber wie wenig kennt er Deine Seele."[23])

Es scheint so, als sei es dem Onkel doch gelungen, denn diesmal war die Rede von einem Musiker, einem Violinisten aus Linz. Das habe Mutter Raubal den amerikanischen Verhörern 1945 gesagt, auch daß er sechzehn Jahre älter als Geli gewesen sei.

Anni Winter blieb bis zu ihrem Tode dabei, daß Geli nicht ungern mit ihrem Onkel vorlieb genommem hätte. Hier also das Dilemma: Hitler hielt eifersüchtig alle jungen Männer fern, nahm sie aber nicht ganz. Er hatte immer nur wenig Zeit und dazu womöglich noch ein anderes Mädchen?

Und nun packte an diesem 17. September 1931 Hitler seine Koffer, was zu seinem Arbeitsalltag gehörte. Als Fotograf Hoffmann die Wohnung am Prinzregentenplatz betrat, half Geli packen. Beim Abschied beugte sie sich weit über das Geländer im Treppenhaus und rief dem Scheidenden nach: „Auf Wiedersehen, Onkel Adolf! Auf Wiedersehen, Herr Hoffmann!“ Hitler war auf dem Treppenabsatz stehengeblieben, blickte hinauf zu Geli und ging nochmals zurück, während Hoffmann unten an der Haustür wartete. Häufig schon war Hitler bei der Abreise nochmals ins Haus gegangen und hatte von der winkenden Geli noch einmal Abschied genommen. Als der schwarze Mercedes das Siegestor passierte, drehte sich Hitler, der stets neben dem Fahrer saß, nach hinten um und sagte: „Ich weiß nicht, ich habe heute ein so unangenehmes Gefühl ...“ „Wir haben Föhn“, erwiderte Hoffmann.

In Nürnberg stiegen die Herren im „Deutschen Hof“ ab, dem Hotel der Partei, und übernachteten auch dort. Am nächsten Morgen brauste der Wagen in Richtung Bayreuth davon. Bald sahen die Männer ein Taxi hinter sich, neben dem Fahrer ein Hotelboy vom „Deutschen Hof“, der aufgeregt mit den Armen fuchtelnd sich verständlich zu machen suchte. Fahrer Schreck trat auf die Bremse, der Boy meldete Hitler, Herr Heß aus München wollte ihn dringend sprechen, er warte noch am Telefon. In rasender Fahrt ging es zurück. Im Hotel vergaß Hitler, die Zellentür zu schließen, und man hörte ihn sprechen: „Das ist ja furchtbar ... Heß, antworten Sie ... ja oder nein! ... Lebt sie noch? ... Lügen Sie mich nicht an, sagen Sie mir die Wahrheit! Lebt sie oder ist sie tot? Heß ... Heß! ...“

Es kam keine Antwort mehr, die Leitung schien unterbrochen. Heinrich Hoffmann berichtet: „Nur noch ein einziges Mal habe ich ihn so fassungslos gesehen: als ich im Bunker der Reichskanzlei, im April 1945, für immer Abschied von ihm nahm.“

Schweigend raste die Mannschaft über die Landstraßen nach München. „Geli ist etwas zugestoßen“, hatte Hitler zu Schreck gesagt, „ich muß sie noch lebend sehen!“ Aber alle Raserei war sinnlos gewesen. Als Hitler zum Prinzregentenplatz kam, war die Leiche von der Polizei bereits freigegeben und lag im Leichenhaus.

Was war nun wirklich geschehen? Als Hitler bei der Abreise nochmals hinaufgegangen war, hatte er Geli die Wange getätschelt und ihr noch mit wenigen Worten gut zugeredet. Geli war ärgerlich gewesen. Sie hatte sich zuvor auf dem Obersalzberg aufgehalten, bei ihrer Mutter, wo sie die Nachricht ihres Onkels erreichte, sie möge sofort nach München kommen. Als sie in seiner Wohnung ankam, verließ er das Haus am Vormittag mit der Bemerkung, er sei zum Mittagessen wieder da. Es war aber schon vier Uhr nachmittags, als er wiederkam mit der Nachricht, daß er gleich wieder verreisen müsse, nach Nürnberg, wo er eine Unterredung mit Julius Streicher habe, dem Gauleiter von Franken. „Ich hab' wirklich gar nichts vom Onkel", klagte sie Frau Winter, die auch etwas Drepressives in diesen Stunden an ihr bemerkt haben will. Geli half das Zimmer ihres Onkels aufräumen, zog dabei ein blaues Papier aus einer Rocktasche, besah es, zerriß es in vier Teile und legte es gut sichtbar auf ein Tischchen. „Ich geh' mit einer Bekannten ins Kino", sagte sie zu der Haushälterin, „Sie brauchen mir heute Abend kein Abendessen zu richten." Frau Winter fand alles in Ordnung. Von einem Telefongespräch Gelis mit einer Freundin ist noch die Rede, was diese Freundin auch zugab. Vom Theater habe man gesprochen, auch über ein Kleid. Sonst nichts.

Als am nächsten Morgen Frau Winter in die Wohnung kam, blieb alles still; auch noch, als sie an Gelis Zimmertür klopfte. Die Tür war von innen verschlossen, aber es kam keine Antwort. Die Haushälterin holte ihren Mann, der die Tür aufbrach. Als sie sich geöffnet hatte, sahen sie mit Entsetzen, was sich ihnen bot: Da lag das junge, reizende Geschöpf in einem hellblauen, mit roten Röschen besticktem Nachthemd lang ausgestreckt in seinem Blut auf dem Boden. Auf einem Arm ruhte der Kopf, der andere wies zum Sofa, wo ein Revolver vom Kaliber 6,35 lag. Eine der vielen Pistolen Hitlers.

Rudolf Heß kam zuerst und der Arzt. Die Kugel war in die Brust gedrungen und Geli bereits tot. Nach den Reden der Ärzte wäre Rettung möglich gewesen. Zu viel Zeit aber war verstrichen zwischen dem Schuß und seiner Entdeckung. Geli war verblutet.

Die Partei tat jetzt alles, um einen Skandal zu vermeiden. Deshalb auch die Rede in dem Zeitungsbericht von Gelis Zimmer „auf der gleichen Etage", also nicht in Hitlers Wohnung.

Als Mutter Raubal in ihrem Schmerz von Haus „Wachenfeld" kam, sah sie ihre Tochter nur noch in der Friedhofskapelle. „Sie hatte

keinen Grund dazu“, sagte sie. In Wien sollte sie begraben werden, das war alles, was sie für ihr Kind noch tun konnte. Wußte sie um ein Geheimnis? Wußte sie etwas, was auch ihr Stiefbruder wußte? Hitler trauerte fassungslos, fühlte er sich auch schuldig? Tagelang aß er nichts, schlief nicht, zog sich von allem zurück, wollte die Wohnung nicht mehr sehen, schließlich alles aufgeben. Selbstmord wurde nun auch bei ihm ernstlich befürchtet. Er selbst war es gewesen, der Geli den Umgang mit der Pistole geraten hatte. „Du mußt dich schützen können, wenn du bei einem Politiker wohnst“, hatte er zu ihr gesagt.
Hatte das Mädchen die Pistole nur spielerisch angelegt, war es gar ein Unfall? Da war „die alte Reichel“, die Wirtin Hitlers von ehedem, die er mitgebracht hatte und die jetzt in einem Zimmer außerhalb der Wohnung hauste. Ungeniert wanderte sie – wenn sie es für nötig hielt oder es etwas zu erspähen gab – mit einem Stück Brot in der einen und mit einem Messer in der anderen Hand die Treppe auf und ab. Geli mochte die „alte Reichel“ nicht. Sie hatte auch Angst vor ihr. So viel Angst, daß sie sich stets eine Pistole ihres Onkels zur Seite legte, wenn sie sich allein mit der Reichel im Hause glaubte? So war es nicht selten, daß sie sich nachts in ihrem Zimmer einschloß, ein Zimmer, das mit geschmackvollen antiken Möbeln eingerichtet war – aus den Vereinigten Werkstätten von Professor Troost –, in dem sie sich auch gerne aufhielt. Und gerade diese „alte Reichel“ war es, die vorgab, an diesem Abend dumpfen Lärm und einen Schrei gehört zu haben. Ein Schrei wiederum deutete auf eine entsetzte Überraschung des Opfers. Sollte es also ein Unfall gewesen sein?
Oder wollte das junge Leben gar einen anderen Menschen für eine Kränkung ein Leben lang strafen, indem es sein eigenes Leben fortwarf? War es der Föhn, der Wind aus dem Süden, der ungestüm über die Alpen kommt, sensible Menschen beeinflußt und in München gefürchtet ist? Hatte er ein junges Leben hoffnungslos erscheinen lassen?
Hitler gab nicht nur vor, um seine Nichte zu leiden, er litt wirklich um sie. Es war wohl die erste Frau, die er wirklich geliebt hatte. Schon allein deshalb, da er Geli sich selbst aus Parteiräson unerreichbar gemacht hatte. Hier wird widerlegt, was so oft verbreitet wird: daß Hitler niemals fähig war, für einen Menschen tiefe Liebe zu empfinden. „Geli liebte Hitler“, sagte Frau Winter, der man nachsagt, daß ihr „nie etwas entgangen“ sei, „sie war ständig hinter

ihm her. Natürlich wollte sie einmal Frau Hitler werden." Auch an kleinen Episoden hätte sie das gemerkt. Heinrich Hoffmann aber war anderer Ansicht. Er glaubte an die „heimliche Liebe" in Wien. Frauen sind da freilich bessere Beobachter. Die Haushälterin hatte ja auch reichlich Gelegenheit dazu. „Es gibt gewisse Dinge", so schrieb Lessing, „wo ein Frauenzimmerauge immer schärfer sieht, als hundert Augen der Mannspersonen." Mit Frau Hoffmann soll Geli gesprochen haben über eine Liebe in Wien, einen Künstler. Hitler habe ihr verboten, mit Unterstützung ihrer Mutter, die Beziehung aufrechtzuerhalten.

Die wahren Gründe freilich werden für immer verborgen bleiben. Die Mitwisser, falls es solche gab, haben ihr Geheimnis mit ins Gab genommen. Für ein gesundes, junges und blühendes Leben aber hätten tausend Auswege offen gestanden, der Tod gehörte nicht dazu. „Die Natur hat die Frauenzimmer so geschaffen", sagte Lichtenberg, „daß sie nicht nach Prinzipien, sondern nach Empfindung handeln." Hat Geli nach Empfindung gehandelt, oder war es doch ein Unfall? Jenes blaue Papier, das Geli in vier Teile zerrissen hatte und wohl von ihrem Onkel nicht übersehen werden sollte, hatte die Neugierde Frau Winters geweckt. Sie hatte die Papierfetzen zusammengesetzt und den kleinen Brief wieder lesbar gemacht. In Handschrift geschrieben, las sie nach ihrer Erinnerung etwa dies: „Lieber Herr Hitler, ich danke Ihnen nochmals für die wunderschöne Einladung ins Theater. Ich werde diesen Abend so bald nicht vergessen. Ich verbleibe in Dankbarkeit für Ihre Freundlichkeit und zähle die Stunden bis zu einem Wiedersehen. Ihre Eva." Hatte Geli Eva Braun als Rivalin betrachtet? Die beiden Mädchen hatten voneinander gewußt, sich aber nie gesehen. Eva hatte Geli lediglich um die Zeit beneidet, die sie mehr an der Seite dieses interessanten Mannes sein durfte, als sie selbst. Hatte Geli um ihren Einfluß gefürchtet, um ihre Macht bei ihrem Onkel? Niemand kann es beantworten, Gelis Tod bleibt ein Rätsel für immer. Auf dem Zentralfriedhof in Wien fand sie ihre letzte Ruhestätte. Physisch und psychisch war Hitler nicht in der Lage, an dem Begräbnis teilzunehmen. Außerdem hatte er Einreiseverbot für Österreich. Zum ersten Jahrestag von Gelis Tod fuhr er mit einer Sondergenehmigung am 18. September 1932 nach Wien. Allein wollte er am Grabe stehen und in tiefer Trauer Blumen niederlegen. Er, der sich geschworen hatte, nur mit einer großen Botschaft nach Wien zurückzukehren, war für Geli seinem Grundsatz untreu geworden, was er niemals mehr tat.

Seit dem Tod Gelis wollte er kein Fleisch mehr auf seinem Teller sehen und kein tierisches Fett. Gelis Zimmer in München durfte außer ihm nur noch seine Wirtschafterin Anni Winter betreten. Alles blieb wie es war. „Die Frau", sagte er acht Tage später, „spielt im Leben eines Mannes doch eine größere Rolle, als man geneigt ist anzuerkennen, wenn man sie nicht entbehrt." „. . . was mir die liebende Hand eines weiblichen Wesens, das meinem Herzen nahe stand, wert war und was die dauernde Fürsorge, mit der sie mich umgab, für mich bedeutete, das merke ich erst jetzt, wo es mir fehlt. Die größte Lücke, eine gähnende Leere empfinde ich jedoch, wenn ich mich morgens zum Frühstück setze und wenn ich mittags oder am Abend nach Hause komme und dann eigentlich allein bin, ganz allein. Dabei ist doch meine Schwester da, wie vorher auch . . . Aber Geli war mir eben doch noch mehr. Ihr fröhliches Lachen war mir stets eine herzliche Freude, ihr harmloses Geplauder war mir eine Lust. Selbst wenn sie still bei mir saß und Kreuzworträtsel löste, umfing mich ein Wohlbefinden, das jetzt einem frostigen Gefühl der Einsamkeit gewichen ist."

Wöchentlich kamen frische Blumen in das Zimmer, in dem er künftig bis Kriegsbeginn alljährlich allein den Heiligen Abend verbringen sollte. Von jetzt hatte er sich auch vorgenommen, mit aller Macht für sein Ziel zu kämpfen. „In dieser Zeit", so berichtete Hoffmann, „waren seine Reden faszinierend und mitreißend wie nie zuvor. Eine suggestive Kraft ging von ihm aus, wenn er am Rednerpult stand. Der Dynamik seiner Worte konnte man sich nicht entziehen. Mir schien, als suchte Hitler im Trubel der Versammlungen Betäubung von seinem furchtbaren Schmerz."

Geli war in einer „Notgruft" beigesetzt worden. Über ihre letzte Ruhestätte war man sich allem Anschein nach nicht einig. Denn eine solche Notgruft wird in Wien immer dann benützt, wenn die endgültige Grabstelle noch nicht feststeht. Die Gebühren für die Gruft – so die Wiener Behörden – wurden bis Januar 1938 bezahlt, danach nicht mehr. Kam das den Behörden recht? Spielte Anpassung auch hier eine Rolle? Aus der Mitte des Drei-Millionen-Friedhofes kamen die sterblichen Überreste Angela Raubals nach fünfzehn Jahren im März 1946 in eine entlegene Ecke des Gottesackers und fanden in einer „Gemeinschaftserdgrabstelle“ ihre letzte Ruhe. Dort konnte man auf einer Marmortafel lesen:

> „Hier schläft in ewiger Ruhe
> unser geliebtes Kind Geli.
> Sie war unser Sonnenschein.
> Geboren am 4. 6. 1908 –
> gestorben am 18. 9. 1931.
>
> Familie Raubal.“

Im Dezember 1966 wurden dort die Gräber eingeebnet. Seitdem wächst Gras über Geli Raubals Leben und Erinnerung.
Hitler war nach dem Tod seiner Nichte selten bei Hoffmann zu sehen gewesen. Anfang des Jahres 1932 sagte Eva eines Abends zu ihrer Schwester Ilse: „Ich habe ihn gestern wieder gesehen, als er bei Hoffmann war, der ihn eingeladen hatte. Er erzählte von seinem Schmerz. Jetzt weiß ich, daß Gelis Tod eine Katastrophe für ihn war. Sie muß eine außergewöhnliche Frau gewesen sein.“

DER SCHUSS

Auch Eva Braun war nicht nur Durchschnitt, davon wußte Hans Baur, der Flugzeugführer bei den Deutschlandflügen, zu schwärmen. Sah sie jetzt – bewußt oder unbewußt – ihre Stunde kommen? Wollte sie schlicht dem Mann, der nun einsam schien, das Trübsal erleichtern, ihm sein Leid tragen helfen? Erst mit dem Tod einer Frau, so schien es, hatte Eva begriffen, daß Hitler über seine alltäglichen Frauenbegegnungen hinaus einem weiblichen Wesen zugänglich war und es tief verehren konnte. Möglich, daß die junge Angestellte bei „Foto Hoffmann" erst durch das Unglück überraschend bemerkte, daß dieser Mann zu erreichen war; möglich aber auch, daß jetzt zu keimen begann, was nur geschlummert hatte. Für Hitler war sie ja zuvor schon seine „schönste Nixe bei Hoffmann" gewesen. „Eine außergewöhnliche Schönheit", urteilte Hans Baur später, und auch seine Frau hatte zugeben müssen, selten so ein hübsches Mädchen gesehen zu haben „wie dieses". Frau Baur hatte Eva bei Hoffmann gesehen, mehr wußte sie nicht.

Und nun versuchte Eva, Geli Raubal zu ersetzen. Sie versuchte nachzuahmen, was sie von der Toten aus Hitlers Gesprächen wußte: die Frisur, die Kleidung und sogar, wenn man Zeugen glauben darf, die Gesten, die Art, sich zu bewegen. Aber das war nicht fehlendes Selbstbewußtsein der Eva Braun. Das war eine weibliche Schwäche, oder vielleicht sogar eine Stärke, sich dem Angebeteten schmackhafter zu machen. Ein prominentes Beispiel: Die große und gefeierte Katharina Schratt, Hofschauspielerin in Wien und Freundin Kaiser Franz Josef I., versuchte verschiedentlich, Kaiserin Elisabeth II. nachzuahmen. Der Kaiserin, der Schratt sonst nicht abhold, ja, sogar über Jahre in Freundschaft verbunden, wurde das manchmal zuviel und verschaffte sich in Versen Luft:

„Sie bringt sich mit ihr Butterfaß,
Und läßt sich Butter bereiten.
Sie macht mit Cognac die Haare naß
Und lernt am End' noch reiten.

Sie schnürt den Bauch sich ins Korsett,
Daß alle Fugen krachen.
Hält sich gerade wie ein Brett
Und ‚äfft' noch andere Sachen."[24])

Immer wieder war der Parteimann mit der jungen blonden Grazie in der Osteria Bavaria zu sehen, im Theater, beim Abendessen oder in der Schauburg, immer in Begleitung des Ex-Oberleutnants Brückner. Oft war sie jetzt auch zu Gast in der Wohnung des Parteiführers, was zu Gelis Lebzeiten nicht denkbar gewesen war. Wenn Hitler in München war, dann war auch Eva am Prinzregentenplatz. „Samstag", so Anni Winter, „erschien sie immer in der Wohnung am Prinzregentenplatz mit einem kleinen Köfferchen." Die Bindung war sichtlich enger geworden, und vieles deutet darauf hin, daß Eva in den ersten Monaten des Jahres 1932 Hitlers Geliebte wurde. In ihrem Foto-Tagebuch von 1932 gibt es ein Bild: Hitler und Eva reichen sich die Hände und sehen sich an. Eva schrieb darunter „. . . die kenne ich nämlich sehr gut!" Somit also war das Band gebunden, das zwei Liebende zusammenhält, hatte sich Eva Braun auf Gedeih und Verderb Adolf Hitler verschrieben.

Dem Parteimann freilich schwebte die Rettung der Nation und ein Großdeutsches Reich vor Augen, daran konnte auch die Liebe einer jungen Frau nichts ändern. Parteifreunde fürchteten ohnehin den nachteiligen Einfluß des schönen Geschlechtes auf Hitler. Jetzt, da am 13. März 1932 Hitler die Wahl für das Reichspräsidentenamt verlor, war doppelte Anstrengung nötig. „Wenn wir jetzt trotzig wieder an die Arbeit gehen", schrieb Joseph Goebbels am Wahltag in sein Tagebuch, „dann können wir die Scharte auswetzen. Der Führer ist auch sofort dazu entschlossen. Das gibt seiner Umgebung wieder Mut."

In der Tat hatten die Nationalsozialisten keinen Grund, mutlos zu sein. Ein Drittel der Wählerstimmen war auf Hitler gefallen, seine Popularität begann weiter zu steigen. Auch Hindenburg hatte die absolute Mehrheit nicht erreicht, ein zweiter Wahlgang war nötig geworden. Sein erster „Deutschlandflug" vom 3. bis 10. April brachte den Wahlredner der NSDAP in zwanzig Städte. Mit dem Flugzeug von Stadt zu Stadt; in acht Tagen zwanzig Reden. Eine Leistung von unvorstellbarer Strapaze. Am 10. April bekam Hitler gut zwei Millionen Stimmen mehr, aber Hindenburg erhielt die absolute Mehrheit. Kanzler Brüning von der Zentrum-Partei fühlte sich bestätigt und verteilte nun seine Schläge. SA (Sturmabteilung) und SS (Schutzstaffel), die Kampfverbände der NSDAP, wurden verboten, begleitet von Hausdurchsuchungen bei ihren Führern. Am gleichen

Tag wandte sich Hitler an seine Wähler, erinnerte sie an die Landtagswahlen am 24. April 1932: „Unsere Antwort auf diesen neuen Verzweiflungsschlag des Systems wird keine Parade, sondern ein Hieb sein. Am 24. April ist der Tag der Vergeltung. Zu dem Zweck empfehle ich Euch, meine ehemaligen Kameraden der SA und SS, folgendes an: Erstens, Ihr seid von jetzt ab nur noch Parteigenossen. Zweitens, Ihr erfüllt als Parteigenossen Eure Pflicht, indem Ihr Euch in den Sektionen und Ortsgruppen zur politischen Wahlarbeit als Parteigenossen freiwillig mehr als je zur Verfügung stellt. Drittens, gebt den augenblicklichen Machthabern keinen Anlaß, unter irgendwelchen Vorwänden die Wahlen aussetzen zu können. Viertens, verliert nicht den Glauben an die Zukunft unseres Volkes, an die Größe unseres Vaterlandes und an den Sieg unserer Sache, die beiden dienen soll. Ich werde mein Letztes hergeben für diesen Kampf und damit für Deutschland . . . Solange ich lebe, gehöre ich Euch und Ihr gehört mir."
Die Landtagswahlen schlagen quer durch Deutschland für die Nationalsozialisten zu Buch, teilweise sogar beachtlich. Die „Times" schreibt am 26. April 1932: „Hitler hat aufgehört, ein Revolutionär zu sein. Er ist ein einflußreicher Demagoge geworden. Bald wird er vielleicht ein verantwortungsbewußter Politiker werden. Er wird in seiner neuen Machtstellung mehr als bisher mit den Führern der anderen Parteien in Fühlung kommen, und seine Leute im Parlament werden sich an parlamentarische Arbeit gewöhnen, die schließlich auf Geben und Nehmen, auf Verhandlungen und Kompromissen beruht." Schon im Vorjahr hatten sich Kreise der protestantischen Kirche in Deutschland mit der NSDAP auseinandergesetzt. „Wenn wir heute davon hören", so klagte der „Christlich-soziale Volksdienst", „daß Hunderte von Pfarrern dem Banner des Hakenkreuzes folgen, so fragen wir uns, wo das enden soll." Selbst kritische Strömungen in der Kirche sahen in den Nationalsozialisten „eine aus tiefen Gründen erwachsene geistige Ideenbewegung".[25]) Katholische Christen freilich klagten gegen den Drang der künftigen Zeit. Wohl fürchteten sie die Gefahr aus dem Osten, die Bolschewisierung des Abendlandes; der neue Christus aber, wie ihn die Nationalsozialisten sahen, der Lehrende, der Aufklärende, nicht mehr Leidende, war nicht mehr ihr Christus. Das war nichts anderes als die Saat von Hegel und Nietzsche. So fürchteten sie nicht nur den drohenden Vormarsch

aus dem Osten, sondern auch den Tausch des Hakenkreuzes gegen das Kreuz von Golgatha. 1932 konnte man sogar in der Zeitschrift „Sozialistische Arbeiterpartei“ lesen: „Das sozialistische Element im Nationalsozialismus, im Denken seiner Gefolgsleute, das subjektiv Revolutionäre an der Basis, muß von uns anerkannt werden.“ Kein anderer war es, der diese Worte schrieb, als jener, der als Frahm nach Norwegen ging und von dort als Willy Brandt 1945 wiederkehrte.

Im preußischen Landtag schlägt Ende Mai ein Kommunist einem Nationalsozialisten ins Gesicht. Darauf räumen die Abgeordneten der NSDAP eigenhändig den Saal. Acht Schwerverletzte verschiedener Parteien liegen am Boden. „Wir stehen als Sieger auf den Trümmern“, notiert Goebbels. Am 1. Juni 1932 meldet „Giornale d'Italia“: „Es ist klar, daß man in Deutschland einer Herrschaft Hitlers entgegengeht, die die natürliche Herrschaft der nationalen Mehrheit sein wird und dem Willen des Volkes entspricht.“

Am gleichen Tag wird der frühere Zentrumsabgeordnete Franz v. Papen Reichskanzler ohne Mehrheit. Die Reichstagswahl wird vorgezogen auf den 31. Juli. Schon am 17. Juli, als die Nationalsozialisten mit etwa 7000 Personen durch Altona ziehen, schießen die Kommunisten von den Dächern. Siebzehn Zivilisten sterben.

Aus der Reichstagswahl vom 31. Juli 1932 geht die NSDAP mit 37,3 Prozent als Sieger hervor, lassen die Sozialdemokraten als zweitstärkste Partei mit 22,16 Prozent zurück. „Es scheint“, so schreibt die „Daily Mail“, „daß der Weg für eine Mitarbeit des Zentrums in der Regierung offen ist. Auf diese Weise würde die herrliche Energie und der Idealismus der Nationalsozialisten vereinigt werden mit der Mäßigung und dem Konservatismus der Zentrumspartei . . .“

Hitler aber, von Reichspräsident Hindenburg zur Mitarbeit in der Regierung aufgefordert, lehnt ab. Alles oder nichts ist seine Devise.

Am 12. September löst Papen den Reichstag auf. Am 17. September wird für den 6. November die Neuwahl des Reichstages ausgeschrieben.

Vom 11. Oktober bis 4. November hat Hitler seinen Wahlfeldzug angesetzt. Zu seinem vierten Deutschlandflug besteigt er eine dreimotorige Junkers, die Ju 52. Neunundvierzig Städte fliegt er an, neunundvierzig Wahlreden mit Hindernissen und Nöten, mit übermenschlicher Belastung, mit enthusiastischem Jubel, aber auch mit Steinwürfen und Morddrohungen.

In all dieser Turbulenz der letzten Wochen und Monate, in dem Auf und Ab des Parteienhaders, der Regierungskrisen, der Hektik und des Kampfes um die Macht, wartet ein kleines Mädchen in der Bayern-Metropole immer sehnsüchtiger auf Zeichen der Liebe. Hitler ist kaum noch in München. Ist er dennoch da, hält ihn sein Ziel der menschlichen Sphäre fern. Anfänglich sind kurze Nachrichten von da und dort gekommen. Immer wieder treffen bei Hoffmann neue Bilder ein: Hitler umschwärmt von der rasch wachsenden Zahl seiner Anhänger, umgeben von schönen Frauen. Schließlich bleiben die tröstenden Zeilen ganz aus, und das kleine Mädchen verzweifelt. Es ist der 1. November, Allerheiligen, der Tag, an dem man der Toten gedenkt und sie an ihren Gräbern ehrt. Ein Tag, an dem es manchmal schon schneit. Es ist frostig. Die Eltern Braun sind an die Familiengruft gereist, niemand hat geheizt, die Wohnung ist kalt und leer. Eva ist allein zu Hause. In den Abendstunden schreibt sie einen Brief. Sie geht in das elterliche Schlafzimmer – und dann kracht ein Schuß. „Alleinsein, Zweifel", so glaubt Herta Schneider, „führten zur völligen Verzweiflung und so kam es zu dieser Kurzschlußhandlung. Es muß eine solche gewesen sein, denn selbst ich, die Eva Braun so gut kannte, hätte dies nie für möglich gehalten." Als Schwester Ilse nach Hause kommt, liegt Eva „ausgestreckt auf der rechten Seite des Bettes, hatte aber das Bewußtsein wiedererlangt. Überall war Blut, auf den Laken mit den bestickten Säumen, auf den rosa Kissen – ich erinnere mich noch heute an die Farbe – und es waren sogar kleine Blutflecke an der Decke."

Ilse Braun, zunächst fassungslos, sah nur Blut. Auch ein Wasserglas in Scherben sah sie und dachte an einen Überfall, bei dem sich Eva nur gewehrt hätte. Aber in dem Glas war Wasser gewesen, der Frost hatte es zersprengt. In Vaters Pistole aus der Nachttischschublade, Kaliber 6,35, fehlte nur eine Patrone, davon steckte die Kugel in Evas Körper. In ihrer Not hatte die Todeskandidatin bereits den Arzt angerufen. Doktor Plato kam, der Schwager Heinrich Hoffmanns, und brachte Eva ins Krankenhaus.

Der Abschiedsbrief hatte Hitler erschreckt; mit einem großen Strauß Blumen kam er ins Krankenhaus. Aber dann kam die entscheidende Frage an den Arzt: „Doktor, sagen Sie mir die Wahrheit! Hat sich Fräulein Braun nur einen harmlosen Schuß beigebracht, um sich interessant zu machen und meine Aufmerksamkeit mehr auf sich zu

Links oben: „Das war vor rund 23 Jahren", schrieb Eva Braun unter dieses Bild. Es zeigt sie als Baby mit ihrer Mutter Franziska Braun, geb. Kranburger, in der Wohnung ihrer Eltern in der Isabellastraße 45 in München, wo sie zur Welt kam (rechts oben). Unten: Die Geschwister Ilse und Eva Braun

Ilse und Eva im ersten Faschingskostüm

Von der Hohenzollernstraße 93, wohin die Eltern umgezogen waren, ging Eva zur Schule. In der Räumen der Apotheke war vor dem Krieg ein Bäckerladen.

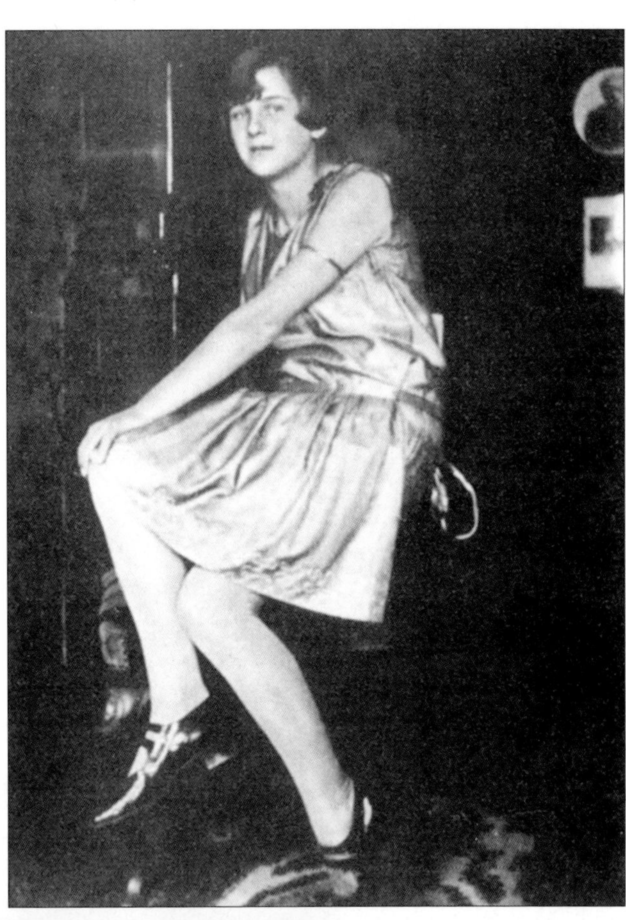

Noch von Vater und Mutter behütet,
aber schon in der Tanzstunde

Eva, etwa fünfzehn Jahre alt

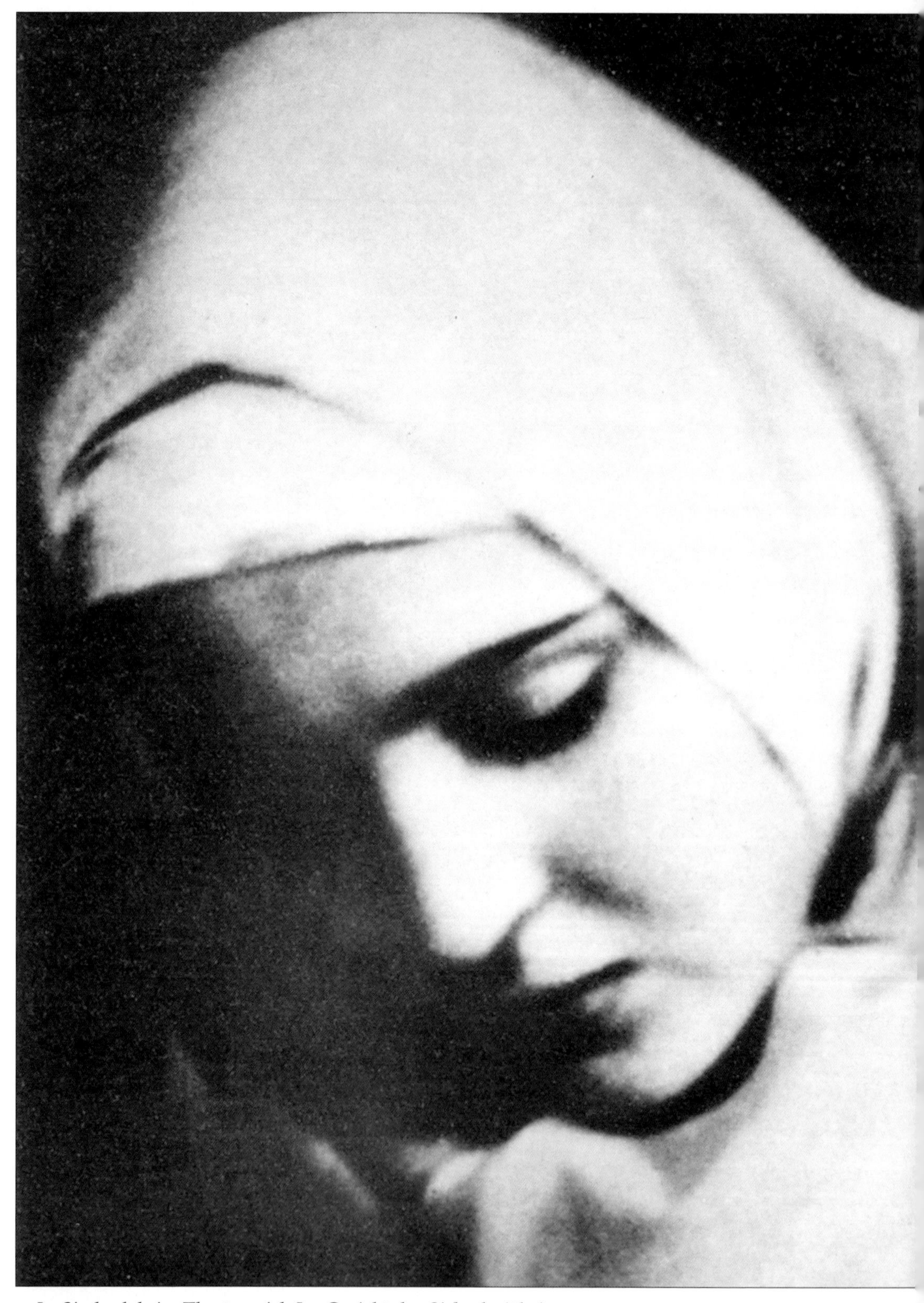

In Simbach beim Theaterspiel: Im Gesicht der Siebzehnjährigen spiegelt sich das Schicksal der Dreiunddreißigjährigen.

Das Lieblingsbild Hitlers. Eva Braun mit siebzehn Jahren

Die typische Atmosphäre der 1920er Jahre zeigt diese Aufnahme der Familie Braun mit Freunden. Fritz Braun (links), Franziska Braun (rechts). Unten die drei Töchter Gretl, Ilse und Eva (v.l.n.r.)

Eva Braun voller Begeisterung auf einer Münchener Eisbahn

Die junge Angestellte Eva Braun in Münchens Amalienstraße im Fotoatelier Hoffmann

Auf dem Motorrad von Hertas Bruder Walter Ostermayr.
Von links: Eva Braun, Inge Schropp, eine Freundin und Herta Ostermayr

Aus den Schülerinnen wurden Frauen. Freundin Herta (links) war nach einem Jahr England-Aufenthalt „plunzert" nach Hause gekommen.

Adolf Hitler in SA-Uniform

Dreimal Halbnichte Geli Raubal, wie Hitler sie liebte: verschmitzt und den Schalk im Nacken, versonnen lächelnd und als Dame. Stundenlang zog sie ihn durch Geschäfte und Modehäuser. Ihr Tod mit dreiundzwanzig Jahren ist bis heute nicht eindeutig geklärt.

Haus Wachenfeld im Jahr 1933

'Haus Wachenfeld im Winter

Das „Braune Haus" in München, die Zentrale der NSDAP

Foto: National Archives and Records Administration

Prinzregentenstraße 16, im zweiten Stock die Privatwohnung Hitlers in München. Hier war Eva Braun häufig zu Gast. Hier empfing Hitler auch Staatsgäste.

Die „Osteria Bavaria" in der Schellingstr. 62 wurde nach dem Krieg zur „Osteria Italiana". Hier speiste Hitler auch noch als Kanzler. Manchmal gehörte auch Eva zu dieser Gesellschaft.

Deutschlandflug Hitlers vor der Reichspräsidentenwahl 1932. Von links: Hanfstaengl, Hitler, Schaub, Hoffmann, Baur, Brückner

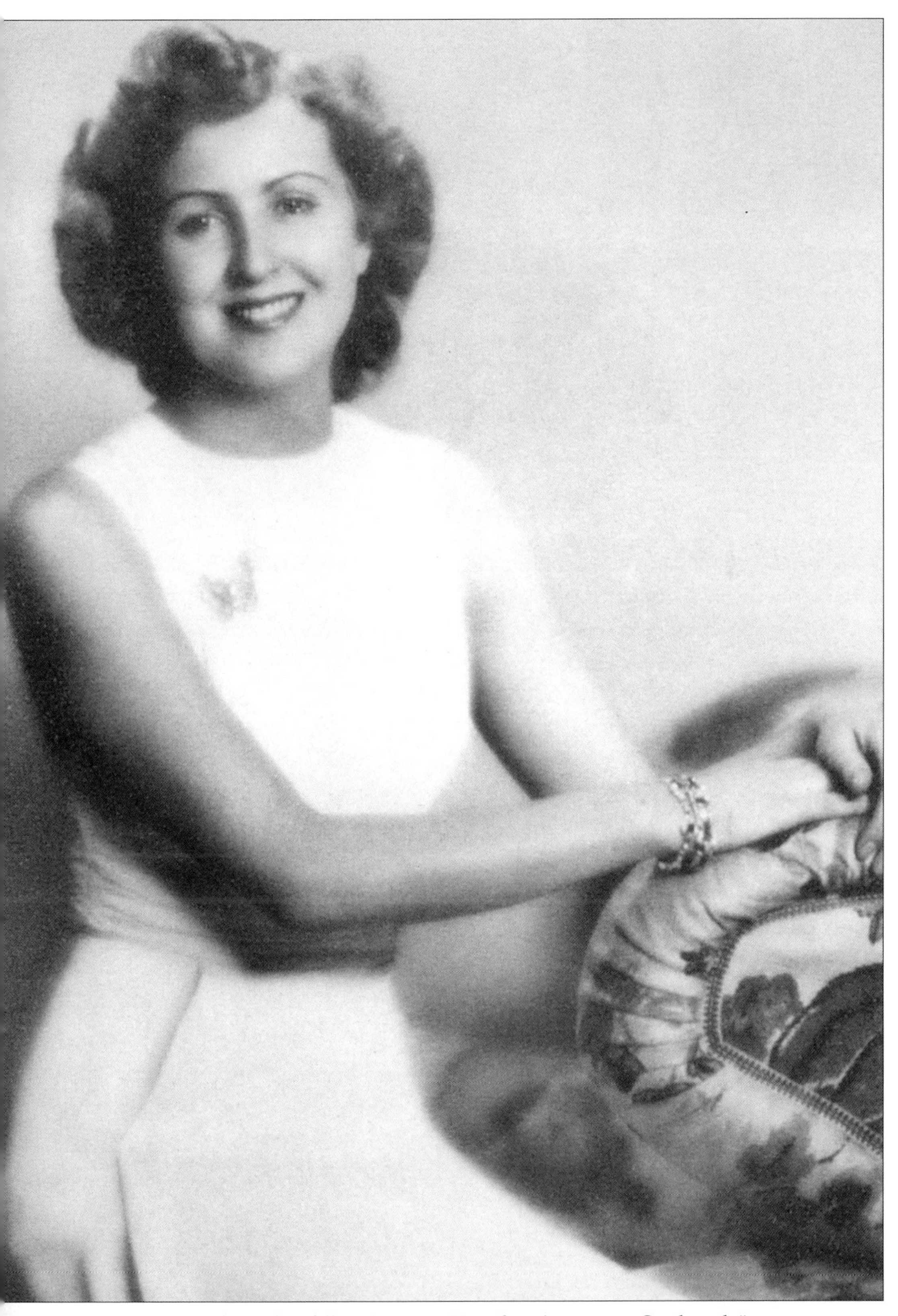

„Hat sie dir auch gefallen? Ja, unser Vater hat einen guten Geschmack."
Das sagte der Kommandeur der Leibstandarte Sepp Dietrich zu Flugkapitän Hans Baur.

Zu Friedenszeiten trug Hitler am liebsten Zivilkleidung. Eine seltene Aufnahme auf dem Königssee. Im Hintergrund St. Bartholomä.

Gern wäre die Tochter des Gewerbelehrers Fritz Braun Schauspielerin geworden, aber der Vater hatte für diese Ausbildung kein Geld. Eva sollte einen „anständigen" Beruf ausüben.

lenken?" „Sie hat auf ihr Herz gezielt", antwortete der Arzt, „wir haben sie noch zur rechten Zeit retten können."
Zu seinem Fotografen sagte Hitler: „Sie haben gehört, Hoffmann, das Mädel hat es aus Liebe zu mir getan. Aber ich habe ihr doch keinen Anlaß gegeben, der ihre Tat rechtfertigen würde." Und nach einer Pause mehr zu sich selbst: „Es ist doch klar, daß ich jetzt für sie sorgen muß."
Dem Fotografen aber war daran nichts klar. „Niemand kann Ihnen die Schuld an Evas Selbstmordversuch geben", erwiderte er. „Wer wird das einsehen?" gab Hitler zurück. „Und noch etwas: wer gibt mir die Gewähr, daß sich der Fall nicht wiederholt?" Das war es, was der Führer vermieden wissen wollte. Wußte Eva darum und baute sogar darauf?
Darauf wußte freilich auch Hoffmann nichts zu sagen. „Wenn ich für sie sorgen will", fuhr Hitler fort, „so soll das nicht etwa heißen, daß ich sie heirate . . ." Wenn dann Erna Hoffmann, die Frau des Fotografen, unter den Augen von Marion Schönmann, für das erste Wiedersehen mit Hitler Eva auf „leidend" schminkte, so war damit wohl mehr der Befriedigung weiblicher List gedient. Denn die „noch immer bleiche Eva" hatte er bereits im Krankenhaus bleich gesehen und die Komödie, ob erkannt oder nicht erkannt, spielte bei Hitlers Entscheidung sicher nicht mit.
Die Kugel, in der Schultergegend steckengeblieben, war entfernt, eine belanglose Narbe zurückgeblieben. Als sie aus der Klinik kam, glaubten die Eltern gern, daß es niemals ein Selbstmordversuch war, daß sich der Schuß unabsichtlich gelöst habe, als sie Vaters Pistole neugierig betrachtete.
Gern gab der Vater – wollte er sich seiner Waffe wegen schuldig fühlen – zu dieser Schilderung seinen Segen. Denn des Vaters Segen, so steht es schon in der Bibel, bauet den Kindern Häuser, und auch die Mutter wollte nicht fluchen, nicht niederreißen, nicht zerstören. Allein Eva wußte, daß sie sich in Gefahr begeben hatte und dabei – aus jeder Sicht zufällig – nicht umgekommen war, sondern glücklich überlebt hatte. So hatte ein Schuß gefestigt, was ein anderer Schuß fünfzehn Monate zuvor gelöst hatte: die irdische Bindung zweier Menschen. Nichts war verwelkt wie ehedem. Mit einem kalten Regenschauer begann eine kleine Pflanze erneut zu sprießen.

DIE NEUE ZEIT

Bei aller Liebe freilich ließ Hitler keinen Zweifel darüber aufkommen, daß er von der Vorsehung dazu ausersehen war, die Geschicke des Reiches in die Hand zu nehmen, sein Volk großen Zeiten entgegenzuführen. Obwohl er sich nun sagen konnte, daß er einen privaten, einen menschlichen ruhenden Pol, eine persönliche Heimat in einer Frau gefunden hatte, blieb er dabei, daß seine Braut Deutschland hieß. Von Fritz Wiedemann – ehemaliger Vorgesetzter Hitlers im Ersten Weltkrieg und jetziger opportunistischer Gefolgsmann – darauf hingewiesen, daß ein Junggesellendasein doch recht inhaltlos sei, erwiderte Hitler lächelnd: „Es hat auch Vorteile. Und für die Liebe halte ich mir eben in München ein Mädchen." „Das ist das Schlimmste an der Ehe", sagte er später, „sie schafft Rechtsansprüche! Da ist es schon viel richtiger, eine Geliebte zu haben . . ."
Diese Geliebte hatte er jetzt, hatte sie heimlich. Eine Braut aus Fleisch und Blut hätte in der Tat Ansprüche gestellt an ihn und auf ihn. Brautglocken, so mag er sich gesagt haben, sind der Politik Sterbeglocken. Und er brauchte Wählerstimmen, brauchte die Stimmen der Frauen mehr als zuvor, und er war sich seiner Wirkung auf das andere Geschlecht bewußt.

Eva aber dachte nicht an Heirat, wenigstens jetzt noch nicht. Sie wollte ihn nur sehen, ihm die Hand drücken, für ihn da sein dürfen. Aber ein Politiker, so hatte er ihr schon zu Anfang ihrer Bekanntschaft gesagt, sei kein gewöhnlicher Mensch. Er sei nie zu Hause, stets der Öffentlichkeit preisgegeben, habe kein Privatleben. Daß Eva kein „politischer Blaustrumpf" war, gefiel ihm an ihr besonders. Aber was bedeuteten schon menschliche Regungen, was bedeutete der Herzschlag einer Frauenseele gegen eine Mission in der Geschichte? Und es brodelte in Deutschland mehr als zuvor und auch in der NSDAP. Mit Gregor Strasser, Niederbayer und Organisationsleiter der Partei in Norddeutschland, drohte die Palastrevolution. Anders als Hitler, reizte ihn der angebotene Ministerposten in der Regierung des intriganten Generals v. Schleicher, seit 3. Dezember 1932 Reichskanzler, Reichswehrminister und Reichskommissr für Preußen. Da Strasser dazu die nötige Gefolgschaft fehlte, legte er zwar am 8. Dezember alle Ämter nieder, aber auch das war ein schwerer Schlag für die Partei. Aber das war es nicht allein. Im Wettlauf um die Macht war die NSDAP in Zeit- und Geldnot geraten. Schwere Schulden drückten und drohten der Existenz der mittlerweile gewaltigen Organisation. „Wir sind alle sehr deprimiert", schrieb der Berliner Gauleiter Joseph Goebbels in sein Tagebuch, „vor allem im Hinblick darauf, daß nun die Gefahr besteht, daß die ganze Partei auseinanderfällt und alle unsere Arbeit umsonst getan ist."

Der Parteiführer, noch immer nicht der Not seiner Partei gehorchend, sondern seinem eigenen Trieb, blieb hart bei „alles oder nichts". Auch Schleicher hatte keine Zauberformel. Seltsam, daß weise Männer und ein großer Teil des Volkes solch eine Formel von Hitler wenig später erwarten sollten. Aus der Not eine Tugend zaubern, das hatten schließlich zwanzig Regierungen seit Kriegsende 1918 nicht vermocht. Auf über sechs Millionen waren die Arbeitslosen mittlerweile angewachsen, das Arbeitslosengeld betrug nur einen Bruchteil dessen, was ein Erwerbsloser unserer Tage erwartet. Mit Kurzarbeitern und der Dunkelziffer der nicht registrierten Arbeitsuchenden schätzten die Behörden sogar knappe neun Millionen.

„Wer in Deutschland führt", so schrieb der Zentrumsvorsitzende, Prälat Ludwig Kaas, in seinem Neujahrsaufruf 1933, „ist an sich herzlich gleichgültig. Wichtig ist nicht, was er ist, sondern was er kann. Ob Generalstreifen ihn zieren oder ob er die Schwielen der Arbeit an den Händen trägt – entscheidend ist nur, wohin er führt und daß am Ende seines Weges der Frieden steht und nicht der Kampf aller gegen alle."

Nachdem der Versuch Schleichers gescheitert war, mit Hilfe Strassers die nationalsozialistische Partei zu spalten, war für Hitler wieder mehr als nur ein Silberstreif am Himmel zu sehen. Am 28. Januar 1933 trat der Kanzler-General zurück. Auch er hatte kein Rezept besessen zur Beseitigung der Arbeitslosen, der Not und des Elends; auch der Soldat hatte es nicht vermocht, die Straßen- und Saalschlachten der Vergangenheit zu überlassen und für Ruhe und öffentliche Ordnung zu sorgen. Was aber weit mehr zählte: Bei der Reichstagswahl vom 6. November 1932 hatten Sozialdemokraten und Nationalsozialisten Verluste erlitten, die Kommunisten dagegen beachtlichen Stimmenzuwachs erhalten. Unverkennbar begann sich eine Tendenz abzuzeichnen, die das Schreckgespenst nur noch wachsen ließ und roten Alarm auslöste. Möglicherweise stieß manchem jetzt auf, was der Komintern-Sekretär für Westeuropa, Manilski, 1930 gesagt hatte: „In zwanzig oder dreißig Jahren werden wir die Welt überraschen, und da die Überraschung das wesentliche Element unseres Sieges ist, muß die Bourgeoisie eingeschläfert werden. Der Anfang wird sein, daß wir die gewaltigste Friedenskampagne aller Zeiten in Gang bringen. Wir werden unerhörte Zugeständnisse machen, die wie der Blitz einschlagen werden. Die dummen und kapitalistischen Staaten werden dann in aller Selbständigkeit an ihrer eigenen Vernichtung mitwirken. Mit weit offenen Armen werden sie die Gelegenheit begrüßen, mit uns freundschaftliche Beziehungen wiederaufzunehmen, und sobald sie in ihrer Wachsamkeit nachgelassen haben, werden wir sie in den Boden schlagen."[26])

Bereits in den ersten Januartagen hatte es Besprechungen zwischen Papen und Hitler gegeben. Männer der Wirtschaft und der Industrie machten kein Hehl daraus, daß sie an diesen Besprechungen interessiert waren. Sie fürchteten den Bolschewismus nicht nur von innen. Schon in jenen Jahren sahen weitblickende Köpfe den roten Koloß im Osten seine Grenzen überschreiten. Die roten Zaren, das galt als sicher, würden die zaristische Expansionspolitik der letzten Jahrhunderte dogmatisch und unaufhaltsam fortsetzen, sobald sich das Riesenreich vom blutigen Bürgerkrieg erholt hatte. Schon Friedrich der Große hatte Europa vor Rußland gewarnt. Dazu war jetzt die pathologische Idee von der „Weltrevolution", von den Moskowitern laut verkündet, deutlich genug. Und Lenin war es, der den Schlüssel zur Weltrevolution in Europa sah, den Schlüssel zu Europa aber wiederum in Deutschland. In dem Parteiführer Hitler sahen schließlich die „Großkopferten" wie auch das Volk die große Wende, sah man den starken Mann, der allen Gefahren zu trotzen im Stande war. Der Siegeszug der braunen Kolonnen war nicht mehr aufzuhalten. Für Reichspräsident Hindenburg war Hitler freilich stets nur der „böhmische Gefreite" gewesen. Als Soldat war er im Krieg von 1866 nach Braunau in Böhmen gekommen, an ein österreichisches Braunau dachte er nicht. Jetzt aber hatte er keine große Wahl. 1918 hatte er seinen Kaiser aus dem Land geschickt, ungern nur, aber er tat es. Nun soll der alte Herr den „böhmischen Gefreiten" zum Kanzler machen, widerstrebend nur, aber er wird es tun.

Freilich gab es immer noch Menschen in diesem Weimarer Staat, die an die Republik glaubten. „. . . die deutsche Republik muß den Glauben an ihre Kraft und ihr Recht lernen", schrieb Thomas Mann, „sie soll wissen, wie stark sie im Grunde ist . . ." Aber wie lange noch glauben und hungern, wie lange noch lernen, mit der Ohnmacht zu leben? Nur wenige Menschen konnten sich auf sich selbst besinnen, zu sich selbst Zuflucht nehmen, ihr Leben nach innen leben. Nicht viele waren geneigt, eine Philosophie zu Hilfe zu rufen, alles um sie herum geduldig und heroisch hinzunehmen und sich vorzumachen: „Mein Reich ist nicht von dieser Welt", wie mancher große Geist es versuchte. Dazu gehörte vor allem ein voller Magen. „Das Schicksalsjahr des Nationalsozialismus", überschrieb die „Kölnische Zeitung" einen Riesenartikel am 1. Januar 1933.

Eine Armenschwester klingelt am 30. Januar 1933 in der Hohenzollernstraße an einer Wohnungstür. „Fritz Braun, Gewerbelehrer" liest sie auf dem Messingschild. Sie ist hier nicht mehr fremd. Geld möchte sie erbitten und etwas Eßbares, wofür sie einen Tragkorb in der Hand hält. Nach ihren wiederholten „Vergelt's Gott" für die Spenden sagt die Nonne: „Welches Glück, daß der freundliche Herr Hitler die Macht übernommen hat. Gott sei gelobt."

So hörte Eva – sie durfte sich an diesem Nachmittag von der Nachtarbeit des Vortages ausruhen – von der Nonne, daß ihr Geliebter der Kanzler des Reiches geworden war. Mutter Braun freute sich mit Eva über den Sieg. Fritz Braun aber, beim „Freikorps Oberland", war im Grunde immer noch Monarchist geblieben. Für ihn war Hitler ein Kanzler, den er bereits wieder scheiden sah. „Nun haben wir so viele Kanzler nacheinander gehabt", so sagte er, „da macht einer mehr auch nichts aus."

Die Wette mit ihrer Schwester Ilse, daß Hitler an die Macht kommen werde, hatte sie gewonnen. Auf die Wettsumme von zwanzig Mark, so meinte Ilse, sei die „gute Freundin eines deutschen Reichskanzlers" nicht angewiesen und zahlte nicht. Darüber konnte nun Eva großzügig hinweggehen. Aber während in Berlin sich die Halbwüchsigen begeistert zuriefen: „Adsche hat es geschafft, Adsche ist Kanzler!", während in den Abendstunden 25 000 Männer von SA, SS und „Stahlhelm-Bund der Frontsoldaten" mit Fackeln in einem einzigen flammenden Band an Hitler und Hindenburg vorbei durch Berlin zogen, wurde Eva Braun in München nachdenklich und still.

Nun war er Kanzler und hoffähig geworden, war vom Parteimann zum Staatsmann aufgestiegen, hatte endgültig die Weltbühne der Politik betreten. Sein Amtssitz war Berlin. Noch weniger als bisher würde er nach München kommen. Hat er jetzt noch Zeit für sie?

Ganz Berlin war auf den Beinen und jubelte. Hans Frank, Hitlers Anwalt und späterer Generalgouverneur in Polen, schrieb 1946 vor seiner Hinrichtung in Nürnberg: „Da es einen segnenden und einen strafenden Gott gibt, weiß er, daß unsere Herzen damals rein waren ... Diese Geburtsstunde des Dritten Reiches war Glanz und Glück."

Noch in derselben Nacht wollte der neue Kanzler seine Freundin in München anrufen. Aber die Zeit schien sich zu überschlagen und mit ihr die Telefonzentralen. Er kam nicht nach München durch. Der Wille aber allein schon bewies, daß die Rede von dem „Mädchen" in München „für die Liebe" nicht mehr jenem Geschmack gleichkam, der landläufig darunter verstanden wird. Eva war für ihn nicht nur Lückenfüller ungenützter Freizeit, nicht nur Nutzobjekt männlicher Begierden. Mensch war sie für ihn geworden, Kamerad, dem er sich mitteilen wollte, jetzt, in der Stunde seines größten Triumphes. So wenigstens schien es jetzt. „Der Schluß meines schönen Lebens", sagte Hitler später, „war der Einzug in die Reichskanzlei." Sogar Winston Churchill, der spätere englische Kriegspremier, richtete in der „Times" eine offene Botschaft an Hitler: „Sollte England in ein nationales Unglück gestürzt werden, das mit dem Unglück Deutschlands von 1918 vergleichbar wäre, so möchte ich Gott bitten, uns einen Mann zu senden von Ihrer Willens- und Geisteskraft."

Die nächsten Tage konnten Eva nur bestätigen, beim Anblick der täglich einlaufenden Bilder aus Berlin, was sie selbst auf sich zukommen sah. Aber sie überspielte ihre Gedanken, freute sich mit am Erfolg ihres Geliebten. Hatte er nicht ständig den Wind gegen sich gehabt? Stets aber war das für ihn ein Grund gewesen, um so stärker auszuschreiten. Und was er gesagt hatte, war eingetroffen. Er hatte recht behalten. Wo war da des Vaters Meinung von dem „jungen Dachs, der glaubt, die Weisheit mit Löffeln gefressen zu haben" geblieben? Voller Stolz brachte sie Bilder von Hoffmann mit nach Hause. „Schau, Papa", sagte sie freudig, „ganz Berlin ist auf den Straßen! Und Berlin ist die Reichshauptstadt, und nicht ein Provinzdorf wie München."

Daß Siege ihre Schatten haben, dürfte freilich auch Hitler bald erkannt haben. Er warnte vor allzu hohen Illusionen, dämpfte den schwärmerischen Optimismus, den der Großteil seiner Anhänger – und das waren nicht wenige – mit dem Blick in die Zukunft im Herzen trugen.

„Welch ungeheure Aufgabe liegt doch vor uns . . .", hatte Hitler in der Festnacht zu Vizekanzler Papen gesagt. Und jene, die geholfen hatten, ihn in den Sattel zu heben, glaubten daran, daß er künftig ihr Werkzeug sein werde nach dem Motto: der Kanzler heißt Hitler, regieren werden wir. Waren doch außer Hitler nur noch zwei Nationalsozialisten im Kabinett.

Die nationalsozialistische Machtübernahme verstand sich aber, das hatten viele noch nicht begriffen, als Revolution. Aber es war, will man in Superlativen reden, die unblutigste, humanste Revolution, die über ein Volk dieser Erde hereingebrochen war. Hatte ja auch die „Weltbühne" eines Carl v. Ossietzky am 22. September 1931 geschrieben: „Junger Mensch, wehre dich gegen das Land, das dich zeugte und keinen Platz für dich fand, wehre dich gegen dieses Deutschland, denn dieser Staat braucht Säuberung oder Revolution." Blut floß erst ein Jahr später, in den eigenen Reihen beim „Röhm-Putsch", wo mit Sicherheit auch die Reichswehr ihre Finger im Spiel hatte, da Röhm und seine SA den Anspruch erhoben, als Wehrkraft in die Reichswehr eingegliedert zu werden.

Der Regierungsantritt Hitlers wurde in den Nachkriegsjahren oft so dargestellt, als wäre es von erster Stunde an eine Diktatur gewesen. Hitler wurde auf demokratischem Wege Kanzler, und er war es zunächst wie jeder andere der vielen Kanzler vor ihm. Es war auch niemals eine „Machtergreifung" gewesen, denn die Kanzlerschaft wurde Hitler vom Reichspräsidenten in die Hände gelegt. Die Diktatur war ein Prozeß, der erst allmählich Formen annahm. Das Ermächtigungsgesetz war dazu der erste Akt, und es gab auch Sozialdemokraten im Reichstag, die dafür stimmten. Daß sich das Leben zusehends besserte, je straffer die Regierung die Zügel anzog, trug dazu bei, daß die Bevölkerung mehr und mehr bereit war, im Parlament eine „Quatschbude" zu sehen, wo die gegenseitigen Beschimpfungen der Parteien die einzige Arbeit war, die im Reichstag der letzten Jahre geleistet wurde. Die Menschen sahen auch in der kommenden neuen „Volksgemeinschaft" nicht so sehr die Politik, sondern den Versuch, ein Volk zu regenerieren. Kein anderes Volk hatte nach verlorenem Krieg eine Regeneration so nötig wie das deutsche.

Was Tochter Eva im Herzen trug, davon wußten Vater und Mutter nichts. Es mag deshalb zu mancher Stunde mehr ein „Herumschleppen“ gewesen sein denn ein Tragen. Die Begeisterung ihrer Tochter für den neuen Kanzler sahen die Eltern allein in der Tatsache, daß sie Adolf Hitler bei Hoffmann kennengelernt hatte, von ihm gelegentlich mit anderen auch einmal eingeladen war und jetzt mit den Bildern zu tun hatte.

Und dann kam Evas Geburtstag, wenige Tage nach dem großen Augenblick in Berlin, am 6. Februar 1933. Einundzwanzig Jahre war sie jetzt alt und volljährig. Der erste politische Repräsentant der deutschen Nation schenkte ihr eine Schmuckgarnitur aus Ring, Ohrringen und Armband, besetzt mit mittelgroßen Turmalinen. Der erste Schmuck, den sie von Hitler bekam. Es sollte ihr Lieblingsschmuck bleiben bis ans Ende. Jetzt freilich wußte sie nicht, wohin damit. Vater und Mutter durften diese Kostbarkeit mit einem Hauch von Antike nicht erspähen. Die Handtasche war vorerst das beste Versteck.

Äußerlich änderte sich jetzt im Leben des Reichskanzlers recht wenig. Er behielt seine Wohnung am Prinzregentenplatz und kam oft nach München; mit größeren, mit schöneren Autos in Schwarz und Silber, die jetzt die Firma Daimler zur Verfügung stellte. Der einfache Trenchcoat aber, der Filzhut und in der ersten Zeit sogar sein Talisman, die unentbehrliche Reitpeitsche, waren geblieben. In Berlin wohnte er vorerst im Hotel Kaiserhof, gegenüber der Reichskanzlei, da die Kanzlerwohnung heruntergekommen und nicht vorzeigbar war. In München bewegte er sich wie als Parteimann zuvor; die alten Freunde, die alten Lokale. Mehr als vorher suchten die Gäste, einen Tisch in seiner Nähe zu erhaschen, neugieriger als vor der Machtübernahme lauschten sie auf ein Wort aus dem Mund des Führers. Welche Genugtuung für ein einundzwanzigjähriges Mädchen, mit ihm in den „Carlton-Teestuben“ zu sitzen oder in der „Osteria Bavaria“! Für das Elternhaus galten stets die Überstunden bei Foto-Hoffmann, das Kino oder irgendeine Freundin als Vorwand für die Unregelmäßigkeiten Evas. Nicolaus v. Below berichtet: „Den Abend verbrachte Hitler meist in seiner Wohnung oder in der Wohnung von Professor Hoffmann. Wir Adjutanten nahmen nicht daran teil. Dafür gehörte Eva Braun zu dieser Runde. In der Zeit vor dem Krieg ging Hitler auch manchmal abends aus. Im „Künstlerhaus am Lenbachplatz" habe ich einmal einen sehr vergnügten und unterhaltsamen Abend erlebt, bei dem unter anderen der Kammersänger Leo Slezak und seine Tochter Gretl seine Gäste waren. Stand eine ihn interessierende Opern- oder Operettenaufführung auf dem Programm, besuchte er sie. Hitlers Aufenthalte in München erlebte ich immer gern mit. Vor allem gefiel mir die zwanglose Atmosphäre mit vielen der Kunst gewidmeten Programmpunkten. Auch die Fahrten durch die Stadt waren anregend. Hitler ließ oft Umwege fahren, um diese oder jene Veränderung vom Auto aus anzusehen. Seinem Auge entging nichts. Auch nicht, wenn einer seiner Parteiführer seinen Wagen in rasender Fahrt auf der Ludwigstraße überholte, wie ich es einmal miterlebte. Hitler hatte den Reichsleiter Frank, den späteren Generalgouverneur von Polen, erkannt und ließ ihn durch Bormann ermahnen."

Aber wenn er dann wieder in Berlin war, Eva von den Ereignissen las und die Fotos sah von glänzenden Empfängen, von Festen mit prominenten und schönen Frauen, kamen ihr wieder Zweifel; besonders dann, wenn er länger nicht kam und auch nichts von sich hören ließ. Sie litt unter Depressionen, bekam Angst, ihn zu verlieren. Ein Telefon hatte sie bekommen, sicherlich, was für jene Tage reiner Luxus war. Auch dafür mußte ihre Tätigkeit bei Hoffmann den Grund liefern. Wenn das Telefon läutete, sie ihre beiden Schwestern Gretl und Ilse aus dem Zimmer schickte oder gar mit dem Hörer unter die Bettdecke kroch, dann war das für Vater Braun schon recht merkwürdig. Das um so mehr, als Eva das Telefon neben ihr Bett hatte installieren lassen und sich die Entgegennahme eines Anrufes der übrigen Familienmitglieder verbeten hatte. Völlig fassungslos war der Gewerbelehrer, wenn seine Tochter hin und wieder über Nacht wegblieb: „... bei einer Freundin? Kennt man denn die Leute?" Aber das war es ja eben: Seit Jahren hatte Tochter Eva eine Freundin, und Vater Braun kannte „die Leute" nicht. Bei der Familie Ostermayr blieb sie oft über Nacht. Manchmal aber war Eva in einen schwarzen Mercedes, der in der nächsten Straße gewartet hatte, eingestiegen und zum „Haus Wachenfeld" gebraust. Der Schein freilich mußte immer noch gewahrt bleiben. Auf Wunsch Hitlers übernachtete sie im „Berchtesgadener Hof" oder im „Platterhof" auf dem Obersalzberg. Stets aber kamen die Nachrichten für solche Unternehmungen unverhofft, nie wußte sie im voraus, wann Hitler nach München kam. Resigniert oder nervös wartete sie oft Wochen auf eine Zeile oder auf das Klingeln des Telefons.

In Deutschland indessen begann sich langsam, aber unaufhaltsam ein Wandel anzubahnen. Da verschwand nach und nach der Schmutz aus den Schaufenstern der Buchhändler und von den Zeitungsständen, verschwanden die pornographischen Filme aus den Kinos, bisher von schreienden Plakaten mit nackten Männern und Frauen von den Lichtspieltheatern verkündet. Die Zeit der Straßenrandalierer politischer oder krimineller Herkunft war zu Ende gegangen, für Penner und arbeitsscheue Sozialempfänger war kein Platz mehr. Konnten sie nach dreimaliger behördlicher Aufforderung innerhalb von etwa sechs Wochen die Suche nach einem Arbeitsplatz nicht vorweisen, kamen sie in ein Arbeitslager. „Berlin hat wieder Rückgrat", schrieb die „Kölnische Zeitung" in der Abendausgabe vom 25. August 1933. Sie zitierte den Berichterstatter des „Daily Express", Selkirk Panton, der sechs Jahre in Berlin gelebt hatte und jetzt nach sieben Monaten wieder Berlin besuchte. „Berlin ist ganz wie das vorhitlersche Berlin", so schrieb der Engländer, „aber mit einem Zusatz von Arbeit, Hoffnung, Glauben und Vertrauen in die Zukunft, die Hitlers Sieg den Deutschen gebracht hat . . . Es gibt mehr Arbeit. Man sieht mehr Straßenbauarbeiten als je zuvor. Auf den Straßen fahren mehr Wagen. Man sieht mehr vergnügte Gesichter. Läden, Kaffeehäuser und Gaststätten sind gedrängt voll. Daß jetzt Hitler in Deutschland regiert, hätte ich nicht gemerkt, wenn ich nicht SA-Männer in der Menge gesehen hätte und marschierende Züge mit wehenden Hakenkreuzfahnen. Man wundert sich, daß die SA-Sturmtruppen in ihren schmucken braunen Uniformen nicht übermütig im Siegesrausch daherschreiten. Sie tauchen in der Menge unter und scheinen zum Volk zu gehören. Die meisten eilen mit Aktentaschen unter dem Arm durch die Straßen."

Das alles freilich kam nicht tatenlos und wie von ungefähr zustande. Aus späterer Sicht schob man mancherorts die Beseitigung der Arbeitslosigkeit im Reich dem allgemeinen Weltwirtschaftsaufschwung zu. Den hatte es aber schon zuvor gegeben. Die straffe Organisation allein war es, die dieses Problem an der richtigen Seite anfaßte nach der Regel: zuerst jedem *einen* Arbeitsplatz, danach jedem *seinen* Arbeitsplatz. Umschulungen vom arbeitslosen Kaufmann zum Bauarbeiter waren dabei nicht selten. Der ungeheuere wirtschaftliche Nachholbedarf – während der Kriegsjahre und der eineinhalb Jahrzehnte danach verursacht – barg Aufträge und Arbeitsmöglichkeiten von kaum geahnten Ausmaßen. Mehr als sechs Millionen Arbeitslose hatten bisher Unterstützung erhalten zum Überleben, nicht mehr. Dafür aber hatte auch für eine Gegenleistung jede Grundlage gefehlt. Wie aber konnte man diese schlummernden Arbeitsreserven wecken? Die neue Regierung griff zu einem Trick: sie gab zweckgebundene Kredite. Das Geld dazu druckte sie aus dem Nichts, ungedecktes Geld also. Der einfache Hausbesitzer beispielsweise, dessen Haus heruntergekommen war, da es bisher an Geld gefehlt hatte, bekam Kredit nur für dieses Haus. Der Maurer bekam Arbeit und der Schreiner, der Elektriker und der Dachdecker, der Maler, der Zimmermann, der Ofensetzer und der Installateur. Das wiederum bedeutete Arbeit für die Ziegelei, den Farbenhersteller, den Holzbetrieb und unterschiedliche Zweige der Industrie. Hatten die Handwerker Arbeit und Verdienst, konnten sie auch an die längst fällige neue Einkleidung denken. Die Textilindustrie setzte sich in Gang. Kurz, eine Kettenreaktion ohne Ende. Es schien, als hätten die anderen Regierungen vor einer ablaufenden Uhr gestanden, ratlos und unwissend, daß das Gewicht nur hochgezogen werden muß, um die Uhr wieder in Gang zu bringen. Auch Friedrich der Große hatte einmal mit seinem Kupfertaler ähnliches unternommen, auch er hatte den Taler mit der Zeit wieder aus dem Verkehr genommen. „Ich bilde mir nicht ein", sagte Hitler einmal darüber, „daß alles, was ich mache, auf meinem Krautacker wächst." Und je besser die Wirtschaft lief, desto mehr des ungedeckten Geldes konnte man wieder einziehen. Was waren da schon vereinzelte Übergriffe und die Verhaftungen der politischen Gegner, die Hitler stets nur als den „Hilfsarbeiter", den „Malergesellen" propagiert hatten, selbst zu einer Lösung der Not aber nicht fähig waren? Was war das Verbot der anderen Parteien, die sich vierzehn Jahre lang gegenseitig beschimpft und schließlich dem „Ermächtigungsgesetz" zugestimmt hatten? Was war das gegen Arbeit und Brot? So jedenfalls mußten es die Menschen sehen. Für die kommunistischen Rädelsführer freilich war alles Licht erloschen. Abgesehen von den Ideologien, welche die Parteien trennten – in Wahrheit hatten NSDAP und KPD mehr Gemeinsamkeiten als ihnen recht war – hatte sich über all die Jahre ein Zorn angestaut, zu dem nicht zuletzt viele Einzelaktionen beigetragen hatten. Ein Beispiel: Horst Wessel, Sohn eines Pastors, Jurastudent und Führer eines SA-Sturms im Berliner Friedrichshain, war am 14. Januar 1930 niedergeschossen worden. In seiner Region hatte Horst Wessel einen KP-Genossen nach dem anderen zur SA bekehrt und dem mußte Einhalt geboten werden. So war ein Rollkommando in sein Zimmer gedrungen, und ein Albert Höhler, 32 Jahre alt, Fahnenträger im Rot-Frontkämpfer-Bund, sechzehnmal vorbestrafter Verbrecher, in der Unterwelt als „Ali" bekannt, hatte Wessel die Pistole vor den Kopf gehalten und abgedrückt. Zunge und Kiefer waren dabei weggerissen worden. Da das den schieß- und schlagwütigen Kommunisten nicht gerade Sympathie eintrug, versuchten sie mit viel propagandistischem Aufwand, ein Eifersuchtsdrama daraus zu machen. In der Tat hatte der junge Sturmführer mit einem ehemaligen „Gelegenheitsmädchen" zusammengelebt, das den Mißhandlungen des Zuhälters „Ali" entronnen war und zu einem normalen Leben zurückgefunden hatte. Sogar verlobt hatte sich Wessel mit ihr. Mutter und Schwester jedoch hatten nicht aufgehört, ihn von diesem Leben abzubringen. So war er noch einmal in seine „Bude" gegangen, um seine Sachen zu packen und sich zu verabschieden, als „Ali" auftauchte. Fünf Wochen später, am 23. Februar 1930, starb Horst Wessel einen elenden Tod. Was dann noch folgte, war eine Horrorszene, mit der die Kommunisten selbst belegten, daß dieser Mord ein politischer Mord war: Rote Rollkommandos bombardierten den Trauerzug von der elterlichen Wohnung zum Friedhof mit Steinen. „Nazi, verrecke!" gröhlten sie und „Haut den Sarg in Stücke!" Sie durchbrachen den Polizeikordon, rissen die Kränze vom Sarg, warfen sie auf die Straße und schickten sich an, den Leichenwagen umzustürzen. Erst Panzerwagen der Polizei konnten der Lage einigermaßen Herr werden. An der Grabstätte am Friedhof angekommen, mußte die Pastorenwitwe und trauernde Mutter Wessel in hingeschmierten Buchstaben an der letzten Ruhestätte lesen: „Dem Zuhälter Horst Wessel ein letztes Heil Hitler!"

Waren das wirklich deutsche Kommunisten? War das nicht vielmehr krimineller Mob, der in der KPD das Sagen hatte? Was hätte Deutschland von einer solchen Regierung erwarten müssen? Es ging ihnen jetzt nicht gut, den Kommunisten, ohne Zweifel. Ohne Zweifel aber auch: Wäre die KPD an die Regierung gelangt, den Nationalsozialisten wäre es weit schlechter gegangen.

Daß auch die kinderfeindlichen Hausbesitzer in arge Bedrängnis gerieten, war schließlich auch nur zum Wohle von Kind und Familie. Die schmutzigen Umkleidehöhlen der Industriebetriebe wurden zu sauberen hellen Waschräumen. Kantinen wuchsen aus dem Boden, der Arbeiter bekam billig ein warmes Mittagessen. Ungenützte Asphaltflächen in den Betriebsgeländen mußten grünen Rasenflächen weichen. Brief- und Fernsprechgebühren wurden gesenkt, die Autosteuer gestrichen. Für die Arbeiter an der Autobahn[27]) galten Unterkunftslager besonderen Typs, von Hitler selbst gefordert: mit sauberen Küchen, Wasch- und Duschräumen, mit Aufenthaltsraum und Schlafkabinen mit nur zwei Betten. Beim Musterbau kümmerte sich der Kanzler selbst um Einzelheiten und war dann neugierig auf die Reaktion der Arbeiter. Ja, so hatte sich so mancher Arbeiter den nationalsozialistischen Führer vorgestellt. Viele ehemaligen Kommunisten hielten ihn jetzt für den wahren Sozialisten. Mit ihm fühlten sie sich bestärkt in ihren Gedanken, die er in kleinem Kreis einmal aussprach: „Die Wirtschaft besteht überall aus den gleichen Halunken, eiskalten Geldverdienern. Die Wirtschaft kennt den Idealismus bloß, wenn es sich um die Löhne der Arbeiter handelt.“ Es war für jene Jahre erstaunlich, in welch kurzer Zeit sich die Arbeiterschaft in die antimarxistische Gesellschaft integriert hatte. Schon vor 1933 war es Joseph Goebbels gelungen, aus dem roten Berlin ein braunes zu machen, jenem Doktor, der sich durch seine Heidelberger Studentenjahre gehungert hatte.

Und der Kanzler in Berlin hielt hof. Zwischen vierzig und fünfzig Personen saßen täglich bei ihm am Mittagstisch in der Reichskanzlei. Minister waren es und Gauleiter, Reichsleiter der Partei und Adjutanten der Wehrmacht, Architekten und ein sonstiger „engerer“ Kreis, der manchmal recht groß sein konnte. War ein Mitarbeiter erst einmal eingeführt, dann hatte er jederzeit Zutritt zu Hitlers Mittagstafel. Ein Anruf an den Adjutanten genügte, ganz gleich aus welcher Ecke des Reiches er kam. Jeder begrüßte jeden, und nicht etwa mit dem nun gültigen „Heil Hitler“-Gruß, wie man glauben möchte. Die Herren wünschten sich jovial und schlicht einen „Guten Tag“ und kamen in Zivil. Uniformen waren nur selten zu sehen. Nur in der geräumigen Vorhalle durfte geraucht werden, was diesen Raum mit Gobelins an den weißen Wänden, mit Teppichen auf rotem Marmorboden und zwei bequemen Sitzgruppen zum allgemeinen

Treffpunkt machte. Hier wurde begrüßt und besprochen, telefoniert und privat unterhalten. Kam Hitler dann endlich – an der Tafel war er zuverlässig unzuverlässig, da zumeist irgendeine Besprechung vorausgegangen war –, begrüßte er seine Gäste formlos mit Händedruck. Nach der „Frau Gemahlin" konnte er fragen oder ein Tagesproblem ansprechen. Presseberichte wurden weitergereicht, die Hitler interessant schienen, und gelegentlich dazu hingeworfene Bemerkungen aufgefangen. Dann erschien der „Hausintendant" in seiner wirtlichen Fülle, zog den Vorhang vor einer Glastür beiseite und bat zu Tisch. Der Führer ging voran in das Speisezimmer, alle anderen folgten. Bereits vorher hatte er bestimmt, welche Gäste er an seiner Seite wünschte. Alle anderen setzten sich auf die mit dunkelrotem Leder überzogenen Stühle, wie es gerade kam.
Das Essen war einfach im „Restaurant zum fröhlichen Reichskanzler", wie Hitler es oft nannte. Suppe, Fleisch mit Gemüse und Kartoffeln und eine Süßspeise. Hatten die Herren Durst, so konnten sie wählen zwischen Mineralwasser, Flaschenbier und einem billigen Tafelwein. Der Kanzler aß vegetarisch und trank „Fachinger". Das tat er auch, wenn er die großen Herren der Industrie zu Gast hatte. Der Reichskanzler gab Empfänge und lud zu Gesellschaften ein, bei denen die Damen von Film und Theater besonderen Vorzug hatten. Da sprach man von Namen wie Olga Tschechova und Hilde Krahl. Henny Porten hatte er an seiner Seite sitzen und Margarete Slezak. Er fühlte sich wohl in der Gesellschaft schöner Frauen und scheute sich auch nicht, vor seiner männlichen Umgebung für die eine oder andere Frau begeistert zu schwärmen. Nur von einer schwärmte er niemals offen, obwohl sie ihm zugetan war wie keine andere. Bei den großen Damen der Öffentlichkeit war es Prestige, mit Hitler zu tun zu haben. Bei ihr war es Hingabe und Liebe. Deshalb wartete sie in München auf ihn, der Gesellschaft unbekannt, bis er für sie irgendwann einmal Zeit hatte, während er sich von seinen Erfolgen tragen ließ und Eva Braun bei Foto-Hoffmann für Tage und Wochen vergaß. Ihren Kummer darüber trug sie allein, von niemandem konnte sie Verständnis erwarten. Nur dem Spott hätte sie sich ausgesetzt, sie, das kleine Mädchen, das nichts weiter tat als nur „Filme verkaufen" und sich erdreistete, nach den Sternen zu greifen. Welch ein Segen, welch ein Glück war da Herta Ostermayr, eine Freundin seltener Treue, seltener Verläßlichkeit. Bei ihre konnte sie Kummer

und Liebesschmerz beichten, sich ihren Gram von der Seele reden. Helfen konnte freilich auch Herta nicht, aber sie konnte zuhören und sie verstehen; und das ist in solch einer Situation nicht wenig.
Bei Hitlers Aufenthalten in München war Eva nur gelegentlich eingeplant. Sein erster Weg war nicht zu ihr bei seinem Programm in der Isarstadt, sondern führte in der Regel in einen verwahrlosten Hinterhof in der Theresienstraße, wo Professor Troost zwei Treppen hoch sein Atelier hatte. Stets war Hitler neugierig auf die neuesten Zeichnungen und Pläne seines Architekten. Der Führer und Reichskanzler, der angebetet wurde, war hier nicht der große Mann. Hier blickte der Politiker zum Künstler auf, wie der Schüler zu seinem großen Meister. Das fühlte Troost, das fühlte auch seine Gattin, die verehrte „Frau Professor". Erst nach zwei oder drei Stunden bei Ehepaar Troost fuhr der Kanzler in seine Wohnung am Prinzregentenplatz. Hier war zu mancher Zeit auch Eva anzutreffen. Daß nach Jahren selbst aus engerer Umgebung viele nichts von ihrer Rolle wußten, selbst wenn sie von der Firma Hoffmann her bekannt war, führte manchmal zu Überraschungen. Des Kanzlers Flugkapitän Hans Baur, der schon vor 1933 für Hitler im Dienst stand, erzählt: „Kurz vor Weihnachten 1933 erwartete mich meine Frau – wie so oft – zusammen mit meiner damals neunjährigen Tochter Inge auf dem Münchner Flugplatz. Hitler gab auch meiner Tochter Inge die Hand und sagte: ‚Baur, mir schenken viele Frauen zu Weihnachten Pralinenkästen. Es sind welche dabei mit einem Durchmesser bis zu einem halben Meter. Kommen Sie doch einmal mit ihrer Tochter vorbei, ich möchte ihr gern solch eine Pralinenschachtel schenken.' Am Nachmittag vor dem Weihnachtsabend ging ich also zu seiner Wohnung im zweiten Stock dieses Hauses. Auf mein Läuten öffnete mir Frau Winter. Sie meinte, das sei dumm, daß ich gerade jetzt käme, Hitler habe Besuch. ‚Aber klopfen Sie doch ruhig einmal an, Sie sind ja schließlich kein Fremder – er wird nicht gleich schimpfen.' Ich klopfte und öffnete auf das ‚Herein'. Vor Hitler stand das Mädchen von Hoffmann. Sie wurde rot, auch Hitler war etwas verlegen. Er wollte mich bekanntmachen – aber Eva Braun, denn sie war es, wehrte ab und sagte: ‚Wir kennen uns bereits – ich sah Herrn Baur schon, als er sich seine Bilder abholte.' Hitler nahm sich meiner Tochter an, gab ihr die Pralinenschachtel, worauf wir uns mit guten Wünschen bald empfahlen. Nach den Feiertagen flogen wir nach

Berlin zurück. Bevor ich zum Mittagstisch ging, traf ich Sepp Dietrich, den Führer der Leibstandarte. Ich erzählte ihm von meiner Begegnung in München. Er antwortete nur: ‚Hat sie dir auch gefallen?' Und als ich dies bejahte: ‚Ja, unser Vater hat keinen schlechten Geschmack!'"

Mittagessen in München war in der „Osteria". In diesem Lokal, dessen Milieu mehr an Künstler erinnerte als an Politiker, fühlte er sich wohl. Wenn sich dann alle eingefunden hatten, Gauleiter Wagner, Hoffmann, Pressechef Dr. Dietrich, der Sekretär von Rudolf Heß Martin Bormann, ein Adjutant und vielleicht auch noch ein Maler oder ein Bildhauer, dann stand für die Gäste im Lokal und für die Menschen in der Umgebung fest: der Führer kommt. Und wenn die Gäste von einigen hundert Menschen, die sich inzwischen vor dem Eingang angesammelt hatten, lauten Jubel vernahmen, dann war er da. Bei Wirt Deutelmoser bestellte er Ravioli, obwohl er ihm zuvor seinen Kummer mit seiner „Linie" gestanden hatte. „Sie vergessen", hatte er ihm gesagt, „daß der Führer nicht essen kann, was er möchte." In der Runde bestellte jeder nach seinem Appetit, aber Hitler versäumte nicht, über die „Leichenfresser" zu spotten. Gesprächsthemen waren alle willkommen, nur die Politik blieb ausgeschlossen. Vorrang hatte die Architektur. So ging es dann auch nach dem Essen, das sich bis in den Nachmittag hineinzog, zur Besichtigung eines aktuellen Baues, der auf des Kanzlers Anregung jetzt emporwuchs. Abends fand sich die Gesellschaft im Café Heck wieder, manchmal auch in „Carltons Teestuben", wo er weniger den zudringlichen Autogrammjägern ausgesetzt war als anderswo. Stets aber wurde es spät, vor zwei oder drei Uhr morgens kam aus dieser Runde niemand ins Bett. Hitler entschuldigte sich dafür: „Das lange Aufbleiben habe ich mir in der Kampfzeit angewöhnt. Nach den Versammlungen mußte ich mich mit den Alten zusammensetzen, und außerdem war ich durch meine Reden regelmäßig so aufgeputscht, daß ich vor dem frühen Morgen doch nicht hätte einschlafen können." Nach zwei oder drei Tagen in München fuhr er nach Berchtesgaden auf den Obersalzberg. Mit deutlichem Zeitabstand fuhr nochmals ein schwarzer Mercedes nach Berchtesgaden. Zwei Sekretärinnen saßen darin und Eva Braun.

Wo immer Adolf Hitler erkannt worden war, hatten die Menschen ihn stürmisch begrüßt. Wie im übrigen Deutschland begann auch in

Bayern sich das Leben zu normalisieren. Und wie im übrigen Deutschland schrieben die Menschen auch hier den wirtschaftlichen Aufstieg allein Adolf Hitler zu.
An Bayern und seiner Hauptstadt waren freilich auch die Gründerjahre nicht achtlos vorübergegangen, Handwerk und Industrie hatten schon vor dem Krieg zum Wohl der Bevölkerung beigetragen. Die Wirtschaft und das Leben dieses Landes aber waren weit mehr noch von Vieh und Weide, von riesigen Getreidefeldern geprägt. Nicht verträumte Agrarkultur war hier zu Hause, sondern festes, urwüchsiges Bauerntum. In den weiten niederbayerischen Ebenen zog der Dampfpflug Max Eyths seine Furchen.
Die Metropole, mit den hellgrünen Turmkuppeln der schwerfälligen Frauenkirche in ihrer Mitte, hatte sich im Lauf des vergangenen Jahrhunderts unbemerkt zur Hauptstadt der deutschen Kunst gemausert. Vor Jahren freilich hatte zur Diskussion gestanden, ob sie's tatsächlich auch sei. Für die anderen Großstädte des Reiches war die Stadt an der Isar immer noch viel „Provinz". Sie neideten ihr den Zulauf der Großen des Geistes und der Kunst. Schon früh war München stets aufnahmebereit für fremde Geister gewesen, ohne Eigenart und Selbstbewußtsein zu verlieren. So hatte die Stadt den geistigen Anschluß an ganz Deutschland bekommen. Gewiß gab es ausgeprägt altbayerisches Schaffen, aber die Kultur war aus allen Enden Deutschlands hier zusammengeflossen. Das galt besonders seit Ludwig I., „dem kultiviertesten Mann Europas", der sich zum Ziel gesetzt hatte, aus München eine Stadt zu machen, die „Deutschland so zur Ehre gereichen soll, daß keiner Deutschland kennt, wenn er nicht München gesehen hat."
Das Kleinbürgertum, so wurde gezetert, nehme die Großstadt nicht an, die Bewohner glichen mehr denen eines Dorfes. Freilich hatte noch zu Zeiten Ludwig II. der Obelisk auf dem Karolinenplatz bei Regen inmitten einer riesigen Pfütze gestanden und der Ziegenhirte morgens seine Herde durch die Stadt getrieben. In den grasbewachsenen Gräben den Straßen entlang hatten noch die Kinder gespielt. Die Richard-Wagner-Episode hatte nicht zum Weltstadtmilieu beigetragen. Aber es waren nicht die Bürger, die den sendungsbewußten Feuergeist hinausgeworfen hatten. Es war ein Spießerclan, der sich vor Neid aufgezehrt, aber kaum zum Werden Münchens beigetragen hatte. Die Bürger hatten auch die Dynastie Wittelsbach

nicht weggeschickt. Dazu waren Männer aus Berlin gekommen wie Kosmanovsky, alias Eisner.
Zweifellos aber hatte diese Stadt – vor dem Ersten Weltkrieg hatte sie 630000 Einwohner gezählt – mit den Wittelsbachern ihre Träger, ihre Mäzene verloren. Es war ein Stillstand eingetreten. Die neuen Herren hatten das erkannt. So hob jetzt von neuem das Bau- und Kunstleben in München an. Aber nach wie vor blieben die Münchner wie sie waren, noch zu keiner Zeit hatten sie Grund gefunden, ihre Nasen hoch zu tragen. Nach wie vor war die Atmosphäre der Isarstadt eine Mischung aus feinem Kunstsinn und derber Lebensart. Das alles eingebettet in geistreichen Humor, in die unnachahmliche Kunst, sich selbst nicht ganz ernst zu nehmen. Kein anderer deutscher Volksstamm hat dazu Selbstbewußtsein genug. Freilich hatte die Landeshauptstadt nicht den Zuschnitt europäischen Charakters, wie sie ihn nach dem Zweiten Weltkrieg erhalten sollte. Das Bier aber hatte bereits im letzten Jahrhundert seine Wege nach Berlin, Wien und Paris, nach New York und Adelaide genommen und nicht zuletzt zum Weltruf Münchens beigetragen. Die „Schmankerln", jene bayerischen Fleischgerichte, zu denen unter anderem das „Lüngerl", „Schweinsherz", sauere Nieren und ein „Kalbszüngerl" gehören, hatten auf der Speisekarte immer noch absoluten Vorrang; von der vielschichtigen Völkerfamilie der Münchener Würste nicht zu reden. Bei all dem war die Münchener Kellnerin, die „Kassiererin", ein lebender Leckerbissen, manchmal rauh, aber immer herzlich. Für die meisten unter ihnen war es nicht Beruf, sondern Berufung, bedeutete die Kunst, mit Menschen gesellig umzugehen, für sie das Leben. Dem Gast wiederum behagte das frauliche, mütterliche Wesen, das mit Wärme aber Bestimmtheit das Bier oder die Weißwurst an den Tisch brachte. In der Regel hatte jeder Münchner „seine" Kellnerin, nur wo sie bediente setzte er sich hin, hieß sie nun Mali, Fanny, Creszenz oder Franzi.
Daran hatte sich in den Jahren nach dem Krieg nichts geändert und auch unter der neuen Reichsregierung nicht. Nur daß der Bewohner der Bayernmetropole wieder leichteren Gewissens seine „Halbe", seine „Maß" oder eine Weißwurst bestellen konnte. Dafür war er dann auch bereit, die neue Deklarierung seiner Stadt hinzunehmen, denn München war zur „Hauptstadt der Bewegung" geworden. Endgültig vorbei war die Zeit mit dem „Dorf, in dem Paläste stehen", wie Heinrich Heine es noch gesehen hatte.

Waren die Tage auf dem Obersalzberg zu Ende, war Hitler wieder nach Berlin oder anderswohin abgereist, fuhr auch Eva wieder nach München. Wieder bangte sie um ihn, vermutete sie ihn bei anderen Frauen, während er zum Beispiel im Mercedes von Weimar kommend Nürnberg ansteuerte und im Thüringer Wald im Zulauf der Menschen steckenblieb. Waren die beiden Fahrzeuge – im zweiten befanden sich Arzt und Begleitschutz – in einer Ortschaft erst einmal erkannt worden, oft im letzten Augenblick, dann waren die Bewohner des nächsten Ortes schon auf den Beinen, wenn Hitler kam. Telefonisch ging die Kunde von Ort zu Ort wie ein Lauffeuer, und an eine normale Fahrt war nicht mehr zu denken. Da konnte ein Dorfpolizist selbst mit seiner dienstlichen Seite keine Ordnung mehr schaffen. Die Menschen standen auf der Straße und jubelten. Hatte sich der Fahrer mit Mühe durchgearbeitet, kurbelten auf freier Landstraße ein paar Begeisterte die Bahnschranke herunter, um Hitler begrüßen zu können. In einem kleinen Gasthof in Hildburghausen wurde Mittagsrast gehalten. Die Wirtsleute wußten nicht, wie ihnen geschah, und die Frauen in der Küche konnten vor Aufregung nicht mehr beurteilen, ob die Spaghetti schon gar waren. Draußen sammelten sich Tausende von Menschen. Unter einem Blumenregen setzten sich die beiden Fahrzeuge wieder in Gang. Vor den Augen Hitlers schlossen Jugendliche das mittelalterliche Stadttor. Kinder sprangen auf die Trittbretter der Autos, der Führer mußte erst Autogramme geben, dann öffnete sich wieder das Tor. Die Lausbuben lachten, und Hitler lachte mit ihnen.

Auf dem Land ließen die Bauern ihre Pferde halten, gaben den Pflug aus den Händen, und die Bäuerinnen winkten. „So wurde nur ein Deutscher bisher gefeiert“, wandte sich Hitler an einen Begleiter, „Luther! Wenn er über das Land fuhr, strömten von weitem die Menschen zusammen und feierten ihn. Wie heute mich!“

In München ging Eva indessen täglich ihrer Arbeit bei Hoffmann nach und wartete weiter hinein ins Ungewisse. Da war die Liebe nur der Liebe Preis. Zarte Sehnsucht blieb und süßes Hoffen, aber keine goldene Zeit. Manchmal blieb allein Verzweiflung.

TAGEBUCHBLÄTTER

Aufzeichnungen, Tagebuchblätter? Es ist nicht ausgeschlossen, ja sogar sicher, daß es solche von Eva Braun gab. Denn Verzweiflung und Freude, Jubel und Trauer, Liebe und Haß und Seelennot sind Begleiter menschlichen Lebens. Darin unterscheidet sich nicht der kleine vom großen Geist, der Reiche nicht vom Armen. Briefe und Tagebücher zeugen davon, was im Dunkeln gehütet. Überquellender Glücksrausch und quälender Seelenschmerz – kein Menschenkind kann so verständnisvoll, duldsam und verschwiegen alles aufnehmen wie ein Blatt Papier. Dazu die Möglichkeit, in einsamer Stunde alles noch einmal vorüberziehen zu lassen und zu urteilen, was gut und was nicht gut war. Dazu das Empfinden, die Jahre nicht achtlos und ohne Erkenntnis hinter sich zu bringen. Höhen und Abgründe bilden ein Schicksal, Höhen und Tiefen sind es auch, die zur Geburtsstunde eines Tagebuches drängen. Eines ihrer Tagebücher begann Eva Braun am 6. Februar 1935, an ihrem Geburtstag also. Freilich war es nicht „Das Tagebuch der Eva Braun“, das ein Geschichtenschreiber, Filmemacher und Naturbursche von Beruf in den Nachkriegsjahren auf den Büchermarkt brachte. Die Seele eines Naturburschen kann sehr klein sein. Er, der bis 1938 des öfteren auf dem Obersalzberg gern gesehener Gast war, glaubte nach dem Krieg, jene Frau mit enormem Profit in den Schmutz ziehen zu können, mit der er gelegentlich die schneebedeckten Berge des Berchtesgadener Landes hinabgebraust war. Zum Einmarsch der deutschen Soldaten in Österreich hatte er ein Telegramm an die Fachzeitschrift „Mein Film“ gesandt, das am 5. April 1938 zum Abdruck kam: „Deutsche Brüder in Österreich. Ein einiges großes Vaterland will der Himmel unter der genialen Führung Adolf Hitlers uns schenken. Helfet alle mit. Arbeitet mit zum Segen unseres Volkes und zum Wohle unserer Zukunft. Es lebe das große einige deutsche Volk jetzt und immerdar. Heil Hitler.“

Vor der Abstimmung wieder auf dem Obersalzberg, fragte ihn der Gastgeber, wofür denn nun er stimmen werde. Die Antwort: „Für das Land, das mich besser bezahlt.“ Weitere Einladungen auf den Berghof waren künftig ausgeblieben. Es waren ja auch nicht Heimat- und Bodenbeständigkeit, die ihn mit einschlägiger Beschäftigung groß werden ließen. Es war seine Erkenntnis, daß mit Heimattümelei

eine Menge Geld zu machen war. Denn Geld, so war zu vernehmen, spielte bei ihm die größte Rolle.
Kein Wunder also, wenn er jetzt, in den späten vierziger Jahren, sich nicht scheute, seinen Unrat auf eine Wehrlose zu streuen, die längst nicht mehr von dieser Welt war. Er tat es, um seine Kasse zu füllen, wohl aber auch, um seine geschwundene Popularität wieder aufzufrischen. Da sich die Familie Braun dieses Machwerk nicht bieten ließ, kam vor dem Richter ans Licht, daß der Geschichtenerzähler auch noch literarische Leichenfledderei betrieben hatte. Eine harmlose Zuhörerin im Gerichtssaal entdeckte, daß ganze Passagen des „Tagebuches" aus den Lebenserinnerungen der Maria Larisch stammten, einer Cousine Elisabeth II. von Österreich. Die eigene Fabulierkunst, oft genug als Wahrheit hingestellt, hatte offenbar versagt. Vom Gericht als Fälschung entlarvt, wurde „Das Tagebuch der Eva Braun" aus dem Handel gezogen. Die Kassen des „Naturburschen" freilich waren mittlerweile voll geworden.
Alle Aufzeichnungen Evas, Briefe, Briefentwürfe und Hitlers Briefe an sie, übergab ein Adjutant Hitlers auf dem Berghof in den letzten Tagen dem Feuer, wie alle anderen privaten Dokumente auch. Übrig blieben einige Blätter, der Zufall wollte es so. Und Eva schrieb nicht schöngefärbt für die Öffentlichkeit. Sie „frisierte" ihre Zeilen nicht, wie es jene Größen tun, denen gewiß ist, daß nach ihrem Tod die Welt dereinst danach fragen und von der Geistes- und Seelengröße überzeugt sein wird. Niemals konnte die dreiundzwanzigjährige Münchnerin auch nur erahnen, daß jene Blätter, auf denen sie sich ihre Sorgen und Nöte von der Seele schrieb, im Nationalarchiv der USA ihre letzte Bleibe finden würden. Abrufbereit für die Forschung, aber auch für die Geiferer. Und so schrieb Eva Braun am 6. Februar 1935:
„Heute ist wohl der richtige Tag, dieses ‚Prachtstück' einzuweihen. 23 Jahre bin ich nun glücklich alt geworden. Das heißt, ob glücklich, ist noch eine andere Frage. Augenblicklich bin ichs bestimmt nicht.
Ich stelle mir halt auch etwas viel vor unter einem so ‚wichtigen' Tag.
Wenn ich nur ein Hunderl hätte, dann wäre ich nicht so ganz allein.
Aber das ist wohl zuviel verlangt.
Frau Schaub kam als ‚Abgesandte' mit Blumen und Telegramm.
Mein ganzes Büro sieht aus wie ein Blumenladen und es riecht wie in einer Aussegnungshalle.

Eigentlich bin ich undankbar. Aber ich habe mir halt so absolut ein Dackerl gewünscht und nun ists wieder nichts.
Vielleicht dann nächstes Jahr. Oder noch später, dann paßt es auch besser zu einer beginnenden alten Jungfer.
Nur die Hoffnung nicht aufgeben. Geduld müßte ich ja nun bald gelernt haben.
2 Lose habe ich mir heute gekauft, weil ich fest in der Einbildung war, jetzt oder nie – Nieten waren es. Ich werde halt doch nicht reich, da kann man nichts machen.
Ich wäre noch heute mit Herta, Gretel, Ilse und Mutti auf die Zugspitze und hätten gelebt in Saus und Braus, denn man hat immer die größte Freude, wenn sich andere mitfreuen.
Aber ,nix is' mit der Fahrt.
Heute Abend gehe ich mit Herta zum Essen. Was soll ein einschichtiges Weiberl von 23 Jahren sonst machen. Und so werde ich denn mein Wiegenfest mit ‚Fraß und Völlerei' beschließen.
Womit ich glaube, auch in seinem Sinne gehandelt zu haben."
Mit einem Telegramm mußte sie zufrieden sein und mit Blumen vorliebnehmen, die ihr Frau Schaub, die Frau eines Adjutanten des Kanzlers, überreicht hatte. Ein „wichtiger Tag" im Leben einer dreiundzwanzig Jahre alten jungen Frau – der Geburtstag. Aber Hitler hatte jetzt wichtige Tage am laufenden Band, Tage, die ihm weit wichtiger erscheinen mußten als der Geburtstag seiner kleinen Freundin in München, die damit zufrieden sein mußte, daß es sie nicht geben durfte. Das kleine „Hunderl", das für sie wohl ein Ersatz sein sollte für das, was sie vermißte, eine lebende stete Erinnerung an den, von dem sie sich den Vierbeiner wünschte, seine lebendige Gegenwart also mußte sie sich aus dem Kopf schlagen; zunächst jedenfalls. Für Hitler war ein „Dackerl" in der Tat zuviel verlangt. Er liebte Schäferhunde und wußte als Hundekenner nur zu gut, wie ungehorsam ein Dackel ist. Ungehorsame Hunde konnte er nicht leiden. Das war wohl der Grund, warum er sich auf diesen Wunsch taub stellte. Und so wollte die nun Dreiundzwanzigjährige, mit Unmut über den heutigen Tag im Herzen, mit Herta Ostermayr, ihrer „besten Freundin", wie sie selbst oft sagte, das Wiegenfest in „Fraß und Völlerei" beschließen.
„Jetzt war er da", schreibt sie am 11. Februar. „Aber nix Hunderl, nix Kleiderschrank. Er hat mich nicht einmal gefragt, ob ich einen

Geburtstagswunsch habe. Jetzt hab ich mir selber Schmuck gekauft. 1 Kette, Ohrringe und den Ring dazu um 50 M(ark, der Verf.). Sehr hübsch alles. Hoffentlich gefällt's ihm. Wenn nicht, so kann er mir ja selbst was aussuchen."

Vier Tage später wieder ein kleiner Hoffnungsschimmer: „Mit Berlin scheint's jetzt Wirklichkeit zu werden. D.h. bis ich nicht in der Reichskanzlei bin, glaub ich es noch nicht. Hoffentlich wird es eine erfreuliche Angelegenheit."

Hier spielte sie auf einen Besuch in Berlin an, an den sie noch nicht so recht glauben wollte. „Schade", so schrieb sie weiter, „daß statt Charly nicht Herta mitkommen kann. Sie wäre eine Garantie für ein paar lustige Tage. So wird wahrscheinlich ein großes ‚Geknauze' sein, denn ich nehme nicht an, daß Brückner ausnahmsweise seine liebenswürdige Seite Charly gegenüber hervorkehren wird.

Ich trau mich noch nicht, mich richtig zu freuen, aber es kann wundervoll werden, wenn es klappt. Hoffen wir's!"

Hinter dem Spitznamen „Charly" verbarg sich Fräulein Sophie Stork, neun Jahre älter als Eva, auf dem Berghof geschätzte Künstlerin der Malerei und Keramik. Als Verlobte des persönlichen Adjutanten Brückner war sie oft Gast auf dem Obersalzberg. Die handmodulierten Kacheln des Ofens im Wohnzimmer stammten von ihr, auch die Motive auf den Kacheln anderer Öfen waren ihr von Hitler in Auftrag gegeben worden. Und was das „Geknauze" betraf, so war es wohl schon das Vorgeplänkel eines künftigen Bruches. Brückner löste 1936 die Verlobung wegen einer anderen Frau, was ihm Hitler sehr übelnahm. Eine Art Abfindung sollten wohl jene 40000 Reichsmark sein, die ihr Hitler zukommen ließ und ihr dann nach 1945 viel Ärger bereiten sollten.

Unter dem 18. Februar 1935 notierte Eva: „Gestern ist er ganz unvermutet gekommen und es war ein entzückender Abend.

Das Schönste aber war, daß er sich mit dem Gedanken trägt, mich aus dem Geschäft zu nehmen und . . . ich will mich aber lieber noch nicht so freuen, mir ein Häuschen zu schenken. Ich darf einfach nicht daran denken, so wunderschön wäre das. Ich müßte nicht mehr unseren ‚ehrenwerten Kunden' die Türe öffnen und Ladenmädchen machen. Lieber Gott gib, daß es wirklich wahr ist und in absehbarer Zeit Wirklichkeit wird.

Die arme Charly ist krank und kann nicht mit nach Berlin. Sie hat

wirklich Pech. Aber, vielleicht ist es besser so. Unter Umständen ist Br. (Brückner, der Verf.) recht grob zu ihr und dann wäre sie bestimmt noch unglücklicher.
Ich bin so unendlich glücklich, daß er mich so lieb hat und bete, daß es immer so bleibt. Ich will nie Schuld haben, wenn er mich einmal nicht mehr gern hat."
4. März: „Ich bin schon wieder totunglücklich, da ich ihm nicht schreiben kann, muß eben dieses Buch dazu da sein, meine Klagelieder aufzunehmen.
Am Samstag ist er gekommen. Samstag Abend war der Ball d. (der, der Verf.) Stadt M. (München, der Verf.). Frau Schwarz hat mir nun eine Logenk.(arte, der Verf.) dazu geschenkt, also mußte ich doch unbedingt hin, nachdem ich bereits zugesagt hatte.
Ich habe nun bei ihm bis 12 Uhr ein paar wundervoll schöne Stunden zugebracht und bin dann mit seiner Erlaubnis noch 2 Std. auf den Ball gegangen.
Am Sonntag hat er mir versprochen daß ich ihn sehen werde. Aber trotzdem ich in der Osteria angerufen habe und durch Werlin sagen ließ, ich warte auf Nachricht, ist er einfach nach Feldafing gefahren und hat sogar Hoffmanns Einladung zum Kaffee ausgeschlagen. Man kann ja nun alles von 2 Seiten betrachten. Vielleicht wollte er mit Dr. G. (Goebbels, der Verf.), der hier war, allein sein, aber dann kann er mich doch verständigen lassen. Ich bin bei Hoffmann wie auf glühenden Kohlen gesessen und dachte jeden Moment, jetzt müßte er kommen.
Wir sind dann noch zum Zug, denn er hat sich plötzlich zur Abreise entschlossen, und sahen gerade noch die Schlußlichter davon. Hoffmann war wieder einmal zu spät von zu Hause mit uns fort, und so konnte ich mich nicht einmal mehr verabschieden.
Vielleicht sehe ich wieder einmal zu schwarz, hoffentlich tu ich das, aber er kommt nun 14 Tage nicht mehr und ich bin bis dahin unglücklich und habe keine Ruhe.
Ich weiß zwar nicht weshalb er mir böse sein sollte, vielleicht wegen dem Ball, aber er hat es mir ja erlaubt.
Ich zerbreche mir vergeblich den Kopf über den Grund so früh ohne Abschied zu fahren.
Hoffmanns haben mir für heute Abend eine Karte für die venezianische Nacht gegeben, ich gehe aber nicht hin. Ich bin viel zu traurig dazu."

Wieder einmal hatte das Schicksal mit Ironie einen Streich gespielt. Während Eva Tage und Wochen sehnsüchtig auf ihn wartete, kam er just in dem Augenblick, da sie von der Ehefrau des Reichsschatzmeisters der NSDAP, Franz Xaver Schwarz, die Karte für einen großen Ball geschenkt bekommen hatte.
Hitler hatte am 1. März 1935 an der Saar-Feier teilgenommen, war am 2. März durch das Saargebiet gefahren und anschließend in München aufgetaucht. Denn mittlerweile hatten sich die Saarländer – seit 1918 unter französischer Verwaltung – mit einer Volksabstimmung für Deutschland entschieden. Ein Erfolg für den Kanzler zweifellos, der gerade zwei Jahre im Amt war.
Aber auch Werlin, ein Direktor der Daimler-Benz AG, wußte mit dem Anruf Evas nichts anzufangen. Denn während sie bei Hoffmann „wie auf glühenden Kohlen" gesessen hatte, war Damenempfang in Hitlers Wohnung gewesen. Dr. Joseph Goebbels hatte es sich nicht nehmen lassen, dem Führer einige Frauen von Rang und Namen vorzustellen. Auch die Sängerin Gretl Slezak, die Tochter des großen Tenors Leo Slezak, war dabei gewesen.
Abschalten möchte Eva, ihren Kummer abwerfen und alles hinter sich lassen, wenigstens für eine Zeitlang. „Ich wünsche mir nur eines", schreibt sie am 11. März 1935, „schwer krank zu sein und wenigstens 8 Tage von ihm nichts mehr zu wissen. Warum passiert mir nichts, warum muß ich alles das durchmachen? Hätte ich ihn doch nie gesehen.
Ich bin verzweifelt. Jetzt kaufe ich mir wieder Schlafpulver, dann befinde ich mich in einem halben Trancezustand und denke nicht mehr so viel darüber nach. Warum holt mich der Teufel nicht. Bei ihm ist es bestimmt schöner als hier.
Drei Stunden habe ich vor dem Carlton gewartet und mußte zusehen, wie er der Ondra Blumen kaufte und sie zum Abendessen eingeladen hat. (Verrückte Einbildung, geschr. am 16. III.)
Er braucht mich nur zu bestimmten Zwecken, es ist nicht anders möglich. (Blödsinn)
Wenn er sagt, er hat mich lieb, so meint er nur in diesem Augenblick. Genauso wie seine Versprechungen, die er nie hält.
Warum quält er mich so und macht nicht gleich ein Ende?"
Was es nun mit „der Ondra" auf sich hatte, bleibt ungewiß. Anny Ondra war Filmschauspielerin und die Ehefrau des einstigen Box-

weltmeisters im Schwergewicht Max Schmeling. Das Paar war auch bei Hitler zu Gast. Mag sein, daß es in der Tat eine „verrückte Einbildung“ war.
In der ersten Märzhälfte hielt sich Hitler in Bayern auf. Er hatte vor der englischen Diplomatie Reißaus genommen, leichte Krankheit vorgegeben und so den Besuch aus London hinausgeschoben. Nicht ohne Grund freilich; zu nichts anderem wollten der Staatssekretär des Auswärtigen, Sir John Simon, und Lordsiegelbewahrer Anthony Eden nach Berlin kommen, als wieder einmal über Abrüstung zu reden. Es war bekannt, daß England aufrüstete, und auch Deutschlands Aufrüstung war nicht verborgen geblieben. Die „Sklavenketten von Versailles“ sollten fallen, und das konnte nur mit Selbsthilfe geschehen. Vor aller Welt gedachte Hitler das kundzutun. Zuvor aber konnte er die englischen Politiker nicht brauchen.
„Er ist wieder nach Berlin“, schrieb Eva Braun am 16. März in ihr Tagebuch. „Wenn ich nur nicht immer gleich so aus dem Häuschen wäre, wenn ich ihn weniger als sonst sehen kann. Eigentlich ist es ja selbstverständlich, daß er für mich jetzt kein großes Interesse hat, nachdem sich jetzt politisch so viel tut.
Ich fahre heute mit Gretl auf die Zugspitze und denke, daß sich dann meine Verrücktheit legen wird. Es ist immer noch alles gut geworden und wird diesmal nicht anders sein. Nur ruhig abwarten muß man's halt können.“
In den Nachmittagstunden des gleichen Tages, es war ein Samstag, empfing Hitler die Botschafter Frankreichs, Englands, Italiens und Polens und teilte ihnen den Entschluß der Regierung mit, die allgemeine Wehrpflicht einzuführen. In den Abendstunden erfuhr es Deutschland und die Welt über die Presse in einer „Erklärung der Reichsregierung“.
Am 17. März war der Kanzler in Berlin bei der Feier zum Heldengedenktag zu sehen, am späten Nachmittag landete seine Ju 52 in München. Einundzwanzig Salutschüsse krachten, Zehntausende jubelten ihm zu, ein Musikzug der Reichswehr spielte den „Badenweiler“, und der Reichsstatthalter von Bayern, General Ritter von Epp, begrüßte ihn. Mit dem greisen Feldmarschall von Mackensen, mit Admiral Raeder, Generaloberst von Blomberg und Reichsminister Göring schritt er die Front der Ehrenkompanien ab.
In jenen Tagen fuhr Hitler öfter zwischen Preußen und Bayern hin und her, hielt sich einmal in Berlin, dann wieder in München auf.

Am 1. April 1935 schrieb Eva: „Gestern waren wir zum Abendessen von ihm in die Vier Jahreszeiten eingeladen. Ich mußte 3 Stunden neben ihm sitzen und konnte kein einziges Wort mit ihm sprechen. Zum Abschied reichte er mir, wie schon einmal, einen Umschlag mit Geld. Wie schön wäre es gewesen, wenn er mir einen Gruß od. ein liebes Wort dazu geschrieben hätte, ich hätte mich so gefreut. Aber an so was denkt er nicht.

Warum geht er nicht zu Hoffmanns zum Essen, da hätte ich ihn wenigstens ein paar Minuten für mich? Ich wünschte nur, daß er, bevor seine Wohnung fertig ist, nicht mehr kommt."

Am nächsten Tag besuchte Hitler in der Isarstadt das Deutsche Museum. Der April war voller Geschäftigkeiten für den „Führer und Reichskanzler", wie das Staatsoberhaupt jetzt seit dem Tode Hindenburgs hieß. Als der greise Reichspräsident am 2. August 1934 seine Augen für immer geschlossen hatte, waren das Amt des Reichspräsidenten und das des Reichskanzlers zusammengelegt worden. In einer Volksbefragung zum Gesetz „Über das Staatsoberhaupt des Deutschen Reiches" waren die Wähler am 19. August 1934 zu den Urnen gerufen worden. Mit 99 Prozent hatten sich Frauen und Männer Deutschlands an der Wahl beteiligt und zu 90 Prozent für den Führer gestimmt.

Ob sich jetzt Hitler in Berlin aufhielt, in der Reichskanzlei Empfänge gab, Abordnungen empfing, Reden hielt, ob er in Nürnberg war, ja manchmal sogar in München, Eva wußte es stets nur aus der Zeitung und sah nachträglich die Bilder bei Hoffmann. Am 20. April nahm der Führer in der Reichskanzlei die Glückwünsche zu seinem Geburtstag entgegen, Eva berichtet nichts über diesen Tag. Erst nach vier Wochen, am 29. April, erinnert sie sich wieder ihrer vertrauten Blätter. „Es geht mir mies", ist da zu lesen. „Sehr sogar. In jeglicher Hinsicht. Ich singe mir immer vor ‚es wird schon wieder besser', frei nach Coué, aber es hilft wenig. Die Wohnung ist fertig, ich darf aber nicht zu ihm. Liebe scheint momentan aus seinem Programm gestrichen. Jetzt, nachdem er wieder in Berlin ist, taue ich wieder etwas auf. Aber es gab Tage in der letzten Woche, wo ich jede Nacht mein Pensum runter geheult habe. Sitimentalen ich an Ostern allein zu Hause weilte.

Ich spare, schare. Allen gehe ich schon auf die Nerven, weil ich jegliches verkaufen will. Angefangen vom Kostüm, Photoapparat bis zum Theaterbillet.

Na, es wird schon wieder besser werden. So groß sind ja die Schulden nicht."

Aus dem Hotel Kaiserhof ausgezogen, hatte Hitler in der Wohnung des Staatssekretärs Lammers gewohnt, im oberen Geschoß des Dienstgebäudes, bis die Kanzleiwohnung im Radziwillpalais fertig umgebaut war. Wie aus Evas Zeilen ersichtlich, hatte ihr Hitler gelegentlich den Besuch in der neuen Wohnung in Aussicht gestellt. Aber jetzt, da es soweit war, zerstoben alle ihre Hoffnungen im Wind. Ihre Unruhe, ihre seelische Nervosität, in die sie sich mehr und mehr hineinsteigerte, besserte ihre Lage nicht. Blinde Liebe kennt keine Maßstäbe, keine Realitäten. Sie gibt alles, verlangt aber auch alles. Das war bei einer Natur wie Hitler ausgeschlossen. Es gab deshalb mehrere Gründe für ihn, einer Ehe aus dem Weg zu gehen. Der Rechtsanspruch des Ehepartners war einer davon. Bemerkenswert auch sein Verhältnis zum Geld. Während sein Konto in jenen Tagen die Millionengrenze längst überschritten hatte, ließ er Eva sich mit kleinlichen Schulden herumplagen. Dazu ihre stets wiederkehrende Eifersucht, die Angst, ihn an eine andere Frau zu verlieren. Wie sie ja auch am 10. Mai 1935 schrieb:

„Wie mir Frau Hoffmann liebevoll und ebenso taktlos mitteilte, hat er jetzt einen Ersatz für mich. Er heißt Walküre und sieht so aus, die Beine mit eingeschlossen. Aber diese Dimensionen hat er ja gerne. D. h. wenn das stimmt, wird er sie bald ganz mager geärgert haben, wenn sie nicht das Talent hat, durch Kummer dick zu werden wie Charly. Bei ihr ist Ärger appetitanregend.

Sollte aber die mir mitgeteilte Beobachtung der Frau H. stimmen, fände ich es bodenlos von ihm, mir das nicht zu sagen.

Schließlich könnte er mich doch so weit kennen, daß ich ihm nie etwas in den Weg legen würde, wenn er plötzlich sein Herz für eine andere entdeckt. Was aus mir wird, kann ihm ja gleich sein.

Ich warte nun noch bis zum 3ten Juni, dann ist ein viertel Jahr seit unserer letzten Zusammenkunft vergangen, und bitte um Aufklärung. Nun sag mir einer nach, daß ich nicht bescheiden bin.

Das Wetter ist so herrlich und ich, die Geliebte des größten Mannes Deutschlands und der Erde, sitze und kann mir die Sonne durchs Fenster begucken.

Daß er so wenig Einsicht hat und mich immer noch vor Freunden katzbuckeln läßt. Aber des Menschen Wille . . .usw. Oder wie man sich bettet . . .

Schließlich ist es ja meine Schuld, aber sowas schiebt man halt gern auf andere.
Diese Fastenzeit wird auch mal ihr Ende haben ...
Nur schade ists, daß halt grad Frühling ist."
Endlich das Eingeständnis Evas – und das in der viel besungenen Frühlingszeit –, daß auch sie einige Fäden dieses Verhältnisses selbst in Händen hält. Im Grunde war sie es sogar selbst gewesen, die diese Fäden gesponnen hatte. Wollte sie diese Fäden weiter pflegen, mußte sie dafür sorgen, daß sie nicht überspannt und nicht zu locker wurden. Aber die Ungeduld, die Unbeständigkeit, die Nöte und Ängste der Zeilen künden davon, daß es ihr schwerfiel, ja, daß sie dazu nicht fähig war. Hier half ihr eiserner Wille nur wenig. Daß sie Versteck spielen mußte, war die eine Seite der Medaille, daß der Staatsmann für sie in dieser bewegten Zeit nicht immer Zeit hatte, die andere. Diese beiden Fakten aber wußte sie nur schwer zu trennen.
Frau Hoffmann, Gattin des Leibfotografen und nunmehrigen „Reichsbildberichterstatters", war es sicher leicht gefallen, Eva von einer „Walküre" zu erzählen – gemeint war wohl Unity Valkyrie Mitford –, da nicht nur sie alleine daran glaubte, daß ihre Stieftochter, so alt wie Eva Braun, besser zum Führer passen würde.
Am 1. April hatte Eva ihren Geliebten das letzte Mal gesehen. Zu jenem „viertel Jahr" rechnete sie wohl die Zeit, da sie das letzte Mal mit ihm allein sein durfte. Das war an dem Ballabend gewesen, am 2. März, einem Samstag. Sie wußte in der Regel nie, wo sich der Führer aufhielt. Schreibtischarbeit – tagelang Akten durchsehen und Unterschriften leisten – hatte er bald von sich gewiesen. „Hätte ich weiter so gearbeitet", sagte er einmal zu Albert Speer, „ich wäre nicht mehr zu positiven Resultaten gekommen, weil sie mir einfach keine Zeit zum Nachdenken ließen. Als ich es ablehnte, die Akten zu sehen, wurde mir gesagt, daß dadurch wichtige Entscheidungen verzögert würden. Aber erst dadurch wurde mir es möglich, über wichtige Dinge nachzudenken, die ich entschied. Damit bestimmte ich die Entwicklung und wurde nicht mehr von den Beamten bestimmt."
So war er auch diesen Monat wieder oft unterwegs. Am 1. Mai war große Maifeier in Berlin gewesen, wo der Kanzler eine lange Rede gehalten hatte. Einen Tag später eine Delegation des Internationalen Filmkongresses in der Reichskanzlei und wieder eine Rede Hitlers. Am 3. Mai kam der neue bulgarische Gesandte zu ihm. Am 4. Mai

besichtigte der Führer den neuen Ostasiendampfer „Scharnhorst“ in Bremerhaven, und auch hier kam er nicht ohne Ansprache weg. Am 6. Mai inspizierte er die neue deutsche Alpenstraße zwischen Inzell und Berchtesgaden. Am 19. Mai eröffnete er die Autobahn Frankfurt–Darmstadt in Frankfurt am Main und fuhr weiter nach Weimar. Am nächsten Tag sahen ihn die Berliner wieder. Der Gautag in Mecklenburg und die „Reichsleitertagung“ in München standen noch bevor. Kam hinzu, daß Hitler seinem Alter gemäß die Sturm- und Drangjahre längst hinter sich gelassen hatte, was die ungestüme, dreiundzwanzigjährige blühende Münchnerin offensichtlich außer acht ließ. Hinzu kam auch noch sein Magenleiden, das ihm immer wieder unerträgliche Schmerzen bereitete, so daß er Besprechungen oft Minuten vorher absagen mußte.

Eva aber notierte unter dem 28. Mai 1935: „Eben habe ich einen, für mich entscheidenden, Brief an ihn gesandt. Ob er ihn für so wichtig hält?

Na, wir werden sehen.

Habe ich bis heute Abend 10 Uhr keine Antwort erhalten, werde ich einfach meine 25 Pillen nehmen und sanft hinüber schlummern.

Ist das seine wahnsinnige Liebe, die er mir schon so oft versichert hat, wenn er mir 3 Monate kein gutes Wort gibt.

Gut, er hat den Kopf voll gehabt in dieser Zeit mit politischen Problemen, aber ist jetzt nicht eine Entspannung da? Und wie war es im letzten Jahr? Hat ihm da nicht Röhm u. Italien viel zu schaffen gemacht und trotzdem hat er Zeit für mich gefunden. Ich kann zwar schwer beurteilen, ob nicht die jetzige Situation ungleich schwerer für ihn ist, trotzdem würden ihn ein paar liebe Worte bei Hoffmanns oder sonstwo nicht sehr abgelenkt haben.

Ich fürchte, es steckt was anderes dahinter. Ich bin nicht Schuld. Bestimmt nicht.

Vielleicht eine andere Frau, zwar nicht das Mädchen Walküre, das dürfte ein bißchen unmöglich sein, aber es gibt ja so viele andere.

Was gäbe es sonst noch für Gründe? Ich finde keinen.“

Nach diesem Satz folgt noch einmal dasselbe Tagesdatum: „28. V.“ Wahrscheinlich setzte das verzweifelte Mädchen zu einer späteren Tageszeit die Eintragung fort: „Herrgott, ich habe Angst, daß er heute keine Antwort gibt. Wenn mir nur ein Mensch helfen würde, es ist alles so schrecklich und trostlos.

Vielleicht hat ihn mein Brief in einer ungeeigneten Stunde erreicht. Vielleicht hätte ich ihn auch nicht schreiben sollen. Wie es auch sein wird, die Ungewißheit ist furchtbarer zu ertragen als ein plötzliches Ende.
Lieber Gott hilf mir, daß ich ihn heute noch sprechen kann, morgen ist es zu spät.
Ich habe mich für 35 Stück entschlossen, es soll diesmal wirklich eine ‚totsichere' Angelegenheit werden.
Wenn er wenigstens anrufen lassen würde.“[28])
Von einem Tanzwettbewerb kam Ilse in der Nacht vom 28. auf 29. Mai 1935 nach Hause und fand Eva bewußtlos. Das Tagebuch lag offen da. Als medizinische Assistentin griff Ilse eilig zur ersten Hilfe. Dann rief sie Dr. Marx an, ihren Chef, mit dessen Verschwiegenheit sie rechnen konnte. Die verräterischen Blätter riß sie aus dem Buch, es sollte nicht ein zweiter Selbstmordversuch nach außen dringen.[29])
Auch die Eltern sollten, so gut es ging, nicht die Wahrheit, wenigstens nicht die volle Wahrheit erfahren. Es war eben ein Versehen, ein Lapsus geschehen aus Nervosität und der Folge der vielen Arbeitsstunden bei Hoffmann.
Eine andere Wahrheit freilich konnte Vater und Mutter nicht auf Dauer verborgen bleiben. Vielleicht auch begannen sie erst allmählich zu ahnen, was zwischen ihrer Tochter und Hitler vor sich ging.
Als die Eltern Braun eines Sonntags einen Ausflug nach Lambach an der österreichischen Grenze unternommen und sich in den Nachmittagsstunden gemütlich in einem Café niedergelassen hatten, stand plötzlich Eva vor ihnen. „Welche Überraschung, Papa und Mama! Ich gehöre zum Gefolge des Führers, deswegen bin ich hier – wegen Aufnahmen! Ich muß euch dem Führer unbedingt vorstellen.“ Und dann standen die Brauns vor dem Führer. Er lobte das schöne Wetter, machte ihnen ein Kompliment über ihre Tochter und küßte der Mutter die Hand; diese aber war so bewegt, daß sie kein Wort hervorbrachte.
Hier jedenfalls konnte Eva den Eltern noch weismachen, sie sei „wegen Aufnahmen“ im Gefolge des Führers.
Bald nach der merkwürdigen Nacht mit dem Schlafmittel reiste Mutter Braun mit Eva und Gretl nach Bad Schachen. Hier, am Bodensee, einem Stadtteil von Lindau auf dem Festland, befand sich Eva in einer anderen Welt, und hier traf sie auch einen anderen Mann.

Er war Kaufmann und war sehr um Eva bemüht. Diese Urlaubsbegegnung, jünger als Hitler, wenngleich die Dreißig überschritten, gefalle ihr sehr; das jedenfalls gestand Eva ihrer Freundin Herta. „Die Liebe seinerseits war groß", erzählte Herta Schneider, „für Eva Braun jedoch nicht diskutabel." Denn „. . . es gibt bereits einen Mann in meinem Leben, und es wird niemals einen anderen geben. Es ist alles zu spät." „Umsonst war alles Zureden meiner Mutter", so Herta Schneider weiter, „Adolf Hitler fallen zu lassen, ihre Liebe aus dem Herzen zu reißen und nicht die ganze Jugend trauernd und mit Warten zu vertun."

Noch war es in Wahrheit freilich nicht zu spät, ihr Schicksal zu wenden. Noch stand ihr alles offen, und Hitler, in diesen Dingen stets Realist und mit beiden Füßen auf der Erde stehend, hätte ihr wahrscheinlich und schließlich zugestanden, ihr Leben nicht an einen Politiker seines Stils vergeuden zu müssen. Aber schon jetzt, mit dreiundzwanzig Jahren, konnte sie bei allen Mißbilligkeiten nicht mehr löschen, was ihr in Herz und Seele brannte, waren Wille und Konsequenz eins geworden. Niemand konnte sie also aus dem Käfig befreien, zu dem der Schlüssel innen steckte. Sie wollte den Mann aus Bad Schachen nicht mehr wiedersehen. Wenn er anrief, ging sie nicht ans Telefon. Auch Hertas Bruder Walter, Jahrgang 1910, samt seinen Freunden, die er immer wieder mit nach Hause brachte und von denen sicher der eine oder andere Eva nicht abgeneigt war, konnten daran nichts ändern; so wenig wie Hertas Mutter, die immer wieder von neuem, aber ebenso vergeblich versuchte, der Freundin ihrer Tochter den Politiker auszureden.

Mehr und mehr indessen war sie dem Unbill ihrer Familie ausgesetzt. Daß zwischen ihr und dem Führer und Reichskanzler nicht nur die Firma Hoffmann fungierte, das war jetzt Vater und Mutter Braun offenkundig geworden. Aber was half es, wenn Fritz Braun seine Tochter in ihr Zimmer sperrte, sie nicht mehr zu Wort kommen ließ, sie in der Familie demütigend ignorierte? Die Briefe ließ sie sich zur Freundin Herta Ostermayr schicken, auch ihre Ferngespräche gingen dort hin. Viele Stunden ihrer Freizeit verbrachte sie in diesem Haus, in dem sie mehr zu Hause war als in jenem in der Hohenzollernstraße. Wen wunderte es da, daß die Brauns den Ostermayrs nicht gerade schmeichelten? Sie fühlte sich wohl in dieser Atmosphäre, konnte frei atmen, war keinen Schikanen ausgesetzt. Das elterliche

Heim war ihr zum Alpdruck geworden. Herta sah, wie sich Ilse über ihre Schwester lustig machte. Und die Mutter? „Was will dieser Mann von dir? . . . Er behandelt dich wie eine Dirne . . . Wann heiratet er dich endlich? . . . Du siehst aus, als ob du schwanger wärst . . . Du verschwendest deine Jugend . . ."

Gewiß, vom Standpunkt einer bürgerlichen Familie, aus der Sicht von Moral und Leben einer Gesellschaft, in der die Familie noch intakt war, blieben die Reden der Mutter verständlich. Eine liebende Frau aber lebt in einer anderen Welt. Was sie auch tut, es geschieht immer jenseits von gut und böse. Was kümmern sie Standpunkte, Moral und Ansichten von Menschen, die es nicht besser wissen? Sollte sie einen Mann aufgeben, dem sie sich verschrieben hatte, nur weil dessen Verhalten nicht „schicklich" war? Mit einem Mal würden die Probleme der Familie beseitigt und sie selbst erlöst sein, wenn sie aus der elterlichen Wohnung auszog. Das aber war in jenen Jahren beileibe vor der Heirat nicht üblich. Es war allenfalls das Begehren einer mißratenen Tochter. Hatte Eva gelegentlich bei Disputen auch mit dem Weggang von der Familie gedroht, so war das doch so abwegig, daß niemand ernstlich daran glaubte. Es schien deshalb unfaßbar, als sie eines Abends zu Hause verkündete: „Ich habe beschlossen, in eine eigene Wohnung zu ziehen. Ich bin volljährig und habe die Mittel. Ilse und Gretl können bei mir wohnen." Da mußte wohl auch Vater Braun erkennen, daß er den Bogen überspannt hatte, der nun gebrochen und wirkungslos geworden war.

Ilse lehnte ab. Gretl, unvoreingenommen und aufgeschlossen, freute sich über das abenteuerliche Unternehmen und stimmte zu. So zogen die beiden Schwestern am 9. August 1935 mit Wäsche und Küchengeschirr von der Mutter in die Widenmayerstraße in Bogenhausen, ganz in der Nähe von Hitlers Wohnung. Preiswerte Möbel waren in die Dreizimmerwohnung gekommen, die Bezahlung der Miete wickelte Heinrich Hoffmann ab, und er war es auch, der die Einstellung eines ungarischen Hausmädchens besorgte. Daß Adolf Hitler hinter dieser Aktion steckte, war nicht schwer zu erraten. Ob er von dem „Unfall" mit dem Schlafmittel wußte und deshalb für die Wohnung sorgte, ist nicht sicher. Auch die Idee mit den Schwestern hatte von ihm gestammt. Allein schon deshalb konnte diese Wohnung nicht das Liebesnest sein, wie es Sensationshascher unserer Zeit gern sehen. Der Kanzler kam nur selten, spät abends, wenn das Dienstmädchen schon

außer Haus war, niemand sollte ihn sehen. Und wenn er kam, standen am Hauseingang zwei Posten. Auch im Treppenhaus standen Polizisten, so daß es den Hausbewohnern erst recht auffiel. Deswegen kam er schließlich gar nicht mehr. Eva, die sich viel Besuch von ihm erwartet hatte, war enttäuscht. Sie ging nicht aus dem Haus, da sie befürchtete, einen Telefonanruf von ihm zu verpassen. Und so wartete sie wieder, alles war wie zuvor. Was ihr in der Wohnung blieb, war dann der kleine Hund „mit Bärenfell", den ihr der Führer endlich geschenkt hatte.
Vater Braun freilich litt unter diesem Verhältnis. Eines Tages faßte er Mut und schrieb einen Brief:

„Sehr geehrter Herr Reichskanzler!
Es ist mir sehr unangenehm, mit einer Privatangelegenheit Sie belästigen zu müssen, nämlich mit meinem Kummer als Familienvater. Sie, der Führer der deutschen Nation, haben ganz andere Sorgen, gewiß weit größere. Da aber die Familie die kleinste, aber sicherste Zelle ist, aus der ein wohlgeordneter und ehrenhafter Staat wächst, fühle ich mich zu meinem Anliegen etwas berechtigt und bitte Sie um Ihre Hilfe. Meine Familie ist nun auseinandergerissen, weil meine beiden Töchter Eva und Gretl in eine von Ihnen zur Verfügung gestellte Wohnung eingezogen sind, und ich als Familienoberhaupt vor eine vollendete Tatsache gestellt worden bin.
Natürlich habe ich Eva des öfteren Vorhaltungen gemacht, wenn sie wesentlich später als nach Dienstschluß nach Hause gekommen ist, denn ich glaube, daß ein junger Mensch, wenn er acht Stunden beruflich intensiv gearbeitet hat, dann die nötige Entspannung im Familienkreis braucht, um gesund zu bleiben! Außerdem stehe ich auf dem vielleicht altmodischen Standpunkt in moralischer Hinsicht: Der Obhut der Eltern und dem gemeinsamen Heim werden die Kinder erst bei Heirat entzogen. Das ist mein Ehrbegriff. Ganz abgesehen davon, daß ich meine Kinder sehr vermisse. Für Ihr Verständnis hierfür wäre ich Ihnen, sehr geehrter Herr Reichskanzler, überaus verbunden und schließe daran die Bitte, den Freiheitsdrang meiner Tochter Eva, die ja volljährig ist, nicht zu unterstützen, sondern sie zu veranlassen, in die Familie zurückzukehren.
Mit vorzüglicher Hochachtung
Fritz Braun."

Diese Zeilen bewiesen viel Diplomatie, viel Geschick. Aber der Brief machte nicht Geschichte. Fritz Braun bat Heinrich Hoffmann, das Schreiben dem Reichskanzler persönlich auszuhändigen. Hoffmann traute der Sache nicht und gab Eva den Brief. Sie zerriß ihn in kleine Stücke, und der Vater, verletzt in seiner Ehre, blieb in dem Glauben, das richtige Wort an richtiger Stelle gesprochen zu haben.[30]) Eva aber, mit oder ohne Brief an den Geliebten, zeigte ihrem Vater, wie einst Clara Wieck dem ihren, „daß ein jugendliches Herz auch standhaft sein kann".

Hatte Fritz Braun nicht aber auch Grund genug, in sich zu gehen, sich zu fragen, ob sein Regiment in der Familie nicht zu unfamiliär gewesen war? Zu dem „Freiheitsdrang", den seine Tochter Eva an den Tag legte und der seine jüngste Tochter Gretl mitgerissen hatte, gehörte in jenen Tagen sehr viel Mut, ja geradezu gesellschaftliche Zivilcourage. Die Schikane und der Druck in den elterlichen Räumen muß also schon sehr groß gewesen sein, und mit zunehmenden Drangsalen war der Wunsch zur Tat gereift, der elterlichen Atmosphäre zu entfliehen. Zweifellos begann spätestens hier der Reifungsprozeß jener Eva Braun, die wirklich gelebt hat, nicht jener, die seit 1945 dargestellt wird. Die Leiden ihrer Seele formten Eva vom lustigen, zu jedem Unsinn aufgelegten Mädchen zur außergewöhnlichen Frau. Es konnte nicht anders sein, da auch ihre Rolle außergewöhnlich war. Ein Charakter wächst an seinem Schicksal. Daß hin und wieder der Schalk kurz hervorschaute, der Eva einst im Nacken gesessen hatte, bestätigte nur die Wirklichkeit. Dazu gehörte auch, daß sie in engem Kreis geistreichen Humor bewies, aus sich herausgehen konnte, mit fröhlichem Witz die Menschen um sich zum Lachen brachte und trotzdem ihre Würde zu bewahren wußte. Später, in den Kriegsjahren, die auf ihr nicht wenig lasteten, schien es fast so, als käme sie nur eben kurz aus einem Schneckenhaus, um sich gleich darauf wieder darin zurückzuziehen.

„Das Schönste aber war", so hatte sie am 18. Februar 1935 in ihr Tagebuch geschrieben, „daß er sich mit dem Gedanken trägt, mich aus dem Geschäft zu nehmen und . . . ich will mich aber lieber noch nicht so freuen, mir ein Häuschen zu schenken. Ich darf einfach nicht daran denken, so wunderbar wäre das . . ." Sicher schlug Evas Herz zum Zerspringen, als sie zusammen mit ihrem Chef und dessen Verkaufsleiter im März 1936 ein Haus besichtigte, das in der Zeitung zum

Verkauf ausgeschrieben war. Und das Haus Nr. 12 in der Wasserburgstrasse – heute Delpstraße[31]) – gefiel ihr auf den ersten Blick. Wieder kümmerte sich Hoffmann um das Geschäftliche. 30000 Reichsmark lautete der Scheck für das Grundstück, das zunächst auch auf seinen Namen ging. Zwei Jahre später erst verbriefte der Notar das Haus auf Eva Braun.

Am 30. März 1936 zogen die Schwestern Eva und Gretl in die einstöckige kleine Villa „in der Mitte des Gartens von 798 qm, 20 m, Straßenfront, die Maße des Gebäudes betragen 8,2 mal 10 Meter, Rauminhalt 697 Kubikmeter.“ So lautete der Text in der notariellen Urkunde.

Nicht nur das Materielle sah Eva in ihrem „lieben kleinen Häuschen“. Freilich konnte sie sich in eigenen vier Wänden freier fühlen, tun und lassen, was ihr gefiel, empfangen, wen sie wollte. Ihre Nervosität fiel von ihr, sie wirkte ausgeglichen, lachte mehr als zuvor, ja, sie konnte sogar lustig und ausgelassen wirken. Denn zweifellos war das Haus ein großes Zeichen „seiner“ Liebe, und das war es, was ihr am meisten gab. Von jetzt an brauchte sie auch nicht mehr vor den Kunden „buckeln“, sie war „aus dem Geschäft“. Dazu überließ ihr Hitler einen Mercedes, der in einer Niederlassung der Daimler Benz AG in der Nähe untergebracht war und mit Fahrer jederzeit zur Verfügung stand. „Persönliche Sekretärin“ war sie jetzt und „Chefin“ des Berghofes bei Berchtesgaden. Aus ihrer bisherigen Situation ein großer gesellschaftlicher Sprung nach oben, womit sie sich besonders vor ihren Eltern rechtfertigen konnte.

Das Haus, wieder in Bogenhausen, war 1925 erbaut worden in einem guten, ruhigen Viertel. Im Erdgeschoß befanden sich Vorraum, Küche, Wohnzimmer mit Kamin und durch einen Vorhang getrennt das Eßzimmer. Vom Vorraum führte die Treppe nach oben. Die Schlafzimmer Evas und Gretls lagen sich gegenüber, dazwischen ein blau gekacheltes Bad. Auch ein Mädchenzimmer befand sich noch im ersten Stock. Auf dem Dachboden eine winzige Kammer, gerade groß genug für ein Bett, in dem Gäste Unterschlupf fanden, auch „Rauchsalon“ genannt. Wenn der Führer zu Besuch weilte, durfte es keine blauen Rauchschwaden in den Räumen geben. Die Dachkammer bot den jungen Damen – war der Nikotinspiegel im Blut bedrohlich gesunken – heimlich die einzige Ausweichmöglichkeit.

Es gab Einladungen und Feste in diesem Haus, Freunde kamen und Freundinnen und sogar Professoren. Später, als der Vater wieder mit seiner Tochter sprach, von einer ordentlichen Aussöhnung konnte keine Rede sein, sollen diese Wände sogar Familienfeste gesehen haben. Eva war jetzt nicht mehr „das kleine Mädchen, das Filme verkaufte", sie war jetzt wer, sie konnte es Vater und Mutter zeigen. Es spricht für Vater Braun, daß er zeitlebens seine Einstellung zur Lebensrolle Evas nicht änderte. Von der Mutter dagegen empfing Eva mehr und mehr Sympathie. Auch sie durfte ja jetzt ab und zu im Gefolge ihrer Tochter auf Kosten ihres Schwiegersohnes in spe ins Ausland reisen.

Mit der Zeit fanden sich Gemälde an den Wänden – eines sogar aus der Schule Tizians, ein Geschenk Mussolinis an Hitler –, alte und moderne Meister, wie sie später aus dem Testament zu ersehen sind. Möbel mit viel Geschmack aus exotischen Hölzern zierten die Räume, auf Wunsch des Führers von Professor Troost entworfen. Es gab aber keinen modernen Luftschutzkeller, mit Gasfilter und Stromaggregat schon zu Friedenszeiten, wie mancherorts berichtet. Im Krieg gab es einen kleinen Luftschutzraum, notdürftig eingerichtet, wie in anderen Häusern. Auch einen Fernseher gab es nicht in diesem Haus, wie verschiedentlich behauptet.

Zu dem kleinen Hund „mit Bärenfell" hatte sich ein zweiter gesellt. Da die beiden Vierbeiner gegen die Neckereien der Nachbarskinder stets rebellierten, ließ Eva den Zaun durch eine Ziegelmauer ersetzen. Kurzum: es ließ sich leben in diesem Haus.

Aber auch diese Mauern sah Hitler nicht oft. Weilte er in München, war Eva mehr in seiner Wohnung als er in ihrem Haus. Zweifellos aber fühlte sie sich am glücklichsten in jenem Haus, in dem Hitler zu Hause war, in dem Privatatmosphäre herrschte, das in freier Natur stand, in dem sie Hausherrin sein durfte: das Haus auf dem Obersalzberg.

DER OBERSALZBERG

Älter als die Gestalten und Handlungen Ludwig Ganghofers in seinen Romanen, in denen der Heimatdichter viel historische Kenntnis bewies, ist die Geschichte des Obersalzberges. Seinen Namen hat der Berg von seinen reichen Salzlagern, die schon von den Römern genutzt wurden. Funde beweisen, daß im Berchtesgadener Land bereits Kelten und Aribonen hausten, wenngleich eine Chronik über „erschreckende Wildnis mit größter Unfruchtbarkeit und voll wildem Getier" berichtet.[32])

„Pertherscadmen" und „Perhthersgadem", wie es in Urkunden des 13. und 14. Jahrhunderts heißt, soll von „Perther" kommen, dem Namen eines Nachkommen der alten Bewohner. An einer Grabstätte von 1822 des Berchtesgadener Friedhofes kann man noch heute „Berchtolsgaden" lesen, was eine ähnliche Deutung zuläßt. Einer anderen Vermutung zufolge war „Berchtesgaden" der „Garten der Armen". An Armen freilich hat es hier wie anderswo noch zu keiner Zeit gefehlt. Seinen Ursprung verdankt der Ort den Augustiner-Chorherren, die sich hier 1102 niederließen. Die Mönche kamen ins Land und bauten Klöster, die sich dann gegenseitig bekriegten. Um die Mitte des 12. Jahrhunderts wurde das Chorherrenstift selbständige Propstei, erhielt die Forstrechte, Schürffreiheit auf Salz und Metall und somit die Landeshoheit. Auch den Bauern, Hirten und Fischern brachten die Kuttenmänner mehr Unruhe und Zwist als Seelenfrieden. Besonders beim Eintreiben des „Zehent" waren die gottesfürchtigen Beter in ihrer Brutalität unerbittlich. Es begann die Zeit des maßlosen Aufstiegs des Klerus in Wirtschaft und Besitz, bei gleichzeitigem Absinken von Moral und Religion. Es war die Zeit, in der Alanus ab insulis, Dichter und Lehrer in Paris, „Doktor Allwissend" genannt, schrieb: „Die Geistlichen unserer Zeit sammeln lieber Geldstücke . . ., als daß sie Bücher läsen; sie schauen lieber auf Martha als auf Markus; sie lesen lieber Salme (Lachse) als Salomo."
Im Lauf der weiteren Jahrhunderte lebten die Menschen von der Arbeit in den Salzbergwerken und Salinen, von der Viehzucht, von den Wäldern und ihren Hölzern, der Holzschnitzerei und vom Marmor aus dem Untersberg, dem ersten Bergriesen in diesem Ländchen der Naturschönheiten zwischen den Tälern der Salzach

und Saalach. In ihm wartet, der uralten Sage nach, Kaiser Karl der Große, von Bergmännlein bedient, auf die Wiedererrichtung des Deutschen Reiches. Ist diese Sage Spott und Hohn, oder ist sie tiefgründig?

Über Berchtesgaden der Watzmann in seinem siebenzackigen Gipfelbau mit Frau und Kindern das Wahrzeichen des Ortes. Jahrtausende lang waren diese Gipfel und ihr Umfeld ein rätselhaftes Reich, eine „terra incognita", eine unbekannte Welt, ängstlich gemieden und aus der Ferne scheu bestaunt. Ein Stich aus dem Jahr 1664 gibt den Großen Watzmann hoch hinauf mit Wald und Gestrüpp wieder:

„. . . so gegen Baiern auf 20 meylwegs erkänntlich zu sehen ist."

In dieser Wildnis, wo noch keines Menschen Fuß einen Tritt gesetzt, ein Paradies für Tiere und Pflanzen, konnten nur Drachen und Bären, gute und mehr noch böse Geister hausen.

1801 begann der Ramsauer Pfarrer Stanig zu forschen, 1832 setzte der Österreicher Thurwieser die mühsame Eroberung fort. Die Gipfel, die Götterthrone, begannen um ihre Jungfräulichkeit zu fürchten. 1852 bestieg der Bergführer Johann Grill, der „alte Kederbacher", den kleinen Watzmann. Seitdem forderte das Watzmannmassiv Jahr für Jahr seine Opfer aus Fleisch und Blut. Namen wie Punz und Schöllhorn, Stangassinger aus Berchtesgaden, Diensthuber und Leixl, Klette und Scheer aus München, Ehrensberger aus Landau, Ludwig Kirch aus Wien, Dr. Müller aus Barmen, Krueger aus Bremen, Max König aus Schrobenhausen und noch viele andere sind damit verbunden. Waren es niedergehende Gesteinsmassen, die auf ihrem Weg alles Leben auslöschten, erfroren die ungestümen Kletterer in einem Julischneesturm oder in der jähen Kälte einer Augustnacht, oder war es der Absturz in die Tiefe: unerbittlich forderte der große Stein sein Blut. Bis in unsere Jahrzehnte hinein war das nicht anders.

Und in der Nachbarschaft das bewaldete Lattengebirge, das Steinerne Meer, der Jenner, das Hohe Brett, der Hohe Göll, der Hochkalter, das Breithorn, die Funtenseetauern und noch einige mehr von den bizarren Titanen; nebeneinander, ineinander und hintereinander, bis zu 2714 Meter hoch. Eingebettet inmitten von Wäldern, Bergwiesen, kubischen und scharfgratigen Felsenkönigen der Königssee. Nordöstlich des Sees der Kehlstein und zu dessen Fuß der Obersalzberg. Das Leben oder das, was wir heute darunter verstehen, brachte eine

Frau auf den Salzberg. Mauritia Mayer, am 25. September 1833 in Unterwössen am Chiemsee als Försterstochter geboren, hatte das Schicksal nach vielen Irrwegen 1877, bereits vierundvierzigjährig, auf den Berg verschlagen; auf das verlotterte „Hofreiter-Anwesen", auch „Steinhauslehen" genannt, das sie mit dazugehörigen Almen und wildwurzeligem, urwaldartigem Nadelholz am Kehlstein mit geliehenem Geld um 13500 Mark erwarb. Skepsis, ja, sogar Verachtung hatten der „Fremden", dem „ledigen Frauenzimmer", von den Nachbarbauern entgegengeschlagen. 1873 war sie schon einmal der Versuchung erlegen, mit dem „Schifferlehen" in der Gnotschaft Mitterbach bei Berchtesgaden. Zwei Jahre hatte sie sich abgemüht, dann war sie krank geworden. Sie war nach Meran in Tirol gegangen als Hausangestellte. Jetzt aber schuf sie sich ihr Reich mit Glück und starker Hand. Mit ihrem Gesinde legte sie Wiesen trocken, rodete, baute Wege, bestellte die Felder und erntete mit eisernem Willen unter dem Felsmassiv des Kehlsteins, was vorher unmöglich schien. Zielstrebig brachte es die Belächelte – von Jugend an „Moritz" genannt, da ein Junge erwartet worden war – zur stolzen Bergbäuerin, zur geachteten Frau, ja sogar zur „Bergkönigin". Niemals hatten die argwöhnischen Nachbarn geglaubt, daß „so eine" Sense und Pflug selbst in die Hand nehmen könne. Das Bauernanwesen nannte sie „Platterhof", nach einem Hof ihrer Verwandtschaft in Brixen in Südtirol, wo sie sich in jungen Jahren oft aufgehalten hatte.

Nachdem sie die Gebäude instand gebracht, baute sie ein neues dazu und eröffnete eine Gastwirtschaft, die „Pension Moritz". So kam das erste Asyl auf den Obersalzberg für jene Menschen, die mit dem Ländchen Freundschaft geschlossen hatten, in dessen natürlicher Zierde sie Labsal fanden für Körper und Seele. Hier trafen sich Dichter und Maler, Musiker und Gelehrte, mit denen die stolze und geistvolle Frau, die stets die Tracht einer gutsituierten Bergbäuerin trug, so gut umzugehen wußte wie mit ihren Mägden und Knechten.

„Ich war überrascht", erzählte der Maler Georg Waltenberger[33]) später, „einen Gesellschaftsgeist von exquisiten Persönlichkeiten vorzufinden. Es waren da: Karl Linde[34]), die Maler Gussow, Spangenberg und Knaus. Richard Voß, Staatsminister Delbrück, die reizende Nichte der Moritz – Sedlmeier – und ein stattlicher Bauer aus der Meraner Gegend in seiner malerischen Tracht."

Es war in den achtziger Jahren gewesen, als Waltenberger, von einem Gewitter überrascht und durchnäßt, an die Tür geklopft hatte, ohne zu bemerken, daß es eine Pension war. „Aus dieser einen Nacht", so Waltenberger, „wurden Wochen und Monate, die ich in der Pension Moritz verbrachte, und der Obersalzberg wurde mir seitdem zur schönsten Zufluchtsstätte aus dem Getriebe der Großstadt. Er wurde mir Heimat."

Der illustren und prominenten Gäste unter Mauritia Mayers Dach wurden mehr und mehr. Auch Clara Schumann fühlte sich dort wohl, Franz v. Lenbach, Johannes Brahms, Prinzregent Luitpold von Bayern, Ganghofer und Bechstein, Prinz Max von Baden, der Herzog von Sachsen-Anhalt, sogar die deutsche Kaiserin und noch viele mehr. Letztere freilich konnte sie nicht mehr erleben.

Mit der Erschließung des Ländchens durch die Eisenbahn, mit Wegen und Straßen kam mehr und mehr Leben auch auf den Obersalzberg. Die „Bäuerin vom Salzberg" betrieb als erste Fremdenwerbung für den Berg, und stets hatte sie eine offene Hand dort, wo sie Not antraf. Eine „Schöpfernatur" nannte sie Richard Voß in seinen Lebenserinnerungen, „schön und stolz . . . Dabei ging von ihr eine geheimnisvolle Macht aus, so daß ihr nicht nur die Menschen, sondern auch die Tiere anhingen, als hätte es ein Zauber Menschen und Tieren angetan . . . Dabei war diese Frau von zartester Güte . . . Sie ging zu jedem Kranken, trat an jedes Siechbett."

Dieser „geheimnisvollen Macht" war auch der Poet verfallen, wie unleugbar aus seinen Zeilen hervorgeht. Achtzehn Jahre jünger als die „Moritz", war er leidenschaftlich in sie verliebt. „Sie duldete es, lachte mich aus, küßte mich und behandelte mich als den, der ich war. Also als großes Kind."

Fortan war sie für ihn „seine Judith", er selbst fühlte sich als „grüner Heinrich". Die Freundschaft währte bis zu ihrem Tod. In der Gestalt der Judith Platter hat ihr Dichter Voß in seinem Roman „Zwei Menschen" ein Denkmal gesetzt. Unverkennbar schildert er hier seine Judith so, wie er Mauritia Mayer, wie er „Moritz" erlebt hatte. Nach ihrem Tod am 1. März 1897 – sie starb in jenen Tagen, da sie beschlossen hatte, das Ehepaar Voß in Italien zu besuchen – führte ihre jüngere Schwester Antonie das Erbe zwanzig Jahre lang weiter.

Mit Geheimrat Carl v. Linde freilich war ein weiterer reger Geist auf den Berg gekommen. Er kaufte 1884 das „Baumgartlehen", baute

1905 die Pension Antenberg, das spätere Marine-Genesungsheim, legte einen Höhenweg an – den „Lindeweg“ – und schenkte der Gemeinde Salzberg das „Auerhaus“ als Altersheim. Mit Linde aber kamen weitere Kommerzienräte die knapp tausend Meter den Berg herauf, auch der Klavierfabrikant Bechstein. Sie alle bauten verstreut irgendwo ihr Landhaus. Zwei weitere Gasthäuser wuchsen aus dem Boden, und eines Tages, im Jahre 1916 und mitten im Kriege, kam der Industrielle Kommerzienrat Winter aus Buxtehude und baute „Haus Wachenfeld“, benannt nach dem Mädchennamen seiner Frau.

Ganghofer, vom „Gottesgarten“ (Obersalzberg) hingerissen, ließ in seinem Roman „Die Martinsklause“ den Propst Eberwein sagen: „Herr, wen du lieb hast, den laß fallen in dies Land.“ Sicher hatte ihn der Herr noch lieb an diesem Tag im Jahr 1928, dem Tag, an dem er einzog ins „Haus Wachenfeld“: Adolf Hitler.

Das erste Mal war Hitler in dunkler Nacht auf den Berg gekommen, im Winter 1923. Auf schmalem, in den Schnee getretenem Weg war er mit Christian Weber hinaufgestiegen zur Pension Moritz, wo er Dietrich Eckart in seinem Versteck besuchen wollte. Erst am nächsten Morgen sah er die Landschaft: „Ein Blick auf den Untersberg, unbeschreiblich!“

Von da an war dieses Stückchen Erde seine Liebe geworden. Immer wieder hatte er sich in der Pension Moritz einlogiert. Später, als das Pächterehepaar Büchner weggegangen war, wohnte er im „Deutschen Haus“ in Berchtesgaden. Hier schrieb er den zweiten Band von „Mein Kampf“, hier erfuhr er auch, daß Haus Wachenfeld zu mieten sei. Er traf Frau Winter, geborene Wachenfeld, mit ihrer Schwester vor dem Haus, sie gaben sich als Parteimitglieder zu erkennen und luden ihn zum Kaffee ein. Mit hundert Mark Monatsmiete wurden sie sich handelseinig. Verkaufen wollte Frau Winter nicht, da das Häuschen sie an ihren Mann erinnerte. Er war inzwischen verstorben. Aber Hitler war gefesselt von dem Häuschen und seiner Lage und willens, sich das Vorkaufsrecht zu sichern. Nachdem er beachtliche Summen in das Haus gesteckt hatte, fuhr er eines Tages nach Buxtehude, um das notariell festzulegen, wobei er freilich immer mit einem Kauf liebäugelte. Er fragte nach der Lederfabrik Winter und bekam von einem kleinen Mädchen zur Antwort, die sei vergangene Nacht abgebrannt. Im Haus des Direktors – es hatte den Schrecken der Nacht überstanden – fand er die alte Dame.

Sie hatte hier noch das Wohnrecht, die Fabrik war ihr in der Inflation von zwei Juden abgehandelt worden. Und so fand sie, daß der Blitz und seine Folgen nur gerecht seien, sah das als einen Glückstag an und war jetzt bereit, Haus Wachenfeld zu verkaufen. So waren die Flammen im Lebenswerk des Kommerzienrates Winter zum Glückstag Hitlers geworden.

Von jetzt an freilich waren die Jahre der paradiesischen Einsamkeit, der Ruhe und Frieden suchenden Stadtflüchtlinge auf dem Obersalzberg gezählt. Noch ahnte aber niemand davon, noch war Hitler als Mieter eingezogen, der wie die meisten Hausbesitzer nur zeitweilig hier die Ruhe genoß.

Mit dem 30. Januar 1933, da die Nationalsozialisten an die Macht kamen, da aus dem Parteimann und Volksredner Hitler der Staatsmann geworden war, kam die Wende. Da kamen die Wallfahrer aus allen Gebieten des Reiches, um für einen Augenblick den Führer zu sehen.

Wohl war für die einheimischen Bewohner das Alte längst gestürzt. So manches Lehen war im Auf und Ab der Jahrzehnte an einen fremden reichen Sommergast gegangen. Neue Häuser waren aus dem Boden gewachsen Jahr um Jahr. Kurgäste waren gekommen und gegangen, berühmte und unbekannte. Mehr und mehr waren es geworden von einem Sommer zum anderen. Jetzt aber war die Zeit aus den Fugen. Waren es mit ihr auch die Menschen, die da kamen und stundenlang auf den Führer warteten? Alt und jung, hoch und niedrig, in Reihen dicht gedrängt nebeneinander; viele mit Freudentränen. Manchmal fünftausend an einem Tag. Zuweilen glich der Hang einer Volkswiese. Die Menschen standen und saßen, einzeln und in Gruppen, schützten sich mit dem Schirm gegen gleißende Sonne oder kalten Regen. Kein Wetter war ihnen schlecht genug, auf den Führer zu warten. Ein freundlicher Blick, ein Wort, ein Händedruck gab ihnen „Glauben und Stärke". Für alle diese Frauen, Männer und Kinder, die auf den Berg kamen, um den Führer zu sehen, blieb es eine unvergeßliche Stunde. Sie kamen aus eigenem Bedürfnis, niemand hatte sie gerufen oder beordert. Es genügte ihnen, wenn er oben vor dem Haus stand und zu ihnen hinunter grüßte. Wenn er gar den Weg herunterkam, vor sie hintrat oder sich unter die Besucher mischte, wenn er persönlich Briefe und Gesuche entgegennahm, dann war das Glück vollkommen. Viele Jugendliche bat er ins Haus oder auf die Terrasse, ließ sie bewirten und saß mit ihnen am Tisch. Und immer wieder Autogramme und nochmals Autogramme.

Mit der Machtübernahme der Nationalsozialisten kamen auch die Größen von Partei und Regierung hinauf in den Gottesgarten und belegten die umliegenden Pensionen und Häuser. Rudolf Heß, Sekretär und nachmaliger Stellvertreter des Führers der NSDAP, bekam als erster den Auftrag, die Grundstücksverhältnisse auf dem Berg zu ordnen. Die braune Prominenz kaufte und zahlte großzügig. Heß-Nachfolger Martin Bormann, Leiter der Reichskanzlei, zahlte gelegentlich bis zum Dreifachen des Preises, holte aber auch mit Hemdsärmelmethoden und Enteignungen von Privateigentümern, vom Forstamt und der Gemeinde Salzberg etwa zehn Quadratkilometer Wald und Wiese für das „Führungsgebiet" zusammen. Der Kanzler sprach einmal von „Härtefällen", die er vermieden wissen wollte und von „Machtmißbrauch". Aber Bormann ließ seinen Führer im unklaren. Er tat, als würden ihm die Eigentümer die Tür einrennen und um Ankauf ihrer Grundstücke betteln. Für einige Fälle mag das zutreffend gewesen sein, andere Eigentümer hingen an ihrer Habe wie an ihrem Leben.

Zuerst ließ Hitler sein kleines Häuschen erweitern, ein kleiner Anbau kam hinzu und Garagen. In den folgenden Jahren aber wurde weiter angebaut, umgebaut und aufgestockt. Nach dem dritten Umbau thronte eine mächtige Bergvilla auf dem Hang, in die das kleine Häuschen Wachenfeld einfach eingebaut war. Davor die legendäre Freitreppe, wo der Hausherr die großen Häupter Europas willkommen hieß. Die Kosten für den Hausbau und der anliegenden Grundstücke gingen allesamt auf das Privatkonto Hitlers. Nicht so bei Bormann. Unerschöpflich schien seine Finanzquelle, deren Ursprung in der Industrie, wahrscheinlich in den „Führerspenden", zu suchen ist. Mit diesem Mann – er kommt in den Nachkriegsberichten mit wenigen Ausnahmen bei seinen Parteifreunden so schlecht weg wie bei seinen Gegnern – kam der sprichwörtliche „böse Geist" auf den Berg. Bormann kaufte rund um den Führerbesitz alles auf, ließ Barackenlager für Bauarbeiter errichten, und von nun an ließ der ehrgeizige, ungestüme, rastlose und geltungssüchtige Mann den Baulärm nicht mehr verstummen. Vorbei war die Zeit der Mauritia Mayer, stumm blickten die Felsriesen auf die Baueuphorie. Es war der Beginn dessen, was nach dem Krieg zur Selbstverständlichkeit werden sollte. Der Höhenluftkurort wurde zu einer „Goldgräberstadt". Nur mit dem Unterschied, so sagten Spötter in Hitlers Umgebung, daß Bormann kein Gold finde, sondern hinausschmeiße.

Der Platterhof wurde niedergerissen und großzügig als „Historische Gaststätte" aufgebaut. In den Kriegsjahren diente der Komplex als Militärkrankenhaus. Eine SS-Kaserne entstand mit Turnhalle, Dienstwagenhalle und Wirtschaftsgebäude zu einem Viereck geformt. Koksbunker, von der Straße oben zu befüllen, ein Gewächshaus, Wachhäuser, ein Postamt, neue Straßen, Wege und Parkplätze. Ein Gutshof wuchs empor, stets erweitert und modernisiert mit Schweine-, Rinder- und Pferdezucht. Alte historische Bauernhäuser niedergerissen, neue aufgebaut. In der Nähe des Weges zum Hochlenzer entstand da, wo zuvor Hotel Antenberg gestanden hatte, ein großer „Theaterbau" aus Holz für Festlichkeiten und Filmvorführungen für die Bauarbeiter und das Dienstpersonal vom ganzen Berg. Wohnsiedlungen für Verwaltungsangestellte entstanden und noch vieles andere mehr. Hart machte er gelegentliche Andeutungen Hitlers zu strengen Befehlen, ging er gegen menschliche Unzulänglichkeiten, soweit es sich nicht um seine eigenen handelte, vor. Das waren die Taten des „Herrgotts vom Obersalzberg". Ein anderer an seiner Stelle hätte womöglich das gleiche getan. Aber Bormann war es, und so ist dieser Charakter zum Klischee geworden. Man kann es verwerfen und diesen Menschen von allen Seiten neu betrachten. Es entsteht ein Bild und es gleicht dem alten: ein Mensch, der devot und speichelleckerisch bis zur Selbstaufgabe nach oben buckelte und unerbittlich, rücksichtslos und zynisch nach unten trat. So wuchs seine Macht im Verborgenen, das Volk kannte ihn nicht, die Minister lernten ihn bald fürchten. Gerechtigkeit jedoch da, wo sie angenehm auffiel: Für die Arbeiter, ohne Unterschied ob deutsche oder ausländische, sorgte er, so gut er konnte. Bis zum letzten Tag hatten sie reichlich zu essen, waren in Schuhwerk und Kleidung gut bestellt. Auch an Tabakwaren mangelte es nicht. Die Ausländer waren freie Menschen, konnten nach Feierabend tun und lassen, was sie wollten und in Abständen nach Hause in Urlaub fahren.

Mitten in dieser modernen Betriebsamkeit gab es noch menschliche Originale. Josef Geiß erzählt: „Es war im Winter. Der alte ‚Wegmacher Hansei', ein bescheidener Straßenwärter in den sechziger Jahren, durch einen Unfall gehbehindert, war ein von den Obersalzbergstraßen nicht mehr wegzudenkendes Original Berchtesgadener Offenheit. Pedantisch erfüllte er seine Pflicht, die Straßen von Unrat sauber zu halten. Gleichgültig war ihm seine Umgebung. Er kümmerte sich weder um Politik noch um die Männer, die Politik machten. Er kannte keinen Kreisleiter, keinen Bormann, nicht einmal Hitler. Wenn ‚Hansei' ‚dienstlich' auf der Straße war, mit Besen und Schaufel bewaffnet, am Buckel den unvermeidlichen Rucksack, der die ‚Brotzeit' oder das karge Mittagessen barg, und es brauste gerade die Wagenkolonne Hitlers vorbei, so widmete Hansei dieser Abwechslung in seinem monotonen Alltag keine Aufmerksamkeit. Er trat etwas beiseite und gab nur acht, daß er nicht überfahren wurde. Es fiel ihm gar nicht ein, die Hand zum Gruß zu erheben oder den Hut nur ein wenig zu lüften. War die Kolonne vorbei, die Hansei höchstens noch mit einem kritischen Auge ein Stück Weges verfolgte, dann war für ihn auch dieser ‚Fall' erledigt, und er scharrte weiter an seiner Straße.

Eines Tages kam Göring mit unserem Hansei in Kontakt. Görings Wagen glitt auf der vereisten Bergstraße etwas ab und geriet tief in die straßenseits aufgetürmte Schneewand. Alle Versuche, aus der Klemme herauszukommen, waren für Göring und den Fahrer erfolglos. Ihnen fehlten die zum Schneeräumen notwendigen Geräte und Werkzeuge.

Hansei stand keine zwanzig Meter von der ‚Unfallstelle' entfernt und machte Rast. Er dachte nicht daran, hier helfend einzugreifen, und harrte der Dinge, die da kommen sollten. Von Göring und dessen Fahrer erblickt, wurde er schnellstens herbeigerufen. Aber Hansei eilte es nicht. Endlich bequemte er sich doch, langsam näher zu kommen. Göring kannte er nicht. Als ihn der Fahrer etwas laut anschrie, er solle sich ein wenig beeilen und ausgraben helfen, entlud Hansei seinen rasch aufsteigenden Zorn mit den Worten: ‚L . . . m . . . A . . ., ihr Marktstempen, bleibts dahoam, wenn's im Winter net fahr'n könnts', schickte sich aber dann doch an, seinen Teil zur Flottmachung des Wagens beizutragen.

Göring und sein Fahrer waren natürlich über das ‚Zitat aus Götz von Berlichingen' und die Titulation baff. (Marktstempen ist ein Nichtstuer, Faulenzer vom Markt Berchtesgaden oder irgendeiner Stadt.) Doch Göring hatte Humor bei der Angelegenheit. Er faßte

sich bald und brach in ein schallendes Gelächter aus. Er lachte noch, als er sich nach Behebung der Panne beim Hansei mit einer dicken Zigarre dankend verabschiedete.
Hansei war es vollkommen gleichgültig, als er am folgenden Tage eine Vorladung bekam, im Landhaus Göring zu erscheinen. Er wußte ja immer noch nicht, mit wem er es zu tun hatte, und deshalb änderte er sein ihm eigenes Benehmen auch nicht, als er bei Göring am Tische saß, dort eine anständige ‚Brotzeit', eine Flasche Wein und eine Kiste guter Zigarren vorgesetzt bekam. Das nahm er alles als selbstverständlich hin. Als ihm zum Abschied noch ein 50-Mark-Schein in die Hand gedrückt wurde, bedankte er sich mit den Worten: ‚I hab ja net g'wußt, daß du da Göring bist, i hob gmoant, ös seid's a paar von dene Marktstempen. Also nix für unguat und vergelts Gott – pfüad di' und verschwand, wie er gekommen."
Hausprojekte und Erdverschiebungen auf grünen Matten genügten Martin Bormann nicht. Auch mit den Felsen nahm er es auf. Kühn und verwegen windet sich eine Straße in nahezu sieben Kilometer Länge durch einige Tunnel an schroffem Hang zum Kehlstein empor, eine Meisterleistung von Ingenieuren und Arbeitern. Auch dafür konnte Bormann seinen Chef gewinnen, was Hitler freilich nicht hinderte, in Gegenwart anderer über Bormanns „Wühlarbeit" zu spötteln. Auf 1700 Meter Höhe ein Parkplatz, von da ein Stollen in den Felsen, 130 Meter lang, zu einem Lift. Mit dem Fahrkorb mitten im Felsmassiv nochmals 120 Meter nach oben. Wenn die Gäste dem Fahrstuhl entstiegen, befanden sie sich im Vestibül des „Teehauses" auf dem Kehlstein, 1834 Meter hoch. Mit „D-Haus" waren die Baupläne für dieses Projekt bezeichnet, was „Diplomaten-Haus" hieß. So ist daraus dann „Teehaus" geworden.[35]) Mit dem großen Kaminzimmer sind es vier gediegen eingerichtete Räume, die den Gästen zur Verfügung standen.
Adolf Hitler weilte nicht oft dort oben. Seinem Blutdruck bekam die Höhe nicht. Diplomaten und hohe Besucher waren zuweilen zu Gast, wobei auch der Kanzler nicht fehlte. Für Martin Bormann war das 30-Millionen-Projekt von seinem Haus auf dem Obersalzberg aus sein sonntägliches Ausflugsziel.
Nicht die Räumlichkeiten fesselten die Besucher dieses Hauses; der Blick war es, was faszinierte, der Blick von der Höhe über das Land Gottes, über den riesigen Berchtesgadener Steingarten mit Klüften

und Tälern, über Eis- und Schneefelder hinweg in den gräulichen schwindenden Dunst unendlicher Weite. Durch die Bergschneise am Untersberg, über Salzburg hinweg, ist bei gutem Wetter in 150 Kilometer Entfernung der Bayerische Wald zu sehen.

Als der Krieg kam, sorgte Bormann für die „Kriegswichtigkeit“ der Bauarbeiten auf dem Obersalzberg. „Wenn ich nicht wüßte“, sagte Hitler einmal, „daß schon so unendlich viel Volksvermögen in diesen Steinhaufen gesteckt worden ist, ich wäre imstande, noch heute alles in die Luft zu sprengen.“ Oder: „Wenn alles fertig ist, suche ich mir ein stilles Tal und baue mir dort wieder ein kleines Holzhaus wie das erste.“ Er selbst hatte mittlerweile einen Drahtzaun um sein Grundstück ziehen lassen, was ihm Bormann vergeblich versucht hatte auszureden. „Das ist mein persönliches Eigentum“, hatte er geantwortet, „und hier will ich meine Ruhe haben.“ „Dieser Maulwurf versetzt über Nacht ganze Berge“, sagte er einmal, oder: „Dieser Bohrmann besitzt seinen Namen zu Recht“, ein andermal.

Gewiß, so viel und so groß auf diesem Berg auch gebaut wurde: es waren Experten von Architekten, Könner, die Urwuchs, solide Arbeit und Monumentalität einmalig mit Landschaft und Natur so gut es ging zu verschmelzen wußten. Das ging bis in Einzelheiten, wie an dem wenig Verbliebenen noch heute zu erkennen ist.

Hitler war nun Kriegsherr geworden und damit Bormann auf dem Berg alleiniger Bauherr. Freilich hatte er in den Jahren zuvor seine Stellung bei Hitler so gefestigt – selbst die Verwaltung der privaten Finanzen hatte er in seine Hände gebracht – daß er nun als ständiger Verbindungsmann im Führerhauptquartier fungierte. Den Obersalzberg ließ er daneben nicht aus den Augen.

Die Wohnsiedlung „Klaushöhe“ wuchs aus dem Boden. Längst war der Krieg zu einem Weltkrieg geworden, an allen Fronten tobte die Schlacht, tapfer und zäh kämpfte der deutsche Soldat in den trostlosen Weiten Rußlands und im heißen Sand Afrikas. Er stand in Norwegen und Frankreich, in Polen und der Tschechoslowakei, in Griechenland und Jugoslawien. Er war auf den Weltmeeren ein gefürchteter Gegner. Überall aber waren die Opfer groß.

Währenddessen lärmten die Bagger auf dem Obersalzberg, die Betonmischmaschinen taten nach wie vor ihre Arbeit. Mehr und mehr verschob sich das Verhältnis der Nationalitäten unter den dreitausend Bauarbeitern. Tschechen und Italiener nahmen zu. Die deutschen

Arbeiter wurden Soldaten. Am Ende betrug die deutsche Belegschaft noch dreißig Prozent. Aber noch wurde eine Mammutsiedlung aus dem widerstrebenden Boden gestampft unter Bedingungen unvorstellbaren Ausmaßes: die „Buchenhöhe". Während sich im Osten „Stalingrad" abzuzeichnen begann, schossen auf dem Berg vierzig Wohnhäuser empor mit zwei bis vier Wohnungen und fünf bis acht Zimmern. Ein modernes Kaufhaus kam hinzu mit Kühl- und Lagerräumen, Gasthaus, Kindergarten mit Terrassenhalle, Freibad, Schule, Turnhalle, Großgarage, Transformatorenstation, Feuerhaus und Heizwerk. Eine Mustersiedlung, in der mit Marmor, Eiche, Zirbelkiefer und Lärchenholz nicht gespart wurde. Zur Isolierung kam schon damals Glaswolle waggonweise auf den Berg. Der Elan aber wich dem Krieg. Je bedrohlicher die Lage wurde, desto langsamer ging es voran. Schon hatten die Städte erheblich gelitten, die Bomber der Engländer und Amerikaner kamen Tag und Nacht. Ihre tödliche Last, für die Zivilbevölkerung bestimmt, wurde von Tag zu Tag mörderischer. So kam im August 1943 – die 6. Armee hatte in Stalingrad im Februar ihr katastrophales Ende gefunden und in Ägypten waren die Siegeszüge Feldmarschall Rommels an der mehrfachen Übermacht des Gegners zu blutigen Abwehrkämpfen geworden – der Luftschutz auf den Obersalzberg. Das letzte große Bauvorhaben für das nackte Überleben begann. Fieberhaft werkten die Arbeiter, gruben, sprengten, wühlten und brachen unter Tage, betonierten, isolierten und schaufelten. Es entstand ein Stollensystem mit Tavernen und Verbindungsgängen über den ganzen Berg. Dabei war an alles gedacht. Die Tavernen erhielten Wohncharakter mit entsprechender Möblierung, Lager entstanden für Lebensmittel und Zentralstellen technischer Art. Für alles, was sich bewegte auf dem Berg, war gesorgt. Auch Küchen und Kühlanlagen fehlten nicht. Eine riesige Belüftungsmaschinerie sorgte für den Frischluftkreislauf. Bormann war wieder in seinem Element. In seinen Bunkerräumen durfte der Parkettfußboden nicht fehlen und auch nicht die schweren Teppiche. Die Wände in Holzvertäfelung, Türen und Rahmen in Schleiflack. In der Küche kombinierte Herde, Wasch- und Baderäume gediegen eingerichtet. Wohnzimmer, Schlafzimmer und Kinderzimmer unterschieden sich nicht von denen über der Erde. Die Büroräume mit Hartholzmöbeln, schweren Schreibtischen und gepolsterten Ledersesseln. Wollte er gar den Krieg hier überstehen? 1945 fand man an

Lebensmitteln wie Fett, Zucker, Mehl, Konserven, Textilien und Wäsche so viel vor, daß die Familie Bormann jahrelang davon hätte leben können. Das stieß immer wieder nach dem Krieg auf harte Kritik. Aber die Familie war groß, elf Mäuler wollten gesättigt sein. In diesen Notzeiten sorgte jeder für seine Familie, so gut er konnte. Auch der normal sterbliche Deutsche mußte während des Krieges nicht hungern. Das mußte er erst, als Deutschland von den Siegern besetzt war. Spartanische Lebensweise aber lebten Goebbels und Hitler vor.

Abgesehen von den Arbeitskräften, den Materialien, die in diesem Krieg an anderer Stelle fehlten. Es war dies der größte und zugleich letzte Auswuchs eines ehrgeizigen und pervertierten Arbeitspferdes in Menschengestalt. Freilich soll auch das Urteil aus naher Sicht nicht fehlen: „Vieles, was an Gerüchten über Martin Bormann im Umlauf ist", so hinterließ Christa Schroeder, „entbehrt m. E. jeglicher Grundlage. Er war weder machthungrig, noch die ‚graue Eminenz' in Hitlers Umgebung. Er war in meinen Augen einer der wenigen sauberen Nationalsozialisten, wenn man es einmal so formulieren darf, die unbestechlich und hart gegen jede Korruption vorgingen. Durch sein konsequentes Verhalten wurde Martin Bormann bei korrupten Parteigenossen und vielen anderen immer mehr zum unbequemen und lästigen Mahner." So ganz aus der Luft gegriffen hat das die Sekretärin sicherlich nicht, da ähnliche Aussagen auch von anderer Seite zu vernehmen sind.

Die Bunker dagegen für Männer und Frauen, Deutsche und Ausländer, die an den Baustellen arbeiteten, in Verwaltung und anderen Diensten tätig waren, sahen aus wie Bunker: von den Decken tropfte das Sickerwasser, Türen fehlten oder waren mit Bretterverschlägen ersetzt, einige wenige Holzbänke, kaum Platz für Luftschutzgepäck und immer wieder schlammiger Boden.

Eine regelmäßige Arbeit war 1944 auch auf dem Obersalzberg nicht mehr möglich. Täglich dröhnten die Bombergeschwader mit ihrem markanten schwellenden Motorengeräusch über das Gebirge. Das Donnerrollen der Detonationen war von Linz, Mühldorf und München zu hören. Vom nahen Salzburg stiegen die Rauchpilze zum Himmel. Die Alarmsirenen heulten bei Tag und bei Nacht. Mehr und mehr besorgte und verstörte Gesichter unter den Menschen. Das Baumaterial wurde knapp und auch der Treibstoff. Die Lager der Lieferanten von Bomben zerstört. So endete das Jahr 1944 und begann das neue 1945. Wie überall im Reich entstanden auch hier Volksturmgruppen. Und dann kam das Kuriosum. Zwölf Jahre lang hatten sich weder die Gemeinde Salzberg, noch die Parteigrößen auf dem Berg um Parteiangelegenheiten gekümmert. Jetzt aber endlich, am 20. April 1945, des Führers Geburtstag, sollte dieser Mangel behoben werden. So warben bei einer großen Festversammlung in der Theaterhalle Kreisleiter und Gauleiter um Mitglieder der neuen Ortsgruppe der NSDAP von Salzberg. Und das – Ironie des Schicksals – während Nationalsozialismus und Deutsches Reich in den letzten Atemzügen lagen.

Am 25. April 1945, einem Mittwoch – noch liegt der Schnee bis auf 900 Meter hinunter, aber es ist nicht mehr kalt – kommt der Tod über den Hohen Göll; mit schweren Bombern in zwei Wellen. Das Gelände ist strategisch unbedeutend, aber vom Sieg und der chaotischen Niederlage Deutschlands trennen nur noch Tage. Das verleitet die Sieger zum Spielen, zu symbolischem Mordbrennen. Die Bunker beben, im Stollen unter dem Berghof bangen Gretl Fegelein – sie erwartet ein Kind –, ihre Mutter Franziska Braun, Herta Schneider mit ihren Kindern, die Sekretärinnen Johanna Wolf und Christa Schroeder und das Hauspersonal um ihr Leben. Zu ihrem und der Kinder Schutz sind sie auf den Berg gegangen. Zwischen den ohrenbetäubenden Detonationen Angst- und Schmerzensschreie. Die Hölle will nicht mehr enden. Im Luftschutzkeller seines Hauses sitzt Hermann Göring als Gefangener mit seinen Bewachern, mit Frau und Tochter. Gegen zehn Uhr hat das Inferno begonnen, um halb zwölf ist alles endgültig vorbei. Die Stollen aber haben gehalten, auch jene, in denen das Wasser von der Decke tropft. Von 3500 Menschen, darunter 200 Kinder, auf der Buchenhöhe untergebracht, sind sechs tot und einige verletzt. Sie haben zu spät die Stollen erreicht. Alles andere ist umgewühlt, ist verglüht, verbrannt, zerborsten, von 318 britischen Lancasterbombern in eine mörderische Erd- und Steinwüste verwandelt. Ätzende Rauchschwaden ziehen gegen Berchtesgaden. Eine Ruhe liegt über dem Berg wie lange nicht mehr; eine gespenstische, tödliche Ruhe.

Keine der vielen Menschenseelen, die großen und die kleinen, die in den Jahren des Aufstiegs und des Glanzes auf den Berg kamen, konnte sich ein solches Ende denken. Noch war ja alles im Werden.

Vor 1933 war es winters – Ostern zählte oft dazu – ein kleines Abenteuer gewesen, auf den Berg zu kommen. Ein Pferdeschlitten zog mit Not das Gepäck, der Besucher mußte zu Fuß hinterdrein stapfen. Eine rühmliche Ausnahme war Dr. Goebbels, der gehbehindert war. Während er im Schlitten saß, gingen Frau Magda und Sohn Harald nebenher. Mit der Zeit wurde das Wege- und Straßennetz auf dem Berg erneuert, die Zufahrtstraßen – eine zweite über Unterau kam hinzu – erhielten verständlicherweise besondere Aufmerksamkeit. Auch im Winter waren die steilen Serpentinen hinauf zum „heiligen Berg“ befahrbar. Im Sommer war die Auffahrt ungleich einfacher, wenngleich auch da die Motoren der Kraftwagen alles geben mußten, um die Steigungen zu überwinden.
Zwei oder drei offene Wagen waren es meist, die den Berg hinaufkeuchten, im ersten neben dem Fahrer saß Hitler. Stunden später stand ein geschlossener Mercedes vor dem Haus Wachenfeld. Die Sekretärinnen, Fräulein Johanna Wolf und Fräulein Christa Schroeder, waren ihm entstiegen und noch ein drittes Mädchen, frisch wirkend und bescheiden: Eva Braun, die „Privatsekretärin“ des Führers. Auch hier oben deutete nichts darauf hin, daß diese junge Dame die Geliebte des Führers war.
Bis Herbst 1935 führte die Halbschwester des Kanzlers, Angela Raubal, das Haus. Sonderlich geneigt war sie Eva niemals gewesen und hatte wohl schon länger darauf gesonnen, dem Bruder, für dessen Wohl sie sich verantwortlich fühlte, dieses Mädchen auszureden. Wieder einmal nützte sie die Gelegenheit auf dem Parteitag vom 10. bis 16. September 1935. Zusammen mit den Frauen der Minister, der Gauleiter und anderer bevorzugter Gäste, saßen Angela Raubal und Eva mit ihren Freundinnen auf der Ehrentribüne. Hier, so klagte die Schwester dem Bruder, habe sich Eva Braun sehr auffällig benommen. Wieder ein Steinchen mehr zu dem Mosaik eines getrübten Bildes. So mag es in ihrer Vorstellung wohl ausgesehen haben. Aber der Bruder handelte anders. Er hatte das stets negative Schüren und die Plänkeleien satt und forderte seine Schwester auf, das Haus zu verlassen. Angelas Wiener Küche war vorzüglich, die Person wohl etwas zu resolut. Sie konnte, so wird bekundet, gelegentlich auch mit der Faust auf den Tisch hauen. „Ich mußte meiner Stiefschwester“, schrieb Paula, die jüngere Schwester Hitlers, in einem Brief vom 7. Februar 1957, „die viel älter und energischer war als ich,

überall den Vorzug lassen, obwohl mein Bruder Adolf und ich die gleichen Eltern gehabt haben, aber es war für mich klar, wir konnten der Welt nicht das Schauspiel liefern, daß wir uns stritten um das Recht auf den Bruder. Ich blieb daher in Wien, und meine Stiefschwester führte am Obersalzberg meinem Bruder den Haushalt. Im Herbst 1935 war diese Ära zu Ende. Er wollte nach jeder Richtung hin frei und ungebunden sein. Nach jeder Richtung in privater Beziehung." Und in einem anderen Brief: „Wir Schwestern waren in seinen Augen viel zu eifersüchtig auf den Bruder, er wollte lieber fremde Menschen um sich haben, die er bezahlen konnte für ihre Dienstleistungen ..."[36])
Ursprünglich bot Haus Wachenfeld – das Untergeschoß in Stein und der erste Stock in Holz – mit dem weit überstehenden Dach ein bescheidenes Bild: ein Eßzimmer, ein kleines Wohnzimmer, drei Schlafzimmer. Im Wohnzimmer ein Kanarienvogel in einem messinggelben Käfig. Ein Gummibaum, ein Kaktus und auf dem Sofa einige bestickte Kissen von Verehrerinnen mit Sprüchen wie: „Ewige Treue" mit aufgehender Sonne und ähnliches mehr. Das Eßzimmer, das auch als „Wintergarten" galt, war „so klein, daß die Gäste das Geschirr nach dem Essen selbst zusammenstellen mußten, weil die Ordonnanzen keinen Platz hatten. Wenn Göring überraschend erschien, der Platz für zwei brauchte, waren die übrigen Gäste gezwungen, noch enger als sonst zusammenzurücken."[37])
Diese Bescheidenheit also immer noch auf dem Berg, obwohl Hitler bereits zwei Jahre Kanzler war, erfolgreich wie keiner vor ihm. Ein Kleinbürger eben, ein Spießer, der es trotz seines Aufstiegs nicht fertigbrachte, seinem Milieu zu entschlüpfen. Das ist eine Version vieler Sieger- und Nachkriegsliteraten, die sich zu ähnlichen Urteilen berufen fühlten.
Nach drei Umbauten – die einzelnen Phasen sind auch in Bildern festgehalten –, nach der endgültigen letzten Vergrößerung, zu der Hitler selbst den Plan bis in die Details gezeichnet hatte, bot sich ein anderes Bild. Haus Wachenfeld befand sich nur noch innerhalb des Berghofes, zu dem sich das Häuschen gewandelt hatte. Eine breite Freitreppe führte zu einem Arkadenvorbau. Eine gotische Vorhalle mit Säulen aus Untersberger Marmor. Die Wohnhalle – auch Konferenzzimmer – mit einem großen versenkbaren Fenster mit dem Blick auf den Untersberg. Es war neun Meter breit und in neunzig Einzel-

scheiben aufgeteilt. „Ich habe eigentlich ein Haus um ein Fenster herumgebaut“, sagte Hitler einmal. Diele, Vestibül, Speisezimmer, Waschraum, ein Tagesraum für Personal, zwei Räume für Adjutantur, große Küche und Terrasse, alles das befand sich zu ebener Erde. Im ersten Stock lagen seine Arbeitszimmer, sein Schlafzimmer und das von Eva Braun. Zwölf Gästezimmer sorgten dafür, daß die Gäste, wie zuvor, nicht mehr außer Haus übernachten mußten. Daneben die Räume des ständigen Personals, die Ministerzimmer und die Wohnung des Hausmeisterpaares. Der zweite Stock bot ebenfalls Räume für Gäste und Personal.

Im Untergeschoß eine Garage für mehrere Fahrzeuge, deren Decke einen Teil der Terrasse des Hofes ausmachte. Noch eine Treppe tiefer die Vorratsräume, die Heizung und eine Kegelbahn. Hitler, unter dessen Bett stets ein Expander lag, war leidenschaftlicher Kegler. Er wünschte aber nicht, daß es an die große Glocke kam. „Wenn die Kegelvereine dahinterkommen, werde ich womöglich noch Ehrenpräsident sämtlicher Kegelbrüder.“

Materialien für den Bau waren Kunst- und Natursteine, waren Marmor und auserlesene Hölzer. Es gab in Blei gefaßte Fenster, kunstvolle Beleuchtungskörper und Kachelöfen. Barocke Möbel oder in Biedermeier, Tische mit schweren Marmorplatten oder solche in Mosaik. An den Wänden hingen Originalgemälde bevorzugter Künstler des Führers. Defregger war da zu sehen, Lenbach und Grützner, Waldmüller, Spitzweg, Stuck, Makart und Tizian. Alle Gemälde hatte Hitler persönlich aufgekauft und gedachte, sie später testamentarisch einem Museum in Linz zu vermachen.

Aber dieses „Bergschloß“ war bei Gott nicht der „Berghof“, der dem Volk vorgegaukelt wurde, war keineswegs die Behausung eines Volkskanzlers, einfach und bescheiden, wie sie ihm gebührte. Nein, von Bescheidenheit war da nichts zu erkennen, es war nur Größenwahn, erbaut mit den Geldern der kleinen Volksgenossen. Wiederum waren das Urteile berufener Nachkriegsliteraten.

„Meine erwartungsvollste Fahrt auf den Berg“, erzählte Hitler 1942, „war die Fahrt, als ich nach Monaten zum ersten Mal wieder hinaufkam und den Rohbau des Neubaus fertig sah. Ich hatte Angst, daß er doch vielleicht durch seine Größe aus der Landschaft herausfällt, und war dann glücklich, daß es gut ausgesehen hat. An sich wollte ich es ja noch größer haben.“

Zum Grundstück des Berghofes gehörte noch das Teehaus auf dem Moosländerkopf am Fuß des Berges, das die Berghofgesellschaft in täglichen Spaziergängen besuchte. Ein eigenartiger Rundbau mit angeschlossenem Wirtschaftsteil, im August 1937 fertiggestellt.

Wer auch immer auf den Berghof kam, niemand konnte sich der Faszination dieser Landschaft entziehen. Berge und doch Weitblick, schützend umsäumt und doch frei. Im Norden war bei föhnigem Wetter die alte Bischofstadt Salzburg mit ihrer Festung mit bloßem Auge zu erkennen.

Der Obersalzberg ist mit Hitler zu einem Stück Geschichte geworden und wird es auch weiterhin bleiben. Bei der Betrachtung diese Berges heute drängt sich freilich die Frage auf, welche Geister kleiner waren: diejenigen, welche Geschichte gemacht haben, oder jene, die versucht haben, diese Geschichte zu bewältigen, zu verdrängen.

Nirgends gab sich der Kanzler des Deutschen Reiches privater als hier; denn hier war er zu Hause, hier war er Mensch, hier durfte er es sein; von einzelnen Besprechungen und hohen Besuchen abgesehen. Daß die Atmosphäre mit jener der Reichskanzlei nicht vergleichbar war, dafür sorgten die Frauen allein schon durch ihre Gegenwart. Der „Berg“ bedeutete auch für Eva Braun das Leben, bedeutete Sonne in ihrer einsamen Betrübnis, wenn auch hier oben sie sich hin und wieder verstecken mußte. Zu allen Personen in Hitlers Umgebung hielt sie Abstand. Auf viele Menschen wirkte ihre zurückhaltende Art hochmütig, was in Wahrheit nur Verlegenheit war. Über ihre Stellung am Hofe ihres Geliebten gab sie sich keinen Illusionen hin. Ihr, der katholisch erzogenen Frau, war die Zweideutigkeit ihrer Rolle bewußt, sie hatte ständig darunter zu leiden. Den meisten Gästen blieb unklar, welche Rolle die junge blonde Dame spielte, die bei der Tafel stets zur linken Seite des Führers saß. Kriegsminister Blomberg war da eine Ausnahme, er kannte Hitlers Privatleben und die Rolle Evas. Er war auch der einzige Minister, der nicht aus dem Kreis der alten Kämpfer kam. Ein alter Soldat, konservativ, Vertreter des Adels. Hitler schätzte ihn und vertraute ihm blind. 1938 mußte er gehen, da es zu einem Skandal gekommen war. Blomberg, bald sechzig, hatte am 12. Januar 1938 noch einmal geheiratet, Hitler und Göring waren Trauzeugen gewesen. Noch im gleichen Monat stellte sich heraus, daß die neue Frau von Blomberg, geborene Gruhn, einst eine Dirne gewesen war. „Mit dieser Affäre", so berichtet Adjutant v. Below, „brach für Hitler eine Welt zusammen. Bis zu diesem Vorfall war Hitlers Hochachtung für Generäle – und den Adel – nicht zu erschüttern gewesen." Für den Intimkreis um Hitler war Eva kein Rätsel, neues Personal freilich wußte sie anfangs nicht recht einzureihen. „Nur bei kleineren Gesellschaften", berichtet Hans Baur, „durfte der Schleier des Geheimnisses gelüftet werden, und da wirkte sie immer besonders gut durch ihre natürliche Bescheidenheit." Seit Angela Raubal das Haus verlassen hatte, dominierte sie auf dem Berg mehr und mehr. Das führende Personal ließ sie gewähren, redete niemals dazwischen. „Immer blieb sie das liebenswürdige und charmante ‚gnädige Fräulein', wie sie offiziell angeredet wurde, und niemals gab es Vertraulichkeiten oder Plumpheiten irgendwelcher Art."[38]) Selbst Frau Mittelstraßer, die Wirtschafterin auf dem Berghof und Vertrauensperson Evas, vertraute sie sich niemals an, ob sie nun glücklich war oder Kummer mit sich herumtrug. Nicht immer konnte sie ihre verweinten Augen vor dem Personal verbergen. Krach gab es auch hier gelegentlich, da unterschied sich ein Zusammenleben der beiden nicht von dem einer normalen Ehe. Aber auch von einem besorgten Hitler wird berichtet, wenn es um seine Eva ging. So war eines Tages Architekt Hermann Giesler auf den Berg gekommen, um mit dem Führer Baupläne für Augsburg durchzusprechen. Giesler berichtet: „Es war Abend geworden – wir unterhielten uns dann noch über die Bauten von Weimar. Dabei fiel mir seine Unruhe auf. Wiederholt hatte er nach der Uhrzeit gefragt und: Hat Fräulein Braun angerufen? Dann befaßte er sich wieder mit den Plänen oder schaute durch das große Fenster der Wohnhalle auf die in Dunkelheit kaum sichtbaren fernen Schneefelder des Untersberges.

Er ließ seine Sekretärin kommen: Weshalb ist Fräulein Braun nicht mit Ihnen zurückgekommen? – Sie hatte noch verschiedenes zu besorgen. – Mit wem fährt sie überhaupt, mit ihrer Freundin, Frau Schneider? Ich bin besorgt, sie müßte doch längst hier sein – hoffentlich ist nichts passiert! Endlich war Fräulein Braun mit ihrer Freundin gekommen. Sie seien langsam gefahren und hätten unterwegs noch eine Tasse Kaffee getrunken. – Derweilen mach ich mir Sorgen. Konntest du nicht anrufen? – Ach, das wollte ich nicht. Fräulein Braun, eine nette junge Dame, schaute mich an. Adolf Hitler stellte mich vor. Ich habe von Ihnen gehört, sagte sie.

. . . ich lernte ein Fräulein Eva Braun kennen, zugleich aber auch einen Adolf Hitler, der sehr um sie besorgt war."

Für ihr ausschließlich privates Leben hatten sie eine Wohnung mit vier Zimmern, zwei Bädern und zwei Schlafräumen, die miteinander durch Türen verbunden waren. Hitler hatte mit Eva gemeinsam die Wohnung nach ihren Wünschen entworfen. Hitlers Schlafzimmer war schlicht-bäuerlich eingerichtet, überall lagen Bücher. Nur wenige bekamen diesen Raum zu Gesicht. Eine Tür führte zu einem großen Balkon hinaus, wo er oft den nächtlichen Himmel betrachtete. Nur Eva hatte dorthin Zutritt. Auch Evas Zimmer war einfach. An der Wand ein Akt und gegenüber ein Porträt Hitlers. Hier oben saßen sie an den Abenden in seinem Arbeitszimmer zusammen, wenn sie der Gesellschaft in der Wohnhalle einen Stock tiefer überdrüssig waren oder – was selten genug vorkam – keine vorhanden war. Dieser Raum barg eine gemütliche Sitzecke mit Couch und Sesseln in grün, in dazu passendem Grün auch der Teppichboden mit dunklen Schattierungen. Die Wände in heller Holzvertäfelung bis an die Decke. Im Rücken des schweren Schreibtisches übermannshoch ein runder weißer Kachelofen mit Figuren in einzelnen Kacheln. Eine Wand nahm eingebaute Bücherschränke auf mit Glastüren, ansonsten auch hier Gemälde in schweren Rahmen.

Das Leben auf dem Obersalzberg war Evas Leben. Hier galt sie mehr als woanders. Auch in der abendlichen Gesellschaft auf dem Berghof dominierte Eva mehr und mehr. Die Atmosphäre wurde besonders in den Kriegsjahren zusehends locker, so daß sie sich auch vor den Gästen eines bestimmten Kreises duzten. Aber dieser Kreis ging über den alten Mitarbeiterstab der Partei nicht hinaus. Wenn er sie dann gelegentlich liebevoll „Schnacksi" nannte und Eva mit „du" und unüberhörbarer „süffisanter Ironie" „mein Führer" antwortete, dann war sie sich einer verborgenen Heiterheit der übrigen Gäste sicher. Da für sie ausnahmslos diese Anrede galt, blieb nicht aus, daß die Macht der Gewohnheit sie beherrschte und ihn unversehens ebenso titulierte, wenn sie allein waren. Ihre beiden Scotch-Terrier „Negus" und „Stasi" nannte er gelegentlich „Vogelscheuchen", sein Schäferhund „Blondi" wurde dafür zum „Kalb" degradiert. Die Abendstunden am Kamin waren allein der Schäferhündin vorbehalten, da die beiden Terrier „Blondi" nicht leiden konnten.

In der Wohnhalle stand ein Schrank, fünf Meter breit und drei Meter

hoch. Hier hatten die Schallplatten ihren Platz, die Ehrenurkunden, Geschenke und vieles andere mehr. Eine Glasvitrine, klassizistisch und monumental, ein großes Uhrengehäuse mit einem bronzenen Adler, eine bronzene Büste Richard Wagners. Vor dem versenkbaren Fenster ein sechs Meter langer Tisch. Eine Sitzgruppe vor dem Kamin plaziert. Eine zweite mit abwechselnd leichten und schweren Sesseln, rotbezogen, um einen runden Tisch gruppiert, war durch eine lange abgewinkelte dreistufige Treppe in Untersberger Marmor nach unten getrennt. Die Wände hüfthoch holzverkleidet, darüber hell gehalten und mit Bildern, kleinen Statuen und mit Gobelins geschmückt. Rechts vom großen Durchgang auf der unteren Ebene ein dunkler Flügel. Links vom Kamin führte eine Treppe durch einen Bogendurchgang nach oben. Auf dem roten Teppichboden lagen vereinzelt Teppiche mit Persermuster. An der Decke schwere Kassetten und zwei runde Leuchter mit vielen kerzenähnlichen Lichtern.
Nach dem Abendessen wurde meistens ein Film gezeigt. Dazu gingen zwei Gobelins hoch, hinter dem einen befand sich der Vorführraum, gegenüber kam hinter dem anderen eine Leinwand zum Vorschein. Zu diesen Vorführungen hatte das gesamte Hauspersonal Zutritt. Hitler sah gerne anspruchslose Unterhaltungsfilme. Eva war besonders den amerikanischen Filmen aufgeschlossen, auch jenen, die im Deutschen Reich verboten waren. Wurde ein solcher gezeigt, war die Halle besonders gut gefüllt. Ihrer Initiative war es zu danken, daß mancher Film, der aus politischen Gründen verboten war, eines Tages in den deutschen Lichtspielhäusern lief, obwohl sich Propagandaminister Goebbels heftig dagegen gewehrt hatte. Bei den Filmabenden war es nicht mäuschenstill wie im „Kino“. Temperamentvoll wurde kommentiert, humorvoll und witzig ergänzt und zusätzliche Pointen geschaffen. Dabei ging manche Szene in schallendem Gelächter unter.
Schon als sie noch bei ihren Eltern war, wollte Eva Schauspielunterricht nehmen. Papa Braun wußte nicht, vielleicht wollte er auch nicht wissen, woher er das Geld für eine solche „Verrücktheit“ nehmen sollte. Jetzt durfte sie wenigstens Betrachtungen für den Führer schreiben über Streifen, die er anzusehen keine Zeit hatte.
So saß danach die Gesellschaft auf Sofa und Sesseln in einzelnen Gruppen in der Halle, der Kanzler vor dem Kamin mit Eva und noch anderen Damen. Ein Urteil über den Film, die Schauspieler, von

Hitler, Eva, von Speer, Pressechef Dietrich, vielleicht auch von Bormann, denn Bormann war immer dabei. Eine Schallplatte wurde aufgelegt, Sekt oder Wein herumgereicht. Hitler trank Tee. Nur Kerzen erhellten mattschimmernd den Raum. Strauß tönte aus dem Plattenspieler, Lehar, Wagner, Hugo Wolf. Eva mochte auch moderne amerikanische Platten. „Hübsch, was du da spielst", bemerkte Hitler einmal. „Ja", gab Eva zurück, „und das hat dein Freund Goebbels verboten . . ."

Tauchten Streitfragen auf, wurden Lexika herbeigeholt und Hitler, mit seinem unwahrscheinlichen Gedächtnis, behielt meistens recht. Das traf auch dann zu, wenn er das Thema nicht selbst gestellt hatte. Hitler saß oft still vor dem Kamin und schaute in die Glut. Brötchen wurden gereicht, die Unterhaltung wurde leiser, jede Gruppe unterhielt sich für sich, da sie weit auseinander saßen. Mitternacht war vorüber. Hitler und Eva tuschelten sich zu, dann erhob sie sich und ging nach oben. Wenig später verabschiedete sich auch der Führer. Nach kurz auflebender Geselligkeit zogen sich auch die Gäste auf ihre Zimmer zurück. Einmal kam Hitler unerwartet noch einmal herunter, während Max Schmeling, Joseph Goebbels, Albert Speer und Ilse Braun vergnügt beim Kartenspiel saßen und blauen Dunst in die Luft pafften. Schnell ließen die Herren ihre Zigaretten verschwinden, da in seiner Gegenwart nicht geraucht werden durfte. Verschreckt setzte sich Ilse auf den Aschenbecher, in dem ihre glimmende Zigarette lag. Der Hausherr stellte sich zu ihr und ließ sich lange und ausführlich das Kartenspiel erklären. Dann nahm er, was er unten vergessen hatte, und ging wieder nach oben. Anderntags fragte morgens Eva ihre Schwester, wie „es den Brandblasen an ihrem Po" erginge.

Auf dem Berghof gingen die Lichter aus. Als letztes das des Reichskanzlers und Führers Adolf Hitler. Oft sah er stundenlang von seinem Schlafzimmer hinaus auf die Berge, viele seiner Gedanken waren hierbei gereift.

Morgens lag Ruhe über dem Haus. Es lag im Schatten der Berge, die Luft war kühl. Die ersten hungrigen Gäste kamen auf Zehenspitzen zum Frühstückstisch. Hitler war da selten zu sehen. Geschah es einmal, dann war auch Eva bald zugegen. Üblich aber war, daß jeder das Frühstück in seinem Zimmer einnahm, kein Gast war also an eine Frühstückszeit gebunden. Es gab Kaffee, Tee, Orangensaft, Kakao, verschiedene Brotsorten mit Marmelade und Butter. Hitler trank Milch oder Kakao ohne Zucker. Eva liebte starken Kaffee. In der Regel aber schlief Hitler in den Vormittag hinein, da er nachts noch gearbeitet hatte, oder setzte in den Vormittagsstunden, manchmal noch im Bett sitzend, seine Arbeit fort. Gegen zehn Uhr ließ er sich das erste Mal „inoffiziell" wecken, das zweite Mal „offiziell" um elf Uhr. Das Frühstück nahm er dann in der Bibliothek neben seinem Schlafzimmer ein. Den Gästen legte man nahe, in diesen Stunden möglichst nicht zu baden, da die Geräusche der Wasserleitungen, von den Betonmauern durch das Haus getragen, die Ruhe störten. Erst um die Mittagszeit, wenn die ersten Sonnenstrahlen den Kehlstein überwunden und die morgendliche herbe Luft zu einer milden verwandelt hatten, wurde es auch im Haus und darum herum lebendig. Da fanden sich Plaudereien auf der Terrasse, der untrügliche helle Klang eines Tischtennisballes drang ans Ohr, oder die Gesellschaft verlor sich auf Spaziergängen in Berg und Wald. Vergnügt war Eva mal hier, mal dort dabei, filmte oder fotografierte. So glich zuweilen der Berghof einem Erholungsheim, dessen Besitzer trotz allem darauf aus war, seinen Arbeitsplan streng einzuhalten. Er war ja auch schon mitten darin. Mittlerweile waren die ersten Autos vorgefahren, Wagentüren hatten geschlagen, Minister kamen oder Offiziere, Gauleiter, Hoheitsträger oder Parteiführer. Die Politik hatte begonnen. Dazu Besprechungen mit seinen Adjutanten. Erst um halb drei Uhr kam es zur Mittagstafel an dem nun großzügigen, langen Tisch für vierundzwanzig Personen mit Sesseln in hellrotem Saffianleder. Der Speiseraum, in gemessen-rustikalem, bäuerlichem Stil gehalten, empfanden die Gäste durchweg als anheimelnd wohnlich und angenehm. An der rechten Seite Hitlers saß abwechselnd eine der Damen, die er selbst zu Tisch führte. Zu seiner Linken saß stets Eva Braun, die zur Tafel zu bringen im Lauf der Zeit Martin Bormann überantwortet worden war. Und dann saßen sie am Tisch des Führers, nicht schüchtern und stumm, sondern in lebhafter Unterhaltung: die Sekretärinnen, Adjutanten, Ärzte, Bekannte, Freundin Herta mit ihren Kindern, Evas Schwester Gretl und andere mehr, etwa zwanzig Personen. Ordonnanzen aus der SS-Leibstandarte servierten in schwarzer Hose und weißer Jacke. Das Porzellan war weiß, auf dem Tellerrand in Gold der Adler mit gebreiteten Flügeln, links und rechts davon A und H in Antiqua, das Silber ebenfalls mit dem

Monogramm Hitlers. Es gab eine gute Suppe, ein Hauptgericht, Süßspeise und Fachinger, Bier oder Flaschenwein. Solch ein Berghofmenü bestand zum Beispiel laut einer Speisekarte vom 9. August 1937 aus Graupensuppe, Schweinswürsten, Sauerkraut, Kartoffelbrei und grünem Salat. Als Nachspeise gab es Käse und Obst. Waren seltene oder fremde Gäste mit bei Tisch, wurde für den vegetarischen Hausherrn so serviert, daß sein Teller nicht auf den ersten Blick als fleischlos auffiel. Seine Mahlzeiten, von einer Wiener Diätköchin zubereitet, bestanden hauptsächlich aus Kartoffeln, Gemüse, Eintopfgerichten, Mehlspeisen und Obst. Am selben 9. August wurden dem Kanzler nach der Graupensuppe Grießnudeln, ein Ei und grüner Salat gereicht. Einem Bier oder gelegentlich einem Glas Wein war er nicht abgeneigt. Eva dagegen gab sich gern allen lukullischen Genüssen hin, ihre Linie freilich war ihr oft genug Grund zur Enthaltsamkeit.

„Als ich dich kennenlernte", sagte er einmal, „warst du hübsch rundlich, jetzt bist du dünn wie eine getrocknete Sardine. Die Frauen sagen immer, daß sie sich für einen Mann schön machen, und dann tun sie alles, was seinem Geschmack widerspricht. Erst geben sie sich die größte Mühe, ihn zu erobern, und dann werden sie Sklavinnen der Mode. Sie haben nur noch eines im Sinn: ihre Freundinnen eifersüchtig zu machen."

Politik war niemals ein Thema in dieser Runde. Er scheute sich aber nicht, über die „Leichenfresser" zu spotten, von denen ja gerade welche an seinem Tisch genüßlich einen Schweinebraten verzehrten, und auf drastische Weise die Schlächterpraktiken zu schildern. Die „flehenden" Blicke Evas, um den Appetit der Gäste fürchtend, konnten ihn davon nicht abhalten. Wie zu erwarten, rivalisierten die Damen untereinander, und bei Streitgesprächen mußte der Hausherr als „oberster Richter" fungieren. Als es einmal um die Kochkunst ging und darum, welche bayerischen Knödel die besten sind, schickte er die Frauen – nach seinem Urteil befragt – schlicht in die Küche, um zu beweisen, was sie behaupteten. Nun glich die Küche einem aufgescheuchten Hühnerstall. Die Knödel kamen, und die Herren sollten urteilen. Die Ordonnanz, durch die Sonderaktion nervös geworden, ließ versehentlich einige Knödel über den Tisch rollen. Blaß vor Schreck erwartete der Mann in weiß und schwarz eine blamable Standpauke. Schnell erfaßte der Tischherr die peinliche Lage und

löste sie: er spießte einige der rollenden Knödel auf, und seine Gäste taten es ihm nach.
Eine Stunde dauerte der Mittagstisch in der Regel, und ebenso regelmäßig machte sich die Gesellschaft auf zu einem forschen Spaziergang zum Teehaus auf dem etwa zwei oder drei Kilometer entfernten Moosländerkopf[39]) am Fuß des Obersalzberges. Auf diesem Weg durch Wald und Wiese, wie auch auf anderen Wanderungen in der Umgebung, wurde Hitler oft von überraschten Wanderern angesprochen. Damen waren es meistens, die sich ein Herz faßten, stehenblieben und den Führer zu einem kurzen Wortwechsel bewegten. Nicht selten wurde er mit einem fröhlichen „Grüß Gott, Herr Hitler" gegrüßt, was ihn nicht hinderte, ebenso freundlich den Gottesgruß zu erwidern. Bis zum Krieg trug Hitler auf dem Obersalzberg stets Zivilkleidung, was auch von den Gästen erwünscht war.
Die Aussicht über das Berchtesgadener Tal machte das Teehaus besonders dem neuen Gast attraktiv. Ein runder Raum mit einer Reihe hoher, schmaler Fenster mit kleinen Scheiben, an der Innenwand gegenüber ein Kamin, darüber ein in Messing gerahmter Spiegel. Um einen runden Tisch eine gemütliche Sitzgruppe mit bequemen Polstersesseln. Über dem Tisch ein Kristallchromleuchter, an den Wänden Kerzenleuchter mit Bienenwachskerzen. Auch hier saß Eva neben Hitler. Tee gab es hier oder Kaffee, Schokolade, verschiedene Torten, Kuchen und Gebäck. Danach auf Wunsch auch Spirituosen. Mitten in der Unterhaltung nickte hier Hitler oft ein. Gegen sechs Uhr zog die Gesellschaft wieder gegen den Berghof. Bis zum Abendessen ging jeder seiner Wege.
Anders freilich verliefen die Tage der hohen Besuche auf dem Berg für Eva Braun. Zu den hohen Besuchen zählten schon die Minister. Auch wenn Göring mit seiner Frau kam, mußte Eva ihr Zimmer hüten. Selbst zu einem Spaziergang wagte sie sich nicht aus dem Haus: „Ich könnte den Görings auf dem Gang begegnen." „So ist es kein Zufall", schrieb Emmy Göring später in ihren Erinnerungen, „daß ich Eva Braun nicht kennenlernte. Ich durfte sie nicht kennenlernen, so sehr ich mich auch ihretwegen darum bemühte. Nur einmal, als ich mit Edda spazierenging, sah ich eine junge Dame an uns vorüberhuschen, und hörte meinen Begleiter sagen: ‚Das war eben Fräulein Braun.' Aber sie war schon vorüber, und ich konnte kaum noch etwas von ihr erkennen."

Daß sich Emmy Göring um Kontakte zu Eva Braun bemühte, ist verbürgt. Welchen Ursprungs freilich diese Bemühungen waren, blieb ungewiß. War es der Wunsch nach Gesellschaft von Fräulein Braun oder überwog ganz einfach die Neugier nach dem, was sich der Führer da angelacht hatte?

Wie gern hätte Eva die Herzogin von Windsor gesehen, wie gern ihren Gemahl, der um der Liebe willen auf den englischen Königsthron verzichtet hatte. Als Wally Simpson, zweimal geschieden, hatte Edward VIII., König von Großbritannien, Haupt des Commonwealth, die Amerikanerin kennengelernt. Als Heiratsabsichten nicht mehr zu verkennen waren, lief der britische Premier, Stanley Baldwin, dagegen Sturm. Die anglikanische Kirche, voran der Erzbischof von Canterbury, stellte sich schlicht dagegen. Auch die meisten Hofschranzen wollten davon nichts wissen und schließlich alle Regierungen des Weltreiches. So hatte Edward seinen eigenen Ausweg gesucht; er hatte am 10. Dezember 1936 abgedankt, dem Thron entsagt, den er erst am 31. Januar 1936 bestiegen hatte, und damit für eine Weltsensation gesorgt. Seit der Eheschließung 1937 lebte der Herzog von Windsor mit seiner Gemahlin als Privatmann im Ausland. Trotzdem interessierten den Aristokraten die neuen sozialen Einrichtungen in Deutschland, von denen er sich unter der Reisebegleitung Dr. Robert Leys, dem Leiter der „Deutschen Arbeitsfront", überzeugen konnte. Sie waren Gäste im Heim des Kanzlers. Edward, betont und ehrlichen Herzens deutschfreundlich, konnte von Hitler nicht hoch genug eingeschätzt werden. Grund genug für ein Gerücht nach dem Kriege, der Herzog sei von den Politikern nicht allein wegen seiner Liebe zu einer geschiedenen Frau vom Thron gedrängt worden, ja, dies sei sogar nur ein Vorwand gewesen. Am 23. Oktober 1937 schickte der Herzog von Windsor ein Telegramm auf den Obersalzberg:

„An den Führer und Reichskanzler.

Beim Verlassen Deutschlands danken die Herzogin von Windsor und ich Ihnen aufrichtig für die große Gastfreundschaft, die Sie uns gewährt haben und für die vielen Möglichkeiten, das zu sehen, was für das Wohl der schaffenden Deutschen getan wird.

Wir nehmen einen tiefen Eindruck von unserer Reise durch Deutschland mit und werden nie vergessen, mit welcher Aufmerk-

samkeit wir von Ihrem Beauftragten umgeben worden sind, und eine wie herzliche Aufnahme wir überall gefunden haben.
Besonders danken wir Ihnen für die schönen Stunden, die wir mit Ihnen auf dem Obersalzberg verbracht haben.

Edward."

Eva aber wollte hören über die Herzogin von Windsor, und Hitler erzählte, daß sie so gut wie nicht geschminkt sei; diese Tatsache war ihm besonders willkommen, denn er mochte die „Kriegsbemalung" der Frauen nicht, womit er seine Eva nicht treffen konnte, sie hatte niemals „Kriegsbemalung", war immer dezent gepflegt. Er beschrieb ihr Kleid, erzählte von ihrer Art, einem Mann die Hand zu reichen, und bewunderte den Charme und die Ausstrahlung dieser Frau.
Keiner von den Großen der europäischen Politik wußte von dem bestgehüteten Geheimnis des Reiches, das hinter einem Fenster über jener Freitreppe verborgen blieb, auf der sie gerade heraufgekommen und vom Lenker des Reiches begrüßt worden waren. In einem Fototagebuch Evas sind Bilder zu sehen, unverkennbar durch jenes Fenster aufgenommen. Reichsaußenminister v. Ribbentrop, der italienische Außenminister Graf Ciano und noch andere große Herren waren an die Linsen der Kameras gewöhnt und konnten sich sicherlich nicht denken, daß sie auch heimlich fotografiert wurden. Der Text unter den Bildern von Evas Hand: „Order: Fenster zu! – und was man daraus machen kann!"
Aber gerade der Besuch Graf Cianos hatte es Eva angetan. Fest darauf bauend, Cianos Aufmerksamkeit für seine Begleiter und besonders für die Treppe würde seine Blicke ganz in Anspruch nehmen, stand Eva hinter offenem Fenster und filmte. Dem aufmerksamen Grafen aber war die „Blondine" nicht entgangen, konnte seinen Blick so schnell nicht von ihr wenden und kam dabei kräftig ins Stolpern. Gepeinigt vom schlechten Gewissen trieb es Eva zur Beichte und erwartete eine entsprechende Absolution. Aber wie so oft bewies Hitler auch hier Humor und brach in schallendes Gelächter aus. Auch die Damen auf dem Berghof brachte der Film noch oft zum Lachen, wenn sie den stolpernden italienischen Außenminister auf der Leinwand sahen.
War es nun der ehemalige amerikanische Präsident Hoover, der englische Premier Chamberlain, der englische Zeitungskönig Rother-

Evas Haus in München-Bogenhausen, Wasserburger Straße 12. Die Aufnahme stammt aus den Tagen Eva Brauns und zeigt die Gartenseite.

Wasserburger Straße 12 (nach 1945 Delpstraße), aufgenommen nach dem Krieg

Gelegentlich hielt sich Eva am Hintersee auf, einer Idylle in den Bergen.

Und immer wieder die Sportlerin Eva

Eva Braun begeisterte sich fü das Fliegen. Von links: Fra Brückner, Ehefrau von Hitler Chefadjutant, Frau Schöne mann, der Pilot, Eva Braun un die Frau Heinrich Hoffmann

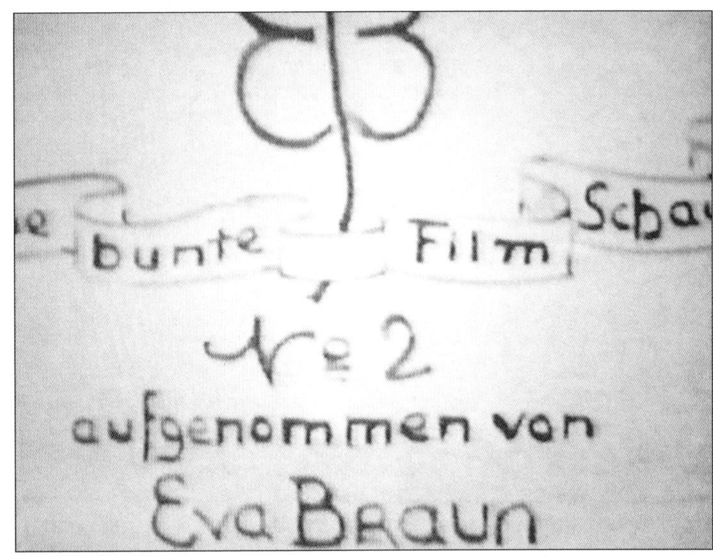

Vorspann eines Films, gezeichnet von Eva Braun. In der Mitte ihr Monogramm, das sie als vierblätteriges Kleeblatt geformt hatte

In der Wasserburger Straße 12: Zu Besuch bei Eva ein Freund, Mutter und Vater Braun

Ausfahrt mit dem Rad…

…auch Vater Braun ist mit dabei.

Berchtesgaden mit Watzmann

Mauritia Mayer. Als „Judith Platter" verewigte sie Richard Voß in seinem Roman „Zwei Menschen".

Geli Raubal mit den Hunden ihres Onkels am Haus Wachenfeld

Hitler mit seiner Halbschwester Angela Raubal, der Mutter Gelis.

Tausende umjubelten ihn.

Tausende kamen nach Berchtesgaden.

Für die Besucher auf dem Berg war das ein unvergeßlicher Augenblick.

Das Haus Hitlers nach dem endgültigen Umbau

Das alte Haus Wachenfeld ist als rechter Flügel des Gesamtbaues noch deutlich erkennbar.

Eva Braun auf dem Berghof in Unterhaltung mit Hitlers Chefadjutanten Helmut Brückner. In ihrer Begleitung ist ihre Schwester Gretl, am Tisch sieht man Reichspressechef Dr. Otto Dietrich.

Eva verstand sich gut mit Franz-Xaver Schwarz, dem Reichs-Schatzmeister der NSDAP, und dessen Frau. Aufnahme von 1938

Die Große Halle mit Durchgang durch Haus Wachenfeld zur Terrasse. Hinter dem Wandteppich befand sich die Leinwand für Filmvorführungen. Rechts davon, im rechten Winkel und hier unsichtbar, war das große versenkbare Fenster mit Blick zum Untersberg

Gerda Bormann,
die Frau Martin Bormanns

Eva Braun filmt die kleine Uschi Schneider.
Dieser Film überlebte das Chaos von 1945.

Mit Hitlers
Schäferhündin „Blondi"

Mit dem Fahrrad zum Baden an den Starnberger See, das war für die sportliche junge Dame nicht selten. Hier mit Schwester Gretl.

Gymnastik und Körperbewegung waren nur ein Betätigungsfeld von vielen bei „Glaube und Schönheit".

Mit Albert Speer auf dem herbstlichen Berg unterwegs

Mit Freundin Herta und dem Hund „Negus"

Sommerlich und beschwingt auf dem Weg zum Hochlenzer

Die leidenschaftliche Sportlerin am Königssee

Das Teehaus auf dem Kehlstein

Blick vom Kehlstein auf den Obersalzberg im Vordergrund. Rechts der „Göringhügel", auf dem einstmals Görings Landhaus stand, in dem er die letzten Tage unter Bewachung verbrachte

Blick vom Kehlstein auf den Obersalzberg

Auf dem Kehlstein hielt sich Eva gern auf und nutzte die Gelegenheiten, bei schönem Wetter hinaufzukommen. Im Hintergrund der Watzmann. Bei guter Sicht ist der etwa 150 km entfernte Bayerische Wald zu sehen.

Der große Raum auf dem Kehlstein vor 1945

Hitler und Eva im großen Raum des Kehlsteinhauses

„In Urgroßmutters Brautkleid" schrieb Eva Braun unter diese Aufnahme.

Hitler im Gespräch mit Dr. Theo Morell. Eva Braun hält die Szene mit der Filmkamera fest.

Eine Aufnahme aus Evas Fototagebuch: Hitler scheint im Sessel eingeschlafen zu sein.

mere, der ungarische Regent Admiral Horthy, der bulgarische König Boris, Kardinal Pacelli – 1939 zum Papst gewählt –, der Aga Khan, König Carol, Lloyd George, der König von Schweden – sie kamen gerne nach Berchtesgaden. Am 20. November 1937 empfing Hitler den britischen Außenminister Lord Halifax auf dem Berg, und im gleichen Jahr eine französische Wirtschaftsdelegation. Der Zeitungslord Beaverbroke ließ sich sehen, Prinz Paul von Jugoslawien, der französische General Guillemin und noch viele der hohen Gäste mehr – sie alle kamen an den „Hof" von Berchtesgaden. Eva durfte keinen sehen, um nicht gesehen zu werden. Kam noch dazu die Demütigung vor dem Personal, dem sie doch als „Hausherrin" galt.
Gegen Ende der dreißiger Jahre häuften sich mit den politischen Krisen die Besuche der hohen Militärs auf dem Berg. Damit mußten auch die Versteckspiele der „Landesmutter", wie sich Eva zuweilen ironisch nannte, zunehmen. In den Kriegsjahren freilich änderte sich das zusehends. Da saß Eva auch am Tisch, wenn Generäle am Tisch saßen und andere Größen, wenngleich sie alle nicht wußten, wie die Blondine zu Hitler stand. Goebbels, Göring und wenig andere waren die rühmlichen Ausnahmen. Ehepaar Speer zählte zum Vertrautenkreis Evas und auch Frau Bormann. Mit der Frau von Dr. Morell, des Führers Leibarzt, freundete sich Eva an und machte mit ihr Autoausflüge in die weitere Umgebung. Der Tegernsee wurde genannt und auch der Großglockner.
Und immer wieder bevorzugte sie die Gesellschaft Herta Ostermayrs, der treuen Freundin seit der Lyzeumzeit. 1934 war sie das erste Mal für einen Nachmittg im Haus Wachenfeld zu Gast gewesen und hatte da den Führer kennengelernt. Im gleichen Jahr war sie der Partei beigetreten, und es ist nicht ausgeschlossen, daß die Begegnung mit Hitler den Ansporn dazu gegeben hatte. Das Jahr darauf war sie für einige Tage vom Hausherrn und seiner Gefährtin auf dem Obersalzberg eingeladen. 1936 heiratete Herta den Oberleutnant Erwin Schneider, und ihr gemeinsames Heim war nun in Garmisch-Partenkirchen. Erwin Schneider war Soldat, kein Parteimann, von Politik wollte er nichts wissen. Von politischen Ambitionen war auch seine junge Frau niemals beseelt gewesen, und so trat sie – wer wollte sie daran hindern – aus der Partei wieder aus. Oft war Eva zu Gast in Garmisch-Partenkirchen, im gemütlichen Heim des jungen Ehepaares, das Erwin Schneider, Offizier und Künstler, im

Lauf der Jahre mit selbstgemalten, gekonnt gemalten Bildern ausschmückte. 1938 schenkte Herta Schneider ihrer Tochter Ursula das Leben, 1940 kam Brigitte zur Welt. Nach dem Krieg machten sensationsgierige Kolportageschreiber die beiden Mädchen zu Kindern Hitlers und Eva Brauns. Angeregt wurden diese Phantasten von Aufnahmen, auf denen der Hausherr des Berghofes mit Gefährtin und den Kindern abgebildet waren.

Versteckte der Führer seine Geliebte, weil er sie als seine Frau nicht als hinreichend gesellschaftsfähig, zu wenig repräsentativ hielt, wie oft vermutet wird? Wäre es Eva Braun gelungen, so souverän wie Emmy Göring oder Magda Goebbels die Frau des ersten Mannes im Staate zu repräsentieren? Der Versuch hätte es an den Tag gebracht, der Mensch wächst stets mit seinen Aufgaben. Aber darum war es Hitler niemals gegangen. Frauen von der Art Magda Goebbels' oder Emmy Görings, Frauen von Attraktivität und Schönheit aus allen Ständen der Gesellschaft waren für Hitler stets präsent. Persönlichkeiten freilich, die sich niemals hätten verstecken lassen, die niemals darauf verzichtet hätten, das zu repräsentieren, was sie waren; an ein Aschenbrödeldasein gar nicht zu denken. Wo endete die Seelengröße Magda Goebbels', Emmy Görings und aller anderen Vorzeigefrauen? Endete sie dort, wo diejenige von Eva Braun erst begann? Eine angetraute Ehefrau aber stellt Ansprüche, fordert Rechte. Allem voran aber wollte Hitler nach außen als der einsame Staatslenker gelten, der sein Leben in den Dienst Deutschlands gestellt hatte und seinen Zielen, von einer Ehe unbeschwert, nachgehen konnte. Die große Anhängerschaft unter den Frauen schließlich fürchtete er als verheirateter Führer zu verlieren.

„Später", so sagte Hitler gelegentlich zu Eva, werde er „alles wieder gutmachen", was er ihr im Laufe der Jahre „angetan" habe. „Wenn Deutschland meiner Führung nicht mehr bedarf und ich beruhigt meinem Nachfolger die Staatsgeschäfte überlassen kann, dann werde ich mir in Linz ein Häuschen bauen und mit dir als meiner Ehefrau friedlich als Privatmann leben, mich mit Architektur und Malerei beschäftigen und meine Memoiren schreiben." Es war bereits Krieg, als er das sagte, und er fügte hinzu, Uniform wolle er dann keine mehr sehen. Nichts mehr sollte ihn also an den Krieg erinnern.

Für all das, was ihr „angetan" wurde, was sie leiden mußte, versuchte sich Eva mit ihren eigenen Gästen hinwegzutrösten. Da waren Frau

Brandt, die Frau des Führerbegleitarztes Karl Brandt, Frau Speer, die Frau des Architekten, oder Frau Erna Hoffmann. Sie war selbst oft zu Gast bei Frau Bormann, einer bescheidenen, schönen, aber verhärmten Frau, die jedes Jahr ein Kind zur Welt brachte. Aufgrund strenger Weisung ihres Mannes durfte sie nur zu Filmvorführungen gelegentlich den Berghof betreten.

Da waren besonders Evas Freundinnen und Schwester Gretl, die dauerndes Gastrecht auf dem Obersalzberg besaßen. Nicht zu Unrecht fragte sich Herta Schneider, die stets mit ihren zwei kleinen Töchtern Ursula und Gitta kam, ob sie den Vorzug ihrer Gegenwart nicht auch ihrer Kinder wegen genoß. Denn Kinder liebte Eva, sie fehlten ihr geradezu, wie Zeugen nur zu oft bemerkten. Sie selbst, das war so gut wie sicher, würde niemals, durfte niemals Mutter sein. Für ihren Geliebten war die Nachfolge keine Frage des Blutes. Vor dem Volk unbeweibt und folglich nachkommenslos, benötigte er nicht das „Salische Gesetz", obwohl von vielen seiner Anhänger gewünscht. Wenn er Kinder sah, war es ihm stets, als wären es seine eigenen, alle gehörten sie ihm. „Heiraten könnte ich nie", sagte er einmal. „Wenn ich Kinder hätte, welche Probleme! Am Ende versuchen sie noch, meinen Sohn zu meinem Nachfolger zu machen."[40]) Und zu Otto Wagener: „... Denn sehen Sie, wo große Persönlichkeiten aus einem Nichts herausgewachsen sind zu genialer Leistung, sei es in der Kunst, sei es in der Wissenschaft, sei es als Staatsmann, nie sind Söhne auch nur annähernd das geworden, was die Väter waren, immer sind sie abgefallen oder verschollen. Wo haben wir einen Sohn Goethes, einen Sohn Schillers, einen Sohn Beethovens? Was würde Siegfried Wagner geworden sein, wenn er nicht außer dem Sohn seines Vaters auch noch der Erbe Bayreuths gewesen wäre und seine Mutter Cosima sowie seine ebenso bedeutende Lebensgefährtin Winifred bei sich gehabt hätte? Oder nehmen Sie Kant, oder Napoleon. Auch ein Sohn von mir würde nur eine Belastung sein und damit ein unglücklicher Mensch oder eine Gefahr."[41])

So war Eva vom Schicksal nicht dazu bestimmt, „tüchtige Männer und Frauen zu erziehen", wie Cosima Wagner eine der Frauenaufgaben sah. Es war ihr nicht vergönnt, flehende Händchen zu liebkosen, die vom selben Blut durchströmt sind, nicht vergönnt, in strahlende Kinderaugen zu blicken, die das eigene Ich widerspiegeln. So konnte sie nur Träumen und Illusionen nachhängen, was ihr

freilich wenig lag, oder sich mit der Aussage einer Lehre trösten, daß die Ehe eine Sitte, die Liebe aber das Ziel im Leben einer Frau sei.
Die Bilder in ihren Fotoalben beweisen ihre Beziehung zum Kind so gut wie auch Hitlers Kinderliebe – nicht nur zu Propagandazwecken, wie gern behauptet –, da die Schnappschüsse nicht für die Öffentlichkeit bestimmt waren und nur in Evas Alben Platz fanden. Viel Zeit wandte sie für diese Alben auf, legte oft Zweit- und Drittexemplare an, schenkte sie Verwandten oder Bekannten und hinterließ so der Nachwelt in augenscheinlichen Zeugnissen einen Teil ihres Lebens.
Die Gäste Evas waren stets willkommen, unabhängig davon, ob der Hausherr in Berchtesgaden war oder in Berlin. Freundinnen und Schwestern besaßen Ausweise, die sie bei den Wachposten als „Gäste des Führers" auswiesen.
Da war noch Marion Theissen, verheiratete Schönmann, aus Wien, die aus dem Bekanntenkreis Hitlers den Weg zum Berghof gefunden hatte. Sie bewies, daß Hitler Widerspruch auch im Kreise einer Gesellschaft vertrug. Auch Nicolaus von Below, Hitlers Luftwaffenadjutant, berichtet aus seiner Dienstzeit, daß Hitler jeder anderen Meinung aufgeschlossen, ja, geradezu interessiert daran war, wenn er etwas völlig Neues hörte, worauf er selbst noch nicht gekommen war. Nur Rednern abgedroschener Phrasen, die er bereits hundertmal gehört hatte, konnte er barsch das Wort abschneiden.
So kam eines Sonntags Marion Schönmann von der Messe nach Hause. Hitler, der den Kirchgang aus seinen Jugendjahren kannte, und besonders an das ländliche Milieu mag er sich erinnert haben, fragte Marion: „Es waren sicher viele Menschen da, um Ihren Hut zu bewundern?" Marion Schönmann gab gelassen zurück: „Es war brechend voll. Das Gedränge wird immer größer, seit die Partei den Leuten sagt, sie sollten nicht mehr in die Kirche gehen." Und bei einer Unterhaltung am Tisch fragte sie Hitler, warum er den Nonnen die Klöster wegnehme. Bormann, dem das Thema in Gegenwart des Führers peinlich war, wollte das Gespräch abschneiden und stieß die eifernde Freundin Evas an den Fuß. „Aber Herr Bormann", unterbrach sie ihren Redeschwall, „hören Sie doch auf, mir auf den Fuß zu treten, Sie tun mir weh . . . die armen Nonnen haben schon keine Männer, und jetzt nimmt ihnen die Partei noch den Rest . . . Herr Bormann, nun reicht es aber, ich habe meine neuen Schuhe an und Sie ruinieren sie mir völlig mit Ihren Stiefeln."

Hitler aber lachte nur, und Bormann, die treibende Kraft gegen die Kirche, hatte wohl allen Grund, Marion Schönmanns Klage abzufangen. Der Führer wollte von der Auflösung der Klöster nichts wissen, ihn erbarmten die Nonnen, aus ihren Lebensgewohnheiten gerissen: „Was sollen diese alten Weiblein in dieser Welt!" Vor Parteimännern sagte er gegen die Kirche immer das, was sie hören wollten. Im engeren Kreise sprach er anders. „Die Kirche ist sicher notwendig für das Volk. Sie ist ein starkes und erhaltendes Element." Rückblickend konnte er fundierte Schlüsse ziehen, da er einmal selbst Ministrant gewesen war. Im Gegensatz zu den Sozialisten marxistischer Prägung war es nicht außergewöhnlich, wenn Dr. Robert Ley, Leiter der „Deutschen Arbeitsfront", in einer Rede auf dem Parteitag 1936 in Nürnberg ausrief: „Wir glauben an einen Herrgott im Himmel, der uns geschaffen hat, der uns lenkt und behütet und der Sie, mein Führer, uns gesandt hat, damit Sie Deutschland befreien."
Noch nach 1942 betonte Hitler einmal in einem Teegespräch auf dem Moosländerkopf, für wie notwendig er die Kirche im Staatsleben halte. Er hoffe immer noch, eines Tages den Kirchenmann zu finden, der geeignet sei, eine oder beide Kirchen vereint zu führen. Es sei unmöglich, ja geradezu ein Verbrechen an der Zukunft des Volkes, durch eine Parteiideologie die Kirche zu ersetzen. Die Kirche ihrerseits freilich, so hoffe er, würde sich nach langer Zeit den politischen Zielen des Nationalsozialismus anpassen, sie habe sich im Lauf der Geschichte immer angepaßt.[42]) Er selbst trat niemals aus der Kirche aus und war auch darauf bedacht, daß Goebbels und Göring in der Kirche blieben.

Marion Schönmann jedenfalls wurde immer wieder eingeladen.

Margarete Braun, die jüngere Schwester Evas, war auf dem Berghof längst bekannt und nach Evas Willen so gut wie zu Hause. Sie sollte später auf dem Berg noch ihr Glück machen oder das, was es der bedrängten Zeit und den aufsteigenden Ängsten gemäß noch sein konnte. Nur Ilse, die ältere Schwester, hatte sich immer noch in kühler Distanz gehalten.

Zu Friedenszeiten gab es auf dem Berg auch größere Spaziergänge und Wanderungen, wo Eva stets mit dabei war. Nicht die Hauptperson war sie hierbei für Hitler, aber das wäre sie als Ehefrau ebenso wenig gewesen. Da war der „Hochlenzer" wiederholt das Ziel, irgendein bescheidenes Berggasthaus oder die „Scharitskehl". Hier saß man an einfachen Brettertischen unter freiem Himmel und trank Milch oder Bier. Oder es ging mit forschen Schritten in drei Stunden über die „Scharitskehl" zum Königsee. Meist blieb Hitler in seiner bayrisch-ländlichen Tracht von anderen Wanderern unerkannt, schon allein deshalb, da ihn niemand auf diesen Wegen vermutete. „Erst kurz vor unserem Ziel", schrieb Speer, „der Gastwirtschaft ‚Schiffmeister', bildete sich eine Welle von Begeisterten, denen nachträglich bewußt geworden war, wem sie soeben begegnet waren. Erregt folgten sie unserer Gruppe. Mit knapper Not erreichten wir, Hitler im Eilschritt voran, die Tür, bevor wir von der schnell anwachsenden Menge eingekeilt wurden. Da saßen wir nun bei Kaffee und Kuchen und draußen füllte sich der große Platz. Erst wenn eine Verstärkung des Schutzkommandos eingetroffen war, bestieg Hitler den offenen Wagen. Stehend, neben dem Fahrer auf dem hochgeklappten Vordersitz, die linke Hand an der Windschutzscheibe, konnten ihn auch die entfernter Stehenden sehen. In solchen Momenten wurde die Begeisterung frenetisch, das stundenlange Warten war endlich belohnt . . . nie werde ich diesen Anprall von Jubel, diesen Taumel vergessen, der sich in so vielen Gesichtern ausdrückte . . . Während die einzelnen in der Menge meist nur für Sekunden diesem Einfluß erlagen, war Hitler einer Dauerbeeinflussung ausgesetzt. Ich bewunderte damals, daß er seine ungezwungenen Formen im privaten Umgang trotzdem beibehielt."

Auch Heinz Linge wunderte sich in der ersten Zeit seines Dienstes über die Picknickfahrten vor dem Krieg. Hier erlebten die Teilnehmer einen witzigen, kameradschaftlichen, unproblematischen Hitler, der den „Führer" völlig abgestreift hatte, was vielen unmöglich schien. „Es wurden in schattigen Wäldern oder auf Wiesen Decken ausgebreitet und Bier und Wein kredenzt. Jeder aß und trank, worauf er Lust hatte. Anekdoten und gesellschaftsfähige Witze wurden erzählt, Erlebnisse geschildert und Zukunftspläne geschmiedet. Hitler lag oder saß mitten unter uns auf einer Decke und machte alles mit. Nur verzichtete er darauf, Alkohol zu trinken und zu rauchen."

Daß Hitler humorlos war, zählt zur Legende. Sogar über sich selbst konnte er sich lustig machen. Während einer Autoreise rezitierte er einmal ein zu seinen Ehren verfaßtes Gedicht mit Knüttelversen auf den Ausgang „Hitler". „Wenn er gut gelaunt war", erinnerte sich Hanfstaengl, „wiederholte Hitler dieses Couplet mit eigenen Ausschmükkungen, und das so lange, bis uns vor Lachen die Tränen kamen."

FRAU UND STAAT

„Ehret die Frauen, sie flechten und weben / Himmlische Rosen ins irdische Leben." Wie für das Männergeschlecht, so gelten die weisen Worte Schillers auch für eine Nation. Moral und Sitte eines Volkes stehen und fallen mit der Moral und der Sitte der Frau. Geht die Frau lieber einem Laster- und Lotterleben nach, ohne die Aufgabe wahrzunehmen, die ihr von der Natur zugewiesen wurde, geht ein Volk zugrunde. Mehrfach beweist das die Geschichte. Die Familie ist die kleinste Zelle eines Staates. Ist sie nicht intakt, ist auch die Gesellschaft krank. Und es war nicht Glaube und nicht Ideologie, wenn es in einem Lied hieß: „Mütter, tief in euren Herzen schlägt das Herz der weiten Welt." Alle diese Weisheiten entstammten nicht der Ideenwelt des Nationalsozialismus. Es waren uralte Erkenntnisse, von Jahrtausenden der Geschichte und des menschlichen Lebens geschrieben und stets von neuem bestätigt. Die Nationalsozialisten griffen nur willig danach und präsentierten bewußt, was die Natur schon immer für sich in Anspruch genommen hatte. Und es war die Frau und Mutter wohl kaum in einem Staat so geehrt und geschätzt, wie in diesem neuen Deutschland. Das schöne Geschlecht, aufgerüttelt aus dem lethargischen, ziellosen Vor-sich-hin-leben, blühte auf in Interessengemeinschaften und arbeitete mit an neuen Aufgaben, ohne daß dabei von Emanzipation die Rede war. Im Parteiprogramm der NSDAP vom 24. Februar 1920 war das weibliche Geschlecht nur einmal erwähnt. Da hieß es unter Punkt einundzwanzig: „Der Staat hat für die Hebung der Volksgesundheit zu sorgen durch den Schutz der Mutter und des Kindes . . ." Die australische Rundfunksprecherin und Journalistin Iris Turnbull, die 1937 Deutschland bereiste, schrieb: „Die deutschen Frauen haben ein scharfes Beurteilungsvermögen bekommen durch die traurigen, niederdrückenden Erfahrungen jener schweren Jahre, in denen das Chaos über die Ordnung herrschte. Der Vergleich mit diesen Jahren läßt sie den Wert ihrer jetzigen Lebensverhältnisse voll würdigen."
Freilich war die Frau vorwiegend in „ihrer Welt" geschätzt; nach dem, was sie für ihre Familie tat, wurde sie bemessen. Wenn sie Kinder großzog zu tüchtigen Menschen, dem Familienvater, Gatten und Mann ein gemütliches Heim bot, dem er gern zustrebte, in dem

er sich wohlfühlte. Die „wahre Frau“ war nicht jene, die an der Tankstelle ihren „Mann“ stand, die an der Maschine arbeitete, am Konstruktionsbrett zeichnete, die eine Fabrik leitete. Eine „wahre Frau“ war eben „nur“ Frau. Aber die Aufgaben einer „Nur-Frau“ sah man unendlich größer, komplizierter, vielfältiger und tiefer, als bei jener, die ihre physischen Kräfte, ihre psychischen Gaben am Arbeitsplatz ließ und zu Hause nichts zu bieten hatte als ihr Geld und ihren Körper. Sie konnte für den Mann nur allzu leicht zur Gespielin werden. In der Tat hatte die Berufswahl eines Mädchens außerhalb des Hauses schon in Zeiten zuvor zu dem versteckten Eingeständnis gezählt, sich dem Beruf der rechten Hausfrau und Mutter, dem „höchsten Frauenberuf“, nicht gewachsen zu fühlen.
Selbstredend gab es auch andere Stimmen im Ausland. Hitler selbst ging darauf ein und sagte am 11. September 1936 bei der Tagung der „Nationalsozialistischen Frauenschaft“: „Und wenn das Ausland sagt: ‚Ja, die Männer! Aber die Frauen, die können bei euch nicht optimistisch sein, die sind gedrückt und geknebelt und versklavt. Ihr wollt ihnen ja keine Freiheit, keine Gleichberechtigung geben‘, – so antworten wir: Was die einen als Joch ansehen, empfinden eben andere als Segen, was dem einen wie ein Himmelreich vorkommt, das ist für den anderen die Hölle und umgekehrt. So lange wir ein gesundes männliches Geschlecht besitzen – und dafür werden wir Nationalsozialisten sorgen – wird in Deuschland keine weibliche Handgranatenwerferinnenabteilung gebildet und kein weibliches Scharfschützenkorps, denn das ist nicht Gleichberechtigung, sondern Minderberechtigung der Frau . . . Für uns ist die Frau zu allen Zeiten der treueste Arbeits- und Lebensgenosse des Mannes gewesen. Man sagt mir oft: Sie wollen die Frau aus den Berufen drücken. Nein, ich will ihr nur in weitestem Maße die Möglichkeit verschaffen, eine eigene Familie mitgründen und Kinder bekommen zu können . . . Wenn heute eine weibliche Juristin noch so viel leistet und nebenan eine Mutter wohnt mit fünf, sechs, sieben Kindern, die alle gesund und gut erzogen sind, dann möchte ich sagen: Vom Standpunkt des ewigen Wertes unseres Volkes hat die Frau, die Kinder bekommen und erzogen hat . . . mehr geleistet, mehr getan . . . Täuschen Sie sich nicht! Es gibt zwei Welten im Leben eines Volkes: die Welt der Frau und die Welt des Mannes. Die Natur hat es richtig eingeteilt . . .“ Und am 26. Januar 1942 im abendlichen kleinen

Kreis: „Ein Mann, der brüllt, das ist nicht schön, aber schlimmer ist es noch bei der Frau: Ihre Stimme wird umso piepsiger, je mehr sie schreit . . . Je galanter man einer Frau gegenüber ist, desto mehr wird man die Frau davon zurückhalten, Dinge zu versuchen, die ihr nicht liegen. Alles, was mit Kampf- und Bluteinsatz zusammenhängt, ist Sache ausschließlich des Mannes . . . Zu vielen Sachen muß man eine Frau heranziehen, weil die Frauen da mehr praktisches Verständnis haben."

„Gerechtigkeit ist mehr die männliche, Menschenliebe mehr die weibliche Tugend. Der Gedanke, Weiber das Richteramt verwalten zu sehen, erregt Lachen; aber die barmherzigen Schwestern übertreffen sogar die barmherzigen Brüder." So sah es Schopenhauer.

Tatsächlich war das Richteramt der Frau versagt, aber eben auch jene Arbeit, die unter der Frauenwürde lag. Nach dem Zweiten Weltkrieg zählten die Gegner Deutschlands zu den schwerwiegenden Fehlern Hitlers auch die Tatsache, das er trotz Proklamation des „totalen Krieges" die Frauen niemals in der Industrie dienstverpflichtet hatte. David Irving: „Als die Rüstungsbetriebe dringend Arbeitskräfte benötigten, konnten sich müßiggängerische deutsche Hausfrauen weiterhin eine halbe Million Hausangestellte leisten, die Staub wischten und Möbel polierten . . ." Die Kriegsmaschine des demokratischen Großbritannien hatte besser funktioniert. Da wurden die Frauen durch Gesetz zur Arbeit in der Rüstungsindustrie gezwungen.

Schon im Frankenreich der Karolinger vor der Jahrtausendwende, da es Sklaven, Hörige, Freie, Grundherren und noch mehr der Klassen gab, war Männerarbeit für Frauen verpönt. Als da ein „Gerald von Aurillac eine seiner Bäuerinnen pflügen sah, fragte er sie nach dem Grund dafür. Sie erwiderte, ihr Mann sei schon länger krank, sie sei allein, und es sei Zeit für die Aussaat. Da gab ihr Graf Gerald für jeden Tag der Saatzeit Geld, um einen Landarbeiter zu bezahlen, so daß sie aufhören konnte, wie ein Mann zu arbeiten." Denn, so fügte der zeitgenössische Biograph des Grafen hinzu: „Gott verabscheut alles, was gegen die Natur ist."[43])

Das war in der Zeit Karls des Großen. Dichter und Philosoph Lessing, 1729–1781, sah es so: „Eine Frau, die denkt, ist wie ein Mann, der sich schminkt." Um 1797 rief Schleiermacher[44]) im letzten seiner „Zehn Gebote der liebenden Frau" den Frauen zu: „Laß dich gelüsten nach der Männer Bildung, Kunst, Weisheit und Ehre." Jahrzehnte später gab Wilhelm Raabe[45]) gleichwohl darauf die Antwort, wenn er von den profilierungssüchtigen Emanzen schrieb: „. . . so mögen sie meinetwegen den Mont Blanc erklettern; Esel sind die, welche sie wieder herunterholen."

Auch die Frauen der Bismarck-Ära konnten das dem Eisernen Kanzler nicht verzeihen, daß er sich wenig oder gar nicht um ihre Belange kümmerte. Auch da sollte das weibliche Geschlecht möglichst wenig studieren – „philosophierende Weiber" waren noch immer unerfreulich –, dafür aber einen gesunden Nationalstolz im Herzen tragen. Eine „Oase der Poesie" sollten sie für die Männerwelt sein, ein kostbarer Besitz und Zierde des Hauses, ein „Rest aus dem Paradies". Die jungen Frauen aber strebten Höherem zu. „Die künftigen Generationen sollen andere Reichstage sehen", konnte man in einem Kalender jener Jahre lesen. Auch die „Dienstboten-Kalamität", den „Dienstmädchen-Notstand" gab es schon vor der Jahrhundertwende, da „die breiten Schichten des Arbeiterstandes heutzutage die erwachsenen Töchter mehr und mehr von dem herrschaftlichen Hausdienst zurückhalten und sie lieber dazu anhalten, sich den Unterhalt durch Tagesarbeit zu verdienen."[46])

Was die Emanzipationssüchtigen schon zu allen Zeiten ignorierten: Allein die Mutterschaft macht das Nachahmen männlichen Lebens und männlicher Eigenschaften nicht möglich. Der physische und psychische Unterschied der Geschlechter liegt bereits in den Hormonen und ist geprägt von Jahrtausenden. „Selbst bei leistungsmotorischer Beanspruchung dominieren bei den Mädchen die weiblichen Ausdrucksformen."[47])

Im Reichstag des Dritten Reiches saßen keine Frauen. Der Einfluß auf die Politik war ihnen verwehrt. Das galt für das schöne Geschlecht allgemein sowie für die Gattin oder Geliebte eines tonangebenden Mannes. In die politische Suppe lasse er sich von keinem Mann hineinspucken, so sagte Hitler einmal, viel weniger von einer Frau.

Politik und Liebe hatten besonders in Zeiten geprägter geselliger Kultur manche Verbindungsfäden geknüpft. Schon das siebzehnte, besonders aber das achtzehnte Jahrhundert, das „Jahrhundert der Dame", ist an Beispielen reich. Da waren in den Gesellschaften, in den Salons der Damen nicht nur Philosophie, Musik und Literatur zu

Hause, da wurde auch Politik gemacht. Und hatten Flirt, Schmeicheleien und gespielte Herzensneigung im Salon nicht ausgereicht, so hatte das Schlafzimmer der „Einflußreichen" nicht selten das gewünschte Ergebnis gebracht. Aus Geschichten wurde Geschichte. So hatten es die intriganten Damen damaliger Zeit auf drastische Weise verstanden, das Nützliche mit dem Angenehmen zu verbinden; wobei freilich von einem zum anderen Mal offenblieb, was nützlich und was angenehm war. Sicherlich hatten hier Ursache und Wirkung von Fall zu Fall ein fröhliches Wechselspiel gespielt, waren Weg oder Ziel nicht immer eindeutig zu werten gewesen. „Der Weg zum Ruhm", das mußte Francoise de Maintenon[48]) schließlich wissen, „geht durch den Palast . . . Der Weg zur Tugend durch die Wüste."

Seitdem aber die Monarchie gestürzt, war auch die unsichtbare Frauenpolitik hinweggefegt worden. Der „begehrten" Dame waren die Fäden entglitten, die Marionetten im Sturmwind der Revolutionen, im Chaos der politischen Umwälzungen untergegangen. Ausnahmen bot – wie konnte es anders sein in einem klassischen Land der weiblichen Waffen – die französische Politik der dreißiger Jahre. Edouard Daladier, Witwer und in den fünfziger Jahren stehend, Parteigänger der Radikalsozialisten, war von 1934 bis 1938 Kriegsminister und bis März 1940 Ministerpräsident. Den Deutschen blieb er in Erinnerung als einer der federführenden Männer, die das „Münchener Abkommen" von 1938 zustande gebracht hatten. An seiner Seite immer wieder und nicht zu übersehen Marquise de Crussol, eine hübsche Blondine.

Am 21. März 1940 wurde Daladier gestürzt. Auf den Stuhl des Ministerpräsidenten folgte Paul Reynaud, dreiundsechzig Jahre alt und Junggeselle, von Haus aus Rechtsanwalt, von den „Unabhängigen Republikanern". Dazu war er noch Außenminister und, seit dem 10. Mai 1940, da die deutschen Soldaten den an Deutschland erklärten Krieg nach Frankreich trugen, auch Verteidigungsminister. Zwischen 1930 und 1940 war er mehrfach Minister gewesen. Klein von Statur, hatten ihn viele an der Seine „Mickey Mouse" genannt. Aber für seine seelische Größe sorgte Comtesse Hélène de Portes, half ihm sein schweres Amt in seiner Junggesellenwohnung erleichtern.

Die beiden Damen, Marquise de Crussol und Comtesse Hélène de Portes, rivalisierten miteinander, vergifteten das Klima zwischen dem

Witwer und dem Junggesellen, zwischen den Ministern Frankreichs also und sorgten für manchen Skandal. Selbstredend litt darunter auch die Politik. Am 28. Juni 1940, als die deutschen Panzer schon weit in Frankreich standen, fuhr Paul Reynaud tief bedrückt mit seiner Geliebten nach Südfrankreich. Um ihn von seinen Sorgen abzulenken, forderte sie ihn auf, sich an das Steuer ihres Wagens zu setzen. Wenig später prallte das Fahrzeug gegen einen Baum. Ein Koffer schlug schwer von hinten nach vorn und traf das Halsgelenk der Hélène de Portes. Sie war auf der Stelle tot. Der Ministerpräsident, Außenminister und Kriegsminister trug nur ungefährliche Verletzungen davon. Im Krankenhaus waren seine ersten Worte: „Elle etait la France. – Sie war Frankreich."
Für Hitler war Eva Braun niemals Deutschland, solange er im Dienste des Reiches stand, fühlte er sich mit Deutschland verheiratet. Kam noch hinzu, daß Eva nicht zu Intrigen neigte, sich nicht berufen fühlte, sich in Dinge zu mischen, von denen sie wenig oder nichts verstand. Nichts an ihr erinnerte an die politisierenden Mätressen Dubarry, Pompadour oder Lola Montez. Ganz ohne Einfluß freilich ist keine Frau. Von den verbotenen Filmen war bereits die Rede. In den Kriegsjahren, als Kosmetika nicht mehr hergestellt und Damensalons geschlossen werden sollten, beides aus Material- und Arbeitspotentialersparnis, ging sie energisch dagegen an. „Und deine Soldaten", sagte sie zu Hitler, „sollen sie von der Front zu ungepflegten Frauen auf Urlaub kommen? Ist dir eine gepflegte Frau nicht auch lieber als eine ungepflegte?"
Damit hatte sie erreicht, daß diese Verordnung weit abgemildert hinausging. Oder Eva sorgte durch Fürsprache beim Obersten Befehlshaber dafür, daß die Lebensmittelrationen bei Urlaubern erhöht wurden, damit sich die Familien in dieser Zeit das alltägliche Leben erleichtern konnten.
Im Verlaufe des Krieges waren die Soldaten an den Fronten rechte Rauhbeine geworden. In die Heimat auf Urlaub gekommen, sahen sie endlich wieder Frauen, und so manche von ihnen wurde wohl in rüder Art als Freiwild betrachtet. Auch das hatte Eva beobachtet, in der Öffentlichkeit, in der Straßenbahn oder wo auch immer. Hitler war tief erschrocken, als er das hörte, noch niemand hatte ihn darauf angesprochen. Sofort wollte er „Remedur" schaffen. Bei vielen solcher wichtigen Kleinigkeiten konnte sie helfend eingreifen.

Bormann sah das gar nicht gern. Stets wurde er in solchen Fällen herbeizitiert, mußte Anordnungen geben, oft gegen seinen Willen. Das Verhältnis Evas zu Bormann war zeitlebens kühl. Daß sich dieser Mann trotzdem „ganz besonderer Aufmerksamkeit gegenüber der sich im übrigen taktvoll zurückhaltenden Dame des Hauses befleißigte, der er jeden Wunsch von den Augen ablas und geschickt alle Wege auf der manchmal etwas schwierigen Ebene der gesellschaftlichen und repräsentativen Rücksichten glättete, hat zweifellos seine unangreifbare Vertrauensstellung bei Hitler, der in diesem Punkte außergewöhnlich empfindsam war, noch verstärkt."[49]) Der Parteimann und die Freundin des Führers litten sich aus Vernunft, nicht aus Überzeugung oder gar Herzlichkeit. Sie fühlte wohl, daß Bormann nicht viel hielt von der Geliebten seines Chefs, von ihr, der Kinderlosen, während seine Frau jedes Jahr ein Kind zur Welt brachte; zehn waren es am Ende. Eva hatte Mühe, Frau Bormann gut aussehend und erholt vor die Kamera zu bekommen, ohne daß sie schwanger war. Wie überall, so übertrieb der rastlose Geist auch hier, denn das, was bei der Frau in dieser Zeit zählte, das war nun einmal die Gattin und Mutter, war sie als „Erhalterin des Lebens". Ein Volk ohne Jugend war ein Volk ohne Zukunft, denn von „Geburtenrückgang" war schon vor dem 30. Januar 1933 die Rede gewesen. Im Jahre 1900 hatte das Deutsche Reich zwei Millionen Neugeborene, 1931 nur noch eine Million. Damit war Deutschland das geburtenärmste Land Europas geworden und hatte Frankreich diesen fragwürdigen Rang abgelaufen.

Mit dem Menschen als Wunder versuchte man, der Frau klarzumachen, welche hohe Aufgabe ihr zustand. In einer großen Berliner Ausstellung „Die Frau" in den Ausstellungshallen am Kaiserdamm, im März 1933, unter dem Motto „Von der Frau über die Frau zu der Frau", von Frauenverbänden aus Kunst, Literatur und Wissenschaft ins Leben gerufen, las man an einer Wand einen Ausspruch des heiligen Augustinus in großen Lettern: „Da bewundern die Menschen das rauschende Meer, die fließenden Gewässer und den Anblick des Himmels und vergessen über allem Bewundern der Dinge das Wunder, das sie selber sind."

Mit jedem Kind also, dem eine Frau das Leben schenkte, brachte sie ein neues Wunder zur Welt. Kinderpflege und Kinderschutz fing an mit Mutterpflege und Mutterschutz. Leitlinien, wieder von den

Nationalsozialisten übernommen. Zur Zeit dieser Ausstellung war die neue Regierung erst fünf Wochen alt. Augustinus hatte auch einmal gesagt: „Gebt mir Mütter, und ich rette die sinkende Welt."
Da wurde später freilich auch von besonders eifrigen Vorreitern Himmlers – wie sich später herrausstellte, waren es zumeist Opportunisten – der Bogen weit überspannt. Allen Ernstes tat da am 31. Mai 1937 ein SS-Obergruppenführer in einer Versammlung seine Meinung kund, ein Mädchen, das heute einen SS-Führer heiraten wolle, müsse in jeder Beziehung einwandfrei sein. Daher werde von ihr der Besitz des Reichssportabzeichens gefordert. Manche könnten vielleicht heute dieses Verlangen noch nicht verstehen. Aber Deutschland brauche keine Frauen, die auf den Fünf-Uhr-Tees schön tanzen könnten, sondern Frauen, die durch sportliche Leistungen ihre Gesundheit bewiesen hätten.
Zu denen, die das nicht verstanden, zählte auch Hitler. Als ihm sein Begleitarzt Karl Brandt von diesem Vorhaben Himmlers berichtet hatte, fragte der Führer seinen Diener: „Linge, in welcher Zeit ist ihre Mutter hundert Meter gelaufen?" Belustigt fuhr Hitler fort: „Meine Mutter hat auch kein Sportabzeichen gehabt, und ich glaube, daß ich trotzdem ein guter Deutscher geworden bin."
Die Sportlichkeit der Eva Braun hatte ihm immer gefallen. Den Weg zum Baden legte sie meist mit dem Fahrrad zurück, einfache Strecke dreißig Kilometer. Auch an Mut fehlte es ihr nicht. Vom Weg zum Hochlenzer führte ein schmaler Fußweg ins Tal, ihn hatte sich Eva im Winter als Rodelbahn erkoren. Hier brauste sie besonders gern bei Mondlicht hinunter. Herta Schneider: „Obwohl ich eine sehr gute Sportlerin war, war ich zu feige, das Tempo, das Eva vorlegte, einzuhalten." Hitler hatte auch nichts dagegen, wenn sie an warmen Sommertagen auf der Terrasse des Berghofes im Badeanzug herumlief und Übungen präsentierte. Im Sport sah er die Grundlage körperlicher Gesundheit. Selber hielt er sich davon fern, denn: „Wenn mich die Leute fragen: Warum treiben Sie keinen Sport? Ja, weil ich jedenfalls eine lächerliche Figur abgeben würde!" Aber jedes Mal, wenn ihm eine schöne und elegante Frau vorgestellt worden war, schwärmte er von ihr, ohne zu fragen, was sie sportlich leiste oder ob sie gar auffällige Muskeln besäße. So winkte der Führer ab, Heinrich Himmler, Reichsführer der SS und der Polizei, mußte wieder einmal bescheiden eine „Marotte" zurücknehmen, wie es schon des öfteren vorge-

kommen war. Als in den Kriegsjahren einmal der SS-Mythos Himmlers zur Sprache kam, sagte Hitler: „Nun sind wir froh, das Zeitalter der Mystik hinter uns zu haben, da fängt der wieder von vorne an. Da können wir doch gleich bei der Kirche bleiben, die hat wenigstens Tradition. Stellen Sie sich einmal vor, ich werde zum SS-Heiligen erklärt, ich müßte mich im Grabe umdrehen!"

Nicht das durchtrainierte, abgehärtete Rauhbein von einer Frau wünschte man sich, auch nicht den beschränkten Gretchentyp. „Wir wünschen uns Frauen", sagte Rudolf Heß im Mai 1936 bei einer Kundgebung der Frauenschaft in Berlin, „in deren Leben und Wirken frauliche Art erhalten bleibt – Frauen, die wir zu lieben vermögen! Wir gönnen der übrigen Welt den Idealtyp der Frau, den sie sich wünscht, aber die übrige Welt soll uns gefälligst die Frau gönnen, die uns am gemäßesten ist . . . eine Frau, die auch geistig befähigt ist, dem Manne in seinen Interessen, in seinem Lebenskampf verständnisvoll zur Seite zu stehen, die ihm das Leben schöner und inhaltsreicher werden läßt, ist das Frauenideal des deutschen Mannes von heute. Es ist eine Frau, die vor allem auch Mutter zu sein vermag."[50])

Im Grunde zählten ja auch die dreißiger Jahre immer noch zu jener Epoche, welche der Frau dem Drang nach dem Beruf die Tore geöffnet hatte. Je mehr Beruf aber, desto weniger Mutter, je verlokkender der blanke Taler auf der Hand und damit ein freies Leben, desto weniger die Bereitschaft Kinder zu gebären und sich mit ihnen auch noch herumzuplagen. Auch eine spätere Generation unter anderem Vorzeichen sollte damit noch konfrontiert werden. Deshalb jetzt der Ruf nach der Mutter, ja geradezu Berufung der Mutter.

Hatten sich zwei Menschen zur Ehe zusammengefunden, bot der Staat ein „Ehestandsdarlehen" zur Einrichtung einer Wohnung. Mit jedem Kind verringerte sich der Kredit, war das vierte Kind geboren, war die Schuld ganz getilgt. Die Kinder aber sollten nicht zu „Miniaturgelehrten" erzogen werden, wie Pädagoge Hans Schemm in einer Rede sagte. Das Menschliche sollte zählen für das künftige Leben. „. . . lieber zehn Pfund Wissen weniger und zehn Kalorien an Charakter mehr!" Reichsjugendführer Baldur von Schirach: „Jede im tieferen Sinne deutsche Erziehung muß eine musische Erziehung sein."

Kinderreichtum einerseits, lange genug ein Privileg der armen Familien, war dann andererseits wiederum zum Bumerang äußereren

Zeichens der Armut geworden. Mitleid allenfalls konnte die kinderreiche Mutter erheischen für ihr „Martyrium", die Achtung blieb ihr versagt. Witzblätter hatten sich über kinderreiche Mütter oft genug lustig gemacht. In kleinen ärmlichen Stuben, dürftig gekleidet und im Winter frierend war die staats- und volkserhaltende junge Zukunft emporgewachsen, nicht in großen Wohnungen, nicht in den Palästen. So war es wohl für die Mütter so etwas wie ein neuer Lebensfrühling, der über sie hereinbrach, als man jetzt begann, „das Hohe Lied der deutschen Mutter" anzustimmen. Anstatt Spott, Witz und mitleidigem Lächeln kam Achtung und Verehrung, aus dem leichten Anruch des Asozialen wurde der Stolz des Staates. Nicht mehr leiden sollte die Mutter leiblich und seelisch in der Gesellschaft, sondern ein Opfer bringen für den Fortbestand der großen Gemeinschaft; ein Opfer, das nicht genug gewürdigt werden konnte. Nicht darauf kam es an, daß die Frau sich ihrer Liebesfähigkeit bewußt war und mit dieser Gabe womöglich höhere Ansprüche an das Leben stellte. Entscheidend war, daß sie ihren Auftrag erkannte, als Boden des Volkes lebendige Frucht zu tragen, denn „Deutschland muß leben".

In der Stoa zu Delphi stand einst der Spruch: „Wir sind die Hüterinnen, wachen ist unser Auftrag, unser Amt ist der Friede. Die Tat ist des Mannes, doch wiegt sie gering vor dem großen Erbarmen." Das galt auch für die Frau und Mutter im Deutschland jener Tage.

Die ehelose Frau, die Frau ohne Kind zählte trotz dem „hohen Lied der Mutter" keineswegs zu einer unterprivilegierten weiblichen Schicht. Sie hatte ihren festen Platz in der Gesellschaft. Zu den Außenseiterinnen gehörten da schon eher die ledigen Mütter, für die das tägliche Zusammenleben nicht ohne Reibung abging. Wie ehedem wußte man ein Mädchen mit einem Kind nicht recht einzuordnen. Sollte man diesem Wesen verächtlich, naserümpfend oder mitleidig begegnen? An natürliche Fügung dachten da die verheirateten Frauen am wenigsten, die ihre Kinder im Schutz von Gesetz und Familie gebären und erziehen durften. Was blieb war Verlegenheit, was für das arme aber tapfere Geschöpf nichts besser machte. Das alles hatte freilich mit Nationalsozialismus wenig zu tun. Die Tradition war es, die überkommene falsche und heuchlerische Moral, die Frauen in diesem Stadium abqualifizierten. „Fehltritte" ohne Folgen lassen sich vor einer unzulänglichen Gesellschaft, und unzulänglich ist jede Gesellschaft, nun einmal besser ertragen als ein einziger

Fehltritt, dessen Folgen ein Leben lang präsent sind; das um so mehr, als unbemerkte Sünden keine Sünden sind. Hitler selbst fand große Achtung vor jungen ledigen Müttern, die ihr Kind allein großzogen. In der Heirat kurz vor der Geburt eines gemeinsamen Kindes sah er nichts Amoralisches. „Das Ziel wird und muß sein", sagte er im Oktober 1941 im Führerhauptquartier, „daß ein Mädel heiratet; aber bevor eines als alte Jungfer verkümmert, ist es besser, es hat ein Kind. Die Natur kümmert sich ja darum überhaupt nicht, ob zuvor in Gegenwart von Zeugen eine Erklärung abgegeben war! Die Natur will, daß die Frau ein Kind bekommt; manche Frauen werden krank, wenn sie keine Kinder kriegen. Wenn die Frau kein Kind hat, sagt alle Welt: so ein hysterisches Frauenzimmer! Ja: tausendmal besser, sie hat ein Kind und damit einen Lebensinhalt, als sie geht vergrämt von der Welt!" Mit den Worten Nietzsches: „Alles am Weibe ist ein Rätsel, alles am Weibe hat eine Lösung – sie heißt Schwangerschaft."

Die alleinstehende Frau aber sollte zur Mittlerin werden mit ihrer Reife, mit ihrem Selbstbewußtsein, mit Werten, die sie sich im Kampf um ihre Persönlichkeit geschaffen hat. Mit jenen Kräften, die eine Mutter ihrer Familie erhalten mußte, sollte die kinderlose Frau – wenngleich nicht immer bewußt – zur Stütze werden für die Willensschwache, die kleinmütige Verzagte, und die vom Leben Aufgeriebene sollte sie wieder aufrichten. Sie sollte ihre Pfunde dahin großzügig verteilen, woher sie sie erhalten hatte. Aber das war kein allgemein gültiges Rezept. Diese Rolle konnte angenommen werden oder auch nicht. Unterbleiben aber sollte fürderhin der Ruf: hie Mann, dort Weib. Die Geschlechter sollten verschmelzen zu einer Gemeinschaft, zur Volksgemeinschaft. Darauf vorbereitet wurde das junge weibliche Geschlecht im „Bund Deutscher Mädel". Entgegen mancherlei Vorstellungen von heute war das nicht der Klub der Unberührbaren. Da die Mädchen ursprünglich in braune Leinenkleider gesteckt waren, empfahl Hitler dem Reichsjugendführer Baldur von Schirach, sich ein Beispiel an den Uniformen ausländischer Jugendverbände zu nehmen: „In solchen Säcken werden die Mädchen von keinem Mann angeschaut. Der Bund Deutscher Mädel ist nicht dazu da, alte Jungfern zu erziehen!"

Eine Berliner Modekünstlerin entwarf im Auftrag eine neue Tracht in weiß und dunkelblau, die bei den Bürgern weit mehr Anklang fand. Mit achtzehn Lebensjahren aus diesem Bund entlassen, konnte die künftige Frau und Mutter Gebrauch machen von dem „BDM-Werk Glaube und Schönheit“. Der Glaube sollte der Heimat gelten, dem Vaterland, der Tradition in Völkstänzen und Gesang. Sportlich, gesund, naturverbunden und musisch gebildet sollte die junge Frau daraus hervorgehen. Sogar Reitstunden standen auf dem Programm. In der Gemeinschaft sollte sie zur Persönlichkeit werden. Schönheit hatte nichts zu tun mit Make-up-Katalogen, nichts mit Anleitungen für Tages- und Nachtcrèmes und auch nicht fürs Haarefärben. Frohsinn, Gymnastik und Hygiene waren es, die Frauen schön machen und erhalten sollten. Von Hungerkuren zugunsten der Figur nicht zu reden. Daß die „Deutsche Arbeitsfront“ Kosmetikkurse einrichtete, störte dabei niemanden. Und 1939 sollte nicht blond, sondern „goldbraun“ die große Mode werden.

Das Rauchen in der Öffentlichkeit überließen die Frauen jener Tage den Dirnen vor ihren Häusern. Hier war freilich immer noch Knigge Lehrmeister gewesen, der Verkünder von Anstand und Sitte.

Ab 1937 konnte eine Frau auch Flugkapitän werden, und es war der „Männerstaat“ Deutschland, der mit Hanna Reitsch den ersten weiblichen Flugkapitän der Welt hervorbrachte.

Das Bild der deutschen Frau jener Jahre war nicht das, was nach der „Stunde Null“ zynisch und abschätzig von hämischen Nachkriegspropagandisten und deren unwissenden Nachplappern gezeichnet wurde. Die „ideale Frau“ jener Zeit war nicht mehr als ein Leitbild, an dem sich das schöne Geschlecht ausrichten konnte, aber weit davon entfernt war, es sklavisch nachzuahmen.[51]) Am allerwenigsten tat das die Gefährtin des Führers. Sie kümmerte sich wenig um die Wünsche ihres Gebieters. Lange verzichtete sie nicht auf die Zigarette, die er verabscheute und mit missionarischem Eifer versuchte, die Raucher männlichen und weiblichen Geschlechts in seiner Umgebung von ihrer Untugend abzubringen. Lippenstift und „Kriegsbemalung“ sah er zweifellos nur dann ganz gern, wenn sie gekonnt angewendet wurden. Bei Gerda Daranowski, seit 1937 neben Johanna Wolf und Christa Schroeder eine weitere Sekretärin, war er ob ihres Make-ups mit Komplimenten niemals sparsam. War es Eva auch niemals schwergefallen zwischen „Kriegsbemalung“ und dezenter Gesichtspflege zu unterscheiden, hatte ihr der Verzicht auf die Zigarette weit mehr Kummer bereitet. Nachdem sie dann selbst nach strengem Zureden wenigstens am Rauch von Freundin Hertas

Zigarette teilhaben wollte – auch das ließ Geruchspuren zurück – stellte der Führer eines Tages Eva vor die Wahl, entweder ihn aufzugeben oder das Rauchen.

Eva war nicht Gretchentyp und nicht Mauerblümchen, nicht Standardmädchen und nicht blasses Tugendweibchen am Herd. Sie liebte Gott und die Welt, sie tanzte leidenschaftlich gern jene Tänze, die ihr respektabler Partner „Negergehopse" nannte. Hin und wieder rauchte sie weiterhin heimlich und gurgelte sich danach den Nikotingeruch weg, sie mixte sich köstliche alkoholische Getränke. Warum auch sollte sie sich dem „Negergehopse" gänzlich verschließen? Auf dem Presseball 1937 in der Berliner „Skala" tanzten Goebbels und auch Göring zu den Rhythmen der englischen Swing-Kapelle eines Jack Hylton. Goebbels selbst hatte die 52 Mann starke Kapelle für diesen Ball verpflichtet. Eva kannte die Schlagerstars jener Jahre und nicht nur die deutschen. Einen ihrer Lieblingsschlager, „Tea for Two", sang sie gelegentlich im Originaltext.

> Picture you, upon my knee
> Just tea for two, and two for tea . . .
> Nobody near us.
> To see us or hear us.
> No friends or relations
> On weekend vacations
> We won't have it known
> Dear, that we own
> A telephone, dear . . .

Ihr Englisch, so wird bestätigt, war gut. Als Münchener Kindl von graziler Ausgabe ging sie stets – mit einem verstohlenen Blick auf die Idole der Leinwand, die es damals noch gab – modisch und schick gekleidet.

Niemals dachte Eva daran, das Buch eines Schriftstellers wegzulegen, weil es auf dem nationalsozialistischen Index stand. Das alles konnte dem Führer und Reichskanzler, dem ersten Nationalsozialisten des Reiches, nicht entgangen sein. Aber auch er konnte dem Verstand nur schwer erklären, was seinem Herzen am nächsten war. Daß er – hoch intelligent und in großen Zusammenhängen denkend – in solchen Dingen weit großzügiger war als Goebbels, wird heute gern verschwiegen.

Eine selbstbewußte junge Frau war Eva trotz allen Versteckspielens, trotz aller Heimlichkeiten, ja vielleicht manchmal gerade deswegen. Selbstbewußt heraus aus dem steten Erleben eines Geheimnisses. Sie selbst war dieses Geheimnis. Das konnte freilich nicht darüber hinwegtäuschen, daß es Stunden, Tage und Wochen gab, da ihr dieses Geheimnis unerträglich war. Kanzler-Fahrer Kempka hielt sie für die einsamste Frau Deutschlands; was sie sicherlich nicht war. Nichts indessen kann schlimm genug sein, daß es nicht zugleich auch einen Vorteil birgt. Entgegen den Damen der anderen politischen Prominenz konnte sich die Gefährtin des Führers und Reichskanzlers frei und unbehelligt bewegen, konnte gehen, wohin sie wollte, ohne Aufsehen zu erregen oder angestarrt zu werden. Kurz, sie konnte sich im Alltag geben wie ein Mensch und dabei Mensch bleiben. Verglichen gar mit jenen Frauen, die in Hitlers Diensten standen – die Kriegslage mit den strengen Sicherheitsvorkehrungen verschlimmerte die Situation erheblich – kam die Gefährtin des Führers gut weg. „Aber wir sind ja dauernd von der Welt abgeschlossen", klagte Sekretärin Christa Schroeder am 30. August 1941 aus dem Führerhauptquartier „Wolfsschanze" in einem Brief an ihre Freundin, „wo wir auch sind: in Berlin, auf dem Berg oder unterwegs auf Reisen, immer ist es derselbe abgegrenzte Kreis, immer derselbe Rundlauf innerhalb eines Zaunes. Und darin liegt die große Gefahr, menschenscheu zu werden und den Kontakt mit dem wirklichen Leben zu verlieren, und . . . ein mächtiger Zwiespalt: man sehnt sich heraus und wenn man draußen ist, weiß man nichts mehr mit sich anzufangen, weil man so ganz und gar auf dieses eingesperrte Leben festgelegt und weil keine Möglichkeit zu einem Leben außerhalb dieses Kreises gegeben ist. Dabei wird der Kreis um den Chef nur durch das gemeinsame Erleben zusammengehalten, aber wehe wenn er nicht mehr da ist . . . und schlimm ist es dann für denjenigen, der den Kontakt zu der übrigen Welt verlor."

Das Selbstbewußtsein der Frau in Deutschland allgemein war gewachsen, daran gab es keinen Zweifel. Die Unkenrufe aus dem gegnerischen Lager verstummten nicht. Sie hielten den Nationalsozialismus schlichtweg für einen „Männerbund" und konnten nicht begreifen, daß die deutschen Frauen nicht mehr forderten, hatten sie doch im „Deutschen Frauenorden" in der Kampfzeit große Opfer gebracht. Ohne die Millionen Frauenstimmen wäre der Aufstieg der

Bewegung nicht möglich gewesen. In der NS-Frauenschaft bauten sie weiter fleißig mit an diesem Staat, der doch, so argumentierten Ausland und Gegnerschaft, von Männern beherrscht werde, die nichts weiter wollten als „das süße Mädel, die deutsche Mutter, die hohe Frau".

Da gab es aber noch eine andere Kategorie von Gegnern im Land, Männer, die sich zu den Regimegegnern zählten, in Wahrheit von den potentiellen politischen Gegnern weit abstanden. Es war jene „Herrenklasse", welche in der Entwicklung der letzten fünfzig Jahre ein Schreckgespenst, eine dämonische Seuche sahen; die nicht wahrhaben wollten, daß ihnen auf Ämtern und Büros junge Frauen zufrieden und selbstsicher gegenübertraten, daß Mädchen von „niederem" und „niedrigstem" Stand Gymnasien besuchen konnten. Sie wollten nicht begreifen, daß das Junkertum nicht mehr das Sagen hatte, daß diese neue Zeit sozialrevolutionär war und bereits in der Wilhelminischen Ära mit den Gründerjahren ihren Anfang genommen hatte. Es waren Herren, die in München ein Pferd ritten und eines in Berlin, die niemals aßen oder speisten, sondern stets „soupierten" und sich um weit mehr als nur das tägliche „Soupé" keinen Kummer machen brauchten. Es war ihnen, den Erzkonservativen, zuwider, daß jetzt auch die „kichernden, favorisierten Tippmädchen" ihr Auskommen hatten, die jungen Frauen dieser Klasse, die „das Publikum tyrannisierten", nun nicht mehr in ihren Kreisen für ein Trinkgeld oder fadenscheinigen Versprechungen von Hand zu Hand gereicht werden konnten. Mit der Industrialisierung im Grunde geistig nicht fertig geworden, verdammten diese verträumten Agrarier die Welt und das gegenwärtige Deutschland, da nicht mehr Adel, Landherren und Gutsbesitzer, sondern die Schlotbarone am Hebel saßen. Ihre Welt war für sie untergegangen, da der arme Tagelöhner nicht mehr bettelnd an die Tür klopfen mußte, nicht nach Willkür für einen Hungerlohn zur Arbeit erpreßt werden konnte und das Verhältnis Herr und Diener nicht mehr allein vom Herrn abhing. Eine Welt, abgelöst von einer Schicht, in der die Kaste von gestern nichts anderes sah als eine „kleine dreckige Bourgeoisie, die die Erinnerung an das gestern noch getragene Hundehalsband nicht loswerden kann . . ."[52])

Das war die Kehrseite der Medaille, war das Gedankengut jener, die Leben, Geist und Kultur in Deuschland für sich allein bean-

spruchten, aber „üble Leute“ am liebsten immer noch mit der Flinte vom Besitz gejagt hätten. Es gab Berichte, wie den vom 21.11.1934 in der „Weser-Zeitung“: Ein Gutsinspektor in Mecklenburg stand vor Gericht, weil er einen taubstummen Arbeiter mit der Reitpeitsche, die er ständig bei sich trug, geschlagen hatte.
Aber die, die ein Pferd in München ritten und eins in Berlin, sie sahen sich selbst gern unsicher auf dem Asphalt, stark dagegen in Fels und Schnee; doch brachten sie es nicht fertig, das Pflaster und die schmutzige Stadtluft zu meiden, obwohl sie außer die I.G.-Farben auch den Kurfürstendamm haßten, da in beiden der Glanz des Großbauerntums untergegangen war.
Gewiß, die Industrialisierung hatte Traditionen zerstört. Auf dem Trümmerfeld der Traditionen waren Gefühlsströmungen emporgewachsen, deren Früchte wiederum im Sinne der Tradition weder gut noch schlecht waren. Die Veredler aber waren vielfältig aufgetreten, und jeder hielt seine Sorte für die beste. Karl Marx hatte die Zerstörung der Tradition nicht genügt, er wollte auf internationaler Ebene einen neuen Menschen schaffen, was Verwirrung stiften mußte. Der „Kapital“-Theoretiker hatte die menschliche Seele vergessen, obwohl es doch gerade bei ihm selber sehr menschelte. Er hatte vergessen, an sich selber Maß zu nehmen, gehörte er doch zu jenen Propheten, die Wasser predigten und selber Wein tranken. 1841 hatte er den „Dr.phil.“ erhalten ohne Examen, nur durch Vorlage einiger Arbeiten. Im letzten Jahrhundert ein wenig bekanntes aber legales Verfahren. Ein Prophet mit einer „durch und durch zerfressenen Seele“, für den die Arbeiter nichts anderes waren als „Lumpenproletariat“ oder „unbelehrbare Tiere“. Er hatte keinen Kontakt zu ihnen, sah niemals eine Fabrik von innen. Er, der seinen Jüngern lehrte, was mit dem Kapital zu tun sei, konnte selbst nicht genug davon kriegen, und wenn er sich auch nur seine Tochter vom Vater des Bräutigams für 100 000 Francs abkaufen ließ. Mit seinem Dienstmädchen Helene Demuth, das die Brautmutter als „Geschenk“ mit in die Ehe gegeben hatte, zeugte er ein Kind, dessen Vaterschaft er ein Leben lang nicht anerkannte. Um seine Ehre und die Ehe zu retten, gab sich Engels, seinem Freund zuliebe, als Vater aus. Der wahre Vater aber, der gegen Unterdrückung und Ausbeutung polemisierte, war persönlich ein großer Unterdrücker, ein großer Ausbeuter. Als er Lenchen Demuth wegen Geldersparnis entlassen wollte, erfuhr er,

daß sie ohne Entlohnung arbeitete und behielt sie. Der jüngsten Tochter verbot er die Heirat, da er sie als zweite Schreibkraft brauchte neben seiner Frau Jenny, die sich oft wünschte, mit ihren Kindern unter der Erde zu liegen. Als wahre Menschennatur predigte er Vernunft, Güte und Künstlertum. Dank seiner „Vernunft und Güte" aber blieb ihm am Ende nur ein einziger Freund, der feudal lebende Sozialisten-Schwärmer Engels, der mit dem Kapital unterdrückter und ausgebeuteter Arbeiter einem Wirrkopf ein bequemes Leben sicherte.

Als vierundzwanzigjähriger Redakteur hatte Marx die kommunistische Idee als „die eigentliche Gefahr" gesehen, die er seinen Lesern „in ihrer ganzen ungewaschenen Nacktheit" vorstellen wollte. Als Herausgeber der „Neuen Rheinischen Zeitung" in Köln plädierte er für einen Krieg der deutschen Demokraten gegen das reaktionäre Rußland. Selber semitischer Herkunft, hinderte ihn nichts daran, hinter jedem Tyrannen einen Juden zu finden; und schon in jenen Jahren sah er visionär aufsteigen, was man später seine Lehre nennen sollte:

> „Einen Thron will ich mir auferbauen,
> kalt und riesig soll sein Gipfel sein,
> Bollwerk sei ihm übermenschlich Grauen,
> und sein Marschall sei die düstre Pein!"

Das Programm zu dem „übermenschlichen Grauen", zur „düstren Pein", hinterließ er – außer dem ersten Band – in einem Haufen nahezu unlesbarer Papierfetzen. Seinen ersten Band mußte er selbst finanzieren. „Diese Woche wird also die Scheiße fertig",[53]) schrieb er am 14. August 1867 an Friedrich Engels und meinte damit das „Kapital". „Es ist möglich, daß ich mich blamiere. Indess ist dann immer mit einiger Dialektik wieder zu helfen. Ich habe natürlich meine Aufstellungen so gehalten, daß ich im umgekehrten Fall auch Recht habe." Und das, was er ausgebrütet hatte, war schließlich nichts anderes als eine „Mischung aus den Werken vieler Denker; deutscher Philosophen, französischer Sozialisten, englischer Volkswirtschaftler".[54])

Ausgerechnet ein slawisches Volk erhob zuerst seine Lehre zum Lebensprogramm. Denn die slawischen Völker waren für ihn nur „Lumpengesindel" gewesen. Alle seine Mischideen sind inzwischen widerlegt bis auf eine: Er erkannte im Expansionsdrang Rußlands eine Gefahr für den Westen und scheute sich nicht, davor zu warnen. Hatten auch vor ihm schon andere Männer das künftige Europa vor dem russischen Bären gewarnt – unter ihnen Friedrich der Große – mußte doch Jahrzehnte später diese prophetische Erkenntnis als ein Überbleibsel von Wert anerkannt werden. Als Korrespondent der „New York Daily Tribune“ schrieb er zu Zeiten des Krimkrieges zwischen 1853 und 1856: „Es gibt nur einen Weg, um mit einer Macht wie Rußland umzugehen, und das ist der Weg der Furchtlosigkeit.“ „Das System der Einschüchterung ist viel weniger kostspielig als tatsächliche Kriegführung.“ „Rußland überreicht nur deshalb den westlichen Diplomaten so viele Noten, wie man Hunden Knochen hinwirft, um ihnen ein harmloses Vergnügen zu bereiten, während es selber die Gelegenheit nützt, weiterhin Zeit zu gewinnen.“ „Auf die Feigheit und Furcht der Westmächte zählend, schüchtert er (der Russe) Europa ein und treibt seine Forderungen so weit wie möglich, um später großmütig zu erscheinen, wenn er sich dann mit dem zufrieden gibt, was er unbedingt will.“ In der „Neuen Oder-Zeitung“ hatte er 1855 geschrieben: „Panslawismus ist eine Bewegung, die ungeschehen zu machen strebt, was eine Geschichte von tausend Jahren geschaffen hat, die sich nicht verwirklichen kann, ohne die Türkei, Ungarn und die Hälfte Deutschlands von der Karte Europas wegzukriegen, die, sollte sie diese Resultate erreichen, ihre Dauer nicht sichern kann, außer durch die Unterjochung Europas.“[55])

Schließlich aber war es Rußland, das sich – Ironie des Schicksals – der Lehre Marxens bemächtigte und den Kommunismus als „Sozialismus“ östlicher Prägung gewaltsam mit dem Gewehr zum Durchbruch verhalf. Und in diesem Sozialismus – in Wahrheit Staatskapitalismus – das war sicher, gab es von Anfang an keinen Unterschied zwischen den Geschlechtern. Bebel hatte die „Sozialisierung der Familie“ gefordert; befreit von den Familienpflichten, sollte die Frau ungehemmt aufgehen in der Maschinenwelt der Fabriken oder auf den Baugerüsten stehen, in tief verschneiten Wäldern Holz schlagen und in primitiven Gruben Kohle brechen, wie es heute in der UDSSR geschieht.

Anfang der achtziger Jahre unseres Jahrhunderts machte ein weibliches Wesen mit einigen Anhängerinnen in Moskau von sich reden.

In Wort und Schrift beklagte sie sich über die „Diskriminierung der Frau". Man schenkte ihr rege Aufmerksamkeit – und sperrte sie ein. „Hauptsache, die Frau hat ein Gewehr in der Hand – zuerst die Revolution, dann die Frauen-Emanzipation".[56]) Auch das ist eine Losung der achtziger Jahre.

Jene jungen deutschen Frauen aber in den dreißiger Jahren, die auf den Ämtern „das Publikum tyrannisierten", gelegentlich auch von den Regime-Gegnern „widerliche Typsen" genannt, deren „Merkmale die auf die Schultern fallenden dauergewellten Haare" waren, konnten getrost und mit Anstand glaubhaft und selbstsicher auftreten. Sie hatten das soziale „Pflichtjahr" hinter sich gebracht, in einem großen Geschäftshaushalt, in einer kinderreichen Familie oder irgendwo draußen auf dem Land. Sie hatten nach Berufsausbildung oder Abitur, unbesehen ihrer Herkunft, ein Jahr „Arbeitsdienst" absolviert als Magd im Stall bei den Kühen oder auf dem Erntefeld bei sengender Hitze Garben gebunden.

Was nach dem Krieg seinen Anfang genommen und in den dreißiger Jahren gefestigt, war bereits selbstverständlich geworden: Das weibliche Geschlecht war ein Teil dieses Staates, hatte einen festen, unentbehrlichen Platz in der Gesellschaft.

Kritische Geister hat es gegeben beim Drang des menschlichen Lebens nach Wandel, hat es gegeben durch Jahrhunderte und Jahrtausende, beim Wandel vom Matriarchat zum Patriarchat und wieder zurück.

Noch heute kämpfen Frauen irgendwo um irgendwelche Rechte; auch im deutschen Nachkriegsstaat Bundesrepublik Deutschland. Es blieb den unzufriedenen, kritisierenden Frauen in den Jahren des Dritten Reiches, in ihrem ehrgeizigen Drang nach oben immer wieder auf die weibliche Generation des letzten Krieges 1914–1918 hinzuweisen, die in der Friedens- sowie Kriegswirtschaft ausnahmslos die Männer ersetzt hatte. Es war aber wohl auch ein gut Teil persönlicher Rechtfertigung dabei, wenn eine Frau Professor Dr. Ruth Beutler am 1. Januar 1939 dazu schrieb: „Man sollte meinen, diese Haltung müßte Verständnis gefunden haben, aber bei vielen ist das noch heute nicht der Fall. Daß die Lehrerin, die Kindergärtnerin, die Hausgehilfin, die Krankenschwester arbeiten, bezweifelt niemand. Daß Künstlerinnen Hochwertiges leisten, erkennt man seit jeher an. Aber die Akademikerinnen, die ‚studierten Frauen', werden noch immer von weiten Kreisen der Bevölkerung mißverstanden, weil niemand weiß, was sie in Wirklichkeit tun und was sie für die Gesamtheit leisten."

Die Frau in der Wissenschaft ist noch heute in der Minderheit, sie war es auch in jenen Jahren. Für sie galt wohl das, was eine unparteiische, über allen Verdacht erhabene Ausländerin auf einen einfachen Nenner brachte: „Mir scheint, daß ein gut Teil der Zufriedenheit der deutschen Frau darin liegt, daß sie ein ausgefülltes, nützliches Leben führt und den Wert der Ausspannung kennt."[57])

Ohne „Paradefrauen" freilich kam auch die damalige Zeit nicht aus. Die Architektin Frau Professor Troost in München, Winifred Wagner in Bayreuth, die Frauenschaftsführerin Gertrud Scholtz-Klink, die Filmemacherin Leni Riefenstahl[58]) und die Fliegerin Hanna Reitsch waren wohl die populärsten unter ihnen. Sie nahmen ihre Plätze so selbstverständlich ein, sie waren aus dem Bild der Öffentlichkeit nicht wegzudenken. Aber sie standen nicht als Exoten auf Männerplätzen zur Parade; ihr Ruhm war allein begründet von ihren außergewöhnlichen Leistungen.

ANDERE FRAUEN

Am 10. April 1935 fand eine Romanze in Berlin ihr glückliches Ende, die seit Jahren von der deutschen Presse dem Volk lebendig erhalten worden war. Hermann Göring und die Schauspielerin Emmy Sonnemann knieten im Dom vor dem Traualtar, wo sie Bischof Müller zu einem Paar verband: „Sei getreu bis in den Tod, so will ich dir die Krone des Lebens geben."

Diesen Spruch, so hatten sie überraschend entdeckt, hatten sie sich beide zu ihrer Konfirmation ausgesucht, und so sprach ihn jetzt der Bischof zu ihrem Lebensbund. Nur selten halten Sprüche, was sie versprechen, und die besten am wenigsten. Mit diesem Paar aber und seinem Spruch sollte es seine Bewandtnis haben, wie es sich erst im Elend zeigte. Später, als Göring dem Strick der Sieger mit einer Giftkapsel zuvorgekommen war, gab Frau Göring zu verstehen, daß die vierzehn Jahre an der Seite dieses Mannes ihr ganzes Leben aufwiege.

Göring, mit dem „Pour le mérite" ausgezeichnet, war als Fliegerhauptmann der letzte Kommodore des Jagdgeschwaders Richthofen im Weltkrieg gewesen und 1922 zur NSDAP gestoßen. Beim Marsch zur Feldherrnhalle am 9. November 1923 in München war er am rechten Oberschenkel schwer verwundet und beim Fluchtversuch verhaftet worden. Aus einem Krankenhaus in Garmisch, wohin man ihn unter strenger Bewachung gebracht hatte, war es ihm möglich, im November 1923, obwohl selbst zu keinem Schritt fähig, zu fliehen. Auf einer Bahre, nur mit dem Nachthemd bekleidet und in Decken gewickelt, kam er mit Hilfe etlicher Anhänger und falschem Paß über die österreichische Grenze. Auch in Österreich gab es viele Helfer. Nur „wie durch ein Wunderwerk" konnte das alles geschehen, schrieb Görings erste Frau und große Liebe Carin, eine Schwedin, geborene Baronin von Fock, am 13. November 1923 an ihre Mutter. Carin war stets an Görings Seite geblieben und hatte all die Abenteuer unter Aufopferungen miterlebt. Und am 2. Januar 1924 an ihre Schwester Lily: „. . . Eine Bewegung, die solche Naturen schafft, solche Helden, kann niemals sterben. – Das ist meine feste Überzeugung – selbst gingen Hermann und ich gern in den Tod dafür."

Carin Göring erlag einem Herzleiden, dem die Turbulenzen der zwanziger Jahre nicht gerade Medizin gewesen war. Aber sie durfte noch erleben, daß ihr Mann 1928 in den Reichstag gewählt wurde. Sie starb am 17. Oktober 1931 mit dreiundvierzig Jahren.

Emmy Sonnemann hatte Göring vor der Machtübernahme in Weimar kennengelernt, wo sie am Nationaltheater verpflichtet war. Eine üppige Blondine, so alt wie Göring, von der man sagte, daß sie das alles halte, was man sich von Blondinen sonst nur verspreche: lebenslustig, kontaktfreudig, fröhlich, klug, warmherzig und attraktiv. 1932 Reichstagspräsident, 1933 preußischer Ministerpräsident und Innenminister, dann Leiter des Reichsluftfahrtministeriums, dazu 1934 Reichsforstminister und schließlich, mit der Wiederaufrüstung, ab März 1935 Oberbefehlshaber der Luftwaffe. Das alles hatte den gebürtigen Rosenheimer, jovial und volksnah, in seiner körperlichen Fülle beliebt und populär gemacht, dazu, wie schon erwähnt, die langjährige Romanze. Es war deshalb diese Hochzeit Göring-Sonnemann – die Staatsschauspielerin stand seit geraumer Zeit am Berliner Theater unter Vertrag – für die Reichshauptstadt und Deutschland eine Attraktion. Die Kirche war ein Blumenmeer, Frau Ursuleak und Heinrich Schlusnus von der Staatsoper sangen. Draußen standen Spaliere der Fliegersoldaten und hoch in der Luft flogen die Kameraden die Ehrenrunden. Um den Kirchturm zogen zwei Störche ihre Bahn. Ein Fliegerkamerad Görings hatte sie mit in die Höhe genommen und über der Kirche frei gelassen. Die Hochzeitstafel im Kaiserhof mit 314 Gästen aus allen Schichten der Gesellschaft, einschließlich des Komödiantentums.

Als unpolitischer Mensch mußte sich die neu angetraute Frau Göring gestehen, daß die kurze Ansprache des Trauzeugen Hitler, der betonte, daß er ein schlechter Tischredner sei, ihr mehr gab als seine politischen Reden. „Ich hatte noch nie so viele liebe und warmherzige Worte von ihm gehört", erinnerte sie sich später.

Der Führer und Reichskanzler, der an der Festtafel zur rechten Seite der Braut saß, fragte sie gegen Ende des Festes: „Wenn Sie jetzt noch einen Wunsch hätten, gnädige Frau, was würden Sie sich wünschen?" Emmy Göring antwortete ohne Bedenken: „Daß mein Mann Schauspieler wäre." „Um Gottes Willen, warum denn das?" fragte Hitler. „Dann wären wir nicht nur privat, sondern auch im Beruf zusammen. Wir könnten miteinander arbeiten und auf der Bühne stehen und wären immer beieinander. Es gehört schon viel Liebe dazu, einen prominenten Mann des Staates zu heiraten; denn wir werden nicht viel voneinander haben." „Merkwürdig", meinte Hitler darauf, „ich habe mir gedacht, daß gerade die große Stellung eines Mannes einer Frau unendlich wichtig sein könnte. – Hier liegt übrigens der Grund, daß ich nicht geheiratet habe und nicht heiraten werde: ich wüßte nie, ob mich eine Frau aus übergroßer Liebe nähme oder meiner Stellung wegen." Wie er so etwas denken könne, entgegnete sie dem Führer, wenn eine Frau ihn heirate, müsse die Liebe schon unendlich sein, allein schon all der Pflichten wegen, die auf diese Frau zukämen. „Da belehrte er mich mit einem sehr ernsten Gesichtsausdruck dahin, daß i c h jetzt die erste Frau des Deutschen Reiches sei. – Fassungslos sah ich ihn an. – Ich hatte darüber noch nie ernstlich nachgedacht. Erst in dieser Stunde ist es mir ganz klar geworden."

Ob es Eva Braun schon mit diesem Berliner Ereignis klar geworden war, daß die Schauspielerin Sonnemann nun die erste weibliche Rolle des Reiches übernommen hatte, ist nicht ersichtlich. Sicherlich gab es irgendwann einmal ein Ereignis, das ihr diese Tatsache krass vor Augen führte, wie sie ja immer wieder schon bei kleineren Anlässen von neuem feststellen mußte, wie rollenlos sie an der Seite dieses Mannes ihr Leben nach außen hin fristete. Ihrerseits fassungslos zu werden, gab ihre Liebe ihr keinen Grund. Zu den 314 Gästen an der Hochzeitstafel der Görings hatte sie nicht gezählt. Wußte Hitler – seiner Rederei zu folgern – immer noch nicht, ob und weshalb ihn seine Eva liebte? Gewiß, da hat es Frauen großer Männer gegeben. Sie sind mit den Männern, die manche von ihnen gleich reihenweise konsumierte, mit in die Geschichte eingegangen. Was aber ist von der einzelnen mehr geblieben als die Gewißheit, daß sie die Lebenskameradin – oft nur eine Zeitlang – eines „großen" Mannes war. Hätte sich dieser oder jener große Geist nicht um sie gekümmert, wüßte niemand von ihnen. Cosima Wagner fand es seltsam, „daß Frauen, welche von großen Männern geliebt worden sind, nicht empfinden, daß sie alles durch diese Menschen und durch diese Liebe sind, und sich einbilden, daß sie noch außerdem etwas durch sich sind."[59])

Tatsächlich: Was wäre eine Frau von Stein ohne Goethe, eine Alma Mahler-Werfel ohne Mahler oder Werfel; was eine Wally Simpson ohne den Herzog von Windsor! Die große Seele solch einer Frau entpuppte sich manchmal auch als großes Herz, in dem viele Männer Platz fanden, wenn sie nur ihrem Ehrgeiz entsprachen und angesehen waren. In dem Licht des Wohlwollens und des Ruhmes sonnten auch sie sich, fanden darin ihre Befriedigung und nannten es Glück. Mag Hitler zugestanden werden, daß er auch daran dachte. Und wenn die Frauen um ihn herum seine Gefährtin weniger günstig beurteilten, so war das nur allzu verständlich. Es war die Eifersucht und der Neid auf das junge, hübsche, einfach und unkompliziert wirkende Mädchen, das für ihn da sein durfte. Der umschwärmte geniale Führer, der erste Mann des Deutschen Reiches hatte sie erwählt. Sie, die sich für weit interessanter hielten, hatten dagegen nur bei Männern der abgestuften nachfolgenden Ränge ihr Glück suchen dürfen; bei Männern, die sich wie in jedem anderen Regierungssystem um Kompetenzen stritten, sich gegenseitig den Rang abliefen, um im Kurs zu bleiben. Aber das war schließlich weit mehr, weil sich dieses Mädchen nicht einmal mit dem Führer sehen lassen durfte. Dagegen sie selbst an der Seite eines Partei-Großen, in der Sonne des Volksjubels und der Popularität! Das war es doch schließlich, was zählte. Was dagegen war das arme Hascherl Eva Braun in ihrem Schattendasein? Vom eisernen Willen dieser Frau, von aufopfernder Liebe, von der großen Seele, die ihrer Offenbarung noch harrte, wußten sie nichts. Es gab sogar Ehefrauen von führenden Männern des Reiches, die diese Eigenschaften nicht kannten. Die Karriere des Mannes – Partei hin, Deutschland her – ein repräsentatives Haus und ein hochkarätiger Schmuck war ihnen alles. Das Vaterland war nur Kulisse als Ausgleich dafür, daß manche von ihnen die Höhenflüge ihrer Gatten nicht mitmachen wollten oder auch nicht konnten. Was unterschied diese Damenprominenz von Eva Braun? War es die Herkunft? Wo rangierte vergleichsweise in der Gesellschaft ein Photograph und wo ein beamteter Gewerbelehrer? War es die Bildung? Manche von der Prominenz hatte weniger. Kam noch hinzu, was der weise Lichtenberg[60]) einmal schrieb und für ewig gültig bleibt: „Ein Mädchen, das sich ihrem Freund nach Leib und Seele entdeckt, entdeckt die Heimlichkeiten des ganzen weiblichen Geschlechts: ein jedes Mädchen ist die Verwalterin der weiblichen Mysterien. Es gibt Stellen, wo Bauernmädchen aussehen wie Königinnen; das gilt von Leib und Seele."

Eva wäre keine Frau gewesen, wenn nicht auch sie vor hochkarätigem Schmuck schwach geworden wäre. Ihre Stellung aber an seiner Seite mußte den Kanzler längst überzeugt haben, daß sie ihm nicht Liebe vorspiegelte, um seine Popularität mit ihm zu teilen. Aus Liebe zu ihm ertrug sie alle Demütigungen. In Wahrheit galten für ihn stets seine alten Grundsätze: Nicht binden, um frei und ohne Rücksicht auf eine Familie seiner Arbeit und seinen Ideen nachgehen zu können – die katholische Kirche fordert aus gleichen Gründen das Zölibat; sich als einsamer Mann dem Volk, besonders den Frauen präsentieren und deren Gunst sicher sein. Mag dieses Verhalten gelegentlich auch als „Mummenschanz" gelten, Hitler wußte genau, was er tat. Ein unbeweibter Führer war „nur" für das Volk da. Er kannte die Mentalität eines Volkes, und er kannte das Individuum Frau. Ihn, den frauenlosen, den einsamen Führer, konnte jede Frau für sich in Anspruch nehmen. Eine stilisierte Rolle, von der er wußte, daß sie beim Volk ankam. Kam noch dazu, daß für ihn seine Gefährtin zu jung und zu unerfahren war, um „Erste Dame" zu sein. Stets aber betonte er zugleich, daß sie die einzige Frau in seinem Leben sei, die er nach seinem Rücktritt heiraten würde.

Emmy Göring indessen spielte ihre Rolle brillant und souverän, obwohl auch sie eine Konkurrenz hatte: Für Magda Goebbels, die Frau des Propagandaministers, schwärmten nicht wenige Frauen und Männer in deutschen Gauen. Und sie wußte, was sie an der Seite ihres Mannes schuldig war. Als vor der Hochzeit mit Goebbels ihre Mutter daran erinnert hatte, welch glänzende Position sie aufgebe – der Unterhalt des geschiedenen Gatten war beachtlich – und welch unsicherer Zukunft sie dagegen entgegengehe, da hatte Tochter Magda geantwortet: „Ich bin davon überzeugt, daß es jetzt für Deutschland nur noch zwei Möglichkeiten der politischen Entwicklung gibt. Entweder verschlingt uns der Kommunismus oder wir werden Nationalsozialisten. Sollte die rote Fahne über Berlin wehen, so gibt es sowieso keinen Kapitalismus mehr, und damit entfällt auch meine Rente . . . Sollte aber Hitlers Bewegung zur Macht gelangen, dann bin ich die erste Frau Deutschlands."

Aber auch diese intelligente, kluge und charmante Frau – als geschiedene Quandt hatte sie bereits vor Goebbels bessere Tage gesehen – konnte ihr Empfinden Eva gegenüber nicht verhehlen. „Frau Goebbels", schrieb Eva in einem Brief, „hat mir durch ihre Sekretärin für die Blumen danken lassen, ich finde das nicht sehr höflich von ihr." Diese Zeilen bergen den Beweis für die bescheidene Zurückhaltung Eva Brauns.

Eifersüchteleien waren hier nicht ausgeschlossen, mehr von Magda Goebbels kommend als von Eva. Denn die Frau des Propagandaministers, „eine mittelgroße, gutproportionierte Erscheinung, blond, helle, blaue, strahlende Augen, gepflegte Hände, gut, aber nicht übertrieben angezogen, in ihren Bewegungen ruhig, bestimmt, selbstbewußt, in ihrem Lächeln gewinnend . . . bezaubernd“,[61]) bewunderte und verehrte den Führer. Auch Hitler konnte sich stets für sie erwärmen und war ernstlich besorgt, als die Ehe mit Goebbels zu zerbrechen drohte. Dem Ehepaar Goebbels, das sich scheiden lassen wollte, gab er ein Jahr Bedenkzeit. „Wer Geschichte macht“, sagte Hitler seinem Minister, „hat keinen Anspruch auf Privatleben“ und nahm ihm das Versprechen ab, Lida Baarova, die tschechische Filmschauspielerin, ein Jahr lang nicht zu sehen. Diese zweiundzwanzigjährige Schönheit war der Anlaß allen Eheübels bei den Goebbels gewesen. Der junge Filmstar kehrte schließlich in seine Heimat zurück, nachdem die Rollen in Babelsberg ausgeblieben waren. Und nach besagtem Jahr Bedenkzeit befahl der Führer seinem Minister die Versöhnung. Die Romanze im Unglück, die mittlerweile mit Karl Hanke, dem Sekretär von Goebbels entstanden war – sie hatten mit Scheidung gerechnet und sich die Ehe versprochen –, ging unter den Tränen Magdas entzwei. Goebbels nahm es in all den Jahren mit der ehelichen Treue nicht so genau und machte zur Demütigung seiner Frau keinen Hehl daraus. Hanke führte diese heikle Angelegenheit nach oben: Er kam als Gauleiter nach Breslau.

Eva hatte in diesem Zwist bei Hitler zu keiner Seite dafür oder dagegen Stellung bezogen, obwohl sie sich doch sagen mußte, daß sie von Magda Goebbels nicht gerade geschätzt wurde. Aber als Frau Goebbels in bekanntem Kreis auf dem Berghof einmal das gute Pensionat erwähnte, in dem sie erzogen wurde und da etwas Französisch gelernt habe, erwiderte Eva: „Aber in unserem Kloster, liebste Frau Goebbels, sprachen wir fließend Französisch“, und sie setzte, wie berichtet wird, zum Ärger von Magda Goebbels, die Unterhaltung in Französisch fort. Und von Schwester Ilse ist überliefert: „Eines abends plauderte Eva vor dem Abendessen mit Frau Goebbels in deren Zimmer. Frau Goebbels war seit mehreren Monaten in anderen Umständen. Plötzlich sagte sie zu Eva: ‚Fräulein Eva, würden Sie wohl meine Schuhe zubinden, bitte, ich kann mich nicht bücken.‘ Eva gab keine Antwort, sondern drückte auf die Klingel. Liesl, ihr

Zimmermädchen erschien. ‚Würden Sie bitte so freundlich sein und der Frau Minister die Schnürsenkel zubinden', bat Eva die Angestellte. Dann verließ sie das Zimmer."
Rivalitätsbezogene weibliche Überempfindlichkeit ist nicht berechenbar. Möglich, daß es von Magda Goebbels nicht so gemeint war, wie Eva es aufnahm. Aber diese Rivalitätsbezogenheit erstreckte sich auch auf die eigene Schwester. Es ist nicht sicher, daß die Aussage Ilses der vollen Wahrheit entspricht.
Emmy Göring aber war daran gelegen, Eva Braun kennenzulernen, wollte „den Leuten keinen Anlaß zu einem albernen Gerede geben, daß ich sie wohl gar mit Absicht übersehen hätte". Bei einem Spaziergang auf dem „Berg" war Eva unerkannt an ihr vorbeigehuscht, erst danach erfuhr Frau Göring, wer die junge Dame war; und das alles bereits im zweiten Kriegsjahr. Nur mit Geschick und Taktgefühl, das wußte Emmy Göring, konnte sie erreichen, was sie erstrebte. „Beim nächsten Besuch Adolf Hitlers", so berichtet Emmy Göring, „ging ich noch ein paar Schritte mit zum Wagen: ‚Würden Sie mir erlauben, daß ich einmal alle Damen, die bei Ihnen zu Besuch sind, zu mir zum Kaffee bitte?' Er verstand mich sofort, bekam einen roten Kopf wie ein Primaner, und sagte stockend: ‚Ja, natürlich, aber bitte – selbstverständlich.' Ich bedankte mich für sein Einverständnis. Andern Tags ging General Bodenschatz, der mit meinem Mann seit dem Ersten Weltkrieg sehr befreundet war, in den Berghof und überbrachte meine Einladung an die Frau des Dr. Morell, an die Frau Dr. Brandts und eine weitere Einladung an Eva Braun und ihre Schwester. General Bodenschatz teilte mir mit, daß alle Damen zugesagt hätten und danken ließen."
Schon freute sich die Frau des Reichsmarschalls auf die Damenrunde, besonders auf die Gefährtin des Führers. Am Abend des gleichen Tages klingelte im Haus auf dem „Göring-Hügel" zu später Stunde das Telefon. Der Führer habe ihn gebeten hinüberzukommen, sagte Göring zu seiner Frau. So lag sie wachend im Bett, grübelte sorgenvoll darüber nach, welches Land „nun wieder den Krieg erklärt haben konnte"! Indessen: keine neue Kriegserklärung lag vor, es war ein „sehr seltsamer, höchst privater Anlaß", wie Göring seiner Frau erzählte, als er um drei Uhr morgens vom Berghof zurückkam: „Er möchte nicht gern, daß Eva Braun zu dir kommt, er meinte, sie wäre so befangen, ja sie hätte geradezu Angst vor dir! Ich erklärte dem

Führer, daß du ein sehr natürlicher Mensch seiest und daß wohl der befangenste Mensch Hemmungen und Angst verliere, wenn er nur fünf Minuten mit dir zusammen sei. Aber es war nichts zu machen."
Und so saß Emmy Göring in ihrem Landhaus oberhalb des Berghofes mit den anderen Damen beim Tee. Erst später erfuhr sie von Bodenschatz, „daß Fräulein Braun sehr gerne gekommen wäre, aber Hitler hätte es ihr nicht erlaubt".
Mußte Frau Göring einerseits die delikate Seite dieser Freundschaft anerkennen, konnte sie andererseits an diesem Verhältnis nichts Delikates empfinden. Sie selbst war das zweitemal verheiratet, und obendrein denken Künstler großzügiger über zwischenmenschliche Beziehungen der Geschlechter. Der Stempel des Standesamtes ist nicht ihre größte Sorge.
Diese kleine Episode zeigte der Frau des Reichsmarschalls so recht die Tragik der jungen Frau auf dem Berghof, und sie mußte sich gegen ihren gesunden Menschenverstand damit abfinden, daß Eva vom Führer ihr gegenüber „unter Verschluß" gehalten wurde und auch, wie sie erfuhr, vor Winifred Wagner. Diese „Hohe Frau" – der Titel war einst von einflußreichen Leuten für Cosima Wagner erfunden worden und auf ihre Schwiegertochter Winifred übergegangen – residierte im Haus „Wahnfried" auf dem „lieblichen Hügel" zu Bayreuth und galt als Sachwalterin des höchsten musikalischen Erbes der Welt.
In Hastings, England, 1897 geboren als Tochter des John Williams, Schriftsteller und Journalist, und der Emily Florence Karop, vor der Ehe Schauspielerin. Schon mit zwei Jahren Vollwaise, wurde sie zwischen Waisenhaus und Verwandten hin und her geschubst, bis sie schließlich – sie war schon einmal in Deutschland gewesen – bei entfernten Verwandten unterkam, dem Ehepaar Klindworth, das in der Obstbaumkolonie Eden bei Oranienburg lebte. So hatte die zehnjährige Winifred in Deutschland endlich ein Heim gefunden. Frau Klindworth war eine geborene Karop und eine Cousine zu Winifreds Großvater. Karl Klindworth, zu jener Zeit bereits achtundsiebzig Jahre alt, Pianist und Dirigent, hatte Richard Wagner bei seinem ersten Aufenhalt in London durch die Vermittlung Franz Liszts kennengelernt.
Mit siebzehn Jahren erst wurde die anmutige Winifred von ihrem Adoptivvater für wert befunden, mit nach Bayreuth zu reisen, wohin er alljährlich zu den Generalproben eingeladen war. Das war 1914 und

Klindworth bereits 84 Jahre alt. Hier wurde das Mädchen von der greisen Cosima Wagner ins Visier genommen und im stillen für gut befunden, das Geschlecht des Hauses Wahnfried fortzupflanzen. Der fünfundvierzigjährige Bayreuth-Erbe Siegfried aber kümmerte sich kaum um sie, wie er auch bisher, anders als sein Vater und zum Kummer von Mutter und Geschwistern, sich wenig aus Frauen gemacht hatte. Schwester Eva war es, die ihm keine Ruhe ließ, ihn wachrüttelte nach Berlin zu fahren und sich „Winichen" näher anzusehen. „Reise dies Mal mit Muße", schrieb sie ihm, „bitte! Gönne Dir Zeit, wie sie nötig ist, willst Du die Maid finden, die Dir, Wahnfried und unserer Sache not tut."

1915 war Hochzeit, die Festspiele ruhten des Krieges wegen, aber sein „Kriegsgewinn", sein „liebendes Herz" vom „Himmel gesandt" schenkte ihm vier Kinder, zwei Jungen und zwei Mädchen. So war Winifred zur Retterin der Wagner-Dynastie geworden.

Siegfried Wagner starb am 4. August 1930 mitten in den Festspielen im einundsechzigsten Lebensjahr, nur vier Monate nach dem Tod seiner Mutter Cosima.

Schon in seiner Jugend war Adolf Hitler begeisterter Wagnerianer geworden, als steter Gast auf dem Stehplatz des Opernhauses in Wien. Seine erste Wagner-Oper hatte er bereits mit zwölf Jahren gesehen. 1925 war er Gast der Bechsteins in Bayreuth gewesen. Es stand nicht gut in all den Jahren um das große Theater, den Festspielen und seinen Initiatoren. Zehn Jahre lang war es still geblieben in Bayreuth. Erst 1924 war es wieder möglich, die Festspiele neu aufzunehmen, und jetzt, 1925, war Hitler keineswegs davon beseelt, so schnell wie möglich Bande zu Familie Wagner zu knüpfen. Er wußte, daß Siegfried Wagner auf die Gnade der Geldgeber mosaischen Glaubens angewiesen war und wollte ihn nicht durch seine Person in Mißkredit bringen. Aber schon am nächsten Tag stand Winifred Wagner mit Blumen vor ihm. 1922 hatte sie ihn erstmals in Bayreuth gesehen, bei einer Abendgesellschaft im Hotel Anker, zu der das Ehepaar Bechstein geladen hatte.

Nach und nach strömte die „Welt" oder das, was sich dazu zählte, auf dem Hügel wieder zusammen, aber es war ausschließlich der „Hohen Frau" in ihrer Beharrlichkeit zu danken, daß das Unternehmen Anfang der dreißiger Jahre nicht unterging. Mit der Machtübernahme der Nationalsozialisten bekamen die Festspiele finan-

zielle Zukunft und neuen Glanz. Die Reise nach Bayreuth glich einer Wallfahrt. Auch weniger betuchte Wagnerianer konnten jetzt für erschwingliches Geld die Wagnerschen Wunder im Hause des legendären Schöpfers erleben. Damit war man den ursprünglichen Absichten Richard Wagners ein beachtliches Stück näher gekommen. Festspiele zum Nulltarif für Mittellose hatten dem Meister vorgeschwebt. In den Kriegsjahren saßen Fronturlauber, Arbeiter, Rotkreuzhelfer, Mütter und Invaliden kostenlos in dem großen Haus, all jene also, denen das Theater der Reichen bisher versperrt geblieben war. Kriegsverpflichtete Künstler und Techniker hielten das Niveau mühelos bis 1944 auf dem Vorkriegsstand.
Die Sympathie, die Winifred Wagner Hitler von Anfang entgegenbrachte, kann also nicht mit einem Hintergedanken an künftige Staatszuschüsse verbunden werden. 1923 war an eine Kanzlerschaft nicht entfernt zu denken, aber schon da war er für sie der Mann der Zukunft. Seit 1933 aber war Hitler stets Gast nicht nur der Festspiele, sondern auch der Familie Wagner. Für die Kinder Wieland und Wolfgang, Friedelind und Verena war er „Onkel Wolf". Der herzliche Umgang des Führers mit Winifred in aller Öffentlichkeit löste die Zungen der Klatschmäuler, wozu das vertrauliche Du der beiden noch beigetragen haben mag. Gerüchte über eine Heirat blieben nicht aus, und es gab auch im engeren Kreis um Hitler nicht wenige, die eine Verbindung gern gesehen hätten. An all dem Getuschel war kein wahres Wort, dem Wunschdenken der Gerüchteküche stand die Realität gegenüber. In Frau Wagner verehrte Adolf Hitler das geistige Erbe Bayreuths, für dessen Fortbestehen sie lebte. Für den Politiker hegte sie „höchstens freundschaftlich-mütterliche Gefühle", wie selbst Hanfstaengl zugestehen mußte. Wenn er im Smoking oder in weißer Uniform sich bei den Festspielen zeigte, fing so manch schöne Besucherin Feuer, daran konnte auch der anwesende Gemahl nichts ändern. Was hier schließlich zählte, mußten auch wenig gutgesonnene Nachkriegs-Feuilletonisten eingestehen: „Nie zuvor hat es im Festspielhaus ein so hohes Niveau gegeben." Nach der Stunde Null hatte Winifred Wagner wegen „Sympathie zum Nationalsozialismus" viel zu leiden. Daß sie zu ihrem Verhalten nach wie vor stand, gereicht der „Hohen Frau" zur Ehre und machte sie nicht niedriger.
Aber nicht nur mit Winifred Wagner kam Hitler ins Gerede. Schon vor der Machtübernahme hatten sich, seinen eigenen Worten nach,

noch andere „mütterliche Freundinnen“ seiner angenommen. Es waren meist Damen der höheren Gesellschaft, die ihn mit prominenten und einflußreichen Männern aus Wirtschaft, Industrie und Kunst zusammengeführt hatten. Da war Frau Elsa Bruckmann, eine geborene rumänische Prinzessin Cantacuzene und Gattin des Verlegers, in dessen Haus schon Friedrich Nietzsche, Rainer Maria Rilke und Oswald Spengler verkehrt hatten. Da war Helene Bechstein, Gattin des weltweit bekannten Klavierfabrikanten, die sich um seine wenig gepflegten Anzüge kümmerte und ihn in die Gesellschaft einführte. Manche gaben auch Geld oder Kunstgegenstände von hohem Wert. Beides für sein eigenes und das Wohlbefinden der Parteikasse gedacht. Die Kunstgegenstände bot er meist als Sicherheit gegen Darlehen für die Partei. Da gab es noch Namen wie Viktoria von Dirksen, Gertrud von Seidlitz und Erna Hanfstaengl, das „gute“ aber dicke Mädchen, die Schwester jenes Mannes, der makabre Scherze ernst nahm. Aus der ersten Münchner Zeit war noch eine Carola Hoffmann bekannt, Witwe eines Studiendirektors, bei der er sich öfters satt gegessen hatte. Als Kanzler dichtete man ihm auch die geschiedene Prinzessin Stefanie zu Hohenlohe an, eine geborene Richter aus Wien. Sie knüpfte Verbindungen von dem englischen Zeitungskönig Rothermere und auch von Ward Price zu Hitler, mehr nicht. Bezeichnend aber wieder für die Sensationsmache der Nachkriegsjahre die Geschichte mit der Tochter des amerikanischen Botschafters. William Edward Dodd vertrat die USA von 1933 bis 1937 in Berlin. Selbst Schreiber, die es besser wissen mußten, ließen amouröse Histörchen vermuten oder auch nur belanglose Liebeleien. Aber es war nicht einmal das. In den Kriegsjahren bedauerte Hitler, daß der deutsche Nachrichtendienst vom Auswärtigen Amt nicht fähig war, „die wirklich zugängliche Tochter ... so richtig in Beschlag zu nehmen ... Dieses Mädel, die mußte nach kurzer Zeit vollständig eingesponnen sein! Sie ist auch eingesponnen worden, aber leider nur von lauter anderen.“[62]) „War sie denn wenigstens hübsch?“ fragte Generalfeldmarschall Keitel, der mit an der Tischrunde im Hauptquartier saß, und der Marineadjutant von Puttkamer antwortete: „Widerwärtig.“ Das ist eine der vielen Geschichten, und das, was davon übrig bleibt.

Freilich blieben auch bei den mütterlichen Damen Eifersüchteleien nicht aus. „Selbst bei Frau Bruckmann ist es mir passiert“, erzählte der Führer am 10. März 1942 in der „Wolfsschanze“ seinen Tischgästen, „daß eine Dame der Münchner Gesellschaft nie mehr mit mir zusammen eingeladen wurde, nachdem die Frau des Hauses einmal einen Blick aufgefangen hatte, mit dem beim Abschied im Salon diese Frau mir begegnet ist, während ich mich noch einmal grüßend zu ihr hin verbeugt hatte. Sie war sehr schön, und ich werde ihr interessant gewesen sein, weiter nichts. Ich kenne eine Frau, deren Stimme vor Aufregung heiser wurde, wenn ich mit einer anderen Frau nur ein paar Worte gesprochen habe.“ Hitler, der Frauenheld, der „König von München“, Hitler der Impotente, Hitler der abnorme Liebhaber, der Maßlose und vieles mehr dieser Art füllte in den Jahren nach dem Krieg so manche Seite gut bezahlter Zeitungen. Sogar sein Verhältnis zur Mutter sahen „Experten“ abnorm. Klara Hitler, mit dreiundvierzig Jahren Witwe und nach Augenzeuge Kubizek „bis zu ihrem Tode eine schöne Frau“, starb an Krebs kurz vor Weihnachten, am 21. Dezember 1907, in den Armen ihres abgöttisch geliebten achtzehnjährigen Sohnes. Auch er liebte seine Mutter, was Anlaß genug war, mit Hilfe Sigmund Freuds und dessen umstrittener Theorie von der Psychoanalyse den Ödipus-Komplex zu konstatieren. Auch in die Jugendliebe zu Stefanie – die angebetete liebliche junge Dame in Linz wußte nichts von ihm und konnte mit einem anonymen Brief wenig anfangen – legten die Psychologen, wie könnte es anders sein, Krankheit, Perversion, Abnormität, kurz, den „Psychopaten“ hinein. Es blieb den Seelendoktoren bislang unbekannt, daß heranwachsende Menschen beiderlei Geschlechtes seit Zeitgedenken in ähnliche Schwärmereien verfallen wie einst der junge Adolf Hitler. Es wurde „vermutet“, für „wahrscheinlich“ und „möglich“ gehalten und es wurde „angenommen“. Selbst Historiker schreckten vor solchen „Beweisen“ nicht zurück, da sie anderes nicht bieten konnten. Von der Trivialliteratur ganz zu schweigen, die wegen der Sensation und der daraus gestillten Profitgier dieses Thema pornographisch „aufarbeitet“. Es gab keine Belege für derartige Schauergeschichten, was nichts daran änderte, daß Hitler auf Frauen aller Altersklassen wirkte wie so schnell kein anderer Mann. Schon 1923 wußte das Regierungspräsidium von Oberfranken in der Zeit vom 16. bis 31. Dezember zu berichten: „. . . veranstalten in Bamberg ‚treudeutsche‘ Frauen sogenannte Teeabende, um sich gegen die jetzige staatliche Ordnung Stimmung zu machen und ihre Schwärmereien für Hitler und seine Anhänger zu pflegen.“

Während des zweiten Wahlfluges, begonnen am 15. Juli 1932, wollte sich Hitler nach einer aufregenden Tour einen Ruhetag in Weimar gönnen. Bei einem Spaziergang im Park von Schloß Belvedere wandte er sich an Gauleiter Sauckel: „Sehen Sie zu, daß Sie einige Frauen zu uns an den Tisch bringen. Ich habe die ganzen Tage nur diese rabaukigen Mannsbilder um mich herum gehabt, ich möchte auch einmal liebliche Frauenstimmen hören."

Um 17 Uhr saß eine bunte Gesellschaft am Kaffeetisch auf der Schloßterrasse. Mit fünfzehn Mädeln zwischen achtzehn und dreiundzwanzig Jahren war Sauckel angekommen, die nun – anfangs verständlicherweise noch etwas scheu – „lustig drauflosplapperten". Mittlerweile hatte es sich herumgesprochen, was im Belvedere geboten war. Begeisterte Anhänger und auch Neugierige pilgerten an der Terrasse vorbei, Fahrzeuge aus Weimar und der Umgebung mit spähenden Insassen krochen im Schrittempo vorüber. Flugzeugführer Baur, nun schon beim zweiten Wahlflug von Stadt zu Stadt am Steuerknüppel, mußte jetzt an jenen Wagen denken, „der ganz langsam an uns vorübergefahren war, als ich noch mit Hitler allein hier saß. Er wurde von einer Frau gesteuert. Plötzlich hatte mich Hitler aufgeregt angestoßen und gesagt: ‚Sehen Sie doch, Baur, eine kleine bildhübsche Frau, eine schöne Frau!' Ich kannte Hitlers Privatleben nicht, wußte auch nicht, wie er zu Frauen stand, trotzdem konnte ich mich nicht erwehren und sagte: ‚Sie können mir eigentlich nur leid tun.' ‚Wieso?' ‚Weil es für Sie anscheinend die Frauen nur aus der Ferne gibt.' Worauf Hitler antwortete: ‚Da haben Sie sehr recht. Ich kann mir das nicht leisten. Die Frauen machen mit mir nur Propaganda, und als Mann, der im Scheinwerferlicht der Öffentlichkeit steht, muß ich mich davor hüten. Wenn Sie einen Seitensprung machen, kräht kein Hahn danach, wenn ich mir das aber erlauben würde, so könnte ich mich bald nicht mehr sehen lassen. Die Frauen können den Mund nicht halten.'"

Baur versuchte jetzt mit seiner Tischnachbarin ins Gespräch zu kommen, aber seine Mühe war „zwecklos, sie hatte nur Augen für Hitler", wie alle anderen jungen Damen, die ihn mehr und mehr einkreisten und seine Begleiter alleine sitzen ließen. Als Hitler das merkte, ihm auch das „Geschnatter" zu viel war, wurde er wortkarg und erklärte dann kurz: „Meine Damen, wir wollen die Kaffeestunde beschließen. Ich darf Sie noch einladen, in das Künstlerkaffee mitzukommen." Jubelnd nahmen die Damen an. Aber auch hier war Hitler bald wieder von Frauen umringt. Er ließ Hanfstaengl ans Klavier bitten und entschuldigte sich bei den Damen, daß er als Musikliebhaber zuhören wolle. An diesem Abend war es dann Hans Baur eher möglich, mit seiner Nachbarin ins Gespräch zu kommen. Freilich gab es nur ein Thema: „Sie gestand mir, sie sei in Hitler verliebt und fürchte, mit ihren zweiundzwanzig Jahren keinen Mann zu bekommen, da sie alle mit Hitler vergleiche und keiner ihm ähnele. Ich konnte mir nicht verkneifen zu erzählen, was Hitler mir soeben noch gesagt hatte, daß er sich nämlich auf keinerlei Abenteuer mit Frauen einlassen könne, da sie nicht schweigen würden. Sie starrte mich entgeistert an: ‚Sie, ist das wirklich wahr? Hat er das gesagt? Sagen sie ihm doch, ich gebe keinen Ton von mir, ich lasse mir lieber die Zunge herausreißen!'"

Baur mußte darüber lachen, ebenso wie Hitler, dem er es am nächsten Tag erzählte. Frauenbekanntschaften waren für ihn eben mit der peinlichen Sorge, ja mit der Furcht verbunden, mit einer Frau „ins Gerede" zu kommen. Das war nicht so gewesen bei Geli Raubal, aber seitdem sie tot war und er ja auch mehr im Rampenlicht stand als zuvor, galt sein Grundsatz als unumstößlich. Besonders mißtrauisch war er geworden, seitdem sich im Jahr der drei Wahlflüge und besonderer Erfolge 1932 politische Gegner recht eigenartig seiner entledigen wollten. Da war nach einer seiner großen Reden abends im Hotel eine Dame erschienen, in teurem Pelz gehüllt, die in das Zimmer Hitlers wollte. Seinen Begleitern erschien sie nicht geheuer, sie versperrten ihr kurz und bündig den Weg. Plötzlich aber öffnete sie ihren Pelzmantel und schrie so laut sie konnte: „Hitler hat mich vergewaltigen wollen!" Ihr Kleid war zerrissen, das Spiel sogleich erkannt. Seither empfing er fremde Frauen nur noch mit Zeugen. Stets aber trat er den Frauen, ob privat oder dienstlich, mit unnachahmlicher Liebenswürdigkeit entgegen.

Bei den Damengesellschaften, die der Kanzler in der ersten Zeit seiner Regierung in der Reichskanzlei gab, brillierte er in Wiener Art. Die Damen von Bühne, Film und vornehmer Herkunft hatten ein rechtes Rauhbein erwartet und fanden einen Charmeur. Diese Einladungen blieben freilich eines Tages aus, die Frauen hatten wohl ihre Angebereien nicht lassen können.

Niemals hörten seine Sekretärinnen ein unwilliges oder böses Wort, auch wenn sie Fehler gemacht hatten oder beim Diktieren einen Satz wiederholt haben wollten. Kein Tag verging ohne ein Kompliment über das Kleid, die Frisur, das Aussehen. Der Handkuß und die Anreden „Meine Schöne“ oder „Mein Kind“ zählten zur Tagesordnung. Traudl Junge, eine der vier Sekretärinnen, war erst 1943 zum Führer gestoßen, zufällig, ohne zeitgemäße Laufbahn. Sie war nicht überzeugte Nationalsozialistin, auch nicht Parteimitglied. Aber sie „hätte alles für ihn getan“.

Auch als Reichskanzler setzte er sich niemals in Gegenwart einer Frau zuerst. Seine Schwärmereien für das schöne Geschlecht werden immer wieder zitiert. Mitten im Krieg erinnerte er sich im Führerhauptquartier Anfang 1942 etwa sinngemäß: „Was gibt es für schöne Frauen! Wir saßen im Ratskeller in Bremen. Da kam eine Frau herein: Da hat man wirklich geglaubt, der Olymp hat sich aufgetan! Einfach strahlend! Die Gäste haben Messer und Gabel niedergelegt. Und alle Augen haben an dieser Frau gehangen. Dann später in Braunschweig! Da habe ich mir nachher die bittersten Vorwürfe gemacht! Allen meinen Herren ist es gegangen wie mir: Ein blondes Ding kam auf mich zu gesprungen zum Wagen, um mir einen Blumenstrauß zu überreichen. Jeder hat sich des Vorgangs erinnert, aber keiner war auf den Gedanken gekommen, das Mädchen nach seiner Adresse zu fragen, daß ich ihm ein Dankwort hätte schreiben können. Blond und groß und wunderbar! Aber wie das so geht: Volksgedränge um und um. Und eilig war es auch, es tut mir jetzt noch leid.“

In privater Männergesellschaft dagegen konnte er recht realistisch über das bewunderte Geschlecht reden. Ein Idealbild, so sagte er in der Nacht vom 25. zum 26. Januar 1942 in der Wolfsschanze, gebe es nicht. „. . . von der einen den Wuchs, von der anderen das Haar, von der dritten den Geist, von einer vierten die Augen . . .“, so könne man nicht an ein Geschöpf heran gehen. „Man muß froh sein, wenn ein Mädel etwas Nettes hat! Es gibt doch nichts Schöneres, als sich ein junges Ding zu erziehen, ein Mädel, mit achtzehn, zwanzig Jahren ist biegsam wie Wachs. Einem Mann muß es möglich sein, jedem Mädchen seinen Stempel aufzudrücken. Die Frau will auch nichts anderes!“ Und am 1. März: „Wenn eine Frau in den Sachen des Daseins zu denken beginnt, das ist schlimm . . . da können sie einem auf die Nerven gehen.“ Für den Mann sei die Welt groß, die Welt der Frau sei allein der Mann. „Wenn eine Frau sich schön macht, dann wird ihr Eifer oft beflügelt von einer geheimen Freude, eine andere zu ärgern. Die Frauen haben da eine Fähigkeit, die uns Männern abgeht, der Freundin einen Kuß zu geben und sie gleichzeitig mit einer Nadel zu stechen. Es ist ganz zwecklos, die Frauen auf dem Gebiet bessern zu wollen. Lassen wir doch diese kleinen Schwächen! Wenn man damit schon eine Frau glücklich machen kann, ausgezeichnet! Tausendmal besser, eine Frau beschäftigt sich damit, als sie fängt mit metaphysischen Sachen an."

Aber auch in Anwesenheit seiner geschätzten Damen legte er zuweilen seine Formulierungen nicht auf die Goldwaage. „Sehr intelligente Menschen", sagte er an einer Tischrunde, „sollen sich eine primitive und dumme Frau nehmen. Sehen Sie, wenn ich nun noch eine Frau hätte, die mir in meine Arbeit hineinredet! In meiner freien Zeit will ich meine Ruh' haben . . ." Da er stets vorgab, niemals zu heiraten, empfand er hierbei wahrscheinlich keine Taktlosigkeit. Angenehm konnte das für die anwesenden Frauen indes nicht sein und besonders peinlich, sogar beleidigend mußte es Eva empfinden. Mit seinem Standpunkt freilich befand sich Hitler in prominenter Gesellschaft: Friederike, königlich preußische Prinzessin, verheiratete Markgräfin von Bayreuth und Schwester Friedrich des Großen, enthüllte so manches in ihren Memoiren.[63]) Über die Heirat ihres Bruders, des künftigen Großen Friedrich also, der sich die hannoversche Prinzessin nicht selbst ausgesucht hatte, schrieb sie von ihrem Vater Friedrich Wilhelm I.: „Der König hatte die Heirat seines Sohnes nie gern gesehen, er wollte eine Schwiegertochter von beschränktem Geiste, die sich in kein Geschäft mischen könnte . . ." Über den Geist eines Enkels als künftigen Dynasten und Staatsmann hatte dieser König nicht nachgedacht. Aber das entfiel beim Führer und Reichskanzler nach seinem Willen von vornherein. Alle Kinder, die er sah, betrachtete er als seine eigenen. Das allein schon widerspricht den Behauptungen Albert Speers. War Hitler wirklich, wie dieser Vielschreiber in den Nachkriegsjahren schrieb, im „Innersten, das Herz und das Gemüt beherbergt . . ., hohl, leer?" Konnte er nicht die Tiefe einer Frauenseele wahrnehmen, die sich oft genug hinter belanglosem Alltagsgeplapper verbirgt? In der Tat läßt sich die Wirkung einer Frau durch nichts beweisen, sie läßt sich nur empfinden, nur erleben. War der große „eiskalte" Staatsmann fähig, das zu nehmen, was eine Frau zu geben hat? Erkannte er den „unerschütterlich festen, heilig geheimnisvollen Boden",[64]) worauf er seine Gefühle betten konnte? Liebte er Eva oder benützte er sie nur, wie Speer zu berichten wußte? Speer wußte viel zu berichten und positiv immer dann, wenn es um die mythische Stilisierung seiner Person ging. Schwarz-Weiß-Malerei ist bequem, aber nicht logisch und hier nicht am Platz. Wie so vieles Komplizierte aus diesen Jahren, so wird auch dieses Thema heute absichtlich oder unwissend und primitiv vereinfacht. Es gab Männer, die Hitler still weinen sahen. Sie teilen die Ansichten Speers sicher nicht. Daß er mit Kindern nur vor der Kamera und zu Propagandazwecken liebevoll umging, zählt zu den vielen Legenden um ihn. Was aber war nach dem Krieg mit den kuriosen Gerüchten von „Hitlers Sohn" in Frankreich? Wieder einmal rauschten die Sensationsblätter um Hitler, witterte die Trivialliteratur fette Beute. Auch Historiker nahmen sich des Themas an. In Frankreich und auch in Deutschland; freilich mit gegenteiligen Ergebnissen. Fritz Wiedemann, Hitlers Vorgesetzter im Krieg: „Hitler erhielt nie Post. Ich habe sogar ein paar jungen Mädchen vorgeschlagen, seine Kriegspatin zu werden und ihm zu schreiben. Weil er Weihnachten kein Paket bekam, wollten seine Kameraden eine Sammlung veranstalten und ihm 10 Goldmark schenken, aber Hitler lehnte ab. Er beklagte sich nicht über seine Einsamkeit. Einmal schrieb er: das Regiment ist mein zu Hause." Die französischen Historiker sprachen von einem „Irrweg". Was davon geblieben ist, war ein weiteres Kuriosum um Hitler.

John Toland, Historiker und Hitler-Biograph dazu: „. . . weise ich darauf hin, daß seit 1945 mindestens einmal im Jahr irgendwo ein ‚Hitler-Sohn' entdeckt, d.h., erfunden wurde. Hitlers Nachwuchs liegt damit gleich hinter den Falschmeldungen über Bormann an zweiter Stelle." Verbürgt dagegen bleiben Mühe und Bestreben des Ministers für Aufklärung und Propaganda, Goebbels, den Führer mit standesgemäßen Frauen bekannt zu machen, in der versteckten Hoffnung, den ersten Mann des Staates unter die Haube zu bringen. War es nun Gretel Slezak, sie war geschieden und hatte eine Tochter, war es Leni Riefenstahl, begabte Schauspielerin und Filmemacherin zugleich: Immer war er Kavalier der vollendeten Schule.

Affairen wurden daraus erst nach dem Krieg, hervorgerufen durch Ausgeburten schadenfroher, desinformierter und rachsüchtiger Phantasien. Leni Riefenstahl war dem Führer freilich nicht von

Goebbels präsentiert worden. Mit ihren Filmen über Parteitag und Olympiade – letzterer im Ausland ausgezeichnet – sah der Minister in ihr eine Konkurrentin. Auch später noch, als aus den Ruinen Deutschlands wieder neues Leben erblüht war, gestand sie offen, daß sie von Hitler begeistert war. Aber auch Gretel Slezak, die Tochter des großen Sängers, benötigte keinen Fürsprecher. Es war genug Ehrgeiz in ihr, von sich aus auf Hitler zu setzen und dabei nichts unversucht zu lassen. Mit anderen war sie oft Gast in der Reichskanzlei und zudem noch befreundet mit der Sekretärin Hitlers. Auf eigene Anregung hatte Christa Schroeder eines Tages in unmittelbarer Nähe des Kanzlerpalais im Park der Reichskanzlei eine Wohnung bekommen in einem Haus, das für die Familien der Wachmannschaften erbaut worden war. Für den Umzug hatte ihr der Führer 3000 Mark übergeben lassen und versprochen, sich die Wohnung gelegentlich anzusehen. Bei einem Nachmittagstee, auch Gretel Slezak war geladen, kam die Rede der Sekretärin darauf, und ihr Chef entschloß sich spontan, sich ihre Wohnung anzusehen. Darüber hinterließ Christa Schroeder: „Gretel Slezak war nach Beendigung des Tees im Radziwill-Palais schnell in ihre Wohnung am Kurfürstendamm gefahren, um sich für den Abend umzukleiden. Sie kam dann mit zwei hohen fünfarmigen Silberleuchtern rechtzeitig vor Hitlers Ankunft zu mir, wo sie die Leuchter günstig plazierte. Sie erhoffte sich wohl von dem Kerzenschimmer eine magische Wirkung auf Hitler. Jedenfalls ließ sie ihre Künste spielen! Neben Hitler auf dem englischen Sofa sitzend, versuchte sie, seine Hände zu streicheln, aber Hitler wehrte sie sanft ab: ‚Gretel, Sie wissen doch, das mag ich nicht!‘ Obwohl ich diskreterweise das Zimmer einige Male verlassen hatte, blieb Hitler zurückhaltend, und der Diener konnte seinen Herrn nach einigen Stunden unversehrt wieder in Empfang nehmen!
Aber Gretel gab noch nicht auf und hoffte weiter, daß sie mit Hitler in nähere Beziehungen treten könnte . . . Sie übergab mir vor Sylvester 1938/39 einen Brief, den ich Hitler übergeben sollte."

Die Sängerin gab also so schnell nicht auf, aber alle Mühe war umsonst. Und Christa Schroeder war überzeugt, „daß sich Hitler nach der Machtübernahme niemals mit einer Schauspielerin eingelassen hätte . . ."

Hitler mochte keine politisierenden Frauen, denn: „Ein Frauenzimmer, das sich in politische Sachen einmischt, ist mir ein Greuel.

Völlig unerträglich wird es, wenn es sich um militärische Sachen handelt!"

Ein ganzes Leben lang war ihm „ein hübsches Kocherl sympathischer wie eine politisierende Dame", und doch gab es eine politisierende junge Frau, die ihm um der Politik willen am Herzen lag: Lady Unity Valkyrie Mitford. Mit dieser jungen Engländerin war wohl jene „Walküre" gemeint, die Eva in ihrem Tagebuch am 10. Mai 1935 kummervoll erwähnte. Zweifellos hatte sie Grund zur Sorge. Unity war eine der sechs Töchter von Lord Redesdale, eine schöner als die andere. Der einzige Sohn kam 1945 in Burma ums Leben. Schon früh aber hatte der Lord seine ganze Aufmerksamkeit den Töchtern geschenkt und mit seiner Erziehung unbewußt den Grundstein gelegt, daß keine der sechs Schwestern später nicht irgendwann einmal in der englischen Presse für Schlagzeilen sorgte. Mutter Redesdale sagte später einmal: „Wenn ich in einer Zeitung die Worte ‚Tochter eines Lords' lese, so weiß ich, es kann nur eine von euch gemeint sein."

Die außergewöhnliche Kindheit der Schwestern Nancy, Pamela, Diana, Unity, Jessica und Deborrah begann schon mit ihrer Geburt: ohne Hebamme, ohne Arzt kamen die Mädchen zur Welt. Lady Redesdale hielt auch nichts von der Schule und deren verderblichen Einfluß, sie selbst unterrichtete ihre Kinder. Nancy Mitford, später eine geachtete englische Erzählerin, berichtete: „Daß uns Papa mit Bluthunden jagte, fanden andere Leute merkwürdig, uns machte es aber eigentlich Spaß." Freilich mußten sich die Einwohner von Swinbrook an das merkwürdige Schauspiel gewöhnen: Zwölf Mädchenbeine flink über Stock und Stein, hinter ihnen her in wilder Hatz eine bellende Hundemeute und stolz zu Pferde Papa Redesdale; genau so stolz, wie er auf seine Töchter war, deren Anmut und Schönheit mit dem Heranwachsen zunahm. Schon als Kinder ließen sie außergewöhnliche Lebenswege ahnen, was in der Familie eines Lords, traditionsgemäß konservativ und dem Oberhaus angehörend, keinesweg alltäglich war. Danach befragt, was sie als Erwachsene zu tun gedächten, sagte Unity: „Ich werde nach Deutschland gehen und Hitler kennenlernen." Jessica antwortete: „Und ich werde durchbrennen und Kommunist werden."

Einer alten Volksweisheit nach sagen Kinder und Narren die Wahrheit. Von der Warte englischer Gelassenheit aus gesehen, mag später so mancher Landsmann auf der Insel besonders diese zwei Redesdale-Töchter für närrisch gehalten haben. Als Kinder jedenfalls sagten sie die Wahrheit und waren konsequent. Als Unity und Jessica bei einem Gartenfest für die konservative Partei Geld sammelten, waren sich beide einig: die „alten, langweiligen Konservativen" sollten keinesfalls alles bekommen. Sie erleichterten den ersammelten Betrag um zehn Pfund und teilten redlich. Fünf Pfund schickte Jessica den Kommunisten und Unity fünf Pfund den englischen Faschisten. Auch Diana sollte sich später zu den Faschisten schlagen. War es wirklich Anachronismus, war es Dekadenz, was sich da in einem alten englischen Adelsgeschlecht entlud? Oder war es Vitalität, neuer Geist, der das Alte, morsch und überkommen, im Hause des Peers durchbrach und neu zum Leben aufstieg wie ein Phönix aus der Asche?

Heiratskandidaten hatten es bei Vater Redesdale mehr als schwer, er hielt sie möglichst fern. Gelang es trotzdem einem Freier, eine Tochter zum Traualtar zu führen, zeigte der Lord dem Schwiegersohn weiterhin die kalte Schulter.

Die Vornamen Unity's soll der Lord, so wird berichtet, symbolisch verstanden haben. In „Unity" sah er im Geiste Huston Steward Chamberlains – Kulturphilosoph und seit 1908 mit Richard Wagners Tochter Eva verheiratet – geistige und politische Einheit von Deutschland und England. Mit „Valkyrie" verehrte er Richard Wagner und sein treu germanisches Kunstwerk. Sah nun Unity Valkyrie in ihren Namen Pflicht, Schuldigkeit und Auftrag? Schon eher hatte die Natur wohl Zufall gespielt und ihr den Hang zur Politik in die Wiege gelegt. Die patriotische Erziehung durch die Mutter blieb sicher nicht ohne Widerhall. Und so machte das junge Mädchen eines Tages wahr, was sie sich, als Kind noch, vorgenommen. Freilich spielte auch hier der Zufall mit. Schwester Diana, 23 Jahre alt und bereits in Verbindung mit Oswald Mosley und seiner Partei, hatte sich entschlossen nach Deutschland zu fahren, um sich dort umzusehen. Unity, 19 Jahre alt, hatte zunächst eine andere Reise geplant, reiste schließlich mit Schwester Diana.

Und so sehen sie sich um, in diesem Jahr 1933, die beiden jungen hübschen Damen aus dem englischen Adel, in Bayern und seiner Hauptstadt. Schlösser, Kirchen, Galerien haben es ihnen zunächst angetan. Dann kommt Hanfstaengl, den sie aus ihrem Bekanntenkreis in England kennen und lädt sie zum Parteitag ein. Immer wieder fragt Unity: „Wann werden wir Hitler treffen?" Aber Hanfstaengl hat den Mund zu voll genommen. Es wird nichts daraus. Nur aus der Ferne kann sie ihn sehen. Die Geschwister fahren wieder nach Hause.

Im Frühjahr 1934 macht sich Unity wieder auf. Voll der Ideale und des guten Willens, im Glauben an eine bessere Zukunft, in Sehnsucht nach einer Verbrüderung zweier Brudervölker, nach einer gemeinsamen großen Heimat von Engländern und Deutschen fährt sie über den Kanal. Sie verkehrt im Hause Hanfstaengl, nimmt Deutschunterricht und schafft sich einen Freundeskreis, zu dem auch junge studierende Engländer gehören. Einer von ihnen, Derek Hill mit Namen und Kunststudent, sitzt am 11. Juni gegen 18.00 Uhr mit Mutter und Tante in einer Teestube des Carlton Hotels, als Hitler das Lokal betritt. Der junge Engländer weiß um Unitys Wünsche, er geht ans Telephon und ruft sie an. „Natürlich sprang ich ins nächste Taxi", schreibt sie einen Tag später an Diana, „und ließ dort in meiner Aufregung auch noch meinen Photoapparat liegen, den ich ins Photogeschäft bringen wollte. Ich betrat den Teeraum und setzte mich zu ihnen – und der Führer saß direkt gegenüber. Dereks Tante sagte: ‚Sie zittern ja vor Aufregung' und so war es auch. Ich zitterte sogar so sehr, daß Derek meine Schokolade trinken mußte, weil ich die Tasse nicht halten konnte!"

Selbstredend möchte sie auch dieses Jahr wieder die Veranstaltungen des Parteitages vom 4. bis 10. September besuchen. Schwester Diana ist dafür eigens wieder angereist, doch Hanfstaengl zeigt diesmal die kalte Schulter. Die Gesellschaft geschminkter Damen sei ihm das letztemal übelgenommnen worden. Der wahre Grund ist indessen unerfindlich geblieben. Aber Unity drängt nach Nürnberg. Dort sitzen sie im Biergarten, ohne Quartier, ohne Plätze für den Parteitag. Dort sitzt auch ein Herr mit dem goldenen Parteiabzeichen, die jungen Damen kommen mit ihm ins Gespräch; es stellt sich heraus, daß er die Parteimitgliedsnummer 100 hat. Er vermittelt ihnen eine Bleibe in einem kleinen Gasthaus und Eintrittskarten für alle Veranstaltungen.

Unitys weitere Ziele: deutsch lernen und mit Hitler Bekanntschaft machen. So suchen sich die Schwestern in München eine Wohnung und belegen einen Deutschkurs für Ausländer an der Universität.

Mittlerweile hat Unity ein Gespür dafür bekommen, wo man Hitler privat antreffen kann. Dafür liest sie in den Zeitungen über seine Aufenthaltsorte, plaudert mit dem Pförtner im Braunen Haus, schaut nach, ob vor dem Haus Prinzregentenplatz, Hausnummer 16, Wachen stehen. Ist ihr gewiß, daß sich der Führer in München aufhält, dann sitzt sie immer wieder in der Mittagszeit in der Osteria Bavaria, gut plaziert, von Hitlers Tisch aus nicht zu übersehen. Die Mittagszeit ist für Hitler zwischen 14 und 16 Uhr, zu „spanischen Uhrzeiten", wie sie es nennt, und jedesmal ist für Unity solch ein Nachmittag verloren. Aber immer strahlen ihre hellen Augen, wenn er das Lokal betritt, und sie geht erst wieder, wenn er es verlassen hat. Doch sie weiß, was sie sich und ihrer Anmut schuldig ist. Sie wartet, bis er auf sie aufmerksam wird. Nach sechs Wochen fährt Diana nach Hause, Unity bleibt allein zurück. Auch im Carlton Hotel ist sie mittlerweile Stammgast geworden. Erst zur Weihnachtszeit ist sie wieder bei ihren Eltern.

Für das Frühjahrsemester kommt sie im Januar 1935 wieder nach München. Nachdem im letzten Jahr schon Mutter Sydney einen Besuch in München abgestattet hat, ist diesmal Vater David gleich mitgekommen. Er will sich umsehen in der Welt seiner Tochter. Auch er fühlt sich wohl bei „Putzi" Hanfstaengl und „vertrug sich wunderbar mit den Sturmführern", wie Unity ihrer Schwester Diana am 19. Januar schreibt. Sie schleppt ihn in die Osteria Bavaria, wo er Hitler zu sehen bekommt. „Farve ist ganz von ihm eingenommen und gibt zu, daß er bisher unrecht hatte."

Als der Lord München und Deutschland wieder verlassen hat – nicht ohne ein paar Säcke „Saarerde" nach Swinbrook mitzunehmen, die aus Anlaß der Eingliederung des Saarlandes auf den Straßen verkauft wird – stürzt sich seine Tochter auf ihr Deutsch-Studium und sammelt mit der Büchse in der Hand auf der Straße für das Winterhilfswerk.

Hitler ist mit der Zeit auf Unity aufmerksam geworden. Immer wenn er jetzt das Lokal betritt, sucht sein Blick den Platz, an dem die goldblonde junge Dame mit dem offenen freundlichen Gesicht mit ihren Lehrbüchern allein an einem Tisch sitzt. Und dann kommt der 9. Februar 1935, an dem sie zu einem späten Mittagessen gegen 14.30 Uhr in die Osteria Bavaria geht. „Gestern", schreibt sie ihrem Vater einen Tag später, „war der wundervollste und schönste Tag in meinem

Leben. Ich will versuchen, ihn Dir zu schildern, obwohl ich kaum in der Lage bin zu schreiben.
Ich ging allein in die Osteria und setzte mich an den kleinen Tisch am Ofen, wo wir beide saßen, ... als Du das letzte Mal mit dort warst. Gegen drei Uhr, als ich gerade mit Essen fertig war, kam der Führer mit zwei anderen Männern herein und setzte sich an den Tisch, an dem er immer sitzt ... Nach etwa zehn Minuten sagte er etwas zum Geschäftsführer, dann kam der Geschäftsführer zu mir her und sagte: ‚Der Führer möchte mit Ihnen sprechen.' Ich stand auf, ging zu seinem Tisch, er stand auf, begrüßte mich, drückte mir die Hand, stellte mich seinen Begleitern vor und bat mich, neben ihnen Platz zu nehmen.
Ich sprach etwa eine halbe Stunde mit ihm ... Rosa (die dicke Kellnerin) kam her und flüsterte mir zu: ‚Soll ich Ihnen eine Postkarte bringen?' So sagte ich halt ja, eigentlich nur, um sie nicht zu verletzen ... Es war mir ziemlich peinlich, ihn um eine Unterschrift zu bitten ... und ich sagte zu ihm, ich hoffe, er würde es nicht für zu amerikanisch von mir halten.
Er bat mich, ihm meinen Namen auf einen Zettel zu schreiben (was ich auch tat, aber krumm und schief vor Aufregung, das kannst Du mir glauben) und schrieb dann auf die Karte: ‚Frl. Unity Mitford, zur freundlichen Erinnerung an Deutschland und Adolf Hitler.' Tom soll Dir sagen, was das heißt. Ach, ich kann Dir gar nicht erzählen, worüber wir alles sprachen ... Ich sagte ihm, daß er unbedingt nach England kommen müsse und er antwortete, daß er das gerne tun würde, er befürchte aber eine Revolution in diesem Falle. Er fragte, ob ich schon einmal in Bayreuth gewesen sei, ich sagte nein, aber ich würde gerne dorthin, und darauf sagte er zu einem der anderen Männer, sie sollen sich das merken ... Er sagte, daß er auf Grund seines Architekturstudiums das Gefühl habe, London gut zu kennen ... und hielte es für die beste Stadt, als Stadt gesehen. Er findet, daß ‚Cavalcade' der beste Film ist, den er je gesehen hat.
Er sprach über den Krieg und sagte ... daß man es den internationalen Juden nie mehr erlauben dürfe, zwei nordische Rassen zum Krieg gegeneinander anzustacheln. Ich antwortete ‚Nein, das nächste Mal müssen wir zusammen kämpfen ...' Am Schluß mußte er gehen, und er behielt den Zettel mit meinem Namen. Rosa sagte mir, es sei das erste Mal gewesen, daß er jemanden, den er gar nicht kennt, so

einfach an seinen Tisch gebeten hat. Anscheinend hat er auch zu ihr gesagt, daß mein Essen auf seine Rechnung gehe.
So, Forgy, jetzt kannst Du Dir in etwa vorstellen, wie es in mir aussieht. Ich bin so glücklich, daß es mir überhaupt nichts ausmachen würde zu sterben. Ich glaube, ich bin das glücklichste Mädchen der Welt. Was habe ich nur getan, um eine solche Ehre zu verdienen . . .!? Vielleicht denkst Du, ich bin hysterisch. Muv wird es bestimmt denken, aber wenn Du dir klar machst, daß er, zumindest für mich, der größte Mann aller Zeiten ist, mußt Du zugeben, daß ich glücklich zu schätzen bin, allein schon ihn gesehen zu haben und wieviel mal erst recht, mit ihm an einen Tisch gesessen und mit ihm gesprochen zu haben."
Ihrer Mutter schrieb Unity am 11. Februar: „Was mich am meisten beeindruckte, war seine Einfachheit. Er plauderte so natürlich, daß man gar nicht nervös werden konnte. Und daß der mächtigste Mann der Welt so einfach und bescheiden geblieben ist, ist ein wahres Wunder und ein Zeichen seiner Übermenschlichkeit.
Au wei, ich kann noch gar nicht richtig glauben, was am Samstag passiert ist, obwohl die Postkarte mit seiner Widmung ein Beweis dafür ist. Als ich an seinem Tisch saß, war alles ganz wirklich und normal, aber als er fort war, schien es mir, als ob es nur ein unglaublicher Traum gewesen sei. Ich nehme an, daß es für Deinen ausgeglichenen Verstand nichts besonderes ist, aber ich glaube, selbst Du mußt zugeben, daß es interessant war, ja sogar aufregend, vor allem deshalb, weil er so etwas zuvor noch nie getan hat."
Es blieb nicht bei dieser einen Begegnung. Innerhalb von etwas mehr als vier Jahren sprach sie hundertvierzigmal mit Hitler. Das festzustellen war nicht schwer. Jedes Gespräch mit dem Führer vermerkte sie mit roter Tinte in ihrem Tagebuch.
Zunächst wußte Hitler nicht, daß die junge Engländerin Verbindung zu Oswald Mosley hatte. Die Tochter eines Peers indessen, deren Vater im Unterhaus saß, konnte dem Politiker Hitler nicht allein mit ihren weiblichen Reizen bestechen. Er bewunderte ihre offene und heitere Art, ihre Sicherheit, mit der sie alles hervorbrachte, was ihr auf dem Herzen lag. Er erheiterte sich über ihre Art, ihm zu widersprechen. Er wunderte sich, in welch kurzer Zeit sie sich der deutschen Sprache bemächtigte. Schon bei der ersten Begegnung, noch in etwas holperigem Deutsch, sagte sie ihm, daß sie ihn

bewundere, daß sie nur einen Wunsch habe, Deutschland und England zu unzertrennlichen Freunden zu machen. Das traf bei Hitler auf helle Ohren. Schon in „Mein Kampf" hatte er eindeutig dargelegt, daß Deutschland und England nie wieder gegeneinander in den Krieg ziehen dürften. Immer wieder schmunzelten Hitler und seine Begleiter über ihre bayerischen Wörter, die sie im täglichen Umgang in München aufgeschnappt hatte und in ihr erlerntes Deutsch mit hineinmischte.

Als Studentin der Kunstgeschichte an der Universität in München eingeschrieben, war es jetzt in der Tat für sie so einfach wie selbstverständlich, nach kurzen Aufenthalten in England immer wieder nach Deutschland zurückzukehren. Das Bild des deutschen Führers mit Widmung und silbernem Rahmen in einem Lederetui trug sie überall mit sich herum. Hitlers Umgebung war mißtrauisch geworden und warnte. Der „Intelligence Service" war nicht auf den Kopf gefallen. Wie leicht konnte er die junge Lady auf Hitler angesetzt haben. Aber der Führer winkte ab. So viel Begeisterung, das war für ihn sicher, konnte nur aus ehrlichem Herzen kommen. Auch für ihn spielte sie ja nicht gerade eine unnütze Rolle. Sein Einblick in die englische Aristokratie war in der Hauptsache ihr zu verdanken. Der Weg der beiden Nationen zueinander mußte gefunden werden, das galt für den Kopf der deutschen Regierung so gut wie für die Kunststudentin Lady Unity Valkyrie Mitford. War die Einigung auf den Meeren, die sich in dem deutsch-englischen Flottenabkommen niederschlug, nicht schon ein erstes und ernstes Zeichen?

„Ich habe zwei Vaterländer, ich liebe und bewundere Deutschland", schrieb sie. Und sie war der festen Überzeugung, daß die Engländer niemals mehr gegen ihre deutschen Brüder kämpfen würden. Damit freilich war sie der englischen Regierung weit voraus, wenn auch unbewußt. Die Jahrhunderte alte politische Leitlinie Englands vom Gleichgewicht der Staaten auf dem Kontinent war überholt, galt nicht mehr, was die Politiker auf der Insel 1939 nicht erkennen wollten, aber 1945 erschreckend zur Kenntnis nehmen sollten. Und wenn es wahr ist, daß Unity Churchill für den Totengräber des englischen Weltreiches hielt, dann hat sie auch hier recht behalten. Nicht umsonst war für den Alten mit der Zigarre die Zeit des Sieges eine „sehr unglückliche Zeit".

Das Parteiabzeichen von besonderer Ausführung, ohne Schrift im roten Kranz, auf der Rückseite Hitlers Namenszug eingraviert, und

von ihm selbst verliehen, trug sie stolz und für jeden sichtbar. Längst war sie, von zornigen Politgegnern als „Typ, der die Mitte zwischen Toilettenseifenreklame und Erzengel" hielt, abgestempelt, bei offiziellen Festlichkeiten Ehrengast des Führers. Bei der Einweihung des „Haus der Deutschen Kunst" in München stand sie auf der Ehrentribüne unter dem steinernen Ludwig I. nur einige Reihen hinter Hitler, als der Festzug „Zweitausend Jahre deutsche Kultur" vorüberzog. Von ihrem Auto war der Hakenkreuzwimpel neben dem Union-Jack nicht mehr wegzudenken. Sie war zum Essen geladen im Haus Prinzregentenplatz 16 und auch zum Kaffee. All das nahm man zu Hause in Swinbrook zur Kenntnis, hielt es für Spinnerei und gab sich damit zufrieden. Das änderte sich möglicherweise, als Schwester Diana sich von ihrem Mann, dem Bier-Aristokraten Bryan Guinness,[65]) scheiden ließ und mit Sir Oswald Mosley, dessen Frau gestorben war, nach Deutschland kam, um sich hier mit ihm trauen zu lassen. Die Heirat sollte zunächst geheim bleiben, weshalb das Paar den Trauungsort ins Ausland verlegte. Mosley, geboren 1896, war in die Politik gegangen, aber zunächst ein Suchender geblieben. War er auch von 1918 bis 1931 fortwährend im Unterhaus vertreten, war es nicht immer dieselbe Partei, der er das Wort redete. Bis 1922 sprach er für die Konservative Partei, dann war er parteilos. Ab 1924 gehörte er der Labour-Party an, und 1930 gründete er die „Neue Partei". Eine Reise nach Italien trug sichtbare Folgen: Mosley nahm eine faschistisch ausgerichtete Gruppe hinzu und machte daraus die „Union of Fascists". Nach 1933 wurde ihm Adolf Hitler mehr und mehr zum Vorbild. 1936 nannte er seine Partei „British Union of Fascists and National Socialists". Seine „Schwarzhemden" organisierte er nach dem Vorbild der Nationalsozialisten.[66])
Endlich also war es Unity Mitford gelungen, Mosley am 6. Oktober 1936 mit Hitler zusammenzubringen. In Berlin, in der Wohnung Goebbels in der Hermann-Göring-Straße, ließen Diana und Oswald Mosley die Trauungszeremonien über sich ergehen. In der Villa Goebbels auf Schwanenwerder hatte Magda Goebbels die Hochzeitstafel gerichtet. Am nächsten Tag gab Trauzeuge Hitler bei kleiner Gesellschaft ein Essen in seiner Wohnung. Er hielt sich zurück, der Kanzler, denn Mosleys Gegnerschaft zur englischen Regierung paßte ihm nicht recht in sein Konzept. Er wollte sich seine Annäherungsversuche an London nicht stören lassen.

Aber das alles war für Unity ein weiterer Schritt ihres Weges zum großen Ziel, ein Weg, den sie auf sich genommen hatte, der ihr allein zugedacht war und dafür, wenn nicht anders, sie auch ihr Leben geben wollte. Blieb nicht ausgeschlossen, daß die Umgebung Hitlers in solchen Bekenntnissen ebenfalls nur „Spinnereien" sah.
1937 war auch Bruder Tom beim Parteitag in Nürnberg. Tief beeindruckt, schloß er sich der Partei seines Schwagers an. 1938 war Unity mit ihren Eltern in Nürnberg, Hitler hatte sie eingeladen. Skeptisch zunächst, dann aber beeindruckt gingen sie wieder fort. Der Faszination dieses gigantischen, feierlichen Schauspiels mit dem nächtlichen Lichterdom, mit den Kunstflügen der Luftwaffe über der jubelnden Menschenmenge, mit den Hunderttausenden von vorbeimarschierenden Männern mit Musik, neuen Liedern und vielen Fahnen, mit Hitler in einem Blumenmeer – dieser Faszination hatten auch sie sich nicht entziehen können und wohl auch nicht der augenscheinlichen, greifbaren Symbolik neuen Lebens an alten Mauern.
Unity indessen war aus dem Kreis um Hitler nicht mehr wegzudenken. Die Begleitmannschaft Hitlers hatte bald einen Spitznamen für sie. Da sie oft bei den Reisen Hitlers dabei war, sei es mit Eisenbahn oder Auto, nannten sie die Männer die „Mitfahrt", was im bayerischen Dialekt gesprochen sich anhörte wie „Mitford". Die Berliner Gesellschaft, Opernball, Empfänge in der Reichskanzlei, die Familien der Minister, alles erschien ihr wie ein herrlicher Traum. Bei den Festspielen in Bayreuth war sie meist mit Schwester Diana Mosley zu sehen, wo sie gelegentlich mit dem Führer bei Wagners zu Gast waren. Bei den Festspielen 1939 in Bayreuth war es auch, wo die Schwestern im Hause Wahnfried mit dem deutschen Kanzler allein sprechen konnten. Er gab sich den beiden Damen gegenüber überzeugt, daß England zum Krieg drängte, womit er recht hatte. Nach diesem Gespräch war es auch, da Unity ihrer Schwester Diana zu verstehen gab, daß sie die bevorstehende Tragödie nicht überleben würde. An diesem Abend lief die „Götterdämmerung" über die Bühne des Festspielhauses.
Für ein kleines Zwischenspiel sorgte die englische Lady in der Sudetenkrise. Neugierig darauf, was sich nun in der Tschechoslowakei abspielte, reiste sie abenteuerlustig in das fiebrige Vielvölkerland, das auf Geheiß des Staatspräsidenten Benesch schon im Frühjahr 1938 zur Überraschung der deutschen Regierung gegen Deutschland

mobil gemacht hatte. Selbstredend wollte sie auch hierbei nicht auf das Bild der persönlichen Widmung verzichten. „Da sie aber mit Recht vermutete“, so berichtete Dr. Goebbels seinem persönlichen Pressereferenten Wilfred von Oven am 27. Januar 1944, „daß die tschechischen Grenzbeamten sehr mißtrauisch würden, wenn sie bei einer Engländerin ein Führerbild vorfänden, versteckte sie es an einem Platz, von dem sie annahm, daß er wegen seiner Delikatesse vor neugierigen Blicken sicher wäre: sie tat es zwischen ihre seidenen Dessous, die sie im Koffer mit sich führte. Doch wider Erwarten scheuten sich die Tschechen nicht, bei ihrem Grenzübertritt ihr gesamtes Gepäck genau zu kontrollieren und gerade ihre Wäsche einer besonders gründlichen Durchsicht zu unterziehen. Und hier, in Wolken hauchdünner Hemdchen und Höschen eingehüllt, fand man das ledergerahmte Hitler-Bild. Das war für die Sensationspresse der Welt natürlich das gefundene Fressen und wurde in allen Variationen so lange durchgekaut, bis man glaubte den Zweck erreicht zu haben ...“

Der Zweck, so glaubte Goebbels, sei Lächerlichkeit gewesen für Deutschland und auch für England. Mag es für die Weltpresse ein „Fressen“ gewesen sein; für die Weltpolitiker indessen war es wohl mehr die Erkenntnis, daß die tschechoslowakische Republik in Ermangelung politischer Argumente Hintertreppen-Klatsch benützen mußte, um gegen die deutsche Regierung anzugehen. Nicht lange vorher war bereits ein Bild durch die tschechische Presse gegangen, auf dem unter einer Menschenmenge Unity Mitford, Eva Braun und Anny Brandt, die Gattin des Begleitarztes Dr. Brandt, namentlich gekennzeichnet waren. „Drei Frauen um Hitler“, so schrieben die tschechischen Polit-Journalisten dazu und gaben damit preis, daß sie im Grunde nicht wußten, was sie gerne gewußt hätten. Dieses provinziellen Nachrichtendienstes enthielten sich selbst die Amerikaner im Krieg bei ihren Flugblattaktionen. Roosevelt hätte dabei freilich schlecht abgeschnitten mit seiner Geliebten, hatte er doch nebenbei noch eine angetraute Ehefrau.

Unitys Ideen indessen weichen mehr und mehr den Realitäten. Der Traum von der Herrschaftsallianz der beiden so nahe verwandten Völker, durch keine Macht zu zerstören, wie Unity immer wieder gesagt hat, bleibt ein Traum. Die deutschen Soldaten kämpfen in Polen, und am 3. September 1939 erklärt England Deutschland den Krieg. Am gleichen Tag möchte Lady Mitford den bayerischen Gauleiter Adolf Wagner sprechen. Auch er zählt zu ihren Freunden und läßt sie augenblicklich vor. Er glaubt, daß sie um ihre weitere Zukunft in Deutschland bangt, und sichert ihr alle Freiheiten zu. Auch ihren Wagen dürfe sie behalten und damit fahren wohin sie wolle. Aber was sind ihr jetzt noch persönliche Freiheiten, was kann ihr noch ein Auto sein, jetzt, da sich die beiden heißgeliebten Völker gegenseitig zerfleischen! Wer ist nun Freund, wer Feind? Sie bringt kein Wort heraus, sie kann nur weinen. Einen großen Briefumschlag legt sie Wagner hin, dann ist sie so plötzlich fort, wie sie gekommen war.

Die Kriegserklärung Englands macht auch einen Gauleiter konfus. Erst eine Stunde später öffnet er den Briefumschlag: Das Bild Hitlers mit der Widmung, das Parteiabzeichen und ein Brief an den Führer. Ganz gleich, so schreibt sie, wer immer den Sieg auch erringe, es könne immer nur ihre eigene Niederlage sein und davon werde ihr Bewußtsein zerrissen. Menschen und Völker, die sich umarmen sollten, stürzten sich in das größte Unglück der Geschichte, in den historischen Selbstmord Englands und Deutschlands. Das bedeute Vernichtung edler Menschen und hoher Ideale. Für sie gäbe es nur einen Ausweg, ihr Leben, das weder für sie noch für andere noch etwas zähle, zu beenden.

Wie recht sie behalten wird, diese junge schwärmerische Frau! Aber daran denkt Adolf Wagner jetzt nicht. Er ist zu Tode erschrocken über den Inhalt dieser Zeilen. Mit der Polizei läßt er Unity suchen; in ihrer Wohnung, bei all ihren Freunden. Deutschland befindet sich seit drei Tagen mit Polen und seit einigen Stunden mit England und Frankreich im Krieg, aber die Apotheken Münchens werden in Windeseile angehalten, kein Schlafmittel an ein blondes Mädchen zu verkaufen. Polizisten schauen nach ihrem Wagen aus.

Am nächsten Tag erst berichtet die Chirurgische Klinik in der Nußbaumstraße von einem blonden Mädchen mit einer Kugel in der Schläfe. Man wisse nicht, wer sie sei, ihre Kleidung sei auffallend elegant.

Auf einer Bank im englischen Garten hat man Unity aufgefunden, die Pistole noch in der Hand. Die Kugel, so stellt Professor Magnus fest, steckt in jenem Teil des Gehirns, das die Gliedmaßen lähmt. Bewußtlos schwebt sie zwanzig Stunden zwischen Leben und Tod,

schlägt dann die Augen wieder auf – und bleibt stumm. Wagner ruft Hitler im Führerhauptquartier an, der über die Schweiz die Eltern verständigen läßt.
Während der Kampf in Polen tobt, kommt Hitler nach München. Mit seinem Adjutanten Schaub geht er in die Klinik und legt Unity einen Strauß Nelken ans Bett. Während er ihre Hand in der seinen hält, kann sie nicht reden, schaut ihn nur unentwegt mit großen Augen an. Nur die linke Hand kann sie bewegen.
Professor Magnus überzeugt den Führer von dem großen Risiko einer Operation. Und Hitler weiß: ein tödlicher Ausgang ist Wasser auf die Mühlen der englischen Propaganda. Lady Mitford, die wie kein anderer Ausländer hinter die Kulissen des Nationalsozialismus gesehen hat, muß weg. Mord, so wird es schließlich in den englischen Zeitungen stehen.
Täglich läßt Hitler der Kranken Blumen schicken, ist er in München, ist er auch bei Unity. Wieder bestätigt ihm dieser Vorfall, daß er Frauen kein Glück bringt. Er ist tief betroffen über die Hilflosigkeit des jungen Geschöpfes, in das auch er einmal deutsch-englische Hoffnungen gesetzt hat, und dem Menschen in ihr ist er nicht weniger zugetan.
Eltern und Geschwister in England wissen nur, daß Unity im Krankenhaus liegt, mehr nicht. Allmählich bessert sich ihr geistiger Zustand, sie beginnt wieder zu sprechen. Als sie nach Freunden aus Hitlers Umgebung fragt, will man sie nicht an den Krieg erinnern, nicht daran, daß ihre beiden heißgeliebten Völker sich gegenseitig zerfleischen, denn ihre Freunde tun jetzt als Soldaten irgendwo ihren Dienst. Sie sind verreist, sagt man ihr, und sie nimmt fragend zur Kenntnis: „Seltsam, daß im November alle verreisen." Zu Weihnachten hält man Unity für transportfähig. „Großes Können und hingebungsvolle Pflege", so wird viele Jahre später Schwester Diana schreiben, „hatten sie nach vielen Wochen mit allen Kräften ins Leben zurückgeholt . . ." In einem D-Zug-Abteil mit einem Spezialbett fährt sie, von Ärzten und ihrem Freund betreut, nach Bern. Von dort hören ihre Angehörigen ihre Stimme am Telephon. Sie liegt in einer Berner Klinik. Ihr Freund bleibt an ihrer Seite bis Mutter und Schwester Deborrah ankommen. Dann geht es mit dem Zug nach Calais und über den Kanal in ihre Heimat, wo der Lord seine Tochter in Folkestone erwartet. Ausgeträumt ist der Traum von den beiden

verbündeten, von keiner Macht der Welt besiegbaren Völkern, zerbrochen ihre Ideen und Ideale, ihr Lebensziel, getäuscht ihre Hoffnung auf eine große Zeit. Beim Abschied hat Hitler mit einem großen Rosenstrauß vor ihr gestanden. Tränenüberströmt hat sie seine Hand ergriffen. Auch in England wagt sich ein großer Gehirnchirurg wie Professor Sir Hugh Cairns in Oxford nicht an die Kugel in Unitys Kopf. Sie zu entfernen, da ist er ganz sicher, bedeutet den Tod.
Nach dem Krieg ist gelegentlich in der englischen Presse von ihr die Rede. Sie lebt mit ihrer Mutter auf der kleinen Hebriden-Insel Inch Kenneth, die der Vater erworben hat. Der Besitz in Swinbrook ist zum größten Teil verkauft. Im Laufe der Jahre bessert sich ihr Zustand mehr und mehr, so daß sie schließlich sogar wieder ihr Auto lenken kann. Unity reist viel umher, ihre Mutter immer dabei, und beschäftigt sich mit christlichen Sekten. Sie ist ein Schatten dessen, was sie gewesen ist, und sehr vergeßlich. Im Frühjahr 1948 fährt sie von London auf Inch Kenneth. Dort beginnt eines Tages die alte Wunde zu schmerzen. Im Krankenhaus in Oban verliert sie das Bewußtsein, ein oder zwei Stunden später ist sie tot. Irgendeine Zeitung meldet unter ihrem Bild: „Unity Mitford starb auf der kleinen Insel im Atlantik an den Folgen eines Schläfenschusses, den sie sich am Tage der Kriegserklärung Englands im Englischen Garten in München beigebracht hatte." Auf das Grab in Swinbrook ließ Mutter Mitford ihrer Tochter setzen: "Say not the struggle nought availeth. – Sag nicht, der Kampf sei umsonst."
Mögen Eva Brauns Eifersüchteleien anfangs rein äußerlich begründet gewesen sein, mußte sie wohl auch bald erkennen, daß ihr Ärger unnütz war. Mittlerweile hatte sie Unity kennengelernt, und im Umgang mit ihr sah vieles anders aus. Möglich, daß bei der jungen anmutigen englischen Aristokratin versteckt ein Funken Hoffnung keimte, eines Tages könnte Hitler außer als Politiker auch als Mann empfinden. Das war nicht aus der Welt. Sie war ja auch die einzige Frau, deren politische Ambitionen ihn nicht störten, deren Sendungsbewußtsein er neben ihrem Charme, neben ihrer Schönheit schätzte. Aber es war nichts. „Bewunderung und Zuneigung zu Hitler waren grenzenlos", schrieb Schwester Diana nahezu vierzig Jahre später über Unity, „aber sie war nicht verliebt."
Gelegentlich war Unity Gast auf dem Berghof und saß am Tisch des Hausherrn. Sie war aber niemals mehrere Tage auf dem Berg, blieb

niemals über Nacht. In München hatte sie neben ihrem Freund Erich noch einen großen Bekanntenkreis.

Am 18. Juni 1975 schrieb Sir Oswald Mosley an Hitlers Fahrer Erich Kempka: „Es gab nie die Frage einer Liebesaffaire zwischen Hitler und Lady Mitford. Sie war die jüngere Schwester meiner Frau und ging nach München im Jahre 1933, und zwar im Alter von 19 Jahren. Dort traf sie Hitler und entwickelte für ihn eine große Bewunderung. Sie war von seiner Persönlichkeit, seinem Großmut und seiner ganzen Umgebung sehr beeindruckt. Sie war oft in seiner Begleitung und Gesellschaft, und sie interessierte und amüsierte ihn wirklich. Sie war sehr offen, und er erlaubte ihr, alles zu sagen. Hinzu kommt, daß sie mit ihrer Lebenslust und ihrem Charme ihm ganz gewiß einen Einblick in das englische Leben gab.

Der beste Beweis, daß keine Liebesaffaire existierte, ist vielleicht dadurch erbracht, welche Anordnungen er für sie auf dem Parteitag 1937 traf. Ich freute mich natürlich immer für meine Frau Diana, wenn sie nach Deutschland fuhr, um sich bei ihrer Schwester aufzuhalten, da ich dadurch einen Einblick in die Bewegung erhielt. Zu dieser Zeit konnte ich noch kein Deutsch sprechen (ich lernte es nur in den Kriegsgefangenenjahren). Auf diesem Parteitag gab Hitler Diana und Unity gut plazierte Sitze. Sie saßen direkt neben einer charmanten, jungen deutschen Frau. Wie sich herausstellte, handelte es sich um Eva Braun. Das war ein taktvoller Weg, sie ihnen vorzustellen, und sie wurden Freundinnen. Nach allen Eindrücken, die ich hatte, können Hitlers Beziehungen zu Frauen am besten als ritterlich bezeichnet werden. Er war extrem höflich und in jeder Weise korrekt."

EINE MÜNCHNERIN IN BERLIN UND ANDERSWO

Mit der Olympiade 1936 in Berlin bot sich der nationalsozialistischen Regierung eine ungeahnte Gelegenheit. Bei der Machtübernahme zunächst skeptisch auf dieses Ereignis blickend – allein schon wegen der großen finanziellen Belastung – hatte die Führung des deutschen Reiches die Repräsentationsmöglichkeiten bald erkannt. „Die Welt blickt nach Berlin" stand auf den Plakaten, und die Regierung wollte der Welt das neue Deutschland präsentieren. Der Einmarsch deutscher Soldaten in das „entmilitarisierte" Rheinland – ein Überbleibsel französischer Drangsale nach 1918 – lag erst einige Monate zurück. Daß die österreichische Mannschaft im Olympiastadion den Germanen- und Römergruß bot, nahm man hin als freundliche Geste eines Bruders. Frenetisch jedoch war der Beifall der 110000 Zuschauer im größten Stadion der Welt, als beim Einzug der 250 französischen Sportler, voran die Reiteroffiziere der französischen Kavallerie, mit erhobener Hand, mit deutschem Gruß also, an der Ehrentribüne vorbeizogen, auf der Adolf Hitler saß. Der französische Botschafter André François-Poncet grüßte, auf der Tribüne stehend ebenso mit „Deutschem Gruß" zurück. Das alles freilich wollte man später nicht wahrhaben, die Filmaufnahmen dagegen bieten den untrüglichen Beweis. Der Jubel für die Franzosen habe dem Kanzler nicht gefallen, er habe daraus zu viel Friedenswillen seiner deutschen Landsleute gelesen, so erzählte Albert Speer seinen Lesern nach dem Krieg. Dabei mußte doch gerade er es wissen, daß Hitler mit Frankreich nichts im Sinn hatte, auch nicht mit Elsaß-Lothringen, das Frankreich dem ohnmächtigen Deutschen Reich des Dreißigjährigen Krieges 1648 erstmals entrissen hatte. Auch Straßburg nicht, das, mitten im Frieden, in einer Nacht- und Nebelaktion von französischen Soldaten 1681 überfallen und ihrem Land einverleibt worden war. Das alles war unter dem Regime des Sonnenkönigs Ludwig XIV. geschehen, jenes Monarchen, der vierundfünfzig Jahre regierte und davon dreißig Jahre Krieg führte.

Seitdem waren diese Regionen zum ständigen Zankapfel zwischen Deutschland und Frankreich geworden. Die beiden letzten Grenzwechsel waren 1871 an Deutschland und 1918 wieder an Frankreich gewesen. Der Führer und Reichskanzler hatte damit nichts im Sinn,

zumal die Bevölkerung, zumeist zwar immer noch deutsch sprechend, ohnehin nicht mehr wußte, wohin sie gehörte.
Jetzt aber war dieses Völkerfest, mit deutschen Siegen Schlag auf Schlag, mit Glanzpunkten sportlicher wie gesellschaftlicher Art, zum großen Ereignis geworden. Und was die Sportler aus aller Welt, die Journalisten und die Gäste faszinierte, das waren nicht nur die deutschen Sportler, die zur Überraschung aller die meisten Siege davontrugen, das war nicht allein die geradezu unheimliche Organisation und die Freude und Begeisterung, mit der die Deutschen ihre ausländischen Gäste begrüßten, das war auch Adolf Hitler. Vieles an seinem Reich gefiel ihnen. Von einzelnen Mißstimmungen abgesehen, berichtete die ausländische Presse wohlwollend, in den Wochenschauen der Kinos war er mehr und mehr zu sehen. Im Olympischen Schwimmstadion kam eine Amerikanerin an seinen Platz, bat um ein Autogramm, fiel ihm um den Hals, küßte ihn stürmisch ab, bevor die Wachen eingreifen konnten, und lief zu ihrem Mann zurück, der mit seiner Filmkamera die Szene festgehalten hatte. In Amerika, das unter seinem Präsidenten F. D. Roosevelt schon in jenen Tagen auf Kriegskurs steuerte und Fernbomber baute, die später Berlin und seine Menschen in Asche legen sollten, erfuhren die Leser des Time-Magazine vom 24. August 1936 diese Begebenheit auf folgende Art: „Letzte Woche saß der ‚Hübsche Adolf' im Olympischen Schwimmstadion, als ein dralles Weibsbild aus Norwalk, Californien, eine gewisse Mrs. Carla George de Vries, die angeblich undurchdringliche Absperrungskette der schwarzuniformierten SS-Wachen des Diktators durchbrach und ihm ihr Autogrammbuch zuwarf. Hitler unterschrieb folgsam. Plötzlich jedoch hielt die Menge der 18000 Zuschauer den Atem an. Mrs. de Vries schien den Führer einmal, zweimal, dreimal zu umschlingen. Sie legte die Arme um seinen Hals und küßte ihn herzhaft ab. Weder der greise, streng dreinblickende Feldmarschall von Mackensen, der rechts neben Hitler saß, noch Innenminister Dr. Wilhelm Frick zur Linken machten Anstalten, diesen möglichen Anschlag auf den Führer abzuwehren. Voller Schrecken auf ihren jungenhaften Nazi-Gesichtern eilten die apfelbäckigen SS-Wachen herbei. Doch die Küsserin aus Californien hatte sich schon gelöst. Sie durfte zu ihrem Mann zurücklaufen . . ."
Schon Monate zuvor hatte es bei der Winterolympiade in Garmisch-Partenkirchen mit großem sportlichen Glanz in Wahrheit nur zwei

„Helden" gegeben: die norwegische Eiskunstläuferin Sonja Henie und Adolf Hitler. Sie waren die Stars von Garmisch, wurden oft zusammen gesehen, die immer weiß gekleidete „Winterkaiserin" und der deutsche Führer im schwarzen Ledermantel. Sie mochten sich augenscheinlich ganz gern.

Für Eva Braun mag das allenfalls Kummer gewesen sein, ein stetes Schwanken zwischen Stolz und Freude über die Beliebtheit ihres Geliebten und der Angst, ihn wegen dieser Beliebtheit eines Tages zu verlieren. Auch sie saß unter den Tausenden von Zuschauern an diesem 1. August 1936, als das Feuer, unter der griechischen Sonne in Olympia entzündet und von 3000 Stafettenläufern nach Berlin getragen, im Stadion entflammte, während feierlich eine Stimme über die Völkerversammlung hallte: „Glüh, heilige Flamme, glüh, glüh und verlösche nie!"

Nach dem Schwur der fünftausend Athleten, nachdem das „Halleluja" aus Händels Oratorium „Der Messias" verklungen war, sah auch Eva, wie sich aus der griechischen Delegation ein alter Mann löste, der schon beim Einzug an der Spitze seiner Gruppe aufgefallen war. In griechischer Tracht, den grünen Zweig eines wild wachsenden Olivenbaumes in der Hand, ging er auf die Zuschauertribüne Hitlers zu. Spiridon Loues war es, der Gewinner des ersten Marathonlaufs 1896. Tränen liefen über sein gegerbtes, zerfurchtes Gesicht, als er vor dem Schirmherr dieser Spiele stand und sagte: „Ich überreiche Ihnen diesen Olivenzweig als Symbol der Liebe und des Friedens. Wir hoffen, daß sich die Völker immer nur zu solch friedlichen Wettstreit treffen werden."

Der Führer war merklich bewegt, ergriff die braune Schäferhand und drückte sie fest. Noch einmal sangen die dreitausend weißgekleideten Chorsänger das „Halleluja". Tief beeindruckt verließen Zuschauer und Sportler das Stadion.

Auch der Abschluß dieses Völkerfestes war ergreifend grandios. Nach dem feierlichen Zeremoniell mit fernem Kanonendonner, Fanfarenklängen, den schwingenden Tönen der Olympiaglocke, Chorgesang, Lichtsäulen am abendlichen Himmel, nachdem einundfünfzig weißgekleidete Mädchen im Flutlicht Lorbeerzweige an die Fahnen der Nationen geheftet hatten und die Olympische Fahne eingeholt worden war, nachdem die Jugend zu den nächsten Spielen nach Tokio gerufen wurde und die Abschiedshymne erklang, war unter den andächtigen Zuschauern kaum einer, dem nicht die Tränen kamen. Die Hunderttausende erhoben sich, hängten sich ineinander ein und wiegten im Takt des Chores: „Freunde lebt wohl. Auch wenn für uns die Sonne sollte sinken, andere werden winken. Freunde lebt wohl!"

So hatte sich das neue Deutschland und sein Führer der Welt präsentiert, so hatte eine Stadt im Herzen Europas für sich geworben und war dabei nicht übel weggekommen, die deutsche Reichshauptstadt Berlin.

Was war diese Stadt für Eva Braun? Mag für Hitler diese Stätte einst ein „großes Babylon", ein „Sündenbabel" oder auch ein „Asphaltdschungel" gewesen sein – so jedenfalls wird es ihm in den Mund gelegt – sagte er im Krieg einmal: „Berlin habe ich immer gern gehabt, und wenn es mich kümmert, daß vieles da nicht schön ist, so nur, weil mir die Stadt etwas bedeutet."

Schon im ersten Krieg hatte er zweimal seinen Fronturlaub in dieser Stadt verbracht und ihre Sammlungen und Museen kennengelernt. Neben Württemberg war es Berlin gewesen, wo die Gelder für die Bewegung vor 1933 reichlich geflossen waren. Hier hatte er ja auch seine großen, seine größten Triumphe gefeiert.

Für Eva galt weder das eine noch das andere, aber sie liebte diese Weltstadt sogar. Sie mochte die Berliner, ihren Humor, ihre Schlagfertigkeit, aber die Atmosphäre um den Führer war hier am wenigsten privat. Deshalb war sie hier mehr Privatperson als woanders und kam hier am allermeisten zu kurz oder mußte es so fühlen. War für sie ihre Heimatstadt München auch nur Provinz im Vergleich zu Berlin, so konnte sie schon aus diesen Gründen, aber wohl auch als Münchner Kindl in der preußischen Metropole von vornherein nicht heimisch werden. Die Spree konnte die Isar nicht ersetzen und die Kiefernwälder im sandigen Boden Brandenburgs nicht die Felsmassive der Alpen. Sie war nicht häufig in Berlin, war dort immer im Hotel Adlon untergebracht. Nicht im „Kaiserhof" sollte sie auf Wunsch Hitlers wohnen, wo die Prominenz in der Regel logierte. Und nicht die Eleganz der weiblichen Gäste dieses Hauses war es womöglich, die Hitler seine Gefährtin diesen Räumen fernhalten ließ. Auch die junge Münchnerin war geschmackvoll gekleidet und konnte ausnehmend elegant erscheinen, wenn es Anlässe dazu gab. Aber im „Kaiserhof" verkehrte er gelegentlich selber, um Musik zu hören. Die

Damen suchten stets nach Tischen in nächster Nähe, und hin und wieder überreichte ihm eine Hübsche auch Blumen. Kurz, das Risiko war zu groß für ihn und auch für Evas Seele. Bälle, Empfänge, Festlichkeiten und Gesellschaften, der Himmel auf Erden für eine junge Frau, sie waren so nah und doch so unendlich fern; unendlich fern in jenem Berlin, das der französische Botschafter André François-Poncet „den prächtigsten Hof der damaligen Zeit" nannte. Es blieb Eva nicht verborgen, wie Unity Mitford diese Stadt erlebte, in hochoffizieller Gesellschaft, bei berühmten Bildhauern, Regisseuren und vielen anderen Künstlern, beim Opernball, bei Empfängen des diplomatischen Korps mit den Spitzenpolitikern von Partei und Staat in der Reichskanzlei. Erlebnisse, welche die junge blonde Engländerin in „Trancezustand" versetzten, während Eva dagegen nur nützlich war, wenn sie geduldig beiseite stand. Vermißte sie hier am fremden Ort nicht noch mehr ihr Tun und Wollen? War es nicht ungleich schmerzlicher, die natürliche Rolle unnatürlich zu spielen und das, was sein konnte und nicht sein durfte? „Du bist nicht geschaffen für solch ein mondänes Leben", soll Hitler zu ihr gesagt haben, „. . . du bist zu kostbar für mich . . . die Welt draußen ist schmutzig und gemein."

Anfang 1939 bekam sie ein Zwei-Zimmer-Appartement im ersten Stock des Radziwill-Palais, neben der Wohnung Hitlers, die Fenster einem engen Hof zu gelegen. Eine bescheidene Behausung für die Lebenskameradin eines Führers und Reichskanzlers des Deutschen Reiches. Sie mußte als „Privat-Sekretärin" den Personaleingang benützen. Selbstredend durfte sie die imposanten Hallen und Räume der neuen Kanzlei nicht betreten. Anders als in Berchtesgaden, saßen in Berlin nicht die Sekretärinnen an der Tafel des Kanzlers und seiner Mitarbeiter. Eva speiste mit Hitler in dessen Bibliothek, und stets saßen zwei Sekretärinnen mit am Tisch. Und nicht immer, wenn Eva in Berlin war, konnte sich der Führer seiner Tafelrunde entziehen. Auch die Plauderabende mit Filmvorführungen neuester Produktion, mit denen man den Tag ausklingen ließ, oft in den neuen Tag hinein, waren Eva und auch den Sekretärinnen verwehrt. Gleichwohl durfte sich das Personal des Kanzlers die Filme mit ansehen. Das Versteckspiel zählte hier mehr als anderswo, die Welt sah und hörte hier alles, die deutsche Welt und die ausländische. Da war eine Klatschgeschichte aus der politischen Prominenz so gierig gefragt wie ein

Staatsgeheimnis. Über jeden Besuch aus dem vertrauten Kreis des Obersalzberges, der ihr die Wartezeit in ihrem seelischen Käfig vertreiben half, freute sich Eva. Manchmal war auch Herta Schneider mit nach Berlin gekommen: „Während meine Freundin in der Reichskanzlei wohnte", so berichtete sie, „war meine Bleibe im Kaiserhof. Wir trafen uns nur zu gelegentlichen Museums- oder Stadtbummeln."
Manchmal besuchte Eva dieselbe Theatervorstellung wie Hitler. Er saß oben in der Führerloge, sie unten im Parkett als Namenlose. War sie für einen Kurzbesuch in Berlin, war es nicht ausgeschlossen, daß er ins Theater ging, bis in die Morgenstunden die Gesellschaft hübscher Damen genoß, während Eva in der Wohnung auf ihn wartete. Das war für Eva Berlin. Wenn sie dann in einem der führenden Lederwarengeschäfte auftauchte, schlicht angezogen, nach einer Krokodilgarnitur im Schaufenster fragte, mit Koffer, Tasche und was sonst noch dazu gehörte, wenn sie nach einem Hinweis der Verkäuferin auf den hohen Preis nachsichtig lächelte, dann war das für sie ein sanftes Ventil, eine Genugtuung, ein Ausgleich für das, was sie erdulden und ertragen mußte. Und wenn sie dann zum Geschäftsführer sagte: „Schicken Sie bitte die Garnitur in die Reichskanzlei, in das Privatsekretariat des Führers", dann hatte sie zwar die Grenzen ihrer Repräsentation erreicht, aber doch wenigstens kund getan, mit wem es andere Leute annähernd zu tun hatten. Daß Geschäftsführer und Personal ihr staunend nachblickten und sahen, wie sie in einen schwarzen Mercedes einstieg und mit einem SS-Offizier am Lenkrad davonfuhr, dürfte ihr ebenfalls nicht entgangen sein. Auch das war für Eva Berlin.

Was aber bedeutete dieses „Spree-Athen" für andere Menschen, was für das Reich, für Europa, die Welt? War es noch das Berlin der „gewissen Schusterhaftigkeit", wie Theodor Fontane es sah? Gab es da immer noch „nur Nachahmung, guten Durchschnitt, respektable Mittelmäßigkeit"? Anders als München oder Wien war Berlin rasch groß geworden, barg nicht die harmonische Vielfalt einer natürlich gewachsenen Stadt. Franz Grillparzer freilich schrieb 1826: „Diese Stadt gefällt mir immer besser, je länger ich mich darin aufhalte; das ist schon ein gutes Zeichen. Wien dürfte auf manchen leicht die entgegengesetzte Wirkung hervorbringen. Alles hat hier einen Anstrich von Großartigkeit, Geistigkeit und Liberalität, der einem armen Teufel von Österreicher schon des Kontrastes wegen wohltut."

Der Herzog von Windsor mit seiner Gemahlin auf dem Obersalzberg

Gäste auf dem Berghof. Von links: Herta Schneider, Bormann, Eva Braun, Dr. Dietrich, Marion Schönmann, Dr. von Hasselbach, Gretl Braun, Dr. Brandt mit Frau, Heinrich Hoffmann

Künstlerempfang 1938. Hitler mit der Tänzerin Manon Erfuhr und der Filmschauspielerin Dorit Kreysler

Beim Tee in der Reichskanzlei. Am Tisch unter anderen: Anny Ondra und Max Schmeling

Die Gefährtin des Reichskanzlers im Abendkleid.
Doch offiziellen Empfängen und Festlichkeiten mußte sie fernbleiben.

Ehepaar Göring 1938 bei der Taufe ihrer Tochter Edda

Carinhall, Jagdsitz der Görings in der Schorfheide

Görings erste Frau Carin

Magda Goebbels mit ihren Kindern. Rechts Harald Quandt, ihr Sohn aus erster Ehe, der 1967 als Industrieller mit seinem Flugzeug tödlich verunglückte

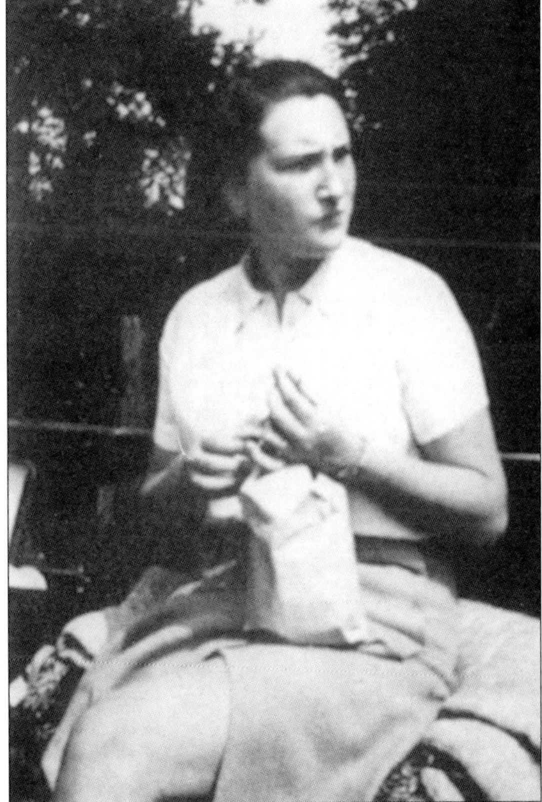

Sekretärin Christa Schroeder. „Die Eva ist doch nichts für Sie, mein Führer", sagte sie eines Tages zu ihrem Chef.

Siegfried und Winifred Wagner 1929

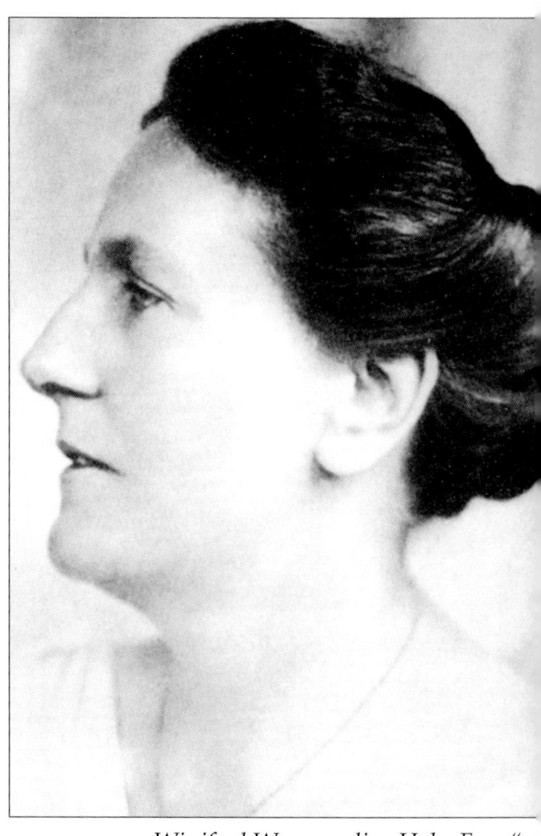

Winifred Wagner, die „Hohe Frau"

Schon in früher Jugend war Hitler ein Wagnerianer. Hier mit Winifred Wagner im Haus Wahnfried in Bayreuth

Wanderwege gibt es genug auf dem Obersalzberg.

Mode: selber entwerfen, selber nähen, selber vorführen. Eine Gruppe des „BDM" betrachtet neugierig eine Modeschöpferin aus den eigenen Reihen.

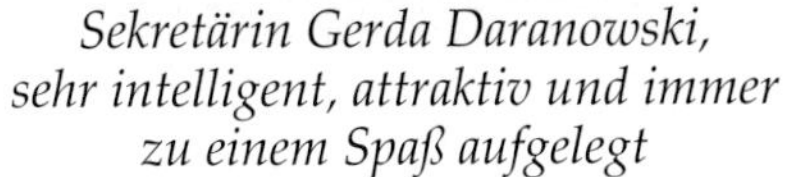

Sekretärin Gerda Daranowski, sehr intelligent, attraktiv und immer zu einem Spaß aufgelegt

Leni Riefenstahl zählte zu den Film-Idolen. Hier ein Foto, wie man sie von allen Filmstars zu kaufen bekam

Die Britin Unity Mitford bei einer Veranstaltung der NSDAP auf dem Hesselberg, wo sie vor 200.000 Zuhörern sprach

Familie Mitford im Jahr 1922

Unity und Diana Mitford „unter Freunden"

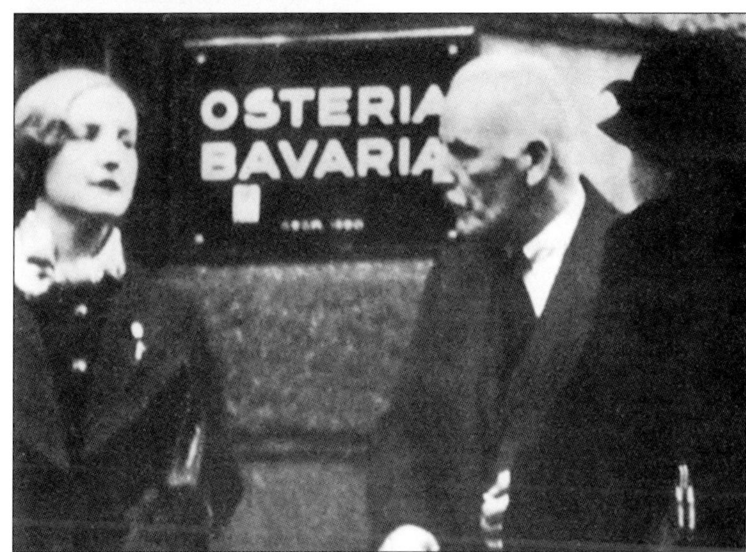

Unity mit ihrem Vater vor Hitlers Lieblingslokal „Osteria Bavaria" in München

Unity in ihrem Zimmer in einem Münchener Studentenheim

Osterzeit. Eiersuche mit den Bormann-Kindern

Dr. Theo Morell mit Frau Hanni auf der Ehrentribüne eines Reichsparteitages. Rechts neben Morell saß Eva Braun, für die damalige Öffentlichkeit eine Unbekannte

In Rom. Von links: Evas Mutter Franziska Braun, Frau Speer, Anni Brandt, Eva Braun, Marion Schönmann

Von Venedig nicht wegzudenken: Auch Eva fütterte die Tauben auf dem Markusplatz

Auf dem Gardasee. Neben Eva Anni Brandt

Das Gebäude der Neuen Reichskanzlei an der Voßstraße

Die Marmorgalerie in der Neuen Reichskanzlei

Der Schreibtisch Hitlers im neuen Arbeitszimmer

Österreich-Anschluß 1938: Die Linzer feierten ihren einstigen Mitbewohner.

Hitler spricht zu mehr als hunderttausend Wienern auf dem Heldenplatz.

Adolf Hitlers Ankunft auf dem Heldenplatz in Wien

Sie alle waren zum Heldenplatz geströmt, um ihren Landsmann zu sehen, zu begrüßen und ihm zu danken.

Erste Begegnung Hitlers mit dem englischen Premierminister Neville Chamberlain am 15. September 1938 in Berchtesgaden während der Sudetenkrise

mmer wieder wurden Deutsche n Sudetenland von Haus und Hof vertrieben.

Der französische Ministerpräsident Édouard Daladier trägt sich in das Gästebuch Hitlers ein. Links Hermann Göring

Wohin die Soldaten bei ihrem Eintreffen in den Sudetengebieten auch kommen: Überall Jubel.

Der „Blumenfeldzug" im Sudetenland

Wie ein Magnet hatte dieses Fleckchen Erde Menschen angezogen aus Schlesien und Polen, aus Böhmen, Ost- und Westpreußen, aus Pommern und selbstredend aus dem brandenburgischen Umland. Auch Hugenotten aus Frankreich hatten hier 1685 als Glaubensverfolgte Zuflucht und eine neue Heimat gefunden. „Ein echter Berliner stammt aus Schlesien", das gilt im Volksmund noch heute. Aber all die Wanderer nach dem Zentrum Europas auf der Breite Londons und der Länge von Neapel hatten die Stadt zu einem Schmelztiegel gemacht, der wuchs und wuchs und stets weitere Menschen an sich zog. Immer gab es hier mehr Zugewanderte als Eingeborene, Urberliner waren sie dagegen alle. Hier entstand auch das, was von klugen Schreibern später stets als „preußischer Militarismus" gebrandmarkt werden sollte, ohne dessen Ursprünge zu kennen oder sich darum zu kümmern. Da war während des Nordischen Krieges, 1700–1721, an dem Preußen nicht beteiligt war, ein russisch-polnisches Heer durch das wirtschaftlich blühende Preußen gezogen, raubend, plündernd, sengend. Und dieses Land konnte sich der barbarisch verwilderten Soldateska nicht erwehren, es hatte keine Soldaten. „Ein reiches Land ohne Heer ist wie ein Garten ohne Zaun", hatte da Friedrich Wilhelm I. als Kronprinz gesagt und später als König danach gehandelt.

Die geographische Lage war es, die Berlin zur Weltstadt, zum Zentrum Europas und zur Industriemetropole werden ließ. Wie keine andere Epoche hatten die Gründerjahre dieser Region ihr Siegel aufgedrückt. „Elektropolis" nannten die Berliner ihre Stadt, da AEG und Siemens dominierten. In den Gesichtern dieser Menschen hatten freilich auch die Zwölf- oder Vierzehn-Stunden-Arbeit, die rauchgeschwärzten Fabrikhöhlen und die damit verbundene Vermassung ihre Spuren hinterlassen. Über die Hauptstadt Deuschlands und ihre Menschen schrieb ein Amerikaner in den zwanziger Jahren: „Die Mechanisierung, der Alltag heutigen Lebens und Denkens erzeugt in jeder Metropole diese Schwärme von Nicht-Individuen. Diese dumpfen, geistlosen und unbegeisterten Massen verbreiten sich, wie in niederen, parthenogenetischen Lebenserscheinungen, in grauenhaftem Zuge überall, und der Stempel des Zeitalters der Maschine, die dieses Zeitalter tyrannisiert, ist allen Gesichtern aufgeprägt. Aber in Deutschland hat eine absichtliche Verachtung der menschlichen, vor allem der männlichen Schönheit, ein trüber Kult des Häßlichen sich des Volkes bemächtigt."[67])

In den dreißiger Jahren stieg Berlin auf zum größten Eisenbahnknotenpunkt des Kontinents. Hier kreuzten sich die Schienen von Frankreich nach Polen und Rußland, von Skandinavien nach West- und Südeuropa und in den Orient. 4,3 Millionen Menschen lebten auf einer Fläche von 880 Quadratkilometern. War auch so mancher große Geist einst ungeduldig mit dieser Stadt umgegangen, so war sie doch allmählich in die Rolle der Reichshauptstadt hineingewachsen, die sie so unvermittelt hatte übernehmen müssen. In Jahrzehnten aber war sie gereift und trotz aller Unkenrufe zu dem geworden, was man ihr 1870 auferlegt hatte. War gelegentlich von „Berlinisierung“ anderer Städte die Rede gewesen, war damit nichts anderes gemeint als Entwicklungstempo, Bodenpolitik, Stadtplanung und Architektur der Reichshauptstadt von 1870 bis 1914.

Die Masse bestimmte den Pulsschlag dieser Stadt und ihr tägliches Bild. Die Masse an Behörden, Militär, Polizei. Aber auch die Masse an Künstlern, Schriftstellern, Journalisten, an Gaststätten, Verkaufsläden, Kaffeehäusern und Zeitungshändlern. Viele Berliner lasen täglich drei Zeitungen und mehr. Außer kommunistischen Zeitungen waren alle großen Blätter der Welt zu haben. 1936 fanden allein aus deutschen Verlagen mehr als 4000 Zeitungen ihre Leser. Theater und Film florierten. Von 1933 bis 1945 entstanden 1097 Filme, darunter Kunstwerke, die ihresgleichen bis heute suchen. Daß deutsche Filme nach der Stunde Null in Moskau und Washington wochenlang ausverkauft liefen, war wohl die beste Bestätigung. „Nationalsozialistische Weltanschauung darf keine Entschuldigung für künstlerisches Unvermögen sein“, sagte Goebbels einmal. Babelsberg war Hollywood ebenbürtig. Namen wie Viktor de Kowa, Willy Birgel, Viktor Stahl, René Deltgen, Carl Raddatz, Paul Richter, Albert Florath, Heinrich George, Heinz Rühmann, Theo Lingen, Renate Müller, Marika Rökk, Anny Ondra, Lil Dagover, Herta Feiler, Brigitte Horney, Kristina Söderbaum, Ilse Werner, Marianne Hoppe und Heidemarie Hatheyer und noch viele andere mehr waren zum Inbegriff der deutschen Leinwand geworden. Zarah Leander aus Schweden sang und spielte sich in die Herzen der Deutschen, und sie liebte dieses Land ihrer größten Erfolge. Es war eine Zeit, da die Künstler der Bühne noch Interpreten waren und die Regisseure noch Künstler, da die Stars noch Gesichter hatten und noch Stars waren.

Es war den Berlinern alles selbstverständlich in ihrer Stadt, nichts konnte sie sonderlich bewegen: nicht der mehrstöckige U-Bahnhof und nicht kühn geschwungene Brücken. Wenn jetzt, da reges Bauen angehoben hatte, ein neuer Repräsentationsbau fertiggestellt war, hatten ihn die Bewohner auch schon einverleibt. Die Zeit war es ihnen schließlich schuldig. Das Olympia-Stadion, Tempelhof, der größte Flugplatz der Welt, der gewaltige Umbau der Charlottenburger Chaussee in die „Ost-West-Achse", einer sieben Kilometer langen Prachtstraße, das gehörte jetzt eben zum neuen Berlin. Für die Bewohner der Reichshauptstadt nach wie vor nicht wegzudenken der große Drang in die Natur am Sonntagmorgen. Knatternde Rösser – hier meist das beste Stück mit wehenden Haaren auf dem Sozius. Strampelnde Radfahrer und auch Autos strebten ins Freie. Auf den Bahnhöfen der Stadtbahn und der Schnellbahnen wimmelnde Menschenmengen, die sich Zug um Zug hinaus in die Natur entführen ließen. In alle Himmelsrichtungen strömten die Menschen zu den duftenden Wiesen, zu Kiefernwäldern und an die Wasser der Umgebung. So war Berlin bei schönem Wetter am Sonntagvormittag vorübergehend aber regelmäßig zu einer stillen, nahezu verträumten Reichshauptstadt geworden.

Wer von draußen in die Stadt kam, spürte die Jagd nach Sensationen, sah das Tempo der Arbeit und die Hast des Weltstadtlebens, sah auch den Rausch der Vergnügungen. Zu allererst aber war die ernüchternde Gegenwart der Metropole, die Kehrseite dieser Stadt, die durch das Fenster des Eisenbahnabteils vor den Augen des anreisenden Besuchers abrollte: Gleisanlagen und Fabriken, geteerte Brandmauern, schwarzgraue Häuserschluchten, zweifelhafte Behausungen, Mietskasernen mit Fenstern unterschiedlicher Größen, vor den kleineren Klobürsten, Nachttöpfe und Putzlappen und anderes mehr. Das war der Empfang Berlins. In der Vorweihnachtszeit hingen an den Häuserblöcken, an eine Schnur gebunden, kopfüber die Nadelbäume unter den Fenstern, was dem Neuling für Augenblicke Rätsel aufgab. Doch es war wohl die einzige Möglichkeit, den künftigen Weihnachtsbaum ungestört und kühl zu lagern. Aber das war eben nur eine der „Rückseiten", wie sie andere Großstädte Europas ebenfalls aufzuweisen hatten. „Das Berlin der Vorkriegszeit", so schrieb Nicolaus von Below in seinen Erinnerungen, „kann sich heute kaum jemand vorstellen, der es nicht selbst miterlebt hat. Es war eine Weltstadt, die nicht nur deutsche, sondern auch ausländische Besucher angezogen hat. Seit im Sommer 1936 Berlin die Olympischen Spiele mit einzigartigem Glanz und großer Präzision ausgerichtet hatte, stand diese Stadt noch mehr im Blickpunkt der Welt."

In der Gegend um die Gedächtniskirche, im Vergnügungsviertel mit der Tauentzinstraße, wo die Schaufenster am elegantesten waren, da mußte der interessierte Spaziergänger besonders zur Sommerzeit hellhörig sein, wollte er unterscheiden, ob gerade Franzosen, Ungarn, Rumänen, Polen oder Engländer an ihm vorübergingen. Allein 1938 gab es dreiundachtzig internationale Kongresse auf deutschem Boden. Deutschland war zum begehrten Reiseland geworden. Hatte man 1932 reichlich zwei Millionen ausländische Übernachtungen gezählt, so waren es 1937 sieben Millionen. Die deutschen Universitäten genossen großes Ansehen in der Welt, diejenige in der Reichshauptstadt besonders. Ein ausländischer Akademiker war stolz darauf, wenn er wenigstens einige Semester in Berlin studiert hatte.

Da war es mit der Urheberschaft weiblicher Eleganz ganz anders. Daß Kleider Leute machen, wußte man nirgendwo in deutschen Landen besser als in Berlin. Aber es gab keine Berliner Mode, keine „aufwendige Verpackungstechnik", kein „empfohlenes Diktat" oder wie immer man die Mode nennen mag. Paris war immer noch das große Vorbild, und was dort längst zur Kunst aufgestiegen war, zählte hier immer noch zum Handwerk. Die deutsche Konfektionsindustrie lieferte in alle Welt, einen deutschen Modeschöpfer gab es nicht. Man wollte es jetzt anders, allein schon wegen der Devisen.

Elegante Damenschneidereien gab es in Berlin, da war auch Eva gelegentlich Kundin. Der Führer sah seine Gefährtin gern elegant. Aber: „. . . Uns fehlt es an Devisen wegen dieser Torheiten . . . die Frauen müssen unbedingt ihre Kleider im Ausland kaufen, sie wollen nicht einsehen, das man alles genauso gut in Deutschland fertigbringt. Sie wollen nur französische Parfums. Und wer hat das Eau de Cologne erfunden? Wir!"

Darüber konnte Eva großzügig lächeln. Es wäre ihr nicht in den Sinn gekommen, in Paris Kleider zu kaufen. Ihr genügte die Schneiderkunst der Firma Heise in Berlin, die ebenfalls nicht zu verachten war. Die Anproben fanden in Berlin oder, wenn es sich gelegentlich arrangieren ließ, auch auf dem Berghof statt. Italienische Schuhe aus Florenz liebte sie und Trachtengarderobe aus Salzburg. „Ihre Eleganz", so Traudl Junge, „spiegelte nicht Reichtum wider, sondern verriet guten Geschmack." „Ach, du hast ja ein neues Kleid an!" konnte Hitler oft wohlwollend sagen. Aber ebenso oft mußte Eva weniger wohlwollend erwidern: „Geh, das kennst du doch schon, das habe ich doch schon oft angehabt." Im Notfall griff sie zum Sparbuch, wenn es ihr um die Erfüllung modischer Wünsche ging. Niemals verlangte sie Geld von ihrem Gefährten, fand aber oft welches in einem Umschlag in ihrer Handtasche vor. Gelegentlich reichte sie Rechnungen auch an Bormann weiter.

Noch weniger als in Berchtesgaden bekam Eva in Berlin die Großen aus aller Welt zu Gesicht, die dem deutschen Kanzler ihre Aufwartung machten. Und es kamen selbstredend nicht nur Staatsmänner, hohe Militärs, Diplomaten, Kirchenfürsten, Künstler, Natur- und Geisteswissenschaftler aus dem Ausland in die Reichskanzlei. Auch die Schreiber waren neugierig, die Journalisten, und wollten sich überzeugen von dem „Ungeheuer", als das der Führer von Berufskollegen irgendwann einmal in einem Hinterwinkel der Erde beschrieben worden war. Auch jene Leute bekam Eva nicht zu Gesicht – Gott behüte – aber sie konnte sich von dem Ergebnis dieser Besuche überzeugen, konnte lesen, was diese Zeitungsmänner über ihren Führer schrieben, nachdem er sie empfangen und mit ihnen gesprochen hatte. „In England hört man oft", schrieb Viscount Rothermere in der „Daily Mail" am 13. Mai 1938, „daß Adolf Hitler ein ‚Menschenfresser' sei, nun möchte ich schildern, welch günstigen Eindruck ich von the Chancellor habe. Von ihm geht ein Geist der guten Kameradschaft aus. Er ist einfach, ungekünstelt und offensichtlich ehrlich. Stellt man Adolf Hitler eine Frage, so gibt er einem sofort eine Antwort, voll von Informationen und gesundem Menschenverstand. Es gibt keinen Menschen, dessen Versprechungen in irgendwelchen wichtigen Dingen sich ehrlicher nennen könnten. Er glaubt, daß Deutschland eine göttliche Mission zu erfüllen hat und daß das deutsche Volk berufen ist, Europa vor den Plänen des Kommunismus zu retten. Er hat große Achtung vor der Heiligkeit der Familie, der der Bolschewismus feindlich gesinnt ist."

Ein Jahr zuvor Ward Price in derselben Zeitung vom 21. September 1936: „England ist noch nicht aufgewacht zu der Erkenntnis dessen, was in Deutschland vor sich geht. Vor 150 Jahren veränderte die Französische Revolution die Geschicke Europas. Heute werden sie von Hitler verändert. Er hat der Zivilisation einen neuen Weg gewiesen. Nationen, die sich an die alte Methode klammern, werden zurückbleiben. Das Ziel des einzelnen Engländers ist persönlicher Erfolg, das der Nationalsozialisten Dienst am Vaterland. Die Führung ist es, die die deutsche Seele verändert und die menschlichen Motive auf ein höheres Niveau gebracht hat. Die persönliche Inspiration Hitlers hat das bewirkt. Ihre Wirkung ist eine ungeheuer gewaltige Macht, sowohl im militärischen als auch im moralischen Sinne, wird in dieser Nation lebendig, die nach dem Programm des Führers verwandelt worden ist. Das moderne Deutschland ist ein neues Fundament in Europa . . ."

„. . . Der Führer kommt mir mit ausgestreckter Hand entgegen", so Madame Titayna im „Paris Soir" am 25. Januar 1936. „Ich bin erstaunt und überrascht von dem Blau seiner Augen, die auf den Fotografien so aussehen, als ob sie braun wären. Ich bemerke, daß er überhaupt ganz anders aussieht als auf den Bildern, und ich ziehe die Wirklichkeit vor, dieses Gesicht, das erfüllt ist von Intelligenz und Energie und das aufleuchtet, wenn er spricht. Ich begreife in diesem Augenblick den magischen Einfluß, den dieser Menschenführer ausübt . . . Als ich wieder aufblicke, trifft mich die Stärke seines Blickes, die keine Legende ist."

Und der amerikanische Professor Vernon McKenzie am 20. August 1934: „. . . Wenn Deutschland volle Gleichberechtigung nicht nur in politischen Fragen, sondern auch in der Abrüstungsfrage verlangt, so erkläre ich frei und offen, daß dies Deutschlands volles Recht ist. Andere Völker haben zuerst den Versailler Vertrag gebrochen . . ."

In der Tat war es nicht das wirtschaftliche Elend allein gewesen, was unpolitische Bürger auf Hitler setzen ließ. Daß Deutschland wieder Ansehen in der Welt bekam, daß man diesem Staat fürderhin nicht mehr Fußtritte nach Belieben versetzen und jeder einzelne wieder stolz sein konnte auf das Land seiner Herkunft, das war nicht wenig, womit diese Regierung an Sympathie gewann. Kurzum: man war wieder wer, man war ein Deutscher, und das war in jenen Jahren nicht wenig. Gewiß waren die ausländischen Pressestimmen nicht einmütig, aber viele, wenn nicht gar die meisten, sangen Loblieder. Warum sollte da das Volk im eigenen Land und besonders in Berlin nicht jubeln? Berchtesgaden war der Ort der Privatperson Hitlers, in Berlin war der Aufstieg der Nation, des Landes und des Führers offen sichtbar. Hier könne er, so sagte Hitler einmal, auf das Privatleben seiner Umgebung keine Rücksicht nehmen. Er selbst nahm ja auch auf sein eigenes Privatleben keine Rücksicht. Insofern hatte Goebbels wenigstens zur Hälfte recht, wenn er in einer Rede kund tat, der Führer habe der Nation zuliebe kein Privatleben. Eva hatte darauf vor Hitler in Gegenwart anderer resigniert zitiert: „Ich bin kein Privatleben . . .“ Sie war das Private von Hitlers Privatperson, und so ist es kaum von der Hand zu weisen, daß es ihr nicht sonderlich gefiel, als Abseitsstehende in diesem „brodelnden Kessel der Lebensfreude und Lebenslust“.

Nach Italien reiste Eva immer wieder, genoß die Landschaft, genoß Rom im Augenschein der Tradition, der großen architektonischen und geschichtlichen Vergangenheit. Auch den Segen des Papstes holte sie sich bei einer Pilgeraudienz, brav im schwarzen Spitzenschleier, ganz Christin, ganz Kind der katholischen Kirche. Zweimal war sie nach Porto Fino gereist, einmal mit ihrer Freundin Kathl, ein anderes Mal mit Mutter und Schwester Gretl. Eine dieser Reisen über die Alpen genoß sie besonders, denn es war für sie keine gewöhnliche Italienreise. Es war der 2. Mai 1938, als sich in den Nachmittagsstunden eine Wagenkolonne von der Reichskanzlei zum Anhalter Bahnhof bewegte. Mit großem Gefolge aus Ministern, Parteiführern, Militärs, Diplomaten, Journalisten und noch vielen anderen reiste Hitler nach Rom. Es war eine Schar mit nahezu 500 Personen, und dazu gehörte auch Eva Braun. Mochten sich ihrer darüber Aufregung und Freude bemächtigt haben, ein anderes Ereignis wäre ihr mehr gewesen, hätte sie nur davon gewußt. Es war derselbe 2. Mai 1938, an dem Adolf Hitler, Führer und Reichskanzler des Deutschen Reiches, seine Gefährtin Eva Braun das erstemal schriftlich erwähnte. Hitler schrieb am Tag der Italienreise sein erstes privates Testament. Später erzählte er scherzend in kleinem Kreis, wie er dabei zu seinem Schrecken bemerkte, daß er das Schreiben nahezu verlernt habe. Warum er gerade an diesem Tag an seine Hinterlassenschaft dachte? Zeitweise fürchtete er Kehlkopfkrebs, da er längere Zeit heiser war. Aber Professor von Eycken stellte nur einen harmlosen Knoten auf dem Stimmband fest, den er ohne Komplikationen entfernte. Fürchtete er ein Attentat in Italien? Im März war

von einem rechtzeitig aufgedeckten Attentat auf der Fahrt durch Österreich gemunkelt worden. Möglicherweise dachte er deshalb spontan vor der Reise an seine Erben.
Viele Personen bedachte er in seinem Testament, seine Verwandten, das Personal, Adjutanten und Parteileute. Eva stand an erster Stelle: „An Fräulein Eva Braun – München auf Lebenszeit monatlich 1000,– (eintausend Mark) also jährlich 12000,– Mark."
Hitler habe kein Verhältnis zum Geld gehabt, so wird gelegentlich gemäkelt, deshalb diese bescheidene Summe an Eva Braun. An keinen der Erben hatte er mehr verteilt, auch nicht an seine Schwestern. Auf sein Gehalt als Reichskanzler hatte er von Anfang an verzichtet. Millionär war er mit seinem Buch geworden. Gemessen an seiner Stellung führte er ein spartanisches Leben. Und tausend Mark monatlich waren für einen normal lebenden Bürger nicht zu viel, aber auch nicht gerade wenig. Zu einem bequemen Leben reichte es allemal. Ein guter Arbeiter verdiente in jener Zeit 180,– bis 200,– Mark monatlich.
Nicht der materielle Vorteil nach seinem Tod wäre für Eva bemerkenswert gewesen. Allein daß er sie bedachte, daß sie noch dazu an erster Stelle stand, in einem Testament, das den Weg der Behörden gehen sollte und zunächst „Zuhänden des Ministers Lammers" ging, daß wäre ihr wohl ein untrüglicher Beweis seiner Liebe gewesen. Aber keinen Gedanken konnte sie haben von einem Testament ihres hohen Gefährten, als sie mit ihrer Reisegruppe den Zug über die Alpen bestieg. Ihre Reisegruppe, das waren Frau Dreesen, die Besitzerin des Rheinhotels in Bad Godesberg, mit ihrem Sohn Fritz, Schwester Gretl, Hitlers Begleitarzt Dr. Brandt mit Frau und Dr. Morell ebenfalls mit seiner Frau Hanni. Mit Dr. Theodor Morell hatte es seine Bewandtnis. Hugenottischer Herkunft, im oberhessischen Dorf Trais-Münzenberg geboren, nach dem Studium Schiffsarzt, im Ersten Weltkrieg Feldarzt, war er mit seiner Frau nach dem Krieg nach Berlin übergesiedelt. Mit seiner modernen Praxis in der Bayreuther Straße stieg er bald zum Prominentenarzt internationaler Kreise auf. Anfang der dreißiger Jahre zog er auf dem Kurfürstendamm in neue Praxisräume und behandelte fortan, obwohl gelernter praktischer Arzt, Haut- und Geschlechtskrankheiten. Auch hier blieb die Karriere nicht aus; auch hier gaben sich Patienten von Rang und Namen, besonders der Berliner Künstlerwelt, die

Klinke in die Hand. Leute aus der Flimmerwelt des Films gaben im Mai 1936 dem Parteiphotographen Heinrich Hoffmann ihren guten Doktor-Tip. Verständlich, wenn Hoffmann in seinen Erinnerungen nur von einer „schweren Krankheit" spricht. „Nierenbeckenentzündung" lautete Morells Diagnose, aber niemand sollte wissen, daß diese Krankheit von einer verschleppten Gonorrhöe gekommen war. Zur Behandlung kam der Doktor mit einem Flugzeug nach München, das Hitler zur Verfügung stellte, und bald war Besserung zu erkennen. Morell blieb vier Wochen zur Behandlung an der Isar, lernte den Kreis um Hoffmann kennen und damit auch Adolf Hitler; der hatte gerade seinen langjährigen Fahrer Julius Schreck verloren, ein alter Gefährte aus der Münchener Kampfzeit. Dazu Morells Freund Aloys Becker: „Herr Hitler war von Herrn Morell sehr eingenommen und bedauerte, daß sein eben erst verstorbener persönlicher Fahrer Schreck nicht von Morell behandelt worden war."

In Bogenhausen war es, im Haus der Familie Hoffmann, wo der Arzt Eva kennengelernt hatte, wo er auch seine Frau, die zu einer Stipvisite in München weilte, auf sie aufmerksam machte: „Du, diese Dame mit dem weißblonden Haar, das ist die Freundin des Führers."

Zu Weihnachten 1936 kamen Hoffmanns mit Ehepaar Morell für einige Tage zu Besuch auf den Berg. Das Arzt-Ehepaar logierte im Bechsteinhaus und spazierte täglich zum Berghof hinauf. Frau Morell erinnerte sich später: „Eines Tages, da haben sie alle gekegelt drunten auf der Kegelbahn, auch die Frau Hoffmann; da war so ein Ofen mit einer Ofenbank, auf der habe ich gesessen mit meinem Mann. Auf einmal ist Hitler gekommen und hat gesagt: ‚Morell, Moment!' Die beiden Herren schlenderten in den Wintergarten. Bormann und Brandt kamen herein, die hatten wahrscheinlich Alarm bekommen, wie ich mir gedacht habe. Die stürzten sich dann sofort auf den Wintergarten. Hitler hat sie dann gleich wieder rausgeschickt. Und da hat er meinen Mann ‚festgenagelt'!"

Von seinen Magenkrämpfen hatte Hitler gesprochen, vor allem aber von seinen Ekzemen an beiden Beinen, „so daß ich dauernd mit Verbänden gehen mußte und keine Stiefel anziehen konnte", wie er später berichtete. Andere Ärzte hatten ihn mit Hungerkuren traktiert, er war abgemagert und nicht gerade in bester Verfassung. Aber kein Arzt konnte ihm bisher helfen. In den nächsten Tagen untersuchte der Doktor den Kanzler gründlich: „In einem Jahr habe ich Sie wieder gesund, mein Führer." Damit hatte sich Morell an den Führer und Reichskanzler endgültig verdingt. Die Verlockung für den Arzt, seinen künftigen Weg an der Seite dieses Mannes zu gehen, war wohl auch zu groß gewesen. Da nützten die Argumente seiner Frau recht wenig, die zu ihm sagte: „Wir haben das nicht nötig. Wir brauchen hier nicht herzukommen. Wir haben unsere große Praxis in Berlin."

In Friedenszeit kam Morell in Abständen zur Behandlung von Berlin nach Berchtesgaden. Nach Kriegsbeginn wünschte ihn Hitler ständig in seiner Nähe. Hier war er der Eifersucht, den Intrigen und Schikanen des „Hofes" ausgesetzt, deren er sich nicht recht erwehren konnte und ihm viel Ärger brachten. Im Laufe der Jahre ließen sich viele Größen aus Regierung und Partei von ihm behandeln. Aristokraten der Wirtschaft und des Adels standen nicht nach.

Eva mochte ihn nicht sonderlich, den unförmig dicken, auch in der Pharma-Branche geschäftstüchtigen Doktor. Er war ihr zu schmuddelig, als Arzt zu unsauber. Bei Tisch fiel sein Appetit nicht nur optisch auf, sondern auch akustisch. Wenn sie sich in all den Jahren von ihm immer wieder behandeln ließ, so geschah das wohl mehr Hitler zuliebe, der auf ihn schwor, nachdem er tatsächlich die Flechten von seinen Beinen und ihm im Magen Linderung gebracht hatte. Interessant scheint auch noch ein anderes Urteil. Hitler hatte seinem Luftwaffen-Adjutanten geraten, sich von Dr. Morell untersuchen zu lassen. Nicolaus von Below tat es nur widerwillig, aber: „Ich war ganz überrascht, den Arzt Morell in seiner Praxis als einen ganz anderen Menschen kennenzulernen, als ich ihn sonst kannte. Das unappetitliche Äußere störte nicht mehr. Das Vertrauen zu einem gewissenhaften und passionierten Arzt gewann die Oberhand. Ich konnte jetzt besser verstehen, daß Hitler zu ihm Vertrauen hatte."

Beliebt war Morell besonders bei den unteren Dienstgraden, da er vom einfachen Wachsoldaten an als Arzt um jeden bemüht war, der ärztliche Hilfe nötig hatte.

Die weitere Behandlung Hitlers, besonders in den Kriegsjahren, ist freilich immer noch dem Streit der Mediziner ausgesetzt. Adolf Hitler muß eine besonders starke Konstitution gehabt haben, um die Behandlung Morells zu überstehen, sagen die einen Ärzte. Er war ein Scharlatan und hat nur Scheinbehandlungen durchgeführt, sagen die anderen. In der Tat verordnete er Präparate, die heute längst abgesetzt sind, und lange Zeit nahm Hitler ein Medikament unkontrolliert in Überdosis, das Strychnin enthielt. Mit häufigen Spritzen erzielte er momentane Erfolge, auf die Dauer angewendet aber, so wie er es tat, machte er damit seinen Patienten zum Wrack. Als Arzt lag es an ihm, das zu erkennen und seine Therapie zu wechseln; auch mit dem Risiko, von Hitler weggeschickt zu werden. Ein Arzt muß heilen, nicht aufputschen.[68])

Frau Hanni Morell mochte Eva ganz gern, hatte oft, während Dr. Morell beruflich auf dem Berghof weilte, mit ihr und Schwester Gretl Badeausflüge an die oberbayerischen Seen gemacht. Auch zu Dr. Brandt und dessen Frau Anni, geb. Rehborn, hatte sie guten Kontakt. War Eva auch nicht organisierte Sportlerin, so war es doch wohl der Sport, der die beiden Frauen von vornherein verband. Und die junge Frau Brandt, obwohl deutsche Schwimmeisterin, machte wenig aus sich, war ebenso einfach und bescheiden wie Eva selber.

So konnte sich Eva in ihrer Reisegruppe wohlfühlen, an einen Kontakt mit dem Führer war bei Empfängen und Veranstaltungen ohnehin nicht zu denken; und es waren deren viele, großartig und feierlich arrangiert.

Kurz nach 08.00 Uhr des 3. Mai vom Herzog von Pistoia, einem Vetter des Königs, auf dem Brenner begrüßt, traf Hitler im Sonderzug und mit Gefolge um 20.30 Uhr abends im Bahnhof Ostia in Rom ein. Viktor Emanuel III., Mussolini und Außenminister Ciano waren zur Begrüßung gekommen, alle drei in Uniform. In der königlichen Karosse fuhren Kanzler und König zum Quirinal. Am nächsten Tag begann der Ritus der Pflichtübungen aus Kranzniederlegungen, Empfängen, Paraden, Ansprachen und Festlichkeiten in wechselnder Reihenfolge. Am Abend des gleichen Tages fuhr der deutsche Sonderzug vom Bahnhof Termini ab nach Neapel. Hier stand die italienische Flotte zur Parade bereit, der eigentliche Grund der italienischen Einladung an die deutschen Gäste. Die Vorführungen der Kriegsschiffe begannen am 5. Mai, Spitzengast Hitler stand mit König, Kronprinz Umberto und Mussolini auf dem Panzerschiff „Cavour" und sah dem Schauspiel mit abschließender Flottenparade fasziniert zu.

Für Eva Braun und ihre Freunde war ein „Aviso" bestimmt, ein Schnellboot, das ihnen gute Sicht auf die Szene versprach. Auf dem Kai war das Gedränge groß. Die Italiener, ebenso überschwenglich wie disziplinlos, kümmerten sich wenig um die paar Deutschen, die sich zum Fallreep kämpften. Da plötzlich, niemand wußte wie und woher es kam, war Frau Dreesen an der Schulter verletzt. Auf dem Boot kümmerte sich Dr. Brandt darum, es war nur eine kleine Verletzung, gequetscht vielleicht oder mit irgendeinem Gegenstand aus Zorn über die Drängelei gestoßen. Das Tagesprogramm lief ungestört weiter. Das hinderte nach dem Krieg die blühenden Phantasien nicht daran, von einem Attentatsversuch zu reden, das Eva Braun gegolten habe.

Nachmittags eine Volkskundgebung auf der Piazza del Plebiscito mit großem Jubel für die deutschen Gäste, abends Bankett im Königlichen Schloß zu Neapel, gegeben von Kronprinz Umberto zu Ehren Hitlers. Danach „Aida" im Staatstheater San Carlo. Vom Bankett sah Eva sicher nichts; ob auch nichts von der Oper?

Die Flottenparade sei sehr schön gewesen, schrieb Eva nach Hause. „Leider habe ich eine Erkältung aufgeschnappt und ich bin heiser. Wir fahren morgen nach Taormina und nicht nach Capri . . ."

Während also der deutsche Kanzler nach Rom zurückfuhr, zur Militärparade und weiteren Veranstaltungen, während er Florenz besuchte, machten sich Eva und die Ehepaare Brandt und Morell selbständig noch ein paar schöne Tage. „Wir sind schließlich doch nach Capri gefahren, die Reise nach Taormina wäre zu anstrengend für mich gewesen."

Die Erkältung hatte, so scheint es, ihr doch etwas zugesetzt. Alles in allem schien ihr die Reise geglückt. In ihr Photoalbum schrieb sie: „Wir machen einen unerhörten Eindruck auf die Italiener, man macht mir den Hof, und wenn man von mir spricht, sagt man immer ‚La bella bionda'."

Für Eva war Italien stets mehr als ein geographischer Begriff gewesen. Sie reiste gern über die Alpen, und an Begleitung hatte es niemals gemangelt. Bei einer dieser Reisen nach dem Süden war sie umgeben von Anni Brandt, Frau Speer und Marion Schönmann. Auch Mutter Braun war mit dabei. Ein Bild zeigt die Damengesellschaft nahe der Via Appia in Rom auf einer kleinen Mauer sitzend. Eva im geschmackvollen Kostüm, ein adrettes Hütchen auf dem Kopf. Ein anderes Mal sah man sie in Venedig auf dem Markusplatz inmitten der zutraulichen Tauben zu Füßen und auf ihren Armen. Es war wohl zur Zeit von Filmfestspielen. War die eine oder andere dieser Reisen durch besondere Ereignisse bereichert, so waren sie niemals Mittel zum Zweck. Das Land der Musen, das romanische Hellas, die Landschaft, waren ihr Ereignis genug.

Für Schwester Ilse hatte das Land der blühenden Zitronen einmal eine kleine Episode zur Folge. Sie selber erzählte: „Anläßlich meiner Teilnahme an den Europa-Tanzmeisterschaften 1935 fuhr ich nach Italien, Österreich und Jugoslawien und hielt mich einige Zeit in Rapallo auf. Zufällig machte ich in La Spezia die Bekanntschaft eines italienischen Marineoffiziers. Ich habe schon immer eine Schwäche für die italienischen Offiziere gehabt. Es war ein Flirt ohne Bedeutung, aber nach meiner Rückkehr nach München bemerkte ich, daß ich beobachtet wurde und meine Post mit beträchtlicher Verspätung eintraf. Später erfuhr ich, daß meine Briefe photokopiert wurden. Ich beklagte mich bei Eva. Sie meinte: ‚Du bist übergeschnappt, altes Haus!‘ Aber dann ließ mich Brückner zu sich kommen und unterzog mich einem langen Verhör. Als er endlich zufrieden war, verriet er mir das Geheimnis: Himmler hatte mich beschuldigt, für die Italiener zu spionieren. Als man Himmler aufklärte, entschuldigte er sich mit der Bemerkung: ‚Wenn sie mich über die Stellung von Fräulein Braun informiert hätten, wäre dieses Mißverständnis vermieden worden.‘“ Bleibt noch zu bemerken, daß der deutsche Geheimdienst nicht grundlos den italienischen Offizieren mißtraute. Später, während des Krieges, als die deutschen Soldaten für Italien in Afrika kämpften, zur Unterstützung der italienischen Front, war Verrat an der Tagesordnung. Kaum hatte ein Geleitzug mit Waffen und Munition einen italienischen Hafen verlassen, ging ein Funkspruch nach London; gefunkt von einer Offiziersclique der italienischen Marineleitung. So erreichte oft nur ein Drittel und weniger des Kriegsgerätes, das andern Ortes den deutschen Soldaten entzogen worden war, die afrikanische Küste. Von den Menschenleben, die von den „Freunden“ dabei in den Tod geschickt wurden, ganz zu schweigen. Dafür wurde nach dem Krieg Admiral Maugeri von den Amerikanern mit dem Orden „Legion of Merit“ ausgezeichnet.

Bleibt weiter zu bemerken, daß Eva ihrer Schwester Ilse nicht vorbehaltlos Glauben schenkte. Anders als zu Gretl, war das Verhältnis zur älteren Schwester stets gespannt. So fest die Bindung an Gretl, so offen war sie zu Ilse, sofern von einer geschwisterlichen Bindung die

Rede sein konnte. Was war dafür der Grund? Der Unbill ging immer von Ilse aus. Schon zu Anfang hatte sie für die Freudin Hitlers nur Spott. War es Neid und Mißgunst, war es Unvermögen? Seit Dr. Marx, ihr Arbeitgeber, ausgewandert, war Ilse beim Journalismus untergekommen. Nicht grundlos mißtraute Eva ihrer Schwester in der letzten Phase des Krieges, da der Ausgang absehbar war. Was Ilse den Sensationshaschern nach dem Krieg über ihre Schwester lieferte, war nicht von Geschwisterliebe geprägt, ja nicht einmal von Sachlichkeit. Es ist auffallend, wie schnippisch Ilse ihre Schwester bei den Unterhaltungen geselliger Abende auf dem Berghof schildert. Viele andere Zeugen, bei solchen Anlässen stets zugegen, schildern Eva Braun und ihr Auftreten durchweg „bescheiden", „zurückhaltend" und „natürlich", was ihr stets von neuem Sympathien eintrug.

Eine Reise Evas spukt besonders in Gazetten und anderem Schrifttum herum. Da werden Einzelheiten geschildert, Begleitpersonen genannt, die davon nichts wissen, und sogar Kartengrüße zitiert von einer Reise, die es niemals gab: Die Reise nach Wien beim Einmarsch der deutschen Soldaten in Österreich am 11. März 1938. Jubelnd wurden sie empfangen an Landstraßen, in Dörfern und Städten, mit Blumen und überschäumender Freude. Eva erlebte nicht die wogenden Menschenmassen in Linz vor dem Hotel des Führers, nicht die unüberschaubare Menge auf dem Heldenplatz an der Hofburg in Wien, die begeistert und frohen Herzens den Worten ihres Landsmannes lauschte, der gekommen war, sie heimzuholen.

Unter ihrem Dach, so konnte sie sich sagen, hat sich Österreichs Regierungschef für Stunden aufgehalten, wenn auch der Betroffene ahnungslos geblieben war. Er wußte nicht, daß es sie gab. Wie er nach dem Krieg aussagte, bekam er niemals den geringsten Hinweis auf eine Gefährtin des deutschen Kanzlers. Er war auf den Berghof gekommen, am 12. Februar 1938, um dem Vorwurf zu entgehen, er habe die ausgestreckte deutsche Hand zu einer Zusammenarbeit zurückgewiesen, der österreichische Bundeskanzler Kurt von Schuschnigg. Auch er regierte autoritär und mit starker Hand, bekämpfte die Sozialdemokraten gleichermaßen wie die Nationalsozialisten, von denen viele in österreichischen Gefängnissen saßen. Am 1. Mai 1934 war in Wien eine autoritäre Verfassung in Kraft getreten, das Rückgrat hierfür bildete die „Vaterländische Front".

Und jetzt, am 12. Februar 1938, drängte der deutsche Kanzler den österreichischen unbarmherzig in die Enge. „Ich habe mit ihm deutsch geredet", sagte er später am 28. März bei einer Wahlkundgebung in Berlin. Nach der ersten Verhandlungsrunde kam das Mittagessen, und der Kanzler unterhielt sich mit den Gästen an seinem Tisch, als wären sie Freunde. Schuschnigg und sein Staatssekretär Dr. Guido Schmidt wunderten sich über die Wandlung des Umgangstones. Wenn es wahr ist, daß der deutsche Kanzler den österreichischen mit seinem Begleiter ursprünglich hungern lassen wollte, daß Eva, wie erzählt wird, ihrem Gebieter zuredete, seinen Gast als Gast zu behandeln, auch wenn es sein Gegner sei, dann hat dieser Gast von einer um sein leibliches Wohl bedachten Menschenseele nichts geahnt.

Schuschnigg war mit einem Abkommen vom Obersalzberg gegangen, das er nur widerwillig unterschrieben hatte. Am 16. Februar war dann eine Kabinettsumbildung in Wien bekannt geworden, und Hitler war damit zufrieden gewesen. Am 9. März jedoch rief Schuschnigg in Innsbruck unvermittelt und kurzfristig für den 13. März, einem Sonntag, zu einer Volksbefragung für die Unabhängigkeit Österreichs auf. Das sei in der österreichischen Verfassung nicht vorgesehen, sagte ihm Seyß-Inquart, neuer Innenminister und Freund Deutschlands. Schuschnigg kümmerte sich nicht darum und verständigte Rom, London und Paris. Berlin erfuhr davon nur über die Zeitungen und mußte in dieser Abstimmung obendrein einen Vertragsbruch sehen. Aber das war nur einer der Gründe, die zu dem überstürzten Einmarsch in Österreich Anlaß gaben. Die Volksstimmung war eindeutig für Deutschland, war es im Grunde seit 1918 gewesen, wo die Nationalversammlung in Wien für den Zusammenschluß mit Deutschland gestimmt hatte. Auf dem Balkon des Bundeskanzleramtes am Ballhausplatz hatten sich Mitglieder des sozialdemokratischen Kabinetts Dr. Renner gezeigt unter dem Transparent: „Großdeutschland unsere Zukunft". Renner selbst hatte am 6. September 1919 in der Nationalversammlung festgestellt: „Deutsch-Österreich wird niemals darauf verzichten, die Wiedervereinigung mit dem Deutschen Reich als das Ziel seiner friedlichen Politik zu betrachten." Aber nicht einmal die Bezeichnung „Deutsch-Österreich" ließ die Kleinkariertheit der Sieger zu, viel weniger die Verschmelzung dieses deutschen Volksstammes mit

seinem Mutterland. Das Selbstbestimmungsrecht der Völker, im Artikel 88 des Friedensvertrages von St. Germain, war mit Füßen getreten worden, sobald es sich um deutsche Belange gehandelt hatte. Den Österreichern wurde eine Abstimmung von den Siegern unter Androhung ihrer Aufteilung an die Grenzstaaten verboten.
Jahrhundertelang hatten die Habsburger die Kaiser des gemeinsamen Reiches gestellt, und die Querelen zwischen Österreich und den übrigen deutschen Landen waren bei Licht besehen immer nur innerdeutsche Querelen gewesen. Hindernis zu einem geeinten Reich waren die Fürsten gewesen, die Monarchen, von denen jeder bestrebt war, sein eigenes Süppchen zu kochen, und die von der Schüssel nicht weichen wollten. Die vielgerühmten Staufer hatten nicht wenig dazu beigetragen, die Macht des Kaisers zu schwächen, um die eigene Hausmacht zu erhalten. Das war es auch, was über Jahrhunderte dieses Reich so anfällig gemacht, und die anderen Staaten geradezu herausgefordert hatte, zuzuschlagen und sich zu bedienen. Aber auch Selbstzerfleischungen der deutsch-deutschen Kriege trugen dazu nicht wenig bei.
Hinderlich von österreichischer Seite waren freilich auch noch die slawischen Landstriche gewesen, die Balkanländer, die italienischen Besitzungen und auch Ungarn. Die Habsburger hatten sich im Zug der Zeit viel hinzugeheiratet. Aber alles das war nicht mehr, war seit dem Kriegsende 1918 hinweggefegt und zerstoben. Allein der Wille der Sieger diktierte diesen pervertierten Zustand zwischen Deutschland und Österreich.
Jetzt freilich zeigte sich der wahre Volkswille in der Donaumetropole und ihrem Umland an Straßen und Plätzen, in Dörfern und Städten. Es gab Verbrüderungsszenen, Freudentränen, Händeschütteln und Umarmungen, den Marschkolonnen der deutschen Soldaten kamen immerfort Blumen entgegen. Hier zeigte sich auch, daß Österreich nicht der „Fixpunkt" Europas war, wie Schuschnigg seinen Landsleuten in einer Rede am 24. Februar 1938 hatte weismachen wollen. Er vergaß, daß sein Volk aus deutschen Menschen bestand, welche die Kleinstaaterei der Fürsten und Fürstlein überwunden hatten.
Von Braunau, der Geburtsstadt Hitlers, berichtet Augenzeuge von Below: „Der Jubel war unbeschreiblich. Die Glocken läuteten. Die 120 km lange Fahrt von Braunau bis Linz glich einer Triumphfahrt. Wir kamen viel langsamer voran als gedacht. Die Landstraßen waren

von den Kolonnen der einmarschierenden Truppen belegt und in den Städten und Dörfern konnten wir uns nur mit Mühe durch die jubelnden Menschenmassen fortbewegen. Bei Dunkelheit trafen wir in Linz ein. Seit Stunden warteten die Menschen in den Straßen, um Hitlers Einzug mitzuerleben. Der Marktplatz war schwarz von Menschen. An Weiterfahren war nicht zu denken. Hitler mußte seinen Wagen verlassen und zu Fuß den Weg zum Rathaus nehmen. Seyß-Inquart empfing den Führer. Gemeinsam betraten sie den Balkon des Rathauses. Ich hatte die Möglichkeit, etwas abseits auf den Balkon hinaustreten zu können und wurde so Zeuge eines geschichtlichen Augenblicks, der einen tiefen und unvergeßlichen Eindruck auf mich machte. Die Glocken läuteten, die Heilrufe der Menschen wollten nicht enden . . . Aus Hitlers kurzer Ansprache spürte man seine tiefe Ergriffenheit."

Andere haben gesehen, wie Hitler auf dem Balkon in Linz still die Tränen kamen. Gedachte er der einstigen einsamen Spaziergänge in dieser Stadt? Schon Stunden hatte die Menge auf Hitler gewartet. „Nach Hause gehn wir nicht, bevor der Führer spricht", riefen sie immer wieder. „Möchten doch an diesem Abend hier einige unserer bekannten internationalen Wahrheitsforscher die Wirklichkeit nicht nur sehen, sondern später auch zugeben . . .", rief er den Linzern zu.

In Wien, der einstigen Metropole des Vielvölkerstaates, in dem nur achtzehn Prozent der Einwohner deutsch gesprochen hatten, dasselbe Schauspiel in vergrößertem Maßstab. Der Freudentaumel kannte keine Grenzen. Die „Neue Basler Zeitung" schrieb: „Die Szenen der Begeisterung, die sich beim Einzug Hitlers abspielten, spotteten jeder Beschreibung." Mitten unter jenen, deren Begeisterung jeder Beschreibung spottete, stand Unity Mitford. Sie wollte sich den Erfolg des Führers in Wien nicht entgehen lassen. Und im Rathaus bat der Wiener Bürgermeister: „Deutschland, nimm uns an dein heiliges Herz!" Hitler sprach vom Balkon der neuen Hofburg hinunter auf den wogenden Heldenplatz: „Als der Führer und Kanzler der deutschen Nation und des Reiches melde ich vor der Geschichte nunmehr den Eintritt meiner Heimat in das Deutsche Reich." In der Tat hatte er weder den Einmarsch, noch nach diesem den Anschluß geplant. Erst als die Auslandspresse zwar heftig zeterte, aber den „Anschluß" als geschehen hinnahm, erst da berief der Kanzler die Verwaltungsfachleute, die Eingliederung reibungslos zu vollziehen. In einer Volksabstimmung sollte die „Ostmark" ihren aller Welt bekundeten Willen bestätigen. Eine „Familienangelegenheit" ging nun endlich ihrer Lösung entgegen, nichts anderes war es schließlich gewesen.

Viele Empfänge gab es und viele Besucher. Sogar der Erzbischof, Kardinal Dr. Innitzer, machte Hitler im Hotel Imperial einen Huldigungsbesuch. Er hatte es zuvor in Wort und Tat mit Schuschnigg und seiner „Vaterländischen Front" gehalten. Jetzt aber freute er sich über die Vereinigung Deutsch–Österreichs mit dem Reich und versprach, mit seinen Katholiken kräftig am Werk des Deutschen Reiches mitzuhelfen. So erschien dann auch eine „Feierliche Erklärung", am 18. März, von Kardinal Innitzer und seinen Bischöfen unterzeichnet, worin die österreichischen Kirchenfürsten verkündeten: „. . . Am Tage der Volksabstimmung ist es für uns Bischöfe selbstverständliche nationale Pflicht, uns als Deutsche zum Deutschen Reich zu bekennen, und wir erwarten auch von allen gläubigen Christen, daß sie wissen, was sie ihrem Volke schuldig sind."

Wie schon 1933 in Berlin und ganz Deutschland, so tauchten auch jetzt in Wien und Österreich die Zeitgeistler auf. Es waren kaum die überzeugten, seit Jahren der NS-Partei angehörigen Leute, die sich nun als Radikalinskis gebärdeten. Es waren jene, die ihre Fähnchen nach dem Wind hängten, die seelen- und gewissenlosen, die jetzt zu Partei und SA eilten, die „Märzveilchen" von 1938. Sie hatten aufzuholen den alten Parteigenossen gegenüber, und sie taten es auch. Wie wunderte sich manch einer, der sich gestern noch mit Gegnern geschlagen hatte, die er heute plötzlich auf seiner Seite sah; oft genug emsig bemüht, die alten Anhänger im Eifer weit zu übertreffen. Auch Gauleiter Bürkel von der Saar war nicht der richtige Mann in Wien. Als er später abgelöst wurde, war bereits viel Porzellan zerschlagen.

In Leonding hatte Hitler das Grab seiner Eltern besucht und jetzt, in Wien, fuhr er hinaus zum Zentralfriedhof. Allein stand er am Grab Geli Raubals, seine wenigen Begleiter konnten ihn nur von weitem beobachten. Nicht jeder von ihnen wußte, was dieses Grab ihrem „Chef" bedeutete.

Am 15. März flog Adolf Hitler am späten Nachmittag zurück nach München; großer Jubel erwartete ihn dort wie auch am nächsten Tag in Berlin. Es ist nicht sicher, ob Eva ihn in der Wohnung am Prinzregentenplatz erwartete, ob sie ihn zu Gesicht bekam so unmittelbar nach seinem größten Erfolg. Vielleicht saß sie still irgendwo auf dem Berghof, fern dem Jubel, der Begeisterung, fern dieser bewegten Zeit. Denn diese bewegte Zeit war zugleich auch eine große Zeit. Das deutsche Volk fühlte es so, wie auch die Volksabstimmung am 10. April zeigen sollte. Nicht wenige der Menschen in Deutschland, die immer noch zögernd der Regierung gegenüber gestanden hatten, schwenkten jetzt auf den Kurs Adolf Hitlers ein. Die „Kritiker und Meckerer" schrumpften auf ein Minimum.

Für die Volksabstimmung hatte eine Wahlkampagne begonnen, die den Kanzler in acht Städte Deutschlands führte. Am 2. April sprach er in den Ausstellungshallen auf der Theresienwiese. Sah ihn Eva von weitem? Er reiste weiter in die „Ostmark", weiter von Wahlkundgebung zu Wahlkundgebung. „Ich möchte dem danken", sagte er am 9. April seinen Zuhörern in Wien, „der mich zurückkehren ließ in meine Heimat, auf daß ich Sie nun hineinführe in mein Deutsches Reich. Möge am morgigen Tage jeder Deutsche die Stunde erkennen, sie ermessen und sich in Demut verbeugen vor dem Willen des Allmächtigen, der in wenigen Wochen ein Wunder an uns vollzogen hat!"

Am nächsten Tag, dem 10. April, schrieben über 99 Prozent der Stimmberechtigten in Deutschland wie auch in Österreich „Ja" auf den Abstimmzettel. Eines der wenigen Ergebnisse, die selbst nach dem Krieg man ernstlich anzuzweifeln nicht wagte. Zu offen war in jenen Tagen die ureigenste Gesinnung der Menschen zur Schau getragen worden.

In Berlin war mittlerweile die Ruhe wieder eingekehrt. Die Führerstandarte wehte jetzt wieder häufiger auf dem Dach der Reichskanzlei. Sie kündete von der Anwesenheit des Führers ebenso wie das geschäftige Kommen und Gehen der Besucher.

Mit dem Regierungsstil Hitlers hatten sich jene, die es betraf, inzwischen abgefunden. Er war kein Mann des Schreibtisches, „von dringenden Unterschriften oder vom Mißbrauch als Sitzgelegenheit einmal abgesehen. Dieser etwas eigenwillige Stil", so schrieb Nicolaus von Below, „schriftliche Absichtserklärungen und Anweisungen zu vermeiden, schob der Umgebung, namentlich den Adjutanten, eine merkwürdige Mittlerfunktion zu. Wir nahmen Befehle und Anordnungen mündlich entgegen, hatten sie oft schriftlich niederzulegen und in praktische Anweisungen umzusetzen. Diese

‚Befehlsübertragung' fand in der Regel ohne Zeitverzug statt. Oft handelte es sich bei Hitlers Anweisungen um momentane Eingebungen, unfertige Ideen. Auslegungs- und Übertragungsfehler konnten folgenschwer sein. Auf diesem Boden entstand im Falle von Mißverständnissen oder Vergröberungen von Hitlers Absichten nahezu von selbst die für das Dritte Reich so typische Frage: ‚Hat das der Führer gewußt?' Hier lag die entscheidende Schwäche des ganzen Regierungssystems. Niemand vermochte hinterher mit Gewißheit zu sagen, was Hitler nun gewollt oder gemeint hat, wenn er dieses oder jenes mündlich anordnete und die ursprüngliche „Anregung" obendrein noch durch mehrere Hände ging . . . Das Vertrauen zu Hitler war allgemein, aber die Kritik an den sogenannten ‚kleinen Hitlers' weit verbreitet und nicht unbegründet."

Es kam jetzt auch die Zeit, da man einen Wandel an ihm bemerkt haben wollte. In den ersten Jahren nach der Machtübernahme habe er sich noch freier und ungezwungener gegeben, er gehe jetzt zuviel auf Distanz. Wer aber hielt von wem Abstand, das war hier die Frage. Waren in der ersten Zeit seiner Kanzlerschaft noch viele seiner alten Kämpfer, seiner Gefährten unter den Besuchern gewesen, die ihn nach wie vor mit „Herr Hitler" angesprochen und keine Scheu vor ihm gezeigt hatten, waren sie nach und nach weggeblieben. Sie hatten keine Aufgaben in Berlin, und die Regierungsebene so „hoch oben" war wohl manchem nicht gelegen. Mehr und mehr kamen neue Gesichter und sie sahen Hitler von vornherein auf hohem Podest, gaben sich unsicher und hielten von sich aus Abstand. „Hitler war von Natur aus nicht kontaktarm", erinnert sich Nicolaus von Below, „aber abhängig davon, wie man ihm entgegentrat. Er besaß ein sehr feines Gespür und eine gute Beobachtungsgabe für die Einstellung, mit der ihm die Menschen begegneten. Zu kontaktarmen Menschen hat er erst nach langer Zeit oder nie Verbindung gefunden."

Kamen noch hinzu die wachsenden Aufgaben in Politik, Wirtschaft und Wehrmacht, eine Gedankenwelt, die eine gewisse Zurückhaltung verständlich machte. „Trotzdem", so wieder von Below, „haben selbstbewußte Menschen, die von sich aus die Verbindung mit Hitler suchten und ihm gegenüber aufgeschlossen auftraten, auch weiterhin Kontakt zu ihm gefunden."

Abstand nach außen heißt ja immer auch Bindung nach innen. Nicht nur Bindung zur eigenen Seele, zum Innenleben, auch zu den eigenen

Mauern und zu dem, was sich darin aufhält, zur Frau. Aber das, was ihn nach außen zurückhielt, war es zugleich, oder dessen Ergebnis, was ihm die Zeit für ein Familienleben nahm. Und ein neues Problem bahnte sich wiederum an, ein Schwelbrand seit zwanzig Jahren, der mehr und mehr zum offenen Feuer auszubrechen drohte. Ein Ergebnis des Versailler Vertrages. In Berlin freilich wie im übrigen Reich herrschte eitel Sonnenschein. Noch war der triumphale Besuch in Italien zum Greifen nahe, erst recht der große politische Erfolg mit der Heimkehr Österreichs. So waren denn auch die Ostertage 1938 froh und unbesorgt und auch ein Lichtblick für Eva. Auf Einladung des Hausherrn fand sich eine große Gesellschaft auf dem Berghof ein, ganz privat, selbst die Adjutanten trugen Zivil. Da waren die Ehepaare Speer, Brandt, von Below und Morell. Selbstverständlich auch Bormann mit seiner Frau. Pressechef Dietrich, Heinrich Hoffmann und ein persönlicher Adjutant waren ebenfalls unter den Gästen. Marion Schönmann, in Wien aufgewachsen, jetzt in München lebend, zählte zum Damenreigen wie Evas Schwester Gretl und zwei Sekretärinnen. Es waren vier Tage harmonischen und problemlosen Lebens, wie meistens vor dem Krieg, auf dem Obersalzberg. Mit den Speers stand Eva ohnehin auf gutem Fuß, denn der Architekt hatte aus „einem gewissen Gefühl für ihre Lage" und der gemeinsamen Abneigung gegen Bormann bald Sympathie für sie empfunden. Bergtouren zu dritt waren nicht selten, und einmal war sie sogar eine Woche mit auf Urlaub in Zürs in Tirol, „wo sie unerkannt mit großer Leidenschaft bis in die Morgenstunden mit jungen Offizieren tanzte".

Zu den Ostergästen hatte Herta Schneider nicht gezählt. An jenem Karsamstag, dem 16. April 1938, hatte sie im Krankenhaus „Rotes Kreuz" in München ihr erstes Kind, Ursula, zur Welt gebracht. Sicherlich ging dieses Ereignis nicht spurlos an Eva vorüber. Wie ein Markstein auf ihrem Lebensweg muß es ihr erschienen sein, der sie freilich nicht daran erinnerte, wie erfolgreich die zurückgelegte Strecke war; der ihr vielmehr zum Bewußtsein brachte, daß sie auf einem Nebenweg wandelte, auf einem Pfad, auf dem es für sie kein Einschwenken gab, der keine Aussicht bot, der mit Versäumnissen, mit Opfern geschottert war. Im Mutterglück der Freundin von Jugend an, suchte wohl auch sie künftig so etwas wie Glück zu empfinden, wenngleich sie sich sagen mußte, daß es dafür keinen Ersatz gab. Die Freundin, verheiratet, konnte teilhaben am Erfolg ihres Mannes, konnte ganz einfach nur leben in der Tradition, war ein volles Mitglied in der herkömmlichen Gesellschaft. Aber um das allein zu erkennen, brauchte Eva nicht die Freundin als Beispiel. Es war eben nur eine Mahnung aus unmittelbarer Nähe. Es gibt Bilder, auf denen sie mit den Kindern Herta Schneiders zu sehen ist, diese Bilder sprechen eine beredte Sprache; sie sprechen mehr, als Worte schildern können. Rund um sich herum hatte Eva das „normale" Leben, und je normaler es sich abspielte, desto unnormaler mußte sie sich selbst vorkommen. Je größer ihr hoher Geliebter wurde, je mehr er von Erfolg zu Erfolg eilte, desto kleiner mußte sie sich ausnehmen neben ihm, der sie nicht mit nach oben zog. Gewiß, es war eine bewegte, ereignisreiche Zeit, die nicht zuletzt auch sie mit Stolz erfüllte, war sie es doch schließlich, die jenem Mann menschlich am nächsten stand, der die Blicke Europas und der Welt auf sich lenkte. Aber je ereignisreicher und bewegter, desto weniger war sie gefragt, desto weniger Zeit hatte er für sie.

Jenes neue Problem aber war gar nicht so sehr ein Problem des Deutschen Reiches, wohl aber eines deutsch sprechenden Menschen. Da hatten sich 1918 plötzlich 3,5 Millionen Deutsche in einem ihnen fremden Staat nach Kriegsende wiedergefunden, in einem neuen Vielvölkerstaat. Jene Krankheit also, an der das alte Österreich eben erst zerbrochen war, mußte der neuen „Tschechoslowakischen Republik" als Fundament dienen, um lebensfähig zu sein. Ein Widerspruch in sich, ein Bazillus, der das Ende dieses Staates von Beginn an vorzeichnete. Auch hier war 1918 Selbstbestimmung tabu gewesen, da es sich um deutsche Menschen gehandelt hatte. So war auch für die Deutschen in Böhmen und Mähren die alte Heimat Österreich verlorengegangen.

„Wir werden eine Art Schweiz sein", hatte der tschechische Unterhändler Benesch in St. Germain gesagt. Statt dessen hatten die Herren auf der Prager Regierungsburg, dem „Hradschin", nichts anderes im Sinn, als das Land der Nationalitäten zu einem Nationalstaat zu schmieden. Das konnte nur gelingen, wenn man die Minderheiten in ihren Rechten beschnitt. So waren die Deutschen in ihren geschlossenen Sprachgebieten in diesem neugeborenen Staat, diesem „Hort der Demokratie in der Mitte Europas" nur Menschen zweiter und dritter Klasse. Als am 4. März 1919 in verschiedenen größeren

Städten die Deutschen das ihnen versprochene Recht in friedlichen Demonstrationen gefordert hatten – von den Sozialdemokraten dazu aufgerufen – waren vierundfünfzig Tote, darunter auch Kinder und Frauen, und Hunderte von schwerverletzten Menschen auf den Pflastern liegengeblieben. Die tschechische Soldateska hatte auf Befehl der Regierung mit Maschinengewehren einfach hineingeschossen. Das war der Auftakt der „neuen Demokratie" gewesen. Der Wahn eines kleinen nationalisierten Volkes, das endlich groß sein wollte, kannte keine Grenzen. Den deutschen Bauern wurde Land genommen und den tschechischen gegeben. Deutsche Beamte mußten gehen, ohne Frage nach ihrem Fortkommen. Einer Vielzahl deutscher Schulen wurden die Pforten geschlossen. Dafür öffneten tschechische Schulen in deutschen Sprachgebieten ihre Tore. Für eine deutsche Schulklasse waren laut CSR-Gesetz vierzig Schüler gefordert, für eine tschechische dagegen nur vier. Auf deutschen Besitzungen sollten tschechische Dörfer entstehen. Eine Vertschechisierung also. In Prag plünderte der tschechische Mob deutsche und jüdische Geschäfte. Deutschen Betrieben wurden die Aufträge gedrosselt. In einer Fabrik nach der anderen schwiegen die Maschinen. Auch die Verlagerung sudetendeutscher Industrien in die tschechischen Sprachgebiete wußte man geschickt einzufädeln. Arbeitslosenversicherung gab es in diesem Lande nicht. Die Deutschen machten 28 Prozent der Bevölkerung aus, aber von 800 000 Arbeitslosen der Republik entfielen 500 000 auf die deutsche Minderheit. Es kamen somit 100 tschechische Arbeitslose auf 425 deutsche. Auch nach der Weltwirtschaftskrise steuerte die Wirtschaft der CSR weiter bergab. Dazu der stete politische Druck. Selbst jene Gruppen der Sudetendeutschen, die Benesch zuvor als Wahlhilfe gebraucht hatte, manövrierte er mit allen erdenklichen Tricks aus. Nirgendwo in Europa war zu jener Zeit der Chauvinismus größer als im Lande der Tschechen. Die Sudetendeutschen gingen einer kulturellen, geistigen und materiellen Verelendung entgegen. Ein soziales Problem also, verursacht durch den tschechischen Nationalismus, das dann wiederum einen nationalen Ausweg suchte. Ein Recht freilich war den Deutschen zugesprochen, ja sogar zur Pflicht gemacht: Väter und Söhne mußten in der tschechischen Armee ihren Dienst leisten, mußten den Fahneneid schwören, sollten gegebenenfalls auf ihre deutschen Brüder schießen.

Geblieben aber war jener Geist, der sie seit Jahrhunderten gelehrt hatte, unter dem Druck fremder Völkerschaften zu überleben. In der Partei Konrad Henleins, der„Sudetendeutschen Partei“, fand sich der große Teil der deutschen Menschen in Böhmen, Mähren und Sudetenschlesien in einer Schicksalsgemeinschaft zusammen. Hatten sie zuerst allein ihre Rechte in diesem Staat verlangt, mußte gewollt oder ungewollt mit den zunehmenden Drangsalen das Interesse an dieser unfriedlichen Republik erlöschen. Tausende Sudetendeutscher saßen in den Gefängnissen, während jenseits der Sudeten, des Erzgebirges, des Böhmerwaldes das aufstrebende Mutterland Deutschland in der Welt mehr und mehr Anerkennung fand. Daß der Regierung in Berlin das tschechoslowakische Desaster so willkommen war, wie das Licht einem Blinden, daß sie diese Gelegenheit zu einer günstigen Lösung weidlich nützte, das wird man keiner Regierung verdenken können. Denn Unrecht war nun einmal Unrecht, auch wenn es ein Diktator war, der sich anschickte, dieses Unrecht aus der Welt zu schaffen. Die Deutschen in Böhmen und Mähren konnten sich die Regierung nicht aussuchen, welche ihnen zum Recht verhalf. So wurde schließlich dieses deutsch-tschechische Politikum zum Politikum Europas. Die Siegermächte von 1918 begannen sich darum zu kümmern. Henlein reiste zuerst nach London, dann zu Hitler auf den Obersalzberg, wozu ihn die Engländer angehalten hatten. Das war am 22. Mai 1938. Drei Tage zuvor hatte die Tschechoslowakei mobilgemacht, grundlos, aus heiterem Himmel. Hysterie, Hektik und Nervosität in Böhmen und Mähren waren die Folge, auch die ersten Toten gab es unter den Sudetendeutschen. Kein Bürger in Deutschland war zu den Waffen gerufen worden, keine Kompanie stand an der Grenze, aber der englische Botschafter in Berlin erkundigte sich ernstlich bei General Keitel nach dem Umfang der deutschen militärischen Unternehmung. Aber das eben lag in der Absicht des tschechischen Staatspräsidenten Benesch. Nicht nur sein Land, hauptsächlich die Westmächte sollten nervös gemacht werden mit dem Hintergedanken, sie damit auf seine Seite zu ziehen.

Konrad Henlein berichtete nun über die Zustände in Prag und im Sudetenland. Es war ihm jeder Politiker recht, der dem Unrecht an seinen Landsleuten Gehör schenkte, regierte er nun in London, Paris oder Berlin. Im Januar 1938 hatte die Amsterdamer „Het Nieuwe Nederland“ geschrieben: „Die schändliche Behandlung der natio-

nalen Minderheiten muß im Interesse des Friedens beseitigt werden, wie auch mit der Beneschclique abgerechnet werden muß . . ."
Aber während in den Sommermonaten die Diplomatie der europäischen Mächte Frankreich, England und Italien ihre Aktivitäten anlaufen ließ und Ratschläge brachte, zeigte sich die Tschechoslowakei alles andere als der Lage gewachsen. Zu schlecht war das Gewissen der Herrscher auf dem Hradschin, um der Zukunft gelassen entgegensehen zu können. Militärische Besetzung der deutschen Gebiete, Standrecht, Nervosität, begleitet von einer Brutalität gegen die deutschen Bewohner, was sich gelinde gesehen nur mit Terror bezeichnen ließ. Es erscheint heute geradezu lächerlich, das tschechische Horden über deutsche Jugendliche herfielen, die weiße Kniestrümpfe trugen, sie verprügelten und die Strümpfe mit Schuhcreme schwärzten. Denn ein weißer Strumpf war „deutsch". Schmerzlicher dagegen waren die Morde an den Deutschen, die für eine aufgeputschte Soldateska sowie die Gendarmerie bei jeder sich bietenden Gelegenheit mehr und mehr zur Pflichtübung wurden. Die grenznahen Bewohner begannen über die grüne Grenze nach Deutschland zu fliehen. Dabei schlug ihnen tschechisches Maschinengewehrfeuer entgegen, ja sogar mit Artilleriebeschuß mußten sie rechnen. Von Tag zu Tag mehrten sich die Toten. Die sudetendeutschen Zeitungen unterlagen der tschechischen Zensur und erschienen mehr und mehr mit weißen Flächen.
England hatte einen Kundschafter an die Moldau geschickt. Lord Runciman reiste durch das Sudetenland und berichtete zu Hause unter anderem: „Selbst in dem sehr späten Zeitpunkt meiner Mission habe ich auf Seiten der tschechoslowakischen Regierung keinerlei Bereitwilligkeit gefunden, den Beschwerden der Sudetendeutschen in auch nur angemessenem Ausmaß abzuhelfen . . . Jede Art von Volksabstimmung halte ich hinsichtlich dieser überwiegenden deutschen Gebiete für eine Formalität. Die große Mehrheit der Bevölkerung wünscht die Vereinigung mit Deutschland. Ich bin daher der Ansicht, daß die Grenzbezirke von der Tschechoslowakei unverzüglich an Deutschland übertragen werden sollten."
Am 16. September 1938 kam der englische Premierminister zum deutschen Kanzler nach Berchtesgaden und am 22. des selben Monats noch einmal nach Bad Godesberg. Krieg oder nicht Krieg, das war hier die Frage. Am nächsten Tag Generalmobilmachung der Tsche-

choslowakei mit nach außen demonstrativer Entschlossenheit zum Krieg. Jetzt bezog auch auf deutscher Seite die Wehrmacht ihre Bereitstellungen. Am 28. schlug Mussolini zur Lösung aller Probleme eine Viererkonferenz vor – den Anstoß dazu hatte er aus London bekommen –, und schon am 29. kamen sie: Chamberlain aus London, Daladier aus Paris und Mussolini aus Rom. Der deutsche Kanzler hatte die Staatsmänner in den Führerbau nach München geladen. Die Fahrt durch die Stadt glich einem Triumphzug. Herzlich und warm schlug ihnen der Willkommensgruß der Münchener Bevölkerung entgegen. Das fiebernde Europa blickte nach München. Im Grunde waren sich die Mächte längst einig. Wie die Abtrennung ohne Reibung vor sich gehen sollte, war Hauptgegenstand der Verhandlung. Was in Bad Godesberg zugrunde gelegen, sollte jetzt noch zur Praxis reifen. Schließlich hatte am Ende sogar Benesch seinen Geheimboten Necas am 15. September nach Paris geschickt mit der Kunde, daß er zu Gebietsabtretungen bereit sei. Das freilich nur, wenn sein Angebot streng geheim bleibe.
Gegen Mitternacht wurde das „Münchner Abkommen" verkündet, auf Volksabstimmung war angesichts der erdrückenden Tatsachen verzichtet worden. Nicht einmal Benesch hatte sie gefordert, ja sogar seinen Freunden davon abgeraten, da sonst auch die anderen Minderheiten danach verlangt hätten. Alle diese Männer auf dem Hradschin waren Chauvinisten, waren Nationalpolitiker, aber keine Staatsmänner. Das war es, was dieser Republik als Vielvölkerstaat das Rückgrat gebrochen hatte. Und so begann am 1. Oktober 1938 der Einzug der deutschen Soldaten im Sudetenland. Nicht aber Geschosse fanden ihr Ziel, nicht die Soldaten warfen Handgranaten, sondern auf sie selbst ging ein Regen ungewöhnlichen Ausmaßes nieder, ein Blumenregen. Sie besetzten dieses Land in einem „Blumenkrieg". Und es flossen Tränen bei den Einwohnern dieses Landes, Freudentränen. Es gab ergreifende Szenen, welche die einziehenden deutschen Soldaten immer wieder neu erschütterten. „Führer, wir danken Dir", in diesen Worten auf den Transparenten, über die Straßen gespannt, lag alles, was diese Menschen sagen wollten. Vier Jahre Weltkrieg und zwanzig Jahre unzulängliche, ja böswillige Politik hatten die Sudetengebiete arm gemacht, was manchem aus dem „Altreich" erst jetzt die Augen aufgehen ließ. „Wir

treten zum Beten vor Gott den Gerechten / Er schaltet und waltet ein strenges Gericht. Er läßt von den Schlechten die Guten nicht knechten. Sein Name sei gelobt / Er vergißt unser nicht." So sangen die erlösten und jetzt dankbaren Menschen vom Kind bis zum Greis in ihren Dankgottesdiensten in den Kirchen. Was aber will der französische Botschafter François-Poncet einem Beobachter aus dem tschechischen Kabinett in München gesagt haben, als er weinend das Ergebnis des Abkommens zur Kenntnis nahm: „Glauben Sie mir, das alles ist nicht endgültig. Es ist nur ein Augenblick in der Geschichte, die anhebt und bald alles in Frage stellen wird."[69])

Am Morgen des nächsten Tages, da das Münchner Abkommen zustande gekommen war, hatte Chamberlain den Führer in seiner Wohnung am Prinzregentenplatz noch einen Besuch gemacht, ihm einen Entwurf vorgelegt und um Unterschrift gebeten. Ein ganz persönliches Anliegen Chamberlains war es gewesen. Sein Entwurf ging weit über die Abmachungen im Führerbau hinaus mit der gegenseitigen Zusicherung, niemals wieder gegeneinander Krieg zu führen. Nachdem Hitler davon Kenntnis genommen, hatte er spontan und freudig unterschrieben. Es war jenes Blatt Papier, das Chamberlain der jubelnden Menge bei seiner Ankunft auf dem Flugplatz in London zeigte. Die Hauptstadt Großbritanniens hatte ihn stürmisch gefeiert als den Friedensbringer der Welt, der König hatte ihm persönlich zu seinem Erfolg beglückwünscht. Anders das Unterhaus. Churchill und seine Kriegspartei machten den Abgeordneten klar, „daß wir ohne Krieg eine schwere Niederlage hingenommen haben . . ."

Die „Times" schrieb am 4. Oktober 1938: „Der erste tchechoslowakische Staat ist zugrunde gegangen mit der Politik, aus der er geboren wurde. Er hätte niemals einen Krieg überlebt, und sein Untergang ohne wirklichen Krieg erfolgte automatisch. Er war zum Untergang bestimmt, als seine größte Minderheit genügend Rückhalt im Ausland fand." Am nächsten Tag lasen die Briten in derselben Zeitung: „Es ist weiter nichts geschehen, als daß man von der Tschechoslowakei eine Bevölkerung abgetrennt hat, die ihr niemals hätte ausgeliefert werden sollen und auf die sie keinen moralischen Anspruch erheben konnte."

Die Nationalversammlung in Paris hatte mit 535 zu 75 Stimmen für das Abkommen gestimmt, und in London war trotz Churchills

Angriffsrede mit 366 gegen 144 Stimmen dafür gestimmt worden. „Es war für England unmöglich“, so Lord Halifax, „die Waffen zu ergreifen, um die Durchführung des Selbstbestimmungsrechtes eines Volkes von dreieinhalb Millionen im Wege einer Abstimmung zu verhindern.“ Allein für Churchill und seine Gesinnungsfreunde war das eine „schwere Niederlage“. Dieser Hitler hatte ihm nun doch etwas zuviel von jener „Willens- und Geisteskraft“ entwickelt, wie er sie vor nicht allzu langer Zeit seinem englischen Volk, sollte es in eine Lage kommen wie das deutsche, noch gewünscht hatte. Man müsse Deutschland zerschlagen, diesmal aber endgültig, das war das Bild seiner Zukunft.

Die Zusammenführung war den meisten Deutschen als wahres Märchen erschienen, als Tagtraum. Für jene Mächte, die ein großes Deutschland auf den Weltmärkten schon jetzt deutlich zu spüren bekamen, war das nichts anderes als ein „Amoklauf“. Wie zur Bestätigung brach die unglückselige Nacht über das Deutsche Reich herein, jene Nacht vom 9. zum 10. November 1938, die als „Reichskristallnacht“ in die Geschichte einging. Synagogen brannten, die Schaufenster jüdischer Geschäfte klirrten. Die Polizei mußte viele Juden vorübergehend in Schutzhaft nehmen, um Schlimmeres zu verhindern. Göring, als Beauftragter des Vierjahresplanes, schimpfte über den Verlust des Volksvermögens, Hitler, gerade in München, war voller Zorn, befahl dem Polizeipräsidenten, Freiherrn von Eberstein, mit allen Mitteln gegen Brandstifter und sonstiges Gesindel vorzugehen und diesen „Wahnsinn“ zu unterbinden. Nach einem langen Telefongespräch mit Goebbels ließ er sich nicht mehr sehen. „Hitlers Verhalten“, berichtet Adjutant von Below, „sich nicht zu zeigen, war immer ein Beweis für eine Verärgerung über Vorgänge, von denen er nichts gewußt hatte. Die Brandstiftungen in den Synagogen und die Zerstörung von jüdischen Geschäften hat er scharf verurteilt.“ Ein wenig schimmerte hier durch von jenem, was ein stiller Beobachter in jenen Jahren einem Freunde schrieb: „Die Herrschaft Hitlers ist nicht mehr allein eine Herrschaft Hitlers. Man könnte manchmal meinen, er sei zu einer Nebenfigur oder vielmehr zu einem Aushängeschild geworden.“[70])

Daß Goebbels gelegentlich in den Kreis der Verdächtigen geriet, die an dem Debakel nicht unschuldig sein sollten, war zwar schlecht zu verhindern aber ebensowenig begründet. „Das Ganze ist ein grober

Unfug", so hatte man von ihm vernommmen. „So kann man das Judenproblem auf keinen Fall lösen. So nicht. Man macht sie ja nur zu Märtyrern."

Die Reaktionen des Auslandes, die Unglaubwürdigkeit der deutschen Regierung als Folge, mußten auch ihn peinlich berühren. Das Vertrauen in diese Regierung mußte nun im Ausland für Jahre geschwunden sein. Gab es hier gar Kreise, die in diese Aktion bewußt mit eingestiegen waren, um gerade das zu bewerkstelligen? Vom Ausmaß des wirtschaftlichen Schadens abgesehen, war der politische Rückschlag des Deutschen Reiches nicht zu ermessen. Wem aber nützte es? Hatte die Ursache gar etwas mit der Wirkung zu tun? Da war am 7. November 1938 in der deutschen Botschaft in Paris der siebzehnjährige Jude Herschel Grynzspan aufgetaucht. Als vermeintlicher Bittsteller wurde er zu Legationssekretär vom Rath geführt, hatte eine Pistole gezogen und zweimal auf den deutschen Beamten geschossen. Vom Rath war seinen Verletzungen erlegen. Die Gründe für diese Tat sind eindeutig nie geklärt worden. Als Folge aber war es dann zum Pogrom, zur „Reichskristallnacht" gekommen. Nach dem Krieg tauchten Vermutungen auf, ja Spuren glaubte man zu erkennen. Den Zionisten sei der Auswanderungswille der deutschen Juden nach Palästina zu lasch gewesen. Gewiß, es gab jüdische Auswanderungsbüros, von deutschen Behörden unterstützt, es gab sogar Jugend-Lager, vom „Palästina-Amt" organisiert, in denen Jugendliche landwirtschaftliche Ausbildung für Palästina, einem künftigen Staat Israel, erhielten.

In jener abscheulichen Nacht gab es in mehreren Städten mysteriöse Anrufe bei Amtswaltern und Behörden, die zum Pogrom aufforderten; von Anrufern, die anonym blieben oder sich mit falschen Institutionen gemeldet hatten, wie sich später herausstellte. Nach dem großen Scherbenhaufen aber stieg die Auswanderungswelle steil an bis zum Ausbruch des Krieges. Von da an war kein Land mehr gewillt, Menschen jüdischen Glaubens aufzunehmen. Jenes Schiff ist keine Legende, das sich schon auf See befand und von Küste zu Küste, von Land zu Land fuhr und seine lebende Fracht nicht los wurde. In keinem Hafen durften die Auswanderer an Land gehen. Schon 1938 gab es nicht wenige Länder, die keine Juden mehr aufnahmen. Selbst den Juden polnischer Staatsbürgerschaft in Deutschland versperrte die polnische Regierung den Weg für eine

Rückkehr. Für die australische Regierung war „ein jüdischer Einwanderer schon zuviel" gewesen. Auch von einem Krieg war schon sechs Jahre vor dem Kriege die Rede gewesen. Die Erklärung dazu war am 24. März 1933 im Londoner „Daily Express" in großer Überschrift erschienen: „Das Judentum erklärt Deutschland den Krieg". „. . . Juden der gesamten Welt schließen sich zusammen . . . um den Wirtschafts- und Finanzkrieg gegen Deutschland zu erklären . . . Das Erscheinen des Hakenkreuzes als Zeichen eines neuen Deutschland rief den Löwen von Juda, das alte Kampfsymbol der Juden, auf den Plan . . . Deutschland wird einen hohen Preis für Hitlers Judengegnerschaft zu zahlen haben . . . In Europa und Amerika sind Pläne zu einem Gegenschlag gegen das Hitlersche Deutschland gereift . . . Deutschland ist auf dem Geldmarkt, wo der jüdische Einfluß beträchtlich ist, hoch verschuldet . . . Druckmaßnahmen jüdischer Bankiers sind eingeleitet worden . . ." Das und der Aufruf, deutsche Waren auf dem Weltmarkt zu boykottieren, sind nur wenige Sätze; und sie glichen in der Tat nicht den Geboten Gottes, wie sie der leibhaftige Moses vom Berg Sinai heruntergebracht hatte. Diese „Kriegserklärung" von 1933 läßt vermuten, daß ein Krieg für Deutschland, verschuldet oder unverschuldet, verloren war, noch ehe er begonnen hatte.

Trotz allem war das Jahr 1938 für den Gefährten Eva Brauns zum erfolgreichsten seit dessen Machtantritt geworden. Das „Großdeutsche Reich" war entstanden, war geboren ohne einen Tropfen Blut auf der Seite des „Altreiches". Die Sudetendeutschen hatten ihren Blutzoll nicht im Kampf entrichtet, sie waren meuchlings ermordet worden, aber es hatte keinen Krieg gegeben. Der Kanzler konnte unter dem Strich eine Bilanz ziehen, wie so schnell keiner vor ihm. Vielleicht tat er das auch in dem Sanktuarium, zu dem das Zimmer Geli Raubals geworden war. Seit ihrem Tod hielt er sich bis Kriegsbeginn alljährlich am Heiligen Abend im Zimmer Gelis auf, in dem nichts verändert werden durfte. Dort ging er in sich, gedachte seiner Nichte und wohl auch dessen, was sich seit ihrem Tod Unglaubliches ereignet hatte.

So mußte Eva auch an diesem besinnlichen Abend des Jahres auf ihn verzichten. Ohne ihn zündete sie die Kerzen ihres Lichterbaumes in der Wasserburgstrasse an, mit Schwester Gretl, mit Freunden, mit Bekannten. Manchmal nutzte der Kanzler den Nachmittag dieses Tages und packte eigenhändig die letzten Geschenke ein. Einmal entschlüpfte er den Hauswachen am Prinzregentenplatz und schlenderte mit seinem Diener unerkannt durch den stillen Heiligen Abend Münchens. „Was gibt es schöneres", war er einmal Bormann in Gesellschaft über den Mund gefahren, der davon gesprochen hatte, Kirchenlieder in der Truppe zu verbieten – „Was gibt es schöneres als ‚Stille Nacht, heilige Nacht'?" Wer so etwas verbieten möchte, versündige sich an der Kultur und möge sich schämen. Er, Bormann, sei ein Banause und wisse nicht wovon er rede.

So sah ihn Eva erst wieder zu den Feiertagen, mit der Vorfreude auf den Silvesterabend. Auch Schwester Ilse sollte diesmal dabei sein. Jahrelang war ihr der Führer nicht besser bekannt als der Bevölkerung allgemein, obwohl die Gelegenheiten sich niemandem besser boten als ihr. So stand sie an diesem Silvesterabend des Jahres 1938 aufgeregt in der Bibliothek des Berghofes und lauschte. „Warte hier", hatte Eva gesagt, „ich werde dich dem Führer vorstellen." Sie schämte sich plötzlich ihres Kleides, das sie zu einem Tanzturnier getragen hatte, das ihr jetzt mit einem Mal zu kurz vorkam. Aber da stand er schon vor ihr, im Frack, nahm ihre Hand, führte sie an seine Lippen, sah sie fest an und machte ihr ein Kompliment: „Aber die Schwestern Braun sind ja alle Schönheiten." Sie möge sich bei ihm wie zu Hause fühlen, auf seinem Berg, den er über alles liebe.

Ilse Braun hatte sich die Erscheinung des Führers „wesentlich markanter vorgestellt", trotzdem brachte sie zunächst kein Wort heraus und fühlte, als er sie erneut ansah, wie ihr der Schweiß ausbrach. Weiter berichtete Ilse: „Von einigen Ausnahmen abgesehen, gehörten die Gäste zu der Lieblingsgruppe Hitlers. Unter etwa dreißig Personen war nur das Ehepaar Schmeling, der Ex-Boxweltmeister und seine Frau, die tschechische Filmschauspielerin Anny Ondra, einer breiteren Öffentlichkeit bekannt. Ferner waren anwesend die Ärzte Dr. Morell und Dr. Brandt mit ihren Damen, Reichspressechef Dietrich, seine Mitarbeiter Lorenz und Berndt, Frau Macdonald, die Freundin des verstorbenen Fahrers Schreck, von Hasselbach, ein weiterer Arzt, die Zahnärzte Blaschke und Richter, Martin Bormann und sein Bruder Alfred, von dem man sehr wenig sprach. Alfred Bormann war ein Adjutant Hitlers, teilte aber nicht die Ansichten seines Bruders Martin, der ihn in der Öffentlichkeit wie einen Dienstboten behandelte. Aber getreu seiner Devise ‚teile und herrsche' behielt Hitler ihn dennoch in seiner Umgebung. Unter den übrigen Gästen befanden sich weitere Adjutanten, Brückner, Schaub, von Puttkamer, Albrecht, Engel, von Below, Schmundt, der Photograph Hoffmann, Frau Bormann und die Frauen einiger dieser Herren; ferner die Sekretärinnen Wolf, Schroeder, Daranowsky, Evas Freundinnen Marion Theissen mit ihrem Verlobten Schönmann und Herta Schneider, der Daimler-Benz-Direktor Werlin und meine Schwester Gretl."

Es war Silvester, die einzige Festlichkeit des Jahres auf dem Berghof. Große Portionen Kaviar standen auf der Tafel. Hitler aß ihn leidenschaftlich gern – bis er eines Tages zufällig den Preis erfuhr. Von da an durfte die delikate Speise nicht mehr auf den Tisch. Auch Sekt war da. „Nach dem Essen fand ein Feuerwerk statt. Der Haushofmeister Willy Kannenberg, eigens aus Berlin geholt, um die Festlichkeit zu arrangieren, verriet mir, daß das Ganze 94,50 RM gekostet habe, was mir übertrieben schien, denn es gab lediglich ein paar armselige Raketen, die sich mühsam über die Terrasse erhoben. Getanzt wurde nicht, denn Hitler verabscheute das Tanzen. Eva hatte vergeblich versucht, ihm wenigstens den Walzer beizubringen, als sie unter sich waren."

Punkt zwölf krachten die Böllerschüsse der Berchtesgadener Gebirgsschützen. Hundertfach hallten die Berge im Dunkel der Nacht die laute romantische Kunde vom neuen Jahr wider und trug sie weit durch das Tal. Kaum war das letzte Echo verhallt, erklangen die Glocken des Berchtesgadener Landes. Mahnend drang das vielstimmige Geläute hinauf auf den Obersalzberg. Die Gesellschaft lauschte stumm und ergriffen. Drüben, auf der österreichischen Seite, leuchteten die Neujahrsfeuer.

Im Vorzimmer nahm Hitler die Glückwünsche entgegen, dann beteiligte er sich auch am Bleigießen. Vielleicht war er mit seinen Figuren nicht zufrieden; bald saß er vor dem Kamin und blickte sinnverloren ins Feuer. Eva beobachtete ihn sorgsam. Ahnte er, was niemand ahnen konnte, daß dies das letzte Neujahrsfest im Frieden war?

Eine Abordnung der Gebirgsschützen kam, bedankte sich für die großzügigen Pulverspenden des Führers und wünschte Glück. Als Hitler und Eva sich von der Gesellschaft verabschiedet hatten, lockerte sich die Atmosphäre unter den Akkordeonklängen Kannenbergs; Sekt und Kognak trugen dazu noch bei. An diesem Silvesterabend war es auch, da Christa Schroeder ihrem Chef einen Brief von Gretl Slezak mitgebracht hatte. Beflügelt durch einen kleinen Schwips, brach sie „in Lobeshymnen über Gretl Slezak aus, die sehr nahe einem Kuppeleiversuch angesiedelt waren. Restlos überzeugt, daß er meine Ansicht teilen müsse, sagte ich dann abschließend: ‚Die Eva ist doch nichts für Sie, mein Führer!'

Anstatt mir diese impertinente Bemerkung übelzunehmen, blickte er mich amüsiert an und sagte wörtlich: ‚Aber sie genügt mir!'"

Morgens lag der Berghof wieder still im weißen Winterkleid der Hügel und Berge. Schnee war für Eva ein belebendes Element. Nicht so für Hitler. Das blendende Weiß vertrugen seine Augen nur schlecht, seitdem er 1918 durch englisches Nervengas vorübergehend erblindet war. Für Skifahren hatte er kein Verständnis. Als Eva einmal mit ihren Brettern über die Zeit ausgeblieben war und es bereits zu dunkeln begann, war seine Sorge groß. „Wenn ich was zu sagen hätte", so meinte er, „würde ich diesen Sport verbieten." Da war ihm der Sommer in seinen Bergen ungleich lieber. Aber als dieser sich behutsam und nur zaghaft mit den ersten Sonnenstrahlen anzukündigen begann, gab es von neuem Unruhe in der Tschechoslowakei. Im karpato-ukrainischen Landesteil gärte es. Die Zentralregierung in Prag war verunsichert und bekam es mit der Angst. Sie setzte die slowakische deutschfreundliche Landesregierung unter Dr. Tiso am 10. März 1939 ab und verhängte das Standrecht in Preßburg und noch einigen anderen Städten. Die Garantiemächte kümmerten sich darum kaum, dieser Vielvölkerstaat hatte abgewirtschaftet, von welchem Blickpunkt auch immer. Es war auch nicht verborgen geblieben, daß sich seit dem Münchner Abkommen die Methoden der Tschechen gegenüber der deutschen Volksgruppe in Böhmen und Mähren nicht geändert hatten. Auch in der Karpato-Ukraine waren die Unruhen nicht grundlos ausgebrochen. Die fortgesetzte deutschfeindliche Politik ließ wie bisher Diplomatie und Klugheit vermissen. Am 21. Januar 1939 hatte Reichsaußenminister von Ribbentrop dem tschechischen Außenminister Chvalkowsky wissen lassen, daß es zu „katastrophalen Auswirkungen" führen könne, wenn die „jüngsten Tendenzen" ihren Fortgang nähmen. Das sei genau das, hatte Chvalkowsky erwidert, was er dem tschechischen Ministerrat ständig vortrage.

Freilich war selbst einem Dr. Benesch klar, daß die Tschechoslowakei ohne die deutschen Gebiete, ohne das Sudetenland also, weder politisch noch wirtschaftlich weiterleben konnte. Und Dr. Hacha, zuvor Präsident des Obersten Gerichtshofes der Tschechoslowakei, von tschechischen Volksvertretern zum Staatspräsidenten gewählt, war nicht glücklich auf seinem Stuhl. Er war den Schwierigkeiten von innen und außen nicht gewachsen; am allerwenigsten aber einem Aufbegehren der verbliebenen Völkerschaften in seinem Staat, einer Krise also, die auszuufern drohte. So fuhr der tschechische Staatspräsident am 14. März 1939 nach Berlin. Dr. Hacha war zu Hitler und Göring gekommen mit der Bitte um Schutz und Ordnung für seinen Vielvölkerstaat. Das wurde selbst später vor dem Nürnberger Tribunal widerspruchslos zur Kenntnis genommen.

Am 15. März 1939 zogen deutsche Soldaten in die Tschechoslowakei ein. Die tschechischen Soldaten blieben in ihren Kasernen. Vom Hradschin in Prag verkündete Hitler das „Protektorat Böhmen und Mähren", die Slowakei wurde ein selbständiger Staat.

Was für Hitler dabei noch zählte: Den „Flugzeugträger" für England, Frankreich und Rußland sah er nun beseitigt. Denn bereits 1936/37 waren sowjetische Verbindungsoffiziere in Prag aufgetaucht, die mit tschechischen Generalstäblern über die Stationierung sowjetischer Flugzeuge berieten, um von tschechischem Boden gegen Deutschland starten zu können.

Das Schicksal des Vielvölkerstaates kümmerte die künftigen westlichen Gegner wenig. Aber es war ein weiterer Erfolg Hitlers, ein weiterer Schritt beim Aufstieg Deutschlands. „Wenn Hitler Erfolg hat", so Sir Robert Vansittart im „Foreign Office", „wird er binnen fünf Jahren einen Krieg bekommen." Und Churchill bereits 1934: „Deutschland muß wieder besiegt werden und diesmal endgültig."

In Prag war Eva nicht dabei, wenngleich anderswo behauptet. Ein Bild in ihrem Album, das den Kanzler an einem Fenster des Hradschin zeigt, ist kein Beweis. Auch den Angehörigen ist von einer Reise an die Moldau nichts bekannt. Was sollte sie auch in einem Prag, das in jenen Tagen einem Lager Wallensteins glich, da obendrein der scheidende Winter noch einmal kräftig zuschlug mit Schneestürmen und Frost.

Die Osterfeiertage mit eingeschlossen – Karfreitag war der 7. April – kam der Kanzler wieder für längere Zeit auf den Obersalzberg. Zuvor hatte er noch Pflichtaufgaben bei der Marine in Wilhelmshaven gehabt, und in den Abendstunden des 1. April 1939 das KdF-Schiff

„Robert Ley" zu einer Kreuzfahrt bestiegen, der Besuch Helgolands mit eingeschlossen. Zwanglos und frei hatte er sich auf dem Schiff unter den Urlaubern bewegt, zu deren Begeisterung. Er hatte die ursprüngliche Fahrt um einen Tag verlängert, so gut hatte ihm der „Urlaub" in dieser Atmosphäre gefallen.
Auf dem Obersalzberg aber hatte Eva jetzt einen versonnenen, nachdenklichen Gefährten, der sich seines „geliebten Berges" nicht so recht erfreuen konnte, was sich selbstredend auch bei ihr niederschlug. Polen wollte keine exterritoriale Auto- und Eisenbahn durch den Korridor dulden, wollte die deutsche Stadt Danzig nicht zum Reich gehörend wissen, wandte sich England zu und wurde – von der Inselregierung bestärkt – mehr und mehr anmaßend. Wie eine reife Frucht, so hatten die Polen stets offen verkündet, müsse ihnen unter dem Zwang der Umstände Ostpreußen zufallen.
Der 20. April, der 50. Geburtstag Hitlers, brachte viel Jubel in Berlin und eine große Parade der Wehrmacht auf der „Ost-West-Achse". Dann wollte er sehen, wie das Volkswagenwerk in Fallersleben wuchs, wo vor einem Jahr der Grundstein gelegt worden war. Robert Ley hatte viel Kritik einstecken müssen von Experten, die in dem Unternehmen nur „Größenwahn" sahen und es nicht für durchführbar hielten. Danach war im Juli „Theaterwoche" in Wien, ein Besuch am Grab Geli Raubals eingeschlossen. Rückreise über Linz und einige kleine Ortschaften seiner Jugendtage. Endstation am 12. Juni wieder Berchtesgaden. Und jetzt auch wieder ein grüblerischer Regierungschef.
In diesem Sommer schnupperte auch Eva Seeluft. Von Mutter und Schwester Gretl begleitet, kreuzte sie mit dem Urlauberschiff „Wilhelm Gustloff" von der KdF-Flotte in der Nordsee und bewunderte die Naturschönheiten der norwegischen Fjorde. Es war jenes 25000 Bruttoregistertonnen große Schiff, das im Dienste des Roten Kreuzes sechs Jahre später, überladen mit 6000 Menschen, von drei russischen Torpedos getroffen ein entsetzliches Schicksal ereilen sollte. In Gotenhafen an Bord gegangen, um der Umzingelung der roten Soldateska zu entgehen, fanden 5348 Frauen, Kinder und Greise, darunter gebärende Mütter, in der Nacht des 30. Januar 1945 in den eisigen Fluten den Tod. Die russischen U-Boote hatten völkerrechtswidrig angegriffen. Eine Schiffskatastrophe, die jene der Titanic im Jahre 1912 weit übertraf.[71])

Auf dem Berghof erlebte Eva die Spannung über Fortschritt und Ergebnis der Verhandlungen in Moskau, die von einer Delegation unter Außenminister von Ribbentrop geführt wurden. Der Nichtangriffspakt mit der UdSSR löste in Deutschland und der Welt Erstaunen bis Entsetzen aus.

Mehr und mehr indessen hatten die Polen Danzig wirtschaftlich abgeschnürt. Meldungen über Greuel an Deutschen in Westpreußen und Oberschlesien mehrten sich. Das war keine Propaganda, es waren ernste Berichte aus der deutschen Botschaft in Warschau und von den Konsulaten in Polen.

Am 24. August brach Hitler auf vom Berghof nach Berlin. Wie lange er zu bleiben gedenke, wann sie mit seiner Rückkehr auf „den Berg" rechnen könne, fragte ihn Eva besorgt. „In zwei oder drei Tagen", sagte er nur. Indessen waren ihr die fiebernden letzten Tage nicht entgangen. Das stete Kommen und Gehen von Politikern und Diplomaten, die häufigen Besprechungen mit Oberbefehlshabern und Generälen, die gereizte Atmosphäre auf dem Berghof allgemein und die Nervosität Hitlers: Das alles war auch an Eva nicht unbemerkt vorübergegangen und hatte sie ernst und nachdenklich gemacht.

Am 1. September 1939, morgens um 04.45 Uhr, überschritten deutsche Soldaten die polnische Grenze. Es war Krieg. Und es war die letzte Entscheidung Hitlers, die er aus freiem Willen traf. Von nun ab geschah alles unter dem Druck, diesen Krieg nicht zu verlieren. Alles was er bis zum Ende unternahm, unterlag dem Zwang der Ereignisse. Es lag nicht im Interesse der Gegner, diesen Krieg zu beenden, auf den sie schon lange gewartet hatten. Es gab kein Entrinnen mehr. Zu jeder Zeit hätte er mit Hitler Frieden schließen können, brüstete sich Winston Churchill 1945 in Potsdam. Das aber war das Allerletzte, was er wollte. Und in Amerika war 1936 von General Wood zu hören gewesen: „Wir werden Hitler den Krieg aufzwingen, ob er will oder nicht."

„Es soll keine Entbehrungen für Deutschland geben, die ich selber nicht sofort übernehme", sagte Hitler vor dem Reichstag am Vormittag des 1. September 1939. „Mein ganzes Leben gehört von jetzt ab erst recht meinem Volke! Ich will jetzt nichts anderes sein als der erste Soldat des Deutschen Reiches! Ich habe damit wieder jenen Rock angezogen, der mir selbst der heiligste und teuerste war. Ich werde ihn nur ausziehen nach dem Siege – oder – ich werde dieses Ende nicht mehr erleben!“

Eva saß am Radio, hörte seine Worte, und es dürfte wahr sein, daß ihr dabei die Tränen über die Wangen rollten, sie ihr Gesicht in den Händen vergrub. Sein Leben war auch ihr Leben. Sollte ihm etwas zustoßen – hatte ihr Leben dann noch einen Sinn? In jenen Tagen war es wohl, da diese Frage erstmals und drohend vor ihr stand wie eine unüberwindliche Mauer. Plötzlich, von einer Stunde zur anderen, waren die bisherigen alltäglichen Sorgen zu lächerlichem Kleinkram geworden, waren umgeschlagen in Bangen und Hoffen und Angst. Was war jetzt noch eine lange Wartezeit, ein Zweifel an seiner Liebe, was ein eingebildeter Verdacht auf eine andere Frau? Um sein Leben sorgte sie sich jetzt, wie auch viele Mütter bangten und litten um ihre Söhne, viele Schwestern um ihre Brüder, viele Frauen um ihre Männer. Es war Krieg, in den ersten Stunden noch unfaßbar, und die Menschen jubelten nicht. Was würde die Zukunft bringen? Was war mit all den weiteren Friedensplänen? Groß und umfassend war für dieses Reich geplant. Das begann mit dem sozialen Aufbau, mit dem Bau von Arbeiterwohnungen über das ganze Reich. Arbeiter waren für ihn „hochwertige Menschen“. Am stärksten habe er das einmal beim Stapellauf der Tirpitz gesehen: „Eine Arbeiterschaft war das von wahrem Adel.“ Die soziale Fürsorge stand erst am Anfang. Kultur- und Erholungsstätten, Brücken- und Straßenbauten, der Ausbau der Städte und noch vieles mehr, um das Leben in diesem Lande lebenswerter zu machen, waren keine Utopien, die dem Menschen vorgegaukelt wurden.

Die vergangenen Jahre waren Beweis genug. „Wenn Hitler 1937 am vierten Jahrestag seiner Machtergreifung gestorben wäre“, schreibt John Toland in seiner Hitler-Biographie, „dann wäre er – unbeschadet der großen wirtschaftlichen Krise – als einer der größten Deutschen in die Geschichte eingegangen.“ In ganz Europa hatte er Millionen von Bewunderern . . . In Zeitschriften und Zeitungen verteidigte Bernhard Shaw Hitler . . . Auch der bekannte schwedische Forscher Sven Hedin war Hitlers erklärter Anhänger. Er schrieb: „Hitler besitzt eine nicht zu bändigende Leidenschaft für die Gerechtigkeit, einen weiten politischen Horizont, einen unfehlbaren Weitblick und ein aufrichtiges Verständnis für die Wohlfahrt seiner Mitbürger.“

„Ein Mann", so Hedin wörtlich, „der im Zeitraum von vier Jahren sein Volk aus dem tiefsten Abgrund zum Selbstbewußtsein, zum Stolz, zur Disziplin und zur Macht gebracht hat, verdient die Dankbarkeit seiner Mitbürger und die Bewunderung der ganzen Menschheit."

Waren da die Deutschen wirklich ein Volk von Verrückten, die Irrläufer Europas, wie man ihnen nach der Stunde Null weismachen wollte? Die Wilhelminische Ära hatte es nicht fertiggebracht oder auch nicht für nötig befunden, den Arbeiter in eine funktionierende Gesellschaft mit einzubeziehen. Die Weimarer Republik, ob sie wollte oder nicht, lud Elend und Last des verlorenen Krieges auf seinem Rücken ab. Sozialismus, dem Volk angepaßt, zusammen mit nationalem Denken war beiden Systemen fremd gewesen, obwohl lange vor Hitler von einigen großen Denkern geträumt. Weshalb sollten da die unmittelbar Betroffenen anders denken als das Ausland? Mit Argusaugen aber hatte Churchill, der Marineminister des Ersten Weltkrieges, und seine Lobby den Aufstieg Deutschlands beobachtet. Unerträglich schien ihnen die deutsche Konkurrenz auf dem Weltmarkt.

Und innen? Es gab keine Straßenschlachten mehr, keine Notverordnung, keine dreiundzwanzig Parteien, die sich bis aufs Blut bekämpften. Was allein innerhalb von sechs Jahren für die Jugend getan wurde, findet bis heute kein Gleichnis. Es war auch jenen Elementen das Handwerk gelegt worden, die sich auf Kosten einzelner oder der Allgemeinheit zuvor ihre Taschen zu füllen wußten. Dubiose und skrupellose Geschäftemacher, Politiker der gegnerischen Parteien, die sich mit Hilfe ihrer Stellung persönlich bereichert hatten. Politischen Gegnern, deren Verhalten korrekt gewesen war, wurde kein Haar gekrümmt, bezogen eine gute Pension. Beispiele dafür gab es genug, Adenauer und der Sozialdemokrat Severin stehen hier für andere. Es waren auch jene Jahre, da der Arbeiter dieses Landes erstmals mit „Urlaub" vertraut worden war und mit dem, was ihn zum seelischen und körperlichen Erneuerungsprozeß machte: mit Ortswechsel, mit Erholung und allen dazugehörigen Annehmlichkeiten, mit kleinen und großen Reisen. Der 1. Mai, zuvor ein Tag des Klassenkampfes, wurde für alle der „Tag der Arbeit" und damit Feiertag. All das, was heute selbstverständlich ist, ja zum Alltag gehört, war in jenen Jahren neu. Dazu waren freilich auch Arbeit und Brot Voraussetzung gewesen. Nicht die Aufrüstung führte zur Belebung der Wirtschaft in jenen Jahren, so erkannte der britische Historiker Taylor in einer Studie, sondern die Befreiung von in jener Zeit üblichen wirtschaftlichen Grundsätzen. Im Januar 1933 hatte es 6,019 Millionen Arbeitslose gegeben. Zu dieser Elendszahl kamen noch drei Millionen Kurzarbeiter und die vielen Erwerbslosen in Land- und Hauswirtschaft, die aus der Arbeitslosenversicherung ausgeschlossen waren. Die Unterstützungen der Versicherungen hatten dem einzelnen kaum zum Überleben gereicht. Bereits im Juni 1933 war das Heer der Beschäftigungslosen um mehr als eine Million kleiner geworden. Und es ging weiter:

am 31. Dezember 1933 4,059 Millionen
am 30. Januar 1934 3,773 Millionen
am 30. Juli 1934 2,880 Millionen
am 31. Januar 1935 2,947 Millionen
am 30. Juni 1935 1,710 Millionen
im Frühjahr 1938 507000 Arbeitslose.

An der Autobahn arbeiteten verschiedentlich sogar schon Ausländer. „Ich habe Sie lange nicht verstanden", hatte der päpstliche Nuntius Baffallo di Torregrossa schon bei der Grundsteinlegung zum „Haus der Deutschen Kunst" gesagt. „Ich habe mich aber lange darum bemüht. Heute verstehe ich Sie."

Konnte das Volk nicht zufrieden sein? Zufrieden mit sich selbst und seiner Regierung? Schließlich war es eine Gemeinschaftsleistung gewesen jener Menschen, die dieser Regierung vertraut hatten. Und jener, der an der Spitze stand, er konnte zufrieden sein mit dem, was geworden war, mit seiner politischen Heimat und deren Menschen. Und er konnte zufrieden sein mit seiner ganz persönlichen Heimat und diesem einen Menschen. Dieser eine Mensch war ja, wie er es wünschte, kein „politischer Blaustrumpf". Eva war niemals Mitglied der NSDAP, las niemals den „Völkischen Beobachter". Den „Münchner Neuesten Nachrichten" blieb sie zeitlebens treu, besonders der Leitartikel hatte es ihr angetan. Es kümmerte sie wenig, daß eine ihrer Freundinnen Halbjüdin war, die mit ihrer Mutter in München ein Antiquitätengeschäft betrieb. Bis zuletzt zählte diese junge Frau zu ihrem Freundeskreis. Genauso wenig durfte es ihren Gefährten kümmern, wenn sie ihn vor versammelter Tischgesellschaft darauf aufmerksam machte, daß seine Krawatte nicht zum Anzug passe. Und wenn er Uniform trug, dann fand sie, er könne „nicht immer wie ein Wachposten" herumlaufen. Eine modische, eng anliegende Uniform hätte sie gern an ihm gesehen. Hitler aber zog eine bequeme Kleidung der Mode vor. Als Gefährtin an der Seite eines Mannes, dessen außergewöhnliches Leben außergewöhnliche Liebe forderte, hatte sie sich die weiblichste aller weiblichen Eigenschaften zum Sinn ihres Lebens erkoren: einen Mann – diesen Mann glücklich zu machen; ehrlich und ausschließlich. Dafür waren die zurückliegenden Jahre Beweis genug.

DÄMMERUNG

„Der deutsche Angriff auf Polen", schrieb Nicolaus von Below, „war in den Augen der Masse des deutschen Volkes nicht der Beginn des Krieges, sondern die Bereinigung des Versailler Vertrages. Erst mit der englischen und französischen Kriegserklärung am 3. September 1939 begann für die Deutschen der Krieg."

Freilich: in achtzehn Tagen war Polen besiegt und in vier Wochen der Feldzug beendet. Die Massaker durch die Polen an der wehrlosen deutschen Zivilbevölkerung in Posen und Westpreußen, bei denen die aufgehetzten seelenlosen Kreaturen auch vor Frauen und Kindern nicht zurückschreckten, sind keine Märchen. Die deutschen Soldaten fanden die verstümmelten Leichen zuhauf. Sie fanden verstörte Menschen in Kellerlöchern, die weder glauben noch begreifen konnten, daß deutsche Soldaten vor ihnen standen.

Die Sowjets hatten Ostpolen besetzt und von den Gefangenen einige tausend Offiziere ermordet. Eines der Massengräber wurde später bei Katyn gefunden und geöffnet.

„. . . Doch ein schneller Schlag gegen die Polen", sagte der sowjetische Außenminister Molotow am 31. Oktober 1939, „zuerst durch die deutsche, und dann durch die Rote Armee, und nichts blieb übrig von diesem Wechselbalg des Versailler Vertrags, dessen Existenz auf der Unterdrückung nichtpolnischer Minderheiten beruhte. Die Beziehungen zwischen Deutschland und anderen bürgerlichen Staaten Westeuropas waren in den letzten zwei Jahrzehnten in erster Linie von den Bemühungen Deutschlands bestimmt, die Ketten des Versailler Vertrages zu brechen, dessen Urheber Großbritannien und Frankreich unter aktiver Mitwirkung der Vereinigten Staaten waren. Daraus hat sich letzten Endes der jetzige Krieg in Europa entwickelt." Und am 29. März 1940 derselbe Mann: „Es liegt heute klarer denn je zu Tage, wie weit die wirklichen Ziele der Regierungen dieser Mächte von der Absicht entfernt sind, das zerfallene Polen oder die Tschechoslowakei zu verteidigen. Dieser Krieg wird geführt, um Deutschland zu schlagen und zu zerstückeln, obwohl man dieses Ziel gegenüber den Volksmassen mit den Losungen von der Verteidigung der Demokratie und der Rechte der kleinen Völker bemäntelt."

Polen war also besiegt, aber was nun? So unglaublich das heute klingt: Während Englands und Amerikas Rüstung auf Hochtouren lief, wurde ein Teil der deutschen Streitkräfte demobilisiert, die Rüstungsproduktion gedrosselt. Auch die Vorbereitung für die Massenproduktion einer völlig neuen Raketenwaffe ließ Hitler stoppen, da er „nach dem Sieg über Polen keine Raketen in diesem Krieg mehr brauchen wird". Die deutsche Regierung hoffte auf ein Einlenken Englands, am 6. Oktober bot Hitler Frankreich und England den Frieden. Was aber sollte England mit einer Friedensofferte Hitlers jetzt, da es Deutschland endlich soweit hatte? Das Kriegsende bestimme er, ließ Churchill verlauten. Von Machtpolitik war er so besessen, wie er diese Hitler vorwarf. Deutschland konnte ja immer noch die Revision des Versailler Unrechtsfriedens ins Feld führen. Es waren jene Monate, über die Rüstungsminister Speer am 29. März 1945 an Hitler schreiben wird: „Wir haben durch Bequemlichkeit und Trägheit ein Jahr kostbarer Zeit für Rüstung und Entwicklung vertan und damit die Grundlage dafür gegeben, daß in den entscheidenden Jahren 1944/1945 vieles zu spät kam. Jede Neuerung ein Jahr früher, und unser Schicksal wäre anders . . ."

Am 19. Juli 1940 wird die deutsche Regierung noch einmal die Hand des Friedens bieten: Churchills Antwort: „Die Absicht S.M. Regierung, den Krieg gegen Deutschland mit all ihren zur Verfügung stehenden Mitteln fortzuführen, ist so unabänderlich, daß wir alle den Untergang in der gemeinsamen Katastrophe vorziehen würden, als in unserer Pflicht wankend zu werden."

Nach dem englischen Abenteuer 1982 auf den Falkland-Inseln kam im Unterhaus zur Sprache, daß man Argentinien so wenig einen Weg offengelassen habe wie 1939 der deutschen Regierung.

Für den neuen Premierminister Churchill war der Krieg ohnehin nur ein Spiel, das man lächelnd spielen müsse. „Blut, Schweiß und Tränen", hatte er seinem Volk versprochen, und dieses Volk hatte in einer Demokratie diese Verkündigung genauso hingenommen wie das deutsche Volk sich opferbereit gezeigt hatte. Und derselbe Churchill, er wird in einer Botschaft vom 28. April 1948 Stalin klarmachen: „Weder wir noch die Amerikaner haben irgendwelche militärischen noch sonstigen Interessen an Polen . . . ich kann Ihnen insbesondere versichern, daß wir in Großbritannien niemals eine rußlandfeindliche Regierung anstreben oder sie tolerieren werden."

In einem lange verschollenen Brief des gestürzten Oberbefehlshabers des Heeres, Generaloberst Werner Freiherr von Fritsch, an die Baronin Schutzbar-Milchling vom 11. Dezember 1938 heißt es: „Es ist eigentlich merkwürdig, daß so viele Menschen trotz der doch unbestreitbaren gewaltigen Erfolge des Führers in diesem letzten Jahr mit wachsender Sorge in die Zukunft sehen. Herrn von Wiegands Brief hat mich interessiert. Ich darf ihn wieder beifügen. Leider muß ich fürchten, daß er recht hat, wenn er von dem gewaltigen Haß, der einen großen Teil der Welt gegen uns erfüllt, geschrieben hat."

Zu diesem großen Teil zählte Churchill und seine Kriegspartei, zählte auch Roosevelt, wenngleich er bisher in der Lage gewesen war, seine wirklichen Absichten seinem Volk und der Welt zu verheimlichen. „Ich fühle mich so einsam ohne einen Krieg", bekannte Churchill nach 1945, und ausgerechnet er sollte einlenken? Er wollte Deutschland nicht haben, er wollte es nur weghaben. Schon der Erste Weltkrieg war, wie ein Engländer 1918 gesagt hatte, ein Kampf für die Erhaltung des „Weekends" gewesen.

Damit war wohl in Deutschland allen klar: Niederlage als Risiko, schlimmstenfalls einkalkuliert, war fürderhin ausgeschlossen. Oswald Spengler sollte hier recht behalten. Was blieb war nur noch Sieg oder totale Vernichtung, war Kampf auf Leben und Tod. Letzteres konnten oder wollten sich die wenigsten Deutschen vorstellen. Es war also weiterhin Krieg, weiterhin ein Ausnahmezustand, der Regeln, Maßnahmen und Zwängen unterlag, die kein Maßstab waren für Friedenszeiten. Das wird bis heute naiverweise immer dann übersehen, wenn es um Deutschland geht.

Am 8. November 1939 entging Hitler durch Zufall einem Attentat im Münchener Bürgerbräukeller. Vor seinen alten Kämpfern hatte er gesprochen und war früher gegangen als geplant. Acht Tote und dreiundsechzig Verletzte fielen dem Einzelgänger Georg Elsner zum Opfer. Eva hatte also allen Grund, künftig noch mehr um ihren Gefährten zu bangen. Die Weihnachtstage und das neue Jahr erlebte sie künftig ohne ihn auf dem Berg, meist mit Schwester Gretl und Freundin Herta. Bei den verwundeten Soldaten in den Lazaretten war Hitler in jenen Tagen zu sehen, wie ihn Eva ja auch das Jahr über nur wenig zu Gesicht bekam.

Indessen konnte das Geheimnis auf dem Obersalzberg nicht absolut gehütet werden. Ein gutes Beispiel aber dafür, was Gegnerschaft, verbunden mit Neid und blindem Haß, gebären kann. Wahr, halbwahr und erfunden, gehen „Nachrichten“ von Mund zu Mund, werden in wirkungsvollen Anteilen zu schleimigem Brei verrührt und von der Gerüchteküche als Delikatesse serviert. So schrieb ein Regimegegner im Januar 1940 in sein Tagebuch: „... Übrigens ist er, der Herrlichste von allen, neuerdings im Besitze einer Maitresse, die freilich den bekannten Umständen gemäß, nur eine ‚Maitresse en titre‘ sein dürfte und Eva Braun heißt. Immerhin bewohnt sie in stets erreichbarer Nähe auf dem Obersalzberg eine von ihrem Seladon eingerichtete Luxusvilla und spielt durchaus, wo nicht die Kaiserin, so jedenfalls doch die ‚Lady patroness‘ des Dritten Reiches, verteilt Gnaden und Ungnaden und wird von allen, denen das Konzentrationslager droht, um ihre Fürsprache angefleht. Ein spitzbübischer Postmeister, der sich jüngst unerlaubterweise in ein zwischen ihm und ihr geführtes Ferngespräch eingeschlichen hatte, wurde Ohrenzeuge, wie er sich, gewissermaßen an ihrem blonden Busen, über die vielen ihm applizierten Hormon- und Vitaminspritzen ausweinte. Nota bene gibt es auf dem Obersalzberg einen kompletten Harem von jungen Mädchen, die ganz nach dem Muster des Bockelsonschen und ganz im Stil jenes kleinen David, der Saul bei etwaigen Depressionen auf der Leier vorspielen mußte, vor dem großen Manitou tanzen, wenn er, der möblierte Zimmerherr aus der Münchener Barerstraße, von seinen staatsmännischen Sorgen heimgesucht wird. Diese jungen Mädchen entstammen, ganz wie bei Bockelson, durchwegs dem preußischen Adel, die Zuhälterin, die sie auswählt und dem Cäsar divus augustus zuführt, ist eine Frau v. D., die im übrigen als Sekretärin des nun Umgetauften Herrenklubs fungiert ...“[72])

Es ging weiter, das Ringen ums Überleben. Am 9. April 1940 landeten deutsche Soldaten in Norwegen, unter großen Verlusten, auch an Schiffen. Seit Mitte Dezember 1939 hatte der englische Angriffsplan gegen Norwegen fertig auf dem Tisch gelegen. Erst als das ruchbar geworden war, hatte sich die deutsche Regierung entschlossen, das Unternehmen „Weserübung“ durchzuführen. Allein dem Umstand, daß die Engländer die Invasion aus technischen Gründen verschieben mußten, war es zu verdanken, daß die deutschen Truppen zehn Stunden vor den englischen Kriegsschiffen und Transportern eintrafen. Die Lieferung des norwegischen Eisenerzes galt es zu sichern, welche die Engländer zu unterbinden gedachten. Die

deutschen Soldaten mußten sich mit Norwegern und Engländern gleichermaßen schlagen. Dabei wurde auch Dänemark besetzt. General Dietl, der durchhielt als Hitler den Kampf abbrechen wollte, galt als der „Held von Narvik".
Am 10. Mai 1940 erst begann der Angriff auf Frankreich über Holland, Luxemburg und Belgien, um die französische „uneinnehmbare" Maginot-Linie zu umgehen. Belgien war ohnehin geneigt gewesen, mit Frankreich gegen Deutschland zu ziehen. Am 22. Juni 1940 trat Waffenstillstand ein, um den Frankreich gebeten hatte. Ein Waffenstillstand mit großzügigen Bedingungen, wie es sich auch Deutschland als Unterlegener Frankreichs hätte wünschen können. Die englischen Truppen hatten sich mit ihren Schiffen abgesetzt, während der deutsche Vormarsch zurückgehalten worden war. Dazu Hitler zu Frau Troost in München: „Das Blut eines jeden einzelnen Engländers ist zu wertvoll, um vergossen zu werden."
Einige Tage vor dem Waffenstillstand war plötzlich und unnötigerweise auch Italien in den Krieg eingetreten und gegen Frankreich gezogen. Die Grenze überschreitend, waren die Italiener in der Gegenwehr der Franzosen steckengeblieben. In Abwandlung des Cäsar-Spruches legte man Mussolini das Wort in den Mund: „Ich kam, als ich sah, daß er siegte."
Am 6. April 1941 griffen deutsche Armeen Jugoslawien an. Die deutschfreundliche Regierung war gewaltsam gestürzt worden, die Engländer lauerten hier auf ein günstiges Aufmarschgebiet. Zugleich zogen deutsche Soldaten gegen Griechenland. Der Bundesgenosse Italien war ohne Wissen der deutschen Regierung in Griechenland eingefallen und dann nicht vorwärtsgekommen. Mussolini hatte seinen Freund zu Hilfe gerufen. Bald war zu erkennen gewesen, daß dieser Verbündete keine Hilfe, sondern, im Gegenteil, ein Klotz am Bein war, der die deutsche Kampfkraft bedeutend schwächte. Auch in Afrika mußten deutsche Landser in Tropenhelmen und Kaki-Uniformen gegen die Alliierten kämpfen, da die italienischen Soldaten in arge Bedrängnis gerieten. Der Traum Mussolinis von einem neuen „Imperium Romanum" war zu früh geträumt. Jugoslawien und Griechenland kapitulierten und mußten besetzt bleiben.
Am 22. Juni 1941 griff die deutsche Wehrmacht Sowjetrußland an. Wie konnte es dazu kommen, nachdem ein Nichtangriffspakt und danach eine Art Freundschaftsbündnis zustande gekommen war?

Am 12. November 1940 war der sowjetische Außenminister Molotow mit großem Gefolge – man sprach von etwa sechzig Personen – nach Berlin gekommen. Die Ereignisse der letzten Monate hatten das beiden Seiten ratsam erscheinen lassen. Hatte auch Stalin zum Sieg über Frankreich mit telegraphischen Glückwünschen nicht gegeizt – der Sieg über ein kapitalistisches Land war auch sein Sieg – so wurde ihm dieses Deutschland allmählich doch zu mächtig. Die Sowjetunion hatte bisher nur Niederlagen erlitten, sogar gegen das kleine Finnland, scheute sich aber jetzt nicht, Forderungen zu stellen. Die deutsche Regierung versuchte, die sowjetischen Interessen von Europa abzulenken. Aber Finnland, Bulgarien, Rumänien, letzteres hatte Deutschland um Schutz gebeten, der Balkan, das alles gedachte Stalin früher oder später zu schlucken. Der Führer sollte dazu seinen Segen geben. Auch am Bosporus und an den Dardanellen war der Kreml interessiert und an Stützpunkten am Ausgang zur Nordsee auf dänischem Boden. Abgesehen von Ostpolen hatte Stalin Bessarabien und das Baltikum bereits annektiert. Die letzten Forderungen waren Erpressung und Falle zugleich. Deutschland hatte noch einen kräftigen Gegner. Daß dieser noch nicht besiegt war, stellte Molotow mit Sarkasmus fest, als er vor den englischen Bomben im Luftschutzbunker des Auswärtigen Amtes in Berlin Schutz suchen mußte.
Nach Ribbentrop nahm Hitler den zweiten Verhandlungsanlauf. Mit all seiner Redekunst versuchte er Molotow zu überzeugen: Rücken an Rücken müßten ihre Nationen nach außen kämpfen, nicht Brust an Brust gegeneinander. Aber der Außenminister, stets wie ein kleinlicher, pedantischer und bürokratischer Beamter wirkend, hatte von Stalin klare Anweisungen. Dem Kremlgewaltigen lag im Grunde dieses Deutschland im Magen als Bollwerk Europas gegen den Kommunismus. So war schließlich alles bedrohlich offen geblieben. Auch der Galaempfang in der russischen Botschaft, dem Hitler fern blieb, änderte daran nichts mehr. In der Atmosphäre des Novemberwetters, verregnet, kühl bis kalt, hatte der russische Außenminister Berlin verlassen. Am nächsten Tag glich die Lagebesprechung einer Trauerfeier.
Zu allen anderen Forderungen hatte der Kreml als Bedingung zum Beitritt des Viererpaktes, den Berlin vorgeschlagen hatte, am 26. November 1940 geantwortet: „... aber nur unter den folgenden Voraussetzungen“: Unverzügliche Zurückziehung der deutschen

Truppen aus Finnland. Vorheriger Abschluß eines Beistandspaktes zwischen Bulgarien und der UdSSR sowie die Schaffung einer Basis für Land- und Seestreitkräfte der UdSSR im Rayon des Bosporus und der Dardanellen. Anerkennung des Raumes südlich von Batum und Baku in Richtung Persischer Golf als Schwerpunkt der Aspirationen der UdSSR. Ein Geheimprotokoll müsse vorsehen, daß im Falle der türkischen Weigerung, sich den vier Mächten anzuschließen, gemeinsame militärische Maßnahmen zu ergreifen seien.
Für die Strategie Rußlands hatten diese Forderungen zweifellos Format. Aus heutiger Sicht gesehen, mit der Kenntnis des Kriegsverlaufes und der Folgen, hätte Hitler annehmen müssen, um zunächst gemeinsam mit Rußland den westlichen Gegnern zu trotzen, wenigstens aber deshalb, um Stalin nicht ins Messer zu laufen. Aus damaliger Sicht waren die Forderungen nicht annehmbar. Hitler hatte sich provozieren lassen und war somit in die Falle gegangen. Die deutsche Regierung war zu der Überzeugung gelangt, daß über die Abgrenzung der Einflußzonen mit Rußland keine Einigung mehr zu erreichen sei. So hatte sich Hitler entschlossen, die Sowjetunion anzugreifen, bevor sie noch mehr gerüstet war, bevor aber auch eine Entscheidung mit England herbeigeführt war. Göring, Ribbentrop und Goebbels, auch der Oberbefehshaber der Kriegsmarine, Raeder, sie hielten nichts von einem Krieg mit Rußland. Die Generäle um Hitler aber, die ehrlichen, sie waren unschlüssig bis optimistisch. Die unehrlichen Militärs, jene, die nicht ertragen konnten, daß ihnen ein Gefreiter Anweisungen und Befehle erteilte, sie blieben stumm und hofften auf eine Niederlage. Hitler hatte Stalin niemals getraut, glaubte immer an einen Schlag aus dem Osten. Am 23. September 1941 sagte er: „Wenn ich den Russen jetzt schade, dann deshalb, weil sie mir sonst schaden würden." Zwei Tage später: „. . . Ich möchte niemanden leiden sehen und keinem wehe tun; aber wenn ich erkenne, daß die Art in Gefahr ist, dann tritt an die Stelle des Gefühls eiskalte Vernunft: Ich sehe nur noch die Opfer, welche die Zukunft fordert, wenn heute ein Opfer nicht gebracht wird."
War Hitler hier einem gewaltigen Irrtum verfallen? Dachte Stalin in Wirklichkeit ganz anders? Hitler hatte auch einmal gesagt: „Ein Zusammengehen mit der Sowjetunion bedeutet den absoluten Sieg." Stalin war ein eiskalter Diktator, dem es auf einige Millionen Menschen in seinem Reich schon zuvor nicht angekommen war. Und

was die deutsche Regierung bei der Abreise Molotows aus Berlin nicht wissen konnte: Am 19. August 1939, drei Tage vor Abschluß des Nichtangriffspaktes, hatte Stalin in einer Geheimsitzung dem Politbüro des Zentralkomitees offenbart: „Der Krieg wird unvermeidlich werden, aber wir werden als letzte auftreten, um das entscheidende Gewicht in die Waagschale zu werfen." „. . . wird Deutschland, wenn wir sein Angebot zu einem Nichtangriffspakt annehmen, sicher Polen angreifen und die Intervention Frankreichs und Englands in diesem Krieg wird unvermeidlich werden. Wir werden die Chance haben, außerhalb des Konfliktes zu bleiben, und wir können mit Vorteil abwarten, bis die Reihe an uns ist. Das ist genau das, was unser Interesse ist."

Hören sich die letzten Sätze recht eindeutig an, lassen sie zugleich auch alles offen. Die Rolle des lachenden Dritten gedachte der Kremlgewaltige auf alle Fälle zu spielen. Nun war er mittlerweile dreister geworden und scheute sich nicht, Deutschland unter Druck zu setzen. War es Hitlers Absicht, ihn durch das Friedensangebot an England auszutricksen? Rudolf Heß – alles spricht dafür, daß er vom englischen Geheimdienst hereingelegt wurde – schwieg sich zeit seines Lebens über eine Mitwisserschaft Hitlers aus. Er flog nach England in sein Martyrium als Opfer des großen Schachspiels.

Nachdem der Bolschewismus keinen weiteren Zoll Gelände auf diplomatischem Wege gewinnen könne, so Josef Stalin in geheimer Ansprache im Mai 1941 an seine Generäle, greife er in Zukunft auf militärische Mittel zurück.

Es war in Wahrheit kein Rassen- und Lebensraumkrieg, sondern ein Präventivschlag klassischen Beispiels. Diese „friedliebende" Sowjetunion war seit 1939 gegen Finnland, Lettland, Estland, Litauen, Polen und Rumänien militärisch vorgegangen, hatte diesen Ländern Stücke entrissen oder sie ganz vereinnahmt. Nach dem Krieg wird die UdSSR nicht müde werden, der NS-Ideologie die Schuld an dem mörderischen Zwist zuzuschieben und damit davon ablenken, daß Machtstreben und Territorialinteressen auf beiden Seiten die Ursache waren. Stalin wollte den Krieg auf alle Fälle, wobei ihm aber zunächst nicht klar war, ob auf der deutschen oder der anderen Seite. Wo die Beute größer sein würde, das galt es abzuwarten. Und als er die bekannten Forderungen an Deutschland so stellte, daß sie – nachdem die deutsche Regierung bereits großzügigen Tribut geleistet hatte – von vornherein nicht annehmbar waren, hatte der „dämonische Georgier“ seine Weichen bereits gestellt. Sich diesem Würgegriff zu entziehen, hätte es eines Hitlers nicht bedurft. Mit Erfolg hatte Stalin also provoziert und Hitler den Angriff überlassen. Der Rumäne Nicolaus Baciu schrieb:[73]) „Mit den Ansprüchen, die die Sowjets an Briten und Amerikaner stellten, blieben sie der ewigen Politik des Zaren, dem Testament Peter des Großen und auch ihren Forderungen an Hitler treu. Der deutsche Diktator stieß Stalins Forderungen beiseite, Hitler zog den Krieg vor. Die Alliierten akzeptierten Stalins Forderungen, aber sie gruben sich damit ihr eigenes Grab.“

Zwei Armeen hatten sich einander gegenüber bereitgestellt, von einer Kampfkraft bisher unvorstellbaren Ausmaßes. Schon im Frühjahr 1940 hatten 150 sowjetische Divisionen auf der Lauer gelegen, sechs spärliche deutsche Divisionen hatten ihnen gegenübergestanden. Ein Jahr später war der Massenaufmarsch auf beiden Seiten vollzogen. An Masse waren die Sowjets den Deutschen beachtlich überlegen. Auf den Tag genau war Stalin über den deutschen Angriff durch Verrat informiert. Wo blieb da der „Einfall“ in die „unvorbereitete“ Sowjetunion? Es war ein Präventivkrieg.

Und nun tobte die unerbittlichste aller Schlachten. War und blieb es der größte strategische Fehler Adolf Hitlers? Der türkische Botschafter in Moskau berichtete am 26. November 1940: „In dem Augenblick, wo die Amerikaner die Japaner und die Deutschen in ernsthafter Weise in die Enge getrieben haben, werden die Russen anfangen, sowohl gegen die Deutschen wie gegen die Japaner loszuschlagen.“

Eva Braun sah ihren Gefährten nun weit seltener als zuvor. Den Verhältnissen entsprechend war das vor dem Rußlandfeldzug noch anders gewesen. Im März 1940, zu den Osterfeiertagen, war die Atmosphäre äußerlich von jener vor dem Krieg nicht groß zu unterscheiden. Die Filmvorführungen hatte man für die Dauer des Krieges abgesagt, lediglich die Wochenschauaufnahmen wurden vorgeführt, noch ohne Text, der schriftlich beigelegt war und dazu vorgelesen wurde. In der Kaminrunde kamen militärisch-organisatorische Themen zur Sprache, während seine zivilen Gäste die Kegelbahn zu einer Filmvorführung nützten.

Den Sommer 1940 war Eva viel mit Freundin Herta auf dem Obersalzberg zusammen, stets mit Befürwortung des Führers, dem es auch recht war, wenn Frau Schneider ihre Freundin nach Berlin begleitete. Zehn bis vierzehn Tage dauerte solch ein Aufenthalt in der Reichshauptstadt meistens.

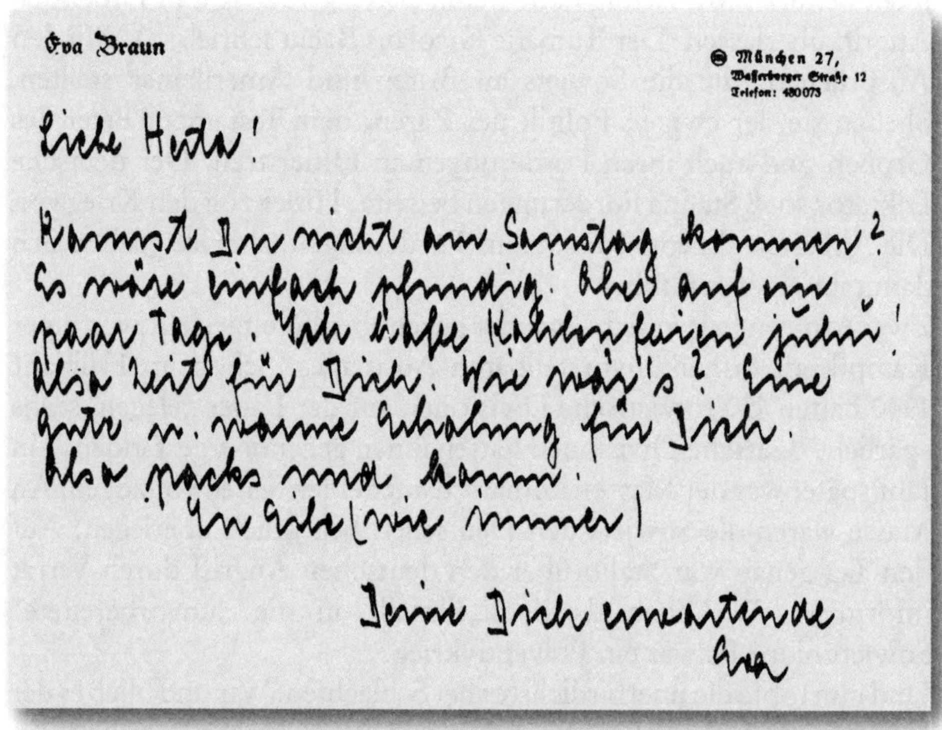

Eva Braun

München 27,
Wasserburger Straße 12
Telefon: 480073

Liebe Herta!

Kannst Du nicht am Samstag kommen? Es wäre einfach pfundig! Aber auf ein paar Tage. Ich habe Kohlenferien jetzt! Also Zeit für Dich. Wie wär's? Eine gute u. warme Erholung für Dich. Also packs und komm!
In Eile (wie immer)

Deine Dich erwartende
Eva

Vom 16. bis 21. Oktober hatte Eva ihren Gebieter wieder auf dem Berghof, was ja immer auch ein lebendigeres Leben brachte. In diesen Tagen war es, da der langjährige Chef-Adjutant Wilhelm Brückner vom Führer den ungnädigen Abschied erhielt. Hausintendant Kannenberg, über die jungen Ordonnanzoffiziere wegen Lappalien verärgert, war Sieger geblieben in diesem Kammarillageplenkel, in dem sich Brückner vor die jungen SS-Führer gestellt hatte. Bormann soll das nicht unrecht gewesen sein und auch Eva, so berichten Zeugen, soll Brückner nicht nachgeweint haben. Der persönliche Adjutant, so wird vernommen, soll Frauen gegenüber nicht immer sehr höflich gewesen sein. Aber es war wohl eine der wenigen Gemeinsamkeiten von Eva Braun und Martin Bormann, wenn nicht gar die einzige.
Am 9. November 1940 wußte Eva ihren Gefährten in München, aber bereits am nächsten Tag war er wieder in Berlin. Erst in der zweiten Novemberhälfte sahen sie sich auf dem Obersalzberg wieder, wo in diesen Tagen auch König Boris von Bulgarien zu Gast war. Am 20.

November brachte Herta Schneider in Garmisch ihre zweite Tochter, Brigitte, zur Welt. Die Kerzen am Weihnachtsbaum entzündete Eva in dieser zweiten Kriegsweihnacht 1940 ohne ihn, wie es auch schon zu Friedenszeiten war, nur daß er jetzt auch zu den Feiertagen nicht zu sehen war und auch nicht zu Silvester. In Frankreich reiste er indessen von Truppe zu Truppe. Erst am Abend des 6. Februar 1941 kam er in München an und fuhr am 7. weiter nach Berchtesgaden. Hier hatte ihn Eva bis Mitte März, von kurzen Unterbrechungen abgesehen. Auch im Mai war er auf dem Berg zu sehen.

Und nun tobte der Kampf im Osten, Hitler regierte und dirigierte in seinem Hauptquartier, der Hausherr und sein Anhang waren fern, der Berghof war verwaist. Ein bescheidenes Leben also vorerst auf dem Berg, das zunächst Herta Schneider mit ihren Kindern Ursula und Brigitte bereicherte. Ein halbes Jahr mag die Freundin auf dem Berghof zu Gast gewesen sein, als sie mit ihren Töchtern wieder in ihr Heim nach Garmisch ging. Eva hatte sich entschlossen, nicht abseits zu stehen in diesem Ringen, nicht die Hände in den Schoß zu legen und abzuwarten. Sie hatte wieder bei Hoffmann die Arbeit aufgenommen. Ein lockeres Arbeitsverhältnis freilich, das ihr jederzeit gestattete, sich für den Berghof frei zu machen.

Nach den großen Anfangserfolgen des Ostfeldzuges ging es noch immer vorwärts. Nicht um das Land gehe es, so hatte der Führer seinen Soldaten zu Beginn sagen lassen, sondern der Bolschewismus, der die Welt und vor allem Europa bedrohe, müsse zerschlagen werden. England müsse doch erkennen, so äußerte er immer wieder, daß das Ziel Rußlands die Bolschewisierung Europas und der Welt sei. Später, Jahrzehnte nach dem Krieg, werden die Zeitgenossen der westlichen Welt, unter dem Druck und der Drohung des waffenstarrenden Sowjetrußlands, die Erkenntnis peinlich meiden, daß Hitler es war, der nach anderen, lange vor ihm, die unaufhaltsame Gefahr als einziger unter seinesgleichen erkannt hatte. Sie werden peinlich die Erkenntnis meiden, daß deutsche Soldaten sich anschickten für Europa und die Welt zu sterben, daß dieses Europa und diese Welt mit ihren Anführern einen zu kleinen Horizont besaßen, um das zu erkennen. Nicht nur aus Regierungskreisen Skandinaviens mußte Churchill vernehmen, daß ihnen ein siegreiches Deutschland lieber wäre als ein kommunistisches Europa. Neben vielen anderen Politikern war auch Spaniens Staatschef Franco besorgt und wandte sich,

wie er am 21. Februar 1943 schrieb, „ an den gesunden Instinkt des englischen Volkes: Wenn Rußland erst Deutschland übernommen hat, dann kann nichts und niemand mehr dieses Rußland aufhalten!" „Ich wage die Voraussage", schrieb Churchill am 25. Februar 1943 zurück, „daß die stärkste Militärmacht in Europa nach dem Kriege England sein wird." Was mußten Regierungen in ihrer klaren Erkenntnis von einem Staatsmann halten, der eigenes Wunschdenken den Realitäten entgegensetzte? Auch ein Mann wie Kurt Schumacher, der im Konzentrationslager saß, der erste SPD-Vorsitzende nach dem Krieg, verfolgte auf der Karte den täglichen Frontverlauf im Osten und wünschte einen deutschen Sieg!
Hitler glaubte jene Nachricht nicht, daß die Rotarmisten aus lebendigen Leibern gefangener deutscher Soldaten die Herzen herausgerissen hätten, und schickte seinen Adjutanten zur örtlichen Erkundung, der die Meldung bestätigen mußte. Und die Menschen in Rußland? Die meisten von ihnen sahen zuerst den Vertragsbruch Hitlers, der zustande brachte, was Stalin in seinem Verfolgungswahn mit allen seinen Grausamkeiten, mit Millionen Toten, niemals gelungen war: Die Menschen hielten zusammen, näherten sich innerlich der Regierung, brachten ihr mehr Verständnis entgegen. Auch die große Masse derer, die in den Jahren der „großen Säuberung" unfaßbares Leid erfahren hatten. „So kämpften die Bekannten und Verwandten derer, die im Namen des Sozialismus eingesperrt und getötet wurden, nicht nur für Rußland, sondern auch um das Überleben der Kerkermeister und Mörder."[74]) Die Rechnung der deutschen Kriegführung ging nicht auf. Das russische Volk war nicht imstande, beim Nahen der deutschen Front gegen das Regime zu rebellieren, es empfand das als Verrat an der Heimat; denn „Heimat und Vaterland" hießen seit der ersten Stunde des Krieges die Parolen, um Truppe und Hinterland bei der Stange zu halten. Begriffe, die in Rußland zum Vokabular der Bourgeousie, der kapitalistischen Gesellschaft zählten. Die Ideologen wußten, wofür die Menschen bereit waren zu kämpfen. Jene Bauern freilich, die aus dem westlichen Rußland Anfang der dreißiger Jahre von Haus und Hof vertrieben, mit Frauen und Kindern im Karaganda-Gebiet oder sonst irgendwo in freier Steppe ausgesetzt wurden, die warteten auf die Befreiung durch Hitler. Und das waren nicht wenige, wenn auch viele von ihnen elend zugrunde gegangen waren. Der plötzlich und unerwartet her-

einbrechende harte und eisige Winter aber, der die deutschen Soldaten unvorbereitet traf, wurde zum ersten Dämpfer, ja fast zu einer Niederlage. Dazu der offizielle Kriegseintritt Amerikas am 11. Dezember 1941, was die Lage unsicherer machte als je zuvor. Zwar hatte die deutsche Regierung Amerika den Krieg erklärt, was aber nur noch eine Formsache gewesen war. Der große Bruder Englands hatte dem kleinen trotz „Neutralität" Waffen und Munition in großem Stil geliefert, hatte auf den Meeren deutsche Unterseeboote angegriffen und alles ohne Kriegserklärung. Dem Volk war davon nichts bekannt, achtzig Prozent waren ja gegen einen Kriegseintritt gewesen. So blieb auch hier wieder das Scheinbild gewahrt: hier Buhmann, dort Saubermann. Die weiße Weste blieb vor der Welt bei Roosevelt.

Die Überbeanspruchung indessen an Menschen und Material war in dem riesigen russischen Raum zu groß. Achtzehn Kilometer standen die Spitzen der deutschen Front vor Moskau. Die Menschen in der Heimat konnten sich in den Wochenschauen der Lichtspielhäuser, mit der Filmkamera durch das Teleobjektiv aufgenommen, davon überzeugen. Strategische Fehler kamen hinzu und auch der Frost. Die Führung wollte nicht Moskau haben, sondern Öl für die Kriegswirtschaft. Auf den einen Vorstoß verzichtet, war der andere nicht zu bewältigen. Vor allem der Massen an Kriegsmaterial, die der amerikanische Präsident seinem „guten Onkel Joe" nach Sowjetrußland schickte, waren die deutschen Armeen nicht gewachsen.

Dem amerikanischen Militärattaché Earle von der US-Botschaft in Ankara, dem längst aufgegangen war, welches Verhängnis sich da in Europa anbahnte, der seinem Präsidenten vor Augen führte, welch ungeheure Folgen für Amerika in Sicht seien, daß deshalb nach wie vor das bolschewistische Rußland, nicht aber Deutschland der Hauptgegner sein könne, verbot der „kranke Mann" Roosevelt streng jede Publikation und schickte ihn ins Abseits: „Aber der Präsident erklärte mir, daß die Invasion in Frankreich demnächst vom Stapel laufe und daß die Deutschen in wenigen Monaten geschlagen sein würden. Das aus so vielen Völkern mit so unterschiedlichen Sprachen bestehende Rußland biete keinerlei Grund zu Befürchtungen. Vielmehr werde es sich nach dem Kriege dem Westen in allem anschließen." „Ich untersage Ihnen ausdrücklich", so schrieb der Präsident dem Attaché nach der Unterredung, jedwelche Information oder Meinung der Öffentlichkeit zu übergeben . . ." Als stellvertretender Gouverneur wurde er nach Samoa verbannt. Auch einen Frieden ohne Hitler wollte Roosevelt nicht. Da war er sich mit den Engländern eins. Da mußten deutsche Widerständler, die Friedensfühler ausstreckten mit dem Angebot, Hitler festzunehmen oder zu beseitigen, von den Engländern vernehmen: „Ob bei euch ein Jesuitenpater an der Spitze steht oder ein Hitler, ist für uns ganz uninteressant. Entscheidend allein ist, daß Deutschland als Wirtschaftsmacht verschwindet."

Dreißig Millionen Tote in der Sowjetunion, über Stalins Klinge gesprungen, konnte Roosevelt mit seinen demokratischen Grundsätzen spielend vereinbaren. Der Haß auf Deutschland war größer; der Haß mit der Gefährlichkeit eines Krüppels, der an den Schalthebeln der Macht hantierte.

Vom 1. Oktober 1941 bis zum 30. Oktober 1944 erhielt Stalin aus Amerika unter anderem 6430 Flugzeuge, 3734 Panzer, 280 Torpedoschiffe und kleine U-Boot-Jäger, 206771 Autos, 22,4 Millionen Geschosse, 87900 Tonnen Pulver, 245000 Fernsprechapparate, 5,5 Millionen Armeestiefel und reichlich zwei Millionen Tonnen Lebensmittel. Das alles nur herausgegriffen aus einer langen Liste. Dazu die Lieferungen Englands und Kanadas. Dazu die unerschöpflichen Reserven an Menschen. Dazu auch Frontabschnitte der Rumänen und Italiener auf deutscher Seite, die teilweise den Gegner widerstandslos durchbrechen ließen. Hinzu kommen die verbrecherischen Verratshandlungen von deutschen Stabsoffizieren, die damit bewußt tapfere deutsche Soldaten wieder und wieder gewissenlos in den Tod schickten. Das Schicksal der 6. Armee im November 1942, in Stalingrad eingeschlossen und vernichtet, war das Fanal für die Wende. Unmenschliches leistete der deutsche Soldat, kämpfte tapfer, war nicht der Verbrecher, wie es im Nachkriegsdeutschland von bestimmter Seite tönen wird, wie selbst Pfarrer von deutschen Kanzeln predigen werden.

„. . . Es ist nicht leicht", so General Manteuffel, „eine umfassende Erklärung für die Haltung des deutschen Ostkämpfers im Zweiten Weltkrieg zu geben und seine übermenschlichen Leistungen in Angriff und Abwehr, bei Sommerhitze und arktischer Kälte, mit nüchternen Worten zu würdigen. Fest steht jedenfalls, daß Tapferkeit, Gehorsam, Disziplin, Begeisterungsfähigkeit, Opfermut und

Leistungsfähigkeit dieses Frontsoldatentyps im militärischen Bereich nur wenige Vorbilder in der Geschichte hat, insbesondere, was die Dauer des Einsatzes und die damit verbundene Überbelastung im Laufe von vier Jahren betrifft.

Die Kenntnis der Entstehungsgeschichte des Feldzuges gegen Rußland ist eine Voraussetzung für das Verstehenkönnen dieser Haltung ... der deutsche Soldat nahm den Kampf ohne Überschwang, nachdenklich im Innern, aber doch entschlossenen Willens und getreu seinem Eide auf. Die kampferprobten und sieggewohnten deutschen Armeen stießen nach kurzer Zeit auf einen stark bewaffneten, kriegsmäßig gegliederten und augenscheinlich zum Kampf vorbereiteten Gegner. Diese Feststellung schien dem Soldaten die Richtigkeit der Propaganda seiner politischen Führung zu bestätigen. Er wertete nunmehr diesen Krieg für sich in einen vaterländischen Krieg um. Die Zähigkeit und die Grausamkeit des Feindes, die Hinterhältigkeit und Raffinesse seiner Kampfführung, die zahlenmäßig und stellenweise auch in der Bewaffnung schon 1942 zu spürende Überlegenheit, die unübersehbare Weite des Landes und die ihn umgebende Primitivität des Lebensstandards ließen den deutschen Soldaten intuitiv die Gefahr für sein Volk und seine Heimat ahnen. Diese Ahnung der unermeßlichen Gefahr und das Bewußtsein, mit seinem Kampf neben der Heimat auch die Kulturwerte Europas verteidigen zu müssen, legten in dem Frontsoldaten des Ostens des Zweiten Weltkrieges alle Tugenden des deutschen Soldatentums frei . . . Entbehrungs- und Leidensfähigkeit erreichten bewunderswerte Ausmaße. Sie wurden erzeugt durch einen unverrückbaren Glauben an die eigene gute Sache, an die Lauterkeit der Motive sowie das nicht in die soldatische Vorstellungswelt dieser Männer passende Verhalten des Feindes. Die Treue zur militärischen Führung und zur eigenen Sache entsprangen dem Bewußtsein der Verbundenheit in diesem Kampfe auf Leben und Tod, vom Gegner durch die Forderung nach bedingungsloser Kapitulation selbst noch gefördert . . .“[75])

Mehr als zwanzig Jahre später wird der sowjetische Marschall Schukow – sicher kein Deutschenfreund – in seinen „Erinnerungen und Gedanken“ schreiben: „Die Kampftüchtigkeit der deutschen Soldaten und Offiziere, ihre fachliche Ausbildung und Gefechtserziehung erreichten in allen Waffengattungen, besonders in der Panzertruppe und bei der Luftwaffe, ein hohes Niveau. Der deutsche

Soldat kannte seine Pflicht im Gefecht und im Felddienst und war ausdauernd, selbstsicher und diszipliniert."[76]) Das freilich waren Eigenschaften, die den Soldaten Schukows fremd waren. Die Zivilbevölkerung in Deutschland ertrug später ihr Leid unter dieser Soldateska mit Entsetzen.
Der neuseeländische Ministerpräsident Robert Muldoon wird 1978 sagen: „Im zweiten Weltkrieg sahen die Neuseeländer in den Deutschen tapfere Kämpfer, die sie als Gegner respektieren konnten."[77]) Und knapp vierzig Jahre nach dem Völkerringen wird Historiker Hastings in England gar von den „großartigsten Kampftruppen, die die Welt je gesehen hat" reden. Die Menschen auf Kreta werden die Kämpfenden wie auch die besetzenden deutschen Soldaten mit „extra prima" beurteilen. Der spätere Vorsitzende der „Nationalen Vereinigung der Deportierten und Widerstandskämpfer" in Belgien, de Ridder, wird die deutschen Soldaten als „sauber und diszipliniert . . . korrekt und höflich" in Erinnerung haben, welche die einzigen gewesen seien, die im Chaos klare und unzweideutige Anweisungen gegeben hätten.
In der Heimat lauschten die Menschen immer noch gespannt auf die Sondermeldungen des Rundfunks über die Erfolge der Unterseeboote auf den Weltmeeren. Sie hörten die Nachrichten von den Fronten, die guten und die schlechten und trösteten sich mit den Soldaten mit dem Lied aus dem Radio: „Es geht alles vorüber, es geht alles vorbei, nach jedem Dezember kommt wieder ein Mai . . ." Und die jungen Frauen, Freundinnen und Bräute, sie mußten sehnsüchtig und mit Wehmut ankämpfen gegen manche Träne, wenn in den Abendstunden aus dem Radio klang:

„Vor der Kaserne
vor dem großen Tor
stand eine Laterne,
und steht sie noch davor,
so wolln wir uns da wiedersehn,
bei der Laterne wolln wir stehn
wie einst, Lili Marleen.

Unsre beiden Schatten
sahn wie einer aus;
daß wir so lieb uns hatten,
das sah man gleich daraus,
und alle Leute solln es sehn,
wenn wir bei der Laterne stehn
wie einst, Lili Marleen.

Schon rief der Posten:
Sie blasen Zapfenstreich,
es kann drei Tage kosten. –
Kamerad, ich komm ja gleich. –
Da sagten wir auf Wiedersehn;
wie gerne wollt ich mit dir gehn,
mit dir, Lili Marleen.

Deine Schritte kennt sie,
deinen schönen Gang;
alle Abend brennt sie,
mich vergaß sie lang.
Und sollte mir ein Leid geschehn,
wer wird bei der Laterne stehn
mit dir, Lili Marleen.

Aus dem stillen Raume,
aus der Erde Grund
hebt sich wie im Traume
dein verliebter Mund.
Wenn sich die späten Nebel drehn,
werd ich bei der Laterne stehn
wie einst, Lili Marleen.[78])

Niemals hatte Eva Braun vor einer Kaserne gestanden und im Lichtschein einer Laterne auf ihren Liebsten gewartet. Nie hatte sie die freudige Spannung kennengelernt, von der Liebende befallen werden, gepaart mit Ungewißheit und Neugier auf die nächsten Stunden, zugleich auch mit der Gewißheit im Herzen: er kommt bestimmt. Eva wußte nie so recht, wann er kommt und ob er kommt. So war es ja auch zu Friedenszeiten gewesen. Jetzt freilich, in diesen ernsten Zeiten, hatte sich einiges gewandelt: jeden zweiten Tag rief er sie an, und Eva konnte wenigstens über den Draht seine Stimme hören. Flogen Bormann oder sein Adjutant nach München, gab er ihnen stets Briefe für Eva mit. Geschenke, die er ja immer wieder bekam, mußte Diener Linge an Eva weiterleiten. Ein paar liebe Worte schrieb er dazu, was einer liebenden Frau mehr bedeutet als das Geschenk selbst. Vorbei war also die Zeit, da er ihr einen Briefumschlag mit Geld zugeschoben hatte ohne Worte, weder gesprochen noch geschrieben. Verließ er selbst das Hauptquartier, kam er nach München oder Berlin, war es selbstverständlich, daß auch Eva da war. War der Berghof vorübergehend zum Hauptquartier geworden, so konnte der Lage nach die Haus- und Bergidylle nur ein Bruchteil dessen sein, was sie zu Friedenszeiten gewesen war. Wohl kehrte die Gegenwart der Frauen nach wie vor die wärmende menschliche Seite hervor, die Kinderstimmen erinnerten an Familie und Geborgenheit, aber es war Krieg, und die Militärs dominierten.
Am 13. November 1942 kam Hitler mit seiner Begleitung auf den Berg. Erholung tat allen not, die Sorgen aber waren groß und blieben. England und Amerika wurden zusehends aktiver, im Osten braute sich Unheil zusammen. Am Tag der Ankunft in Berchtesgaden schrieb Stenograph Karl Thöt in sein Tagebuch: „Das Wetter war in den ersten Tagen unfreundlich und durch Nebel gekennzeichnet, dann aber schneite es anhaltend und nach wenigen Tagen war alles in eine zauberhafte Winterlandschaft verwandelt." Winter war es auch in Rußland, aber weniger zauberhaft. Am 19. November war es, als nordwestlich von Stalingrad um 05.00 Uhr morgens die sowjetische Großoffensive begann und das Schicksal der 6. Armee am 22. besiegelte, wie zuvor beschrieben. Das brachte den sofortigen Aufbruch Hitlers zu seinem Hauptquartier in Rußland. In diesen Tagen hatte Eva gewiß keinen frohen Partner an ihrer Seite, denn seine Sorgen waren, so wird berichtet, jedermann sichtbar. Die Last

des Krieges drückte mehr und mehr, was sich im August 1941 erstmals mit Händezittern bemerkbar gemacht hatte. Im Dezember des gleichen Jahres trat eine schwere Herzkrise ein, dazwischen immer wieder die schmerzhaften Magen- und Darmkrämpfe. Dazu die Lebensweise, in der die Nacht zum Tag wurde und für den Schlaf nur wenig übrig blieb. Dazu auch noch eine Ernährung, die selbst einem Menschen mit normalem Tagesablauf nicht genügen konnte: Ein Speisezettel des Führers vom Juni 1943: „Orangensaft mit Leinsamenschleim – Reispudding mit Kräutertunke – Knäckebrot mit Butter – Nuxor-Paste."

Kaviar, den er gerne aß, kam aus bekannten Gründen nicht mehr auf den Tisch. Als er einmal einen von „Unbekannt" geschenkt bekam, konnte er mit Recht vermuten, daß er vergiftet war. Echter russischer Kaviar mitten im Kriege! Nichts wäre leichter, ließ er verlauten, als gerade Kaviar zu vergiften. Der müsse vernichtet werden, dürfe nicht auf den Tisch. Aber da waren noch die Frauen. Sie glaubten nicht daran, wollten nicht daran glauben, die Verlockung war zu groß, die Schleckermäuler wollten auf die Gaumenfreuden nicht verzichten. Mit den Worten Herta Schneiders: „Uns hat er natürlich leid getan und wir hatten beschlossen, ihn im geheimen zu verzehren." Zuerst aber mußte Eva noch einen Verbündeten finden, der bereit war, die Götterspeise zu servieren. Die Gäste wählte Eva aus, es konnten ja von vornherein nicht viele sein. Und so fanden sich Professor Brandt und seine Frau, Freundin Herta, Schwester Gretl und natürlich Eva selbst in Gretls Wohn-Schlafzimmer zur geheimen, aber wohl auch gefährlichen Schlemmerei zusammen. Was dann aber der illustren Gesellschaft mehr oder weniger unbewußt im Magen lag, war nicht der Kaviar, war vielmehr die Begegnung mit dem Hausherrn bei der Abendtafel, da ihm kaum etwas entging. Und so sah er dann in die Runde und sagte plötzlich: „Ich sehe heute einige von Ihnen, die keinen Appetit haben, schmeckt es nicht?" Und zu Gretl gewandt: „Sie sind ja heute ganz grün im Gesicht?!" So machte er noch einige Zeit fort, bis Eva nichts anderes blieb, als zu bekennen. Sie mußte auch die Ordonnanz in Schutz nehmen, der junge Mann in weißer Weste hatte ihr zuliebe gegen die Anordnung des Hausherrn verstoßen. Es gab aber weder für die eine noch für die andere Seite ein Donnerwetter. Er kannte seine Damen, kannte die weibliche Logik und wußte vom Sinn und Unsinn einer Frauenbelehrung. Was blieb

war Sorge, und sie war da berechtigt. Kleine Sorgen freilich gegen jene, die mehr und mehr auf ihm lasteten. Generalleutnant Graf von Schwerin, der sich Ende Mai 1943 auf dem Berghof bei ihm meldete, schrieb später in einem Augenzeugenbericht: „Ich machte die vorgeschriebene Meldung, und Hitler kam auf mich zu, ein von schwerer Last gebeugter Mann, mit langsamen, etwas müden Schritten. In diesem Augenblick überflutete mich ein Gefühl abgrundtiefen Mitleids, das so stark war, wie ich selten etwas Gleiches empfunden habe. Diese gefühlsmäßige Aufwallung menschlichen Mitleids war so groß, daß sie mich während der ganzen Zeit des Zusammenseins mit diesem Mann beherrschte . . . Es war so, als ob eine innere Stimme zu mir sprach: ‚Sieh diesen armen gebeugten alten Mann . . .! Er vermag gar nicht zu tragen, was er sich aufgebürdet hat . . .!' Mit tiefer Betroffenheit sah ich in glanzlose müde Augen von unnatürlicher Bläue. Kein Zweifel, es waren kranke Augen . . ."
Zu den Sorgen gehörte ja auch, was sich hinter den Kulissen abspielte, dessen man aber nicht habhaft werden konnte. Denn während die Soldaten in sommerlicher Hitze und sibirischer Kälte übermenschliche Strapazen durchlebten, während sie kämpften, marschierten, arbeiteten, litten, bluteten und starben, gingen Funksprüche von der Schweiz nach Moskau wie dieser: „10.6.43 dora an direktor: von werther, 4.6. . . . im bereich der 2. armee und 4. armee in vollzug begriffene bewegungen zum angriff auf kurs bereitgestellten motorisierten truppen wurden am 28. mai plötzlich auf befehl mansteins rueckgaengig gemacht . . ."
Generaloberst Franz Halder, Chef des Generalstabes des Heeres bis Herbst 1942, sagte als Zeuge in einem Prozeß 1955 aus: „Nahezu alle deutschen Angriffshandlungen wurden unmittelbar nach ihrer Planung im Oberkommando der Wehrmacht, noch ehe sie auf meinem Schreibtisch landeten, dem Feinde durch Verrat eines Angehörigen des Oberkommandos der Wehrmacht bekannt. Diese Quelle zu verstopfen ist während des ganzen Krieges nicht gelungen."
Mit anderen Worten: Der Verräter saß im Führerhauptquartier in Tuchfühlung mit dem Führer und gab die geheimsten Pläne der deutschen Kriegführung an Moskau preis. Was mag diesen „Werther" bewogen haben – er ist bis heute nicht eindeutig identifiziert – Tausende Menschen seines Blutes in den Tod zu schicken? Auch der Chef der deutschen Abwehr, Admiral Canaris, – er tat das Gegenteil

von dem, wofür er da war – schickte durch steten Verrat an den Feind Tausende deutsche Soldaten in den Tod.
Aber nicht nur an den Fronten, dort, wo die Schlachten tobten, litten die Menschen. Dem Tod ins Auge sehen und sterben, das mußten erstmals in diesem Kriege auch wehrlose Frauen, Kinder und Greise. Die ersten Bomben auf Wohngebiete, die außerhalb des Kampfgebietes lagen, fielen in Deutschland, abgeworfen von englischen Bombern. „Wir begannen Ziele in Deutschland zu bombardieren", so schrieb der englische Unterstaatssekretär im Luftfahrtministerium J. M. Spaight, „ehe die Deutschen das in England taten. Das ist eine historische Tatsache, die auch öffentlich zugegeben worden ist. Wir wählten damit den besseren (!) aber härteren Weg. Wir verzichteten, indem wir die deutschen Städte zerschlugen, auf das Privileg, unsere Städte intakt zu erhalten. Wir brachten London zum Opfer dar, denn die Vergeltung war gewiß ... Deutschland bemühte sich um ein Stillhalteabkommen im Bombenkrieg, sooft sich dafür die leiseste Chance zu bieten schien."[79])
„Wir brauchen den teuren Großbomber nicht", hatte Ernst Udet, der Organisator der deutschen Luftwaffe, im Sommer 1938 triumphiert. Hitler hatte ihm versichert, ein Krieg gegen England sei völlig ausgeschlossen. Und so kamen sie, die viermotorigen Langstreckenbomber, die englischen und amerikanischen „fliegenden Festungen". Sie kamen bei Tag, mehr aber bei Nacht und in mehreren Wellen. Von Wissenschaftlern exakt berechnet, wie, wo, was wann abzuwerfen war, öffneten sie die Klappen ihrer Bombenschächte über den Wohnvierteln der deutschen Städte und entfachten das, was unter ihnen lag, zu Feuerstürmen und glühenden Schmelztiegeln. Zu Schmelztiegeln, in denen die Menschen auf der Flucht vor Feuer, Hitze und Sauerstoffmangel im heißen Asphalt der Straßen steckenblieben, niederfielen und von brennenden, stürzenden Häuserfronten begraben wurden. Feuerstürme, in denen Mütter mit ihren Kindern auf den Armen nach einer Fluchtlücke suchend von Feuerwand zu Feuerwand hetzten, bis sie verbrannten, bis ein „Wohnblockknacker", das war eine Luftmine von der Größe einer Litfaßsäule, allem ein Ende machte, bis der unerbittliche Sturm sie in die Feuergluten warf oder die Hitze sie röstete. In verschütteten Kellern, fünfzig, hundert oder mehr an der Zahl, dicht gedrängt die Menschen zwischen heißen Wänden, durch deren Sprengrisse und den Türspalten das brennende

Phosphor floß, bis die armen Kreaturen bei lebendigem Leibe verglühten. Das alles waren keine „Verbrechen gegen die Menschlichkeit", niemals wurden Urheber und Ausführer dieser Unmenschlichkeiten vor Gericht gestellt. Tagelang standen die Dunstschichten, die Giftwolken über den Städten, tagelang drang das Licht der Sonne nur mit schwachem Schimmer hinunter in die Todeswüste. Die deutschen Städte wurden zu unübersehbaren gespenstischen Trümmersilhouetten, deren Steine unhörbar zum Himmel schrien. Die Menschen gingen unter im angloamerikanischen Holocaust. Das Grauen dieser Bombennächte in der Heimat war oftmals schlimmer als das an der Front. Fronterfahrene Landser konnten das bezeugen. Die Bewohner der deutschen Städte erstickten im Feuersturm und verbrannten vor den Augen der Welt, und niemand kümmerte sich darum. Am wenigsten jene Elemente, die sich gern mit der Humanität identifizierten.

„. . . ertrug die Bevölkerung", hieß es in einem amerikanischen Nachkriegsbericht, „den Bombenterror und die katastrophalen Folgen der zahlreichen Angriffe mit bewundernswertem Gleichmut. Obwohl ihre Moral, ihr Glaube an den Endsieg und ihr Vertrauen in die NS-Führung abnahm, arbeitete die Bevölkerung weiterhin mit vollem Einsatz, solange die Produktion noch funktionierte. Die Macht eines Polizeistaates über seine Bevölkerung sollte nicht unterschätzt werden."

Bei letztem Satz täuschten sich die Berichter wohl absichtlich. Wer die Zivilbevölkerung ausrottet, dessen Kampf konnte niemals gerecht sein. Es war die maßlose Wut auf die Mörder mit dem Heiligenschein der an der „Heimatfront" kämpfenden Menschen, die Heimzahlung forderten und die sie immer noch tapfer zu ihrer Führung stehen ließ. Und es war die Casablanca-Doktrin von der „bedingungslosen Kapitulation" Rooseveltschen Ursprungs – mit dem Ziel, Deutschland zu zerschlagen – die der deutschen Regierung viel Aufwind gab. An einen Aufstand des Volkes war nicht zu denken. Die „feine englische Art" und der „Gerechtigkeitssinn" der Amerikaner war der Bevölkerung offenbar geworden.

Auch Eva Braun liebte ihren Gefährten noch immer, obwohl sie inmitten des Leidens stand und mit den weichenden Fronten wohl für Augenblicke den Abgrund kommen sah. Wie ihn ja auch immer noch Millionen Frauen verehrten, denen die Männer genommen waren;

wie ihn immer noch Millionen Mütter verehrten, denen die Söhne genommen waren. Frauen, die ihre Kinder in den Schlaf sangen, ohne zu wissen, ob der Nacht noch ein Morgen folgte. Frauen, die hungrige Mäuler stopfen mußten und in den rauchenden und brennenden Trümmern oft nicht wußten womit. Frauen, die trotz allem niemals aufhörten das Leben zu lieben, auf eine bessere Zukunft zu hoffen. Nicht Tugend war es und Sittsamkeit, was sie bewundernswert und göttlich scheinen ließ, wie Shakespeare einmal schrieb. Sie waren göttlich in ihrem Elend, diese Frauen in den Städten vom Norden bis zum Süden, von Hamburg bis Wien. Und mit dem großen Teil der Bevölkerung wollten auch sie nicht wahrhaben, daß diesmal der Sieg nicht mit dem Führer sei. Hatte nicht sogar ein Mann wie Winston Churchill vor dem Krieg einmal geschrieben: „Vielleicht ist Adolf Hitler der größte Europäer, der je gelebt hat!“ Und ein anderes Mal: „Andere Völker setzen ihren ‚Unbekannten Soldaten‘ des Weltkrieges Riesendenkmäler. Die Deutschen setzen ihren ‚Unbekannten Soldaten‘ an die Spitze ihrer Regierung und lassen sich durch ihn zu neuer Größe führen.“

Weshalb also sollte Eva ihn, dessen Aufstieg sie an seiner Seite – wenngleich unerkannt und anonym – miterlebt hatte, auf dem Weg abwärts nicht mehr lieben? Ja, sie liebte ihn mehr, je tiefer er sank, je mehr der Erfolg von seiner Seite wich. Was war denn auch von jenen zu halten, die angeblich kamen, um Deutschland vom Joch zu befreien? Jene, die Nacht für Nacht die Städte in Feuermeere entflammten, Frauen, Kinder und Greise – Menschen sippenweise zu Tode bombten? Niemals konnte das die Befreiung vom Nationalsozialismus sein, nur die Befreiung der Menschen von ihrem Leben. „Die Bombenangriffe müssen gegen die Häuser der deutschen Arbeiterklasse gerichtet werden. Mittelstandshäuser in ihrer aufgelockerten Bauweise führen unvermeidlich zur Verschwendung von Bomben . . . Fabriken und militärische Anlagen sind zu schwer auszumachen . . .“ So Frederick Alexander Lindemann, Churchills wissenschaftlicher Berater und zum Lord Cherdell erhoben. Er war es auch, der Luftmarschall Harris, von seinen eigenen Leuten „der Schlächter“ genannt, das fächerartige Flächenbombardement, die wellenartigen Wiederholungsangriffe wissenschaftlich ausgearbeitet hatte.

Nach präzise ausgerechneter Zeit kam eine neue Angriffswelle, um die inzwischen aus dem Umland eingetroffenen Löschgeräte und Rettungstrupps zu vernichten. Ob er denn nicht militärische Ziele den zivilen für seine Bomber vorziehen würde, wurde Churchill einmal gefragt. Und er antwortete: „Zuerst das Vergnügen, dann die Arbeit." Frankreichs Innenminister a. D. d'Astier berichtete: „Churchill führte mich zigarrerauchend in ein weiträumiges Zimmer, in dem eine Reihe von Stereoskopen aufgebaut waren. Jedes einzelne war einer zerstörten Stadt gewidmet. Churchill schleppte mich von einem zum anderen . . . damit ich die Schreckensbilder von Köln, Düsseldorf und Hamburg vor meinen Augen vorüberziehen lasse konnte. Er selber war begeistert, wie beim Fußballspiel. Er jubelte, pries die Verwüstungen . . ." Angesichts solcher und noch anderer Äußerungen dieses Mannes ist die Frage berechtigt: War Churchill im Vollbesitz seiner geistigen Kräfte?

Die Alliierten kämpften gegen das deutsche Volk, nicht gegen eine Partei. An den Fronten allein war dieses Deutschland trotz gewaltiger Material- und Menschenübermacht des Gegners nicht zu schlagen. „Abgesehen von den Erfolgen der RAF bei der Entfachung des Feuersturms, der 50000 Hamburger und 150000 Dresdener geröstet hat, während offiziell behauptet wurde, wir hätten nur militärische Ziele bombardiert, sind subversive Operationen und schwarze Propaganda die einzigen Aspekte des Krieges gewesen, in deren Rahmen wir wirklich Hervorragendes geleistet haben . . . von der Lüge über Bestechung, das Fälschen von Dokumenten und die Unterschlagung bis zum Mord – und das alles natürlich für die Rettung der Demokratie."[80]) Aber auch falsche „Dokumente" wie der „Mölders-Brief", gefälschte Lebensmittelkarten, eine Flut von Druckschriften und Flugblättern, tonnenweise Kartoffelkäfer konnten Wirtschaft oder Moral in diesem Land zugunsten der Gegner nicht untergraben. Auch nicht der englische schwarze Hetz- und Desinformationssender eines krankhaften Berufs-Deutschenhassers wie Sefton Delmer mit seinen Greuel- und Propagandatricks niedrigster Stufe konnte daran etwas ändern.

Eva Braun erlebte Bombenangriffe in Berlin und in der Metropole an der Isar, wo die Städtebau-Konzeption König Ludwig I. hätte wieder aufgenommen werden sollen, die mittlerweile im planlosen Bauwucher untergegangen war. Eine großzügige „Südstadt München" war geplant mit allem was dazu gehört: Wärme, Energie und gut erreichbare Arbeitsplätze. Isartal und Isarfeld sollten frei von

Münchener Fasching 1939. Für Eva der letzte. Zweite von links Eva Braun, in der Mitte Mutter Franziska Braun

Aus dem Dreimädelhaus: Gretl, Eva, Ilse. Silvester 1938 feierten sie den Jahreswechsel das erstemal zusammen auf dem Berghof.

Silvester 1938. Es war die einzige Feier des Jahres, die auf dem Berghof stattfand. Links von Hitler Frau Bormann, rechts Eva Braun

In den Kriegsjahren sah man Hitler nur noch in Uniform. Hitler begrüßte seine Gefährtin immer formvollendet mit einem Handkuß.

Bereit zum Spaziergang. Hitler und Eva auf der Freitreppe zum Berghof

An den Widmungen auf den Photographien erkennt man die tiefe Herzlichkeit, vielleicht sogar Seelenfreundschaft, die Eva Braun mit ihrer Freundin Herta Schneider verband.

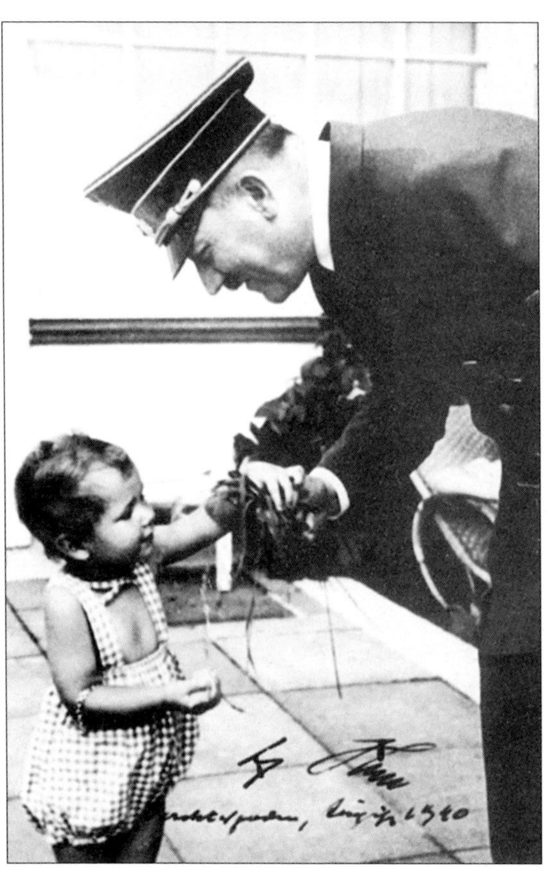

„A. Hitler, Berchtesgaden, August 1940“.
Das schrieb er für Ursula Schneider.

Auch von „Tante Eva“ bekam Uschi
gute Wünsche für die Zukunft.

Hitler mit den Töchtern der Freundin, Uschi und Gitta. Eva und Gretl halten das mit der Kamera fest.
Daneben Frau Schneider und Frau Mittelstraßer, die Wirtschafterin auf dem Berghof

Eva Braun und Adolf Hitler am 14. Juni 1942 mit ihren Hunden auf dem Berghof

Evas Freundin Herta mit Familie. Oberst Erwin Schneider war zweimal Gast auf dem Berghof.

Eva mit den Kindern der Freundin im Jahr 1943

Familie Braun im Kriegsjahr 1942

Geburtstagsfeier. Links neben Hitler Eva Braun und ihre Schwester Gretl. Rechts Heinrich Hoffmann

Bei schönem Wetter wurde auf der Terrasse gefrühstückt. Neben Eva Walter Hewel. Im Hintergrund der Anbau für Zahnarztzimmer und Begleitkommando

Brautpaar Hermann und Gretl Fegelein am Tag der Trauung, dem 3. Juni 1944

Von links: Heinz Handschuhmacher, Eva Braun, Hermann Fegelein mit Frau. Heinz Handschuhmacher und Frau, beide Schauspieler und mit Eva befreundet, kamen bei einem Bombenangriff ums Leben.

Die Hochzeit ihrer Schwester Gretl stand für Eva stellvertretend für ihre eigene.

Bade-Picknick mit Herta Schneider (rechts) und Evas Hund „Negus". Beim Baden am 20. Juli 1944 erfuhren die Freundinnen vom Attentat auf Hitler.

Auf dem Obersalzberg. Für Eva willkommene Tage, für Hitler Flucht vor den Bedrängnissen des Krieges

Herta Schneider mit ihren Kindern oberhalb der Freitreppe auf dem Berghof

Ein halbes Leben verbunden: Herta Schneider, geborene Ostermayr, und Eva Braun

Berlin, den 22. IV. 45

Mein liebes Hertalein!

Dies werden wohl die letzten Zeilen und damit das letzte Lebenszeichen von mir sein. Ich wage es nicht an Gretl zu schreiben, Du musst ihr also das schonend beibringen. Ich werde Euch meinen Schmuck senden und bitte ihn nach meienm Testament in der Wasserburgerstr. liegend, zu verteilen. Ich hoffe, dass ich Euch damit noch etwas über Wasser halten könnt.
Geht bitte nach Möglichkeit vom Berg runter. Der Ort ist zu gefährlich für Euch, wenn alles zu Ende sein sollte.
Wir kämpfen hier bis zum Lezten aber ich fürchte das Ende rückt bedrohlich nnäher und näher. Was ich persönlich um den Führer leide kann ich Dir nicht schildern.
Entschuldige bitte wenn ich etwas konfus schreibe aber um mich sind die 6 Kinder von G. und die sind beiliebe nicht ruhig. Was soll ich Dir noch sagen? Ich kann nicht verstehen, wie alles so kommen konnte aber man glaubt an keinen Gott mehr!
Der Mann wartet schon auf den Brief!
Alles alles Liebe und Gute für Dich meien treue Freundin! Grüsse die Eltern sie sollen zurück nach München oder Traunstein gehen. Grüsse alle Freunde ich sterbe so wie ich gelebt habe. Schwer fällte es mir nicht. Das weisst Du.
Seit alle herzlich gegrüsst und geküsst von

Eurer

Eva

Halte diesen Brief zurück bis ihr unser Ende erfahrt. Ich weiss ich verlange viel von Dir aber Du bist tapfer.
Vielleicht, wird auch alles wieder gut, aber er hat den Glauben verloren und wir fürchte ich, hoffen umsonst.

Der Abschiedsbrief

Kassel. Hier starben nicht Soldaten. Hier starben hilf- und wehrlose Frauen, Kinder und Greise.

Als die amerikanischen Panzer 1945 in München einrollten, gab es nichts mehr zu zerstören.

Wer zählt die Menschen, kennt die Qual? Verbrennung von Leichen auf dem Altmarkt in Dresden

„Stuttgart im Loch, wir finden dich doch", so hatten die Feindbomber mit Flugblättern verkündet. Hier wüteten die in Massen abgeworfenen Flammenstrahlbomben. 4 100 Menschen starben in einer Nacht. 41 000 Wohnungen wurden zerstört.

Eine von zahlreichen Ansichtskarten, wie sie noch Jahre nach dem Krieg auf dem Obersalzberg angeboten wurden

Industrie und Hochbauten bleiben, um den Frischluftstrom für den Stadtkern nicht zu behindern. Auf Zeichenbrettern und in Modellen nahmen diese Pläne bereits Gestalt an. Oper, ein neuer Hauptbahnhof mit einem Kuppelbau aus Stahl und Glas, 245 Meter im Durchmesser, Straßenzüge, das alles sollte einmal in harmonischem Gefüge der Stadt frischen Geist und neuen Atem verleihen. Jetzt aber sank auch das in Trümmern was in Jahrhunderten gewachsen war. Eva, jetzt häufig auf dem Berghof, scheute eine Fahrt nach München, das ständigen Angriffen ausgesetzt war, nicht. Ein befreundetes Ehepaar Handschuhmacher, der Mann Schauspieler, hatte im Bombeninferno den Tod gefunden. Vom Begräbnis zurückgekehrt, stand München in Flammen, sah Eva mit ihren Begleitern Herta Schneider und Professor Scholten, befreundeter Frauenarzt, daß auch ihr Haus beschädigt war. Scholten hatte seinen Wagen vor dem Haus abgestellt. Gegen einen Baum geschleudert, war das Fahrzeug ein Trümmerhaufen und nicht mehr zu gebrauchen. Bormann stellte dem Professor einen Mercedes zur Verfügung. Mit diesem Fahrzeug, für den Professor wohl ungewohnt, verunglückte er mit Herta Schneider auf der Fahrt vom Obersalzberg, in der Nähe Münchens. Eva fuhr nach München, hinein in Flammen und Bombenhagel, um die Verunglückten zu suchen und zu helfen. Scholten starb, Herta Schneider blieb für längere Zeit an das Bett gefesselt. Von Sabotage war die Rede gewesen, aber Herta Schneider glaubte nicht daran. Es war das fremde Fahrzeug, über das der Professor die Beherrschung verloren hatte.

Mit kurzen Unterbrechungen war die Freundin in diesem Jahr 1943 acht oder neun Monate auf dem Berghof. Die Fahrt von Garmisch nach Berchtesgaden wurde mit den Töchtern Ursula, fünf Jahre, und Brigitte, knapp drei Jahre alt, mehr und mehr beschwerlich. So gut es möglich war, arbeitete Eva ja immer noch in München bei Hoffmann.

Die Moral der Menschen in der Heimat freilich, sie litt unter dem Alpdruck, der mit dem Kriegsverlauf mehr und mehr auf die Brust der Menschen drückte.

Am Nachmittag des 8. November 1943 sprach der Reichskanzler im Löwenbräukeller in München zu seinen alten Kämpfern. Abends hörten die Menschen seine Rede im Rundfunk. „Dieser bolschewistisch-asiatische Koloß“, so sagte er unter anderem, „wird so lange gegen Europa anstürmen, bis er nicht am Ende selbst zerbrochen und geschlagen ist . . . Die gleichen naiven Menschen aber, die heute glauben, in Stalin den Geist gefunden zu haben, der ihnen die Kastanien aus dem Feuer holt, werden vielleicht schneller, als sie es zu ahnen vermögen, erleben, daß die gerufenen Geister der Unterwelt sie selbst erwürgen, und zwar in ihren eigenen Ländern . . ." „. . . Ich bin stolz darauf, der Führer dieser Nation zu sein, nicht nur in glücklichen Tagen, sondern erst recht in schweren. Ich bin glücklich, daß ich in solchen Tagen der Nation von mir auch Kraft und Vertrauen geben und ihr sagen kann: Deutsches Volk, sei völlig ruhig, was auch kommen mag, wir werden es meistern. Am Ende steht der Sieg . . .!"

Er machte vielen wieder Mut in seiner langen Rede, so mancher, der zu zweifelm begonnen hatte, war wieder erleichtert und schöpfte neue Hoffnung. Mittlerweile hatte ja Italien den Spieß umgedreht. Im Einvernehmen mit dem König hatten einige Militärs Mussolini festgesetzt und sich gegen Deutschland gekehrt. Die Alliierten waren in Italien gelandet wie zuvor in Nordafrika. So kämpften deutsche Soldaten auch in Italien gegen Amerikaner und Engländer, die freilich nur langsam vorankamen unter Einsatz ungeheueren Bombenmaterials. In Rußland mußte die deutsche Front mehr und mehr der vielfachen Übermacht weichen.

Am 11. November 1943 schrieb Eva dem Bruder ihrer Freundin Herta an die Front: „Lieber Walter! Wie geht es Dir? Ich habe so lange nichts mehr von Dir gehört, fürchte aber, daß die Schuld bei mir liegt. Durch meine Tätigkeit in der Fa. Hoffmann und Fliegerschaden an meinem Häuschen, bin ich leider nicht zum Schreiben gekommen. In München ist, abgesehen von einigen Meckereien, die Stimmung seit der Führerrede um ein Wesentliches gestiegen. Nach Euch, da draußen, brauche ich wohl nicht zu fragen. Ihr seit, Gott sei Dank, immer in Ordnung und oben auf. Mit den herzlichsten Weihnachtswünschen und Grüßen bin ich Deine Eva Braun."

Am 8. Januar 1944 notierte Dr. Morell in der Wolfsschanze in sein Tagebuch: „. . . Mittags von Fräulein Eva Braun angerufen: seit drei Wochen Schnupfen und laufende Nase, dann Kiefernhöhlenentzündung. Vor 18.30 Uhr Punktion durch Professor Heymann (Universität). Ultraseptyl half nicht. Erneut Röntgen nötig. Wärme, Gesichtsdampfbäder, Vitamine etc. nötig. Beseitigung der Toxine. Absendung von Medikamenten . . ."

München, den 24.XI.43

E. B. Lieber Walter!

Wie geht es Dir? Ich habe so lange nichts mehr von Dir gehört, fürchte aber, daß die Schuld bei mir liegt. Durch meine Tätigkeit an der Fa. Hoffmann und Fliegerschaden an meinem Häuschen, bin ich leider nicht zum Schreiben gekommen.

In München ist, abgesehen von einigen Meckerern, die Stimmung seit der Führerrede um ein Wesentliches gestiegen. Nach Euch, da draußen, brauche ich wohl nicht zu fragen. Ihr seid, Gott sei Dank, immer in Stimmung und oben auf.

Mit den herzlichsten Weihnachtswünschen und Grüßen bin ich

Deine

Eva Braun

Am 23. Februar 1944 kam Hitler mit einem Sonderzug nach München. Im Hauptquartier bei Rastenburg, der Wolfsschanze, wurde mit Umbau und wesentlicher Verstärkung der Befestigung begonnen. Am nächsten Tag, dem 24. Februar, sprach er zum Gründungstag der NSDAP im Bürgerbräukeller vor den alten Kämpfern und fuhr dann weiter nach Berchtesgaden. Der Berghof, wegen Fliegereinsicht mit Tarnnetzen abgedeckt, hatte seine Idylle nun völlig verloren. Selbst in den Raum mit dem großen Fenster fiel nur Dämmerlicht ein. Den ganzen Tag über war elektrisches Licht nötig. Eva Braun hatte Hitler seit Monaten nicht mehr gesehen und war jetzt erschrocken. „Wie geht es dem Führer, Frau Junge?“ fragte sie die Sekretärin. „. . . Er ist alt geworden und ernst . . . Ich will Morell nicht fragen, ich vertraue ihm nicht . . .“

Allgemein war aufgefallen, daß dem Führer, wenn er länger stehen mußte, die Knie zu zittern begannen, daß er auch mit der rechten Hand die linke festhalten mußte. Besonders der krumme Rücken gab Eva zu denken und sie ermahnte ihn, sich gerade und aufrecht zu halten. „Das kommt davon, weil ich so schwere Schlüssel in der Hosentasche habe.“ Und als sie über diese Antwort unwillig wurde: „. . . und außerdem schleppe ich einen ganzen Sack voll Sorgen mit herum. Und außerdem“, witzelte er nach einem stummen fragenden Blick Evas, „passe ich dann besser zu dir. Du ziehst hohe Absätze an, damit du größer bist, ich beuge mich ein bißchen, und so passen wir ganz gut zusammen.“ Und so schlich er weiterhin gebückt und müde durch das Haus. Obwohl sein Gesundheitszustand fatal war, obwohl er Dr. Morell absolut vertraute, hielt er sich nicht an die Regeln und Anordnungen des Arztes. Auf Vorhaltungen der Adjutanten antwortete der Doktor: „Behandeln Sie einmal als Arzt einen Patienten wie den Führer!“

Eines der vielen Ereignisse während dieser Wochen auf dem Berghof – Vorträge und Lagebesprechungen, Absprachen mit Kommandeuren und Armeeführern verschiedener Waffengattungen – war der Besuch am 28. Februar von Flugkapitän Hanna Reitsch. Das Äußere dieses kleinen, zierlichen Persönchens stand im krassen Gegensatz zu ihrer Energie, zu ihrem Mut. Als Testfliegerin neuer Prototypen von Kampf- oder Jagdflugzeugen hatte sie das oft genug bewiesen. Mit einer künstlerisch gestalteten Urkunde, von Frau Professor Troost in München angefertigt, verlieh ihr Hitler das Eiserne Kreuz I. Klasse.

Wie so viele andere vor ihr, versuchte sie ihn zu überzeugen, daß die in Entwicklung und Bau befindliche Me 262, ein Flugzeug mit dem völlig neuen und ersten Strahlantrieb der Welt, als Jäger Ungeahntes gegen die feindlichen Bomberarmadas leisten könne, dagegen als Jagdbomber untauglich sei. Aber auch von ihr ließ er sich davon nicht abbringen, wie er ja mit zunehmender Bedrohung durch die Gegner mehr und mehr starrsinnig wurde.

„Hitler feierte", so Nicolaus von Below, „auf dem Berghof auch seinen 55. Geburtstag. Er war nicht in der Stimmung für Geburtstagsfeierlichkeiten, mußte aber doch vor der Mittagslage die Glückwünsche seiner Hausgenossen annehmen. Im Speisesaal waren eine Reihe der Geburtstagsgeschenke, z. B. von Hoffmann, Eva Braun und anderen aufgebaut worden. Hitler nahm sich Zeit und Ruhe, alles anzusehen und zeigte sich dabei auch aufgeschlossen. Als er aber General Zeitzler in das Haus treten sah, begab er sich sofort in die Halle zu den militärischen Gesprächen."

Ein anderes Ereignis in diesen Wochen auf dem Obersalzberg war privater Art: die Hochzeit Fegelein. Otto Hermann Fegelein, Offizier der Waffen-SS im Generalsrang mit Frontbewährung, ausgezeichnet mit Eichenlaub und Schwertern zum Ritterkreuz, hatte sich entschlossen, Gretl Braun zur Frau zunehmen. Als Verbindungsmann Heinrich Himmlers zu Hitler, war er immer wieder in der Nähe des Führers gewesen und hatte Gretl auf dem Berghof kennengelernt. Eva sah diese Vermählungsfeier stellvertretend für ihre eigene an, an die sie nicht mehr glaubte. Und sie arrangierte alles so, wie sie sich ihre Hochzeit gewünscht hätte. Denn alles, was ihr vom Traum einer eigenen Hochzeit blieb, war ja nur das Brautkleid ihrer Urgroßmutter, das sie gelegentlich auf dem Berghof getragen hatte.

Nach der Trauung am 3. Juni 1944 in Salzburg gab der Hausherr des Berghofes ein Festmahl, danach fuhr die ansehnliche Hochzeitsgesellschaft, auch Vater und Mutter Braun und Freundin Herta waren dabei, hinauf zum Kehlstein und feierte dort oben mit der Vermählung zugleich auch den Abschied von einer Zeit. Mit dieser Hochzeit, so wußten rührige Zungen zu sagen, habe sich Fegelein nah an Hitler herangeheiratet, bewußt und mit voller Absicht, um als Schwager des Führers an Einfluß und Ansehen zu gewinnen. Abgesehen davon, daß Gretl Braun hübsch war und sehr anziehend wirkte, war Fegelein „aber auch sicher der Gedanke nicht unan-

genehm, evtl. Schwager von Hitler zu werden". Diese Erkenntnis Christa Schroeders kommt der Wahrheit wohl am nächsten. Dem Offizier Hermann Fegelein mußte indessen soviel Verstand zugebilligt werden, der ihn nicht mit einem Lebensbund die Nähe eines Mannes suchen ließ, dessen Zukunft – das war nun nicht mehr zu leugnen – mehr als dunkel war. Und so empfanden wohl Gastgeber und Gäste so hoch oben in friedlicher Natur, bewußt oder unbewußt, daß dieses Fest ein Abschied war von dem, was war, ein Henkersmahl, ein Übertuschen aufsteigender Ängste vor einer ungewissen Zukunft.
Eva sei Hermann Fegelein sehr zugetan gewesen, so wird erzählt. Das Menschliche stand hierbei gewiß im Vordergrund. Was diese Hochzeit für Eva außerdem bedeutete, konnte sie wohl nur allein ermessen. „Ich bin Fegelein so dankbar, daß er meine Schwester geheiratet hat", sagte sie zu Christa Schroeder. „Jetzt bin ich wer, jetzt bin ich die Schwägerin von Fegelein!" Im Kreis um den Führer und seinem Gefolge konnte sie sich fortan öffentlich sehen lassen als Schwägerin Fegeleins. So gab diese Verbindung auch Eva so etwas wie einen „Status", und der Wunsch, die Feierlichkeiten so zu gestalten, als wäre es ihre Hochzeit, erhielt auch damit noch seine Berechtigung. Aber wie lange zählte das noch? Schon drei Tage nach der Trauung, am 6. Juni 1944, landeten Amerikaner und Engländer in der Normandie bei Caen und Cherbourg mit allem, was sie hatten. Daß das geschehen konnte, während die Panzerlehrdivision etwas entfernt Gewehr bei Fuß stand und nicht in der entscheidenden Phase zum Einsatz kam, darüber munkeln immer noch die Experten. Verrat wird dabei nicht ausgeschlossen, wie es ja an allen Fronten in diesem Kriege hohe Militärs gab, die von Anfang an sabotierten, auch auf Kosten Tausender deutscher Soldatenleben.[81])
Mittlerweile hatten die Alliierten Rom besetzt. Mit einer Großoffensive der Sowjets am 22. Juni 1944 kam die Ostfront ins Wanken, eine mehrfache Übermacht zerschlug bis Anfang Juli achtundzwanzig deutsche Divisionen. 350000 deutsche Soldaten waren gefallen oder gefangen. Nach Ostpreußen war es nicht mehr weit. Ende Juni war auch Cherbourg gefallen. Die Freunde Frankreichs scheuten sich nicht, französische Städte sturmreif und ihre Menschen zu Tode zu bomben.
Der Kreis der Gäste auf dem Berghof war klein und Hitler still geworden. Am 13. Juli, einem Donnerstag, befahl er die Abreise für

den nächsten Tag nach Rastenburg in Ostpreußen. „Am letzten Abend", so Augenzeuge Nicolaus von Below, „als er sich zurückzog, ging er in der großen Halle noch einmal an allen Bildern vorbei, sah sie sich genau an – und nahm Abschied von ihnen. Dann sagte er Frau Brandt und meiner Frau ‚Gute Nacht', küßte ihnen die Hand, ging einige Stufen zum Nachbarzimmer hinauf, kehrte wieder zurück, verabschiedete sich noch einmal herzlich von ihnen und verließ die Halle. Es war ein Abschied für immer."

Welche Gedanken mögen hierbei Eva Braun beschlichen haben? Eine Vorahnung habe er, sagte er zu ihr, daß sein Leben bedroht sei, und gab ihr hierfür entsprechende Anweisungen. Der Frau des Luftwaffenadjutanten von Below hatte er in diesen letzten Wochen auf dem Obersalzberg mehrfach gedankt, „daß sie ein so nettes Verhältnis zu Fräulein Braun gefunden habe".

Wenige Tage später, an einem sonnigen Julitag, es war der 20. Juli 1944, war Eva wieder einmal zum Baden an den Königssee gefahren, und Herta Schneider leistete ihr dabei Gesellschaft. Während des Krieges benützte Eva ihren Wagen selten oder gar nicht. Die jungen Frauen wurden mitgenommen von einem Paketwagen der Post. Das war in jenen Jahren ein Kastenwagen ohne Verbindung mit dem Führerhaus, ohne Fenster, zugänglich nur von hinten. „Unsere Fahrt zum Königssee war immer sehr lustig", berichtete Herta Schneider. „Inmitten von Paketen sitzend im Postwagen, Türe von außen mit Schnur zugemacht, damit wir durch einen Spalt Luft bekommen konnten." Auf dem Rückweg kam er wieder, der Fahrer von der Post mit seinem Wagen, um die jungen Frauen wieder mit nach Berchtesgaden zu nehmen. Von ihm hörten sie, daß im Führerhauptquartier eine Bombe explodiert sei. Der Führer, so war zu vernehmen, sei nur leicht verletzt. Aber die Telefonverbindung kam und kam nicht zustande. Hatte man sie am Ende gar angelogen, wollte man sie schonen und ihr die Todesnachricht in Raten erteilen? Mittlerweile aber hatte Hitler Mussolini empfangen, Besprechungen geführt und die Ereignisse in Berlin verfolgt. Es ging den Verschwörern nicht nur um die Erledigung des obersten Kriegsherrn, mit dem Tod Hitlers war auch ein Putsch geplant. Ein Verschwörerkreis von hohen Offizieren wollte die Regierung übernehmen. Der Hauptgrund jedoch war gewesen, daß alle Telefonleitungen des Führerhauptquartiers nach dem Attentat sofort gesperrt wurden. Da

– endlich, gegen sieben Uhr abends, hörte sie seine Stimme. Sie möge sich keine Sorgen machen, sagte er, er lebe. Es war seine Stimme, jetzt endlich wußte sie genau, daß er noch am Leben war. Und dann brach es über sie herein. Es war ihr zum Lachen und es war ihr zum Weinen. Ihr Lachen ging über in ein bitteres, haltloses Schluchzen, wie es geschieht, wenn Seele und Gemüt die Erschütterungen nicht mehr ertragen können. Tage später hielt sie die versengte und zerfetzte Uniform Hitlers in den Händen, die ihr Sekretärin Christa Schroeder im Auftrag ihres Chefs geschickt hatte. Christa Schroeder: „Er ... zeigte mir die Hose, die, von oben bis unten in Fäden und Fetzen aufgelöst, nur noch durch das Gurtband zusammengehalten wurde und den Rock, aus dem im Kreuz ein quadratisches Stück herausgerissen war." Beim Anblick dieses Überbleibsels war Eva ebensowenig klar wie allen anderen, daß der Träger dieser Kleidung den Anschlag überstanden hatte. Und wie das Volk, so mußte sie sich fragen, warum und wie es gekommen war.

Wie jeden Tag, so war auch an diesem 20. Juli Lagebesprechung im Führerhauptquartier angesagt gewesen. Oberst Graf Stauffenberg, Chef des Stabes des Ersatzheeres, war von Berlin nach Rastenburg zum Vortrag geladen. Als treibende Kraft der Widerständler unter den Militärs hielt er seine Stunde für gekommen. Seine Aktentasche mit der Zeitbombe englischer Herkunft stellte er an den massiven Fuß des Kartentisches neben Hitler. Unter dem Vorwand, er müsse noch telefonieren, verließ er den Raum. Außer Hitler hatten sich noch dreiundzwanzig Teilnehmer zur Besprechung eingefunden, aber das kümmerte ihn nicht. Mochten sie ruhig mit hochgehen, wichtig war ihm sein eigenes Leben. Mittlerweile hielt Generalleutnant Adolf Heusinger, Chef der Operationsabteilung des Generalstabes des Heeres, seinen Vortrag. Der Chef seines Stabes, Oberst Heinz Brandt, wollte bessere Sicht auf die Karte, dabei war ihm die Aktentasche Stauffenbergs im Weg. Er nahm sie und stellte sie auf die andere Seite des Eichenfußes. Inzwischen war der Attentäter schnellen Schrittes an der Telefonzentrale vorbeigeeilt und zu Fellgiebels Büro im Nachrichtenbunker gegangen. Dort wartete er neben dem Bunker mit General Fellgiebel, der ebenfalls zu den Verschwörern gehörte, auf die Detonation und zählte die Minuten.

Stenograph Heinz Buchholz später: „Ich erinnere mich an ein Donnern verbunden mit einer leuchtend grellen Stichflamme.

Zugleich entwickelte sich dichter Rauch. Glas und Holz flogen splitternd durch die Luft. Der große Tisch, worauf all die Lagekarten ausgebreitet waren und um den sich die Teilnehmer stehend versammelt hatten – nur vier Stenographen saßen – brach zusammen. Nach einigen wenigen Sekunden völligen Schweigens hörte ich jemanden rufen, wahrscheinlich war es Feldmarschall Keitel: ‚Wo ist der Führer?' Dann waren Schmerzensschreie und Stöhnen zu vernehmen."

Die Besprechungsteilnehmer suchten das Freie, verletzt, blutend, mit schwarzen und verbrannten Gesichtern, die Uniformen zerfetzt.

Nach diesem Inferno, so folgerte Stauffenberg, konnte Hitler nur tot sein. Er verließ sich auf die weiteren Maßnahmen Fellgiebels und kam mit Tricks und Bluffs durch die Sperren nach draußen, um nach Berlin zu fliegen, wo die Eingeweihten mit Spannung abwarteten.

In Rastenburg aber sah jetzt General Fellgiebel zu seinem Schrecken Hitler am Arm von Feldmarschall Keitel auf sich zukommen. Nun war der Augenblick des Mitverschwörers gekommen, die Pistole zu ziehen, sie auf Hitlers Brust zu setzen und abzudrücken. Stattdessen streckte er dem Führer die Hand hin und beglückwünschte ihn zu seinem Überleben.

Dr. Brandt entfernt mehr als hundert Eichenholzsplitter aus Hitlers verbrannten Beinen. Seine Trommelfelle sind zerrissen, sein Gleichgewicht ist gestört. Sein Allgemeinzustand, seine Gesundheit ist mehr angeschlagen denn je. Aber er sagt: „Es ist nicht schlimm . . . Ich bin unverwundbar, ich bin unsterblich."

Am Ende vier Tote, zwei Schwerverletzte und einige Leichtverletzte. Kapitän zur See Heinz Assmann schrieb: „Für uns, die wir das Attentat in unmittelbarer Nähe Hitlers miterlebten, blieb die Unversehrtheit Hitlers damals ein wirkliches Wunder."

Um 21.00 Uhr wurde im Deutschlandsender eine Ansprache des Führers für den Abend angesagt. Zwischen Wagner-Musik kam stets erneut der Hinweis auf die Rede. Der Übertragungswagen mußte erst von Königsberg nach Rastenburg gebracht werden. So war es schließlich 01.00 Uhr früh, bis die allbekannte Stimme aus dem Lautsprecher kam. Wahrscheinlich saß auch Eva noch um diese Zeit vor dem Empfänger.

Der Putsch in Berlin brach zusammen. Nachdem die Herren in Berlin vernommen, daß Hitler überlebt hatte, wurden sie ängstlich und mußten das mit dem Leben bezahlen. Sie waren keine Putscher. Sie waren aber auch keine Märtyrer, wie man sie später gern hinstellen wird. Sie waren bewaffnet, waren Kämpfer, Verschwörer. Liefen ihre Pläne schief, war ihnen eine Kugel sicher oder auch der Strang. Das wußten sie zuvor. Sie hatten sich ja auch nicht gescheut, ihre Kameraden mit Hitler zerfetzen zu lassen.

Und manch einer der Verschwörerstrategen gehörte zu jenen, die mit tiefer Befriedigung Ernst Röhm und seine Freunde 1934 hatten sterben sehen. „Schade“, so hatte der Mitverschwörer von Witzleben damals frohlockt, „da müßte ich dabei sein“, und in den Offizierskasinos hatten die Sektkorken geknallt zur Freude über die tote Konkurrenz. Es waren Männer, die an die Kaiserzeit dachten, mit Arbeitern nichts im Sinn hatten und im Klassendenken befangen waren. Das war es auch, was den Kreis der militärischen Widerständler klein bleiben ließ. Es „. . . steckte hinter dem 20. Juli kein revolutionärer Schwung, keine richtungsweisende Idee. Es wären halt dann Anciens, die Ehemaligen, drangekommen, die das Rad der Geschichte zurückgeschraubt hätten. Ein Deutschland mit den alten Klassen-Vorurteilen wollte ich nicht. Das hätte auch gegen den Einsatz meiner Freiwilligen verstoßen. Sie waren nicht nur national gesonnene Leute. Sie waren auch Sozialisten, und zwar europäische Sozialisten.“[82]) Das sagte ein Offizier der Waffen-SS, der die europäischen Freiwilligen kommandierte.

Die Reichsgrenzen von 1914 waren für die Attentäter bindend, Österreich und das Sudetenland mit eingeschlossen. Politisch standen sie rechts von der NS-Regierung. Die englische Presse reagierte entsprechend. Stauffenberg und der „Junker-Untergrund“, so der „Manchester Guardian“, wollten die Weltherrschaft, wie Hitler. Sie seien eben Deutsche. Ein österreichischer Offizier nach dem Krieg: „Wir Deutsch-Österreicher hatten von den politischen Fähigkeiten der Preußen nie eine hohe Meinung; daß aber die preußische Junkerschicht mit dem Feind konspirieren würde und sich dabei den eigenen Ast absägt, hätten wir nie für möglich gehalten.“[83]) Die Verschwörer waren einem Irrtum erlegen, dem Irrtum, der Feind kämpfe nur gegen Hitler, nicht gegen das deutsche Volk. Das Schicksal hatte sich gegen sie entschieden, und sie traten tapfer unter den Galgen. Für die „gnädige Errettung“ des Oberhauptes freilich dankten nicht nur Eva Braun, sondern immer noch der größere Teil des Volkes dem

Himmel. „Heiliger barmherziger Gott!“, so betete die Kirche, „von Grund unseres Herzens danken wir Dir, daß Du unserem Führer bei dem verbrecherischen Anschlag Leben und Gesundheit bewahrt und ihn unserem Volke in einer Stunde höchster Gefahr erhalten hast. In Deine Hände befehlen wir ihn. Nimm ihn in Deinen gnädigen Schutz. Sei und bleibe Du sein starker Helfer und Retter. Walte in Gnaden über den Männern, die in dieser für unser Volk so entscheidungsschweren Zeit an seiner Seite arbeiten. Sei mit unserem tapferen Heere . . .“

Mit seiner Gesundheit indessen – sofern von Gesundheit noch zu reden war – war es schlecht bestellt. Stets drohten Herzinfarkt, Embolie, plagten ihn Schmerzen im Magen- und Darmbereich. Schlaflosigkeit, überstrapazierte und daher zerrüttete Nerven taten ein übriges. Am 26. September berichtete ihm Himmler über die Untersuchungen zum 20.-Juli-Attentat. Schon in den Vorkriegsjahren, so ging daraus hervor, gab es den „Widerstand“, und Himmler nannte Namen. Da hatte beispielsweise Admiral Canaris in verbrecherischer Verantwortungslosigkeit als Chef der deutschen Abwehr seit Jahren das Gegenteil von dem getan, wofür er da war, und den Gegnern ständig militärische Geheimnisse zugespielt. Seit Jahren war auch immer wieder versucht worden, ihn zu beseitigen. Das alles, der nunmehr zutage tretende hinterhältige Verrat, die begangene Untreue, ließen Hitler schließlich zusammenbrechen. Mit Gelbsucht, Magen- und Darmkoliken lag er, der bisher von seinen Ärzten nicht ins Bett zu kriegen war, apathisch und teilnahmslos auf seinem Krankenlager. Nur langsam erholte er sich. Noch im kranken Zustand ging er nach Berlin. Dort mußte ein Polyp vom Stimmband entfernt und weitere Behandlung vorgenommen werden, die in Rastenburg nicht möglich war. Ursprünglich wollte er dieses Hauptquartier nicht mehr verlassen, schließlich hatte er dem Drängen Bormanns nachgegeben.

Diener Linge notierte am 22. November in seinem Diensttagebuch zwischen 13.00 und 20.35 Uhr „privat“, und Dr. Morell hatte bei einem Krankenbesuch in der selben Zeit dort „Frl. Eva Braun getroffen“.

Mittlerweile hatten die Rotarmisten in Ostpreußen deutschen Boden betreten. Von nun an stürzte sich eine entmenschte Soldateska in altasiatischem Kriegsbrauch viehisch auf die wehrlose Zivilbevölkerung.

Kirchliches Amtsblatt

für die

Evangelisch-lutherische Landeskirche Hannovers

1944	Ausgegeben zu Hannover, den 21. Juli 1944	Stück 11

Dank für die gnädige Errettung des Führers.

Hannover, den 21. Juli 1944.

Tief erschüttert von den heutigen Nachrichten über das auf den Führer verübte Attentat ordnen wir hierdurch an, daß, soweit es nicht bereits am Sonntag, dem 23. Juli, geschehen ist, am Sonntag, dem 30. Juli, im Kirchengebet der Gemeinde etwa in folgender Form gedacht wird:

„Heiliger barmherziger Gott! Von Grund unseres Herzens danken wir Dir, daß Du unserm Führer bei dem verbrecherischen Anschlag Leben und Gesundheit bewahrt und ihn unserem Volke in einer Stunde höchster Gefahr erhalten hast. In Deine Hände befehlen wir ihn. Nimm ihn in Deinen gnädigen Schutz. Sei und bleibe Du sein starker Helfer und Retter. Walte in Gnaden über den Männern, die in dieser für unser Volk so entscheidungsschweren Zeit an seiner Seite arbeiteten. Sei mit unserem tapferen Heere. Laß unsere Soldaten im Aufblick zu Dir kämpfen; im Ansturm der Feinde sei ihr Schild, im tapferen Vordringen ihr Geleiter. Erhalte unserem Volke in unbeirrter Treue Mut und Opfersinn. Hilf uns durch deine gnädige Führung auf den Weg des Friedens und laß unserem Volke aus der blutigen Saat des Krieges eine Segensernte erwachsen. Wecke die Herzen auf durch den Ernst der Zeit. Decke zu in Jesus Christus unserm Herrn alles, was wider Dich streitet. Gib, daß Dein Evangelium treuer gepredigt und williger gehört werde, und daß wir unser Leben in Liebe und Gehorsam tapfer und unverdrossen unter die Zucht Deines Heiligen Geistes stellen.

Der Landesbischof.	Das Landeskirchenamt.
D. Marahrens.	I. V.: Stalmann.

Die Soldaten der „ruhmreichen, heldenhaften und ritterlichen Armee" nagelten Frauen an Scheunentore und vergewaltigten sie. Sie banden junge Mädchen, ja noch Kinder, nackt an Tischen fest, bevor eine grölende Horde, einer nach dem anderen über solch ein armes Geschöpf herfiel, bis es die Besinnung verlor oder verblutete. Das waren keine Einzelfälle, das war die Regel und der Beitrag der Roten Armee zur „Befreiung" vom NS-Regime. Es gab Ortschaften, wo kein weibliches Wesen zwischen sieben und achtzig Jahren verschont blieb. Vom „Untermenschen" hatte die NS-Propaganda über das gesprochen, was aus dem Osten kam. Unverschämte, haltlose Durchhalte-Propaganda, so dachten wohl die meisten Deutschen. Aber was war das jetzt? Über Nemmersdorf, das im Gegenstoß von deutschen Soldaten zurückerobert wurde, berichtet ein Augenzeuge: „An dem ersten Gehöft ... stand ein Leiterwagen. An diesem waren vier nackte Frauen in gekreuzigter Stellung durch die Hände genagelt ... Weiter fanden wir dann in den Wohnungen insgesamt 72 Frauen, einschließlich Kinder und einen alten Mann von 74 Jahren, die sämtlich tot waren, fast ausschließlich bestialisch ermordet bis auf nur wenige, die Genickschüsse aufwiesen. Unter den Toten befanden sich auch Kinder im Windelalter, denen mit einem harten Gegenstand der Schädel eingeschlagen war ... auf einem Sofa in sitzender Stellung eine alte Frau von 84 Jahren ... Dieser Toten fehlte der halbe Kopf ..."
Eine ausländische Ärztekommission stellte fest, daß sämtliche Frauen wie Mädchen von acht bis vierundachtzig Jahren vergewaltigt waren. Ein sowjetischer Soldat schrieb nach Hause: „Von den Deutschen sind nur Greise und Kinder da, junge Frauen sehr wenig. Doch werden auch diese totgeschlagen." [84])

Hatten diese Ungeheuer in Menschengestalt zu Hause Familie, hatten sie Vater und Mutter, hatten sie Frauen und Kinder? Konnten sie später wieder unbeschadet leben bei Vater und Mutter, bei Frau und Kind? Die vielbeschriebene rätselhafte russische Seele, war sie es, die hier als Bestie mit Menschenhirn in sadistischen Blutorgien, in Grausamkeiten an wehrlosen Menschen ihre Triumphe feiern mußten? Wie einst den wilden Horden Dschingis Khans, eilten jetzt den sowjetischen Truppen die Schreckensnachrichten von den unfaßbaren Greueln voraus. Altkommunisten hatten lange auf diesen Augenblick gewartet, sie glaubten nichts fürchten zu müssen, gingen ihren Befreiern mit roten Fahnen entgegen. Sie vor allen anderen waren es, die den Krieg zu Ende glaubten und die Soldaten der Roten Armee erwartet hatten in dem Glauben, daß sie auch Menschen sind. Aber was kümmerte diese Soldaten Zivilpersonen, was rote Fahnen? Sie verließen sich allein auf den Abzug ihrer Maschinenpistolen. Ein kurzer Stoß aus dem Lauf setzte dem Traum vom kommunistischen Bruder ein Ende. Ebenso erging es französischen Kriegsgefangenen, die als Arbeitskräfte auf den Bauernhöfen eingesetzt waren und jetzt glaubten, unbeschadet auf ihre Verbündeten warten zu können. Viele von diesen Franzosen zogen es vor, mit dem deutschen Flüchtlingstreck zu gehen, nahmen ein Gewehr in die Hand und schützten deutsche Frauen und Kinder.

Mit einer rund zwanzigfachen Übermacht drangen die Sowjets immer tiefer in Deutschland ein, um zu „töten, zerreißen, zerfleischen, zerschneiden und zu spalten", denn „es gibt nichts Lustigeres als deutsche Leichen". Das tat der russische Schriftsteller Ilja Ehrenburg seinen Soldaten auf Flugblättern immer wieder kund. „Tötet, ihr Rotarmisten! Tötet alles, was ihr an Faschisten findet! Tötet ihre ganze Brut! Es gibt keine Unschuldigen unter ihnen. Wenn ihr nach Deutschland kommt, gehören euch die Weiber. Fallt über dieses stolze Pack her und vergewaltigt sie. Schändet sie, bis sie verrecken . . . Tötet, ihr tapferen, vorwärtsstürmenden Rotarmisten." Das alles von einem Schriftsteller, von einem Kulturträger! Jene deutschen Frauen, die das Martyrium überlebten, werden ein Leben lang daran tragen. Sie hatten nicht allein um ihr Leben zu fürchten, wie die Frauen der Bombennächte, sie mußten auf viehische Weise ihre Ehre, ihre Menschenwürde opfern. Sie waren ein Stück Fleisch, daß sich ausgehungerte, kultur- und gottlose Unholde zum Fraße holten.

Auch im Westen kamen die Engländer und Amerikaner der deutschen Grenze näher und näher. Auch in Frankreich gab es das, was eine Kulturnation mit Schande bedeckt. Aus „Nouville Voix", Ausgabe Nr. 64/1983: „In Paris wurden Hunderte Helferinnen und Blitzmädel gefangen genommen, zuerst vergewaltigt und dann lebendig aus den oberen Stockwerken geworfen. In Cherbourg . . . sind 3000 Blitzmädel und Frauen umgebracht worden, die jungen sowie schönen Mädel, 200 an der Zahl, wurden ausgesucht, in einen Puff geworfen für die Schwarzen, anderen wurden die Haare abgeschnitten, nackt ausgezogen, mit Teer bestrichen und dann mit

Federn bestreut und öffentlich gezeigt. In Lyon wurden . . . die Frauen der verhafteten Männer auf Kipplastwagen an einen Fluß gefahren und ins Wasser gekippt. Auf den Knäuel im Wasser wurde dann mit Maschinengewehren geschossen. 10000 deutsche Frauen waren in Frankreich gefangen. Davon sahen viele, sehr viele ihre Heimat nicht mehr."

Auch auf dem Balkan hatten die deutschen Truppen den Rückzug angetreten. Dort freilich waren die Massaker im voraus zu erwarten gewesen, wie auch in Polen, wo die sadistischen Mord- und Greueltaten an der zusammengetriebenen deutschen Zivilbevölkerung in den Lagern bis in die fünfziger Jahre andauern werden. Das alles hatte den Zusammenbruch Hitlers herbeigeführt. Aber noch einmal versuchte er das Schicksal zu wenden. Mit der „Ardennenoffensive" im Westen, sorgfältig geplant, sollte eine Entscheidung fallen. Vom „Adlerhorst" aus, bei Ziegenberg im Taunus, verfolgte er die Operationen. Mit 120000 Mann bricht der Sturm am 16. Dezember 1944 los. Bei wolkenverdecktem Himmel rollen die „Tiger", „Panther" und „Königstiger" auf einer Breite von 80 Kilometer durch die Reihen der in wilder Panik flüchtenden Amerikaner. Schon einen Tag später stehen deutsche Panzer wenige Kilometer vor dem Hauptquartier der I. US-Armee. Die Amerikaner räumen. Der Sieg ist greifbar nah. Aber schon am 21. Dezember kommt der Vorstoß zum Stehen. Nicht die wenige Munition, viel weniger noch der Gegner hält den Angriff auf, sondern der unzureichende Nachschub, der Mangel an Sprit. Als dann noch der Nebel schwindet, der Himmel aufklart und die amerikanischen Schlachtflieger kommen – ohne Bomben können die Amerikaner nicht kämpfen – ist die deutsche Offensive gescheitert. Unter großen Verlusten müssen die Soldaten wieder weichen. Für diesen Einsatz aber sind Soldaten und Kriegsgerät auch von der Ostfront gekommen, wo jetzt die Sowjets noch leichteres Spiel haben.

Freilich hatte die überraschende deutsche Offensive die Westalliierten in die Nähe einer Katastrophe gebracht. Noch am 4. Januar 1945 hatte der stets optimistische amerikanische General Patton in sein Tagebuch geschrieben: „Wir können diesen Krieg immer noch verlieren." Nach den deutschen Anfangserfolgen war die Stimmung in Amerika so schlecht geworden, daß zu befürchten stand, der US-Kongreß werde einer weiteren Entsendung amerikanischer Truppen nach Europa nicht zustimmen, so daß allein der Rückzug aus Europa übrig geblieben wäre. Unglückliche Zufälle hatten zusätzlich dafür gesorgt, daß das Kriegsglück nicht bei den deutschen Soldaten geblieben war.

Die Übermacht war zu groß, das wußte auch Hitler, er hoffte jetzt nur noch auf Konflikte in der Allianz.

Verschiedentlich war es unter den Soldaten der Sowjets zu Auflösungserscheinungen gekommen, nachdem sie deutschen Boden betreten hatten. Die Euphorie über den nahen Sieg mag Ursache gewesen sein, wohl aber auch der Augenschein deutschen Lebens, verglichen mit dem, wofür sie selbst kämpften.

Am Abend des 15. Januar 1945 verließ Hitler den Taunus und traf in den Vormittagsstunden des folgenden Tages in Berlin ein. Der Verlauf der Ostfront ließ ihm keine Wahl. Zuvor waren Aufenthalt und Lagebesprechung noch in der Reichskanzlei möglich gewesen, jetzt war der Bunker der Reichskanzlei alles, was ihm noch blieb. Am 17. Januar fiel Warschau, am 30. Januar standen die Vorhuten der Sowjets bei Küstrin. Die deutsche Ostfront aber war aller Reserven entblößt.

Im Januar war es auch, daß sich, von Ribbentrop ausgehend, mit schwedischer Hilfe ein Gespräch mit der sowjetischen Botschaft in Stockholm anbahnte, dessen Ziel es war, mit Stalin zu verhandeln. Das wäre gar nicht so ausgeschlossen, so hieß es, denn der Mann im Kreml sei nicht ausschließlich auf die Westmächte ausgerichtet. Ein positives Ergebnis war freilich keineswegs garantiert. Nach anfänglichem Abwarten aber lehnte Hitler ab: „Ich verbitte mir jede weitere Fühlungnahme mit dem Feinde. Es hat alles keinen Sinn. Wer jetzt noch mit dem Feinde spricht, ist ein Verräter an der Idee. Wir fallen im Kampf gegen den Bolschewismus, aber wir verhandeln nicht mit ihm!" Andererseits blieb bis heute unklar, ob hinter diesem Angebot eine Stalinsche Falle steckte.

Je heikler und bedrohlicher sich die Lage zuspitzte, desto mehr hatte es Eva nach Berlin gedrängt. Am 21. November 1944 war sie in der Reichshauptstadt eingetroffen, als Hitler sein östliches Hauptquartier verlassen hatte und wieder im Radziwill-Palais Quartier nahm. Als er am 10. Dezember Berlin wieder verließ, um die Ardennenoffensive zu leiten, war auch Eva wieder nach Hause gefahren. Am 19. Januar 1945 war sie mit ihrer Schwester Gretl wieder nach Berlin gekommen, da auch Hitler und Fegelein das westliche Hauptquartier bei Bad Nauheim verlassen hatten. Trotz der aussichtslosen Lage war sie gern nach Berlin gefahren, um in seiner Nähe zu sein. Aber er redete nur noch über die vegetarische Kost, verlangte von ihr, sich nach seinem Speiseplan zu verköstigen. „Jeden Tag haben wir deshalb Streit miteinander", klagte sie der Sekretärin Christa Schroeder, „und ich kann nun mal dieses Zeug nicht essen. Überhaupt ist er diesmal so ganz anders als früher. Ich hatte mich so auf Berlin gefreut, aber nun ist er so ganz anders. Der Chef redet mit mir nur noch über das Essen und über Hunde."

Anfang Februar 1945 fuhr Eva zurück in ihr geliebtes München, um noch einmal nach dem Rechten zu sehen. Hitler hatte sie auch gebeten, sich um Frau und Kinder seines Dieners Linge zu kümmern. Frau Linge suchte in Berchtesgaden eine Bleibe, da sie kein Unterkommen mehr hatte. So fuhren Frau Linge mit Kindern, Gretl Fegelein, welche die letzten Wochen an der Seite ihrer Schwester geblieben war, und Eva gemeinsam mit einem Kurierzug gegen Bayern. Sie machte allen Mut. „Sie werden doch auch nach Berlin zurückfahren?" fragte sie Frau Linge. Als sie verneinte, weil sie keine Wohnung mehr habe, sagte Eva ruhig und selbstsicher: „Ich werde auf jeden Fall nach Berlin zurückkehren. Wenn der Chef mich nicht innerhalb von vier Wochen zu sich ruft, fahre ich auf eigene Verantwortung zu ihm. Ich bleibe bei ihm."

Am 6. Februar 1945 feierte Eva in der Wasserburgstraße ihren Geburtstag. Ein kleiner, heiterer und unkomplizierter Freundeskreis war beisammen, dessen Freude über das Wiegenfest Evas mit der schleichenden Untergangsstimmung sicherlich geteilt war. Auch Herta war aus Garmisch gekommen. Dreiunddreißig Jahre war Eva nun alt, aber daß es der letzte Geburtstag war, das war ihr wohl mehr Gewißheit als Ahnung. Der Alpdruck des unvermeidlichen Unterganges mit der dunklen Zukunft lag auf allen Seelen. Nach Berlin wolle sie, sagte Eva, wisse aber noch nicht wie. Der normale Reiseverkehr in die Reichshauptstadt war mittlerweile undenkbar geworden. Bormann hatte strikte Anweisung, ihr jede Hilfe hierfür zu verweigern. Der Führer selbst hatte sie telefonisch wiederholt aufgefordert, auf den Berghof zu gehen, um dort sicher zu sein. Aber sie wollte nach Berlin, davon war sie nicht abzubringen. Die Geburtstagsgäste versuchten sie umzustimmen. Schwester Gretl wollte mit ihr gehen. „Du mußt dein Kind zur Welt bringen. Vergiß nicht, daß es ein Junge werden muß. Die Mädchen der Familie Braun haben kein Glück", antwortete Eva. „Am Abend", so erzählte Herta Schneider, „ich wollte eigentlich zurück nach Garmisch, bat mich meine Freundin, bei ihr zu übernachten, ‚es könnte ja sein', sagte sie ohne jede Theatralik, ‚daß es für uns kein Wiedersehen gibt'."

Aber noch einmal, ein letztes Mal, gab es ein Wiedersehen. Am 17. Februar rief Eva ihre Freundin an und bat sie dringend, noch einmal zu kommen. So waren es an diesem Februartag die letzten Stunden, da die beiden jungen Frauen, Freundinnen in Freud und Leid während eines halben Lebens, zusammen waren. Herta Schneider wird später für ihre Freundschaft zu Eva Braun büßen müssen. Aber sie wird trotz alledem weiterhin zu ihrer Freundin stehen, auch, oder erst recht zu ihrer toten Freundin. Es wird zu dieser Zeit Frauen geben, die werden sich von ihren Männern lossagen, obwohl sie noch leben.

In diesen gezählten Tagen in München war es wohl auch, da Eva ihr Testament ordnete, da sie ihre Habe im Familien- und Freundeskreis aufteilte. Schon im Oktober des Vorjahres hatte sie „alle Briefe des Führers und meine Briefentwürfe an den Führer" schriftlich ihrer Schwester Gretl übertragen.

Wenige Tage nach dem Geburtstag Eva Brauns kommt der Sterbetag Dresdens. Das deutsche Florenz, die Perle europäischer Baukunst, bisher von Angriffen verschont, birgt unzählige Lazarette und einige hunderttausend Flüchtlinge aus dem Osten. Nicht länger als drei Tage dürfen sich die Ankömmlinge in Dresden aufhalten, aber niemand hält sich daran. Trotz Überfüllung ist diese Stadt mit der guten Versorgung aus immer noch vollen Läden, mit den kunstvollen unzerstörten Bauten, mit ganzen Fensterscheiben an Häusern und Geschäften, für die aus Elend und Entsetzen kommenden Menschen ein magischer Anziehungspunkt, ist eine Art Insel des Friedens. Aber gerade diese Menschenmassen, Mädchen, Frauen, Jungen und Kinder und alte Männer, sind das Ziel der Bomber, wie sich später herausstellen wird. Ein gutes Ziel, denn in dieser Stadt steht kein einziges Flak-Geschütz. Auch viele Kriegsgefangene sind hier an ihren Arbeitsstätten untergebracht. In der Nacht vom 13. auf den 14. Februar 1945 kommen die Todbringer Welle auf Welle, achthundert Maschinen an der Zahl. Es sterben die Steine, Menschen erdrückend neben lebenden, verzweifelt schreienden Phosphorfackeln. Die Stadt

versinkt in einem Trümmer- und Feuermeer. Als der Tag beginnt, kommen die Jagdbomber, werfen ihre Bomben und feuern aus allen Rohren in die Menschen, die sich in die Grünanlagen gerettet haben. So tief fliegen sie, daß die Gehetzten unten die Gesichter der Piloten erkennen. Sind das wirklich noch Soldaten? Wer hat sie später jemals vor Gericht gestellt? Für die Nacht vom 14. zum 15. Februar erhalten die Besatzungen der 1. Bomberflotte den Befehl: „Heute nacht ist Chemnitz ihr Ziel. Wir greifen die Flüchtlinge an, die sich besonders nach dem Angriff auf Dresden in der letzten Nacht dort sammeln." Und an die 3. Bomberflotte: „Sie fliegen heute nacht dorthin, um alle Flüchtlinge zu töten, die aus Dresden entkommen sein mögen."
Sieben Tage und acht Nächte brennt Dresden, wo zunächst 220000 Tote gezählt werden, hauptsächlich Frauen und Kinder, in Wahrheit aber sind es noch mehr. Die Alliierten werden später diese Angaben als NS-Propaganda abtun. Aber gerade die NS-Propaganda war daran interessiert, die Menge der Toten in der Öffentlichkeit möglichst niedrig zu halten, um die Moral des Volkes zu erhalten, denn: „Es ist alles zu grausig." „Wer das Weinen verlernt hat, der lernt es wieder beim Untergang Dresdens", schrieb Gerhart Hauptmann in einem Brief. Sowenig wie in anderen Städten war es auch in Dresden nicht „Kampf zwischen Kämpfenden". Es war Mord, war Ausrottung deutscher Bevölkerung vom Kind bis zum Greis, noch schnell vor Torschluß. Es war der Irrsinn der Siegesberauschten, war die Krönung aller Taten, die das Argument der Sieger, im Namen der Humanität gekämpft zu haben, unglaubwürdig macht für immer. Die Zeitungen der neutralen Länder empörten sich, und sogar in Amerika und England gab es Blätter, die sich dagegen auflehnten. Die Massengräber konnten nicht schnell genug ausgehoben werden, da es nicht genug unverletzte Überlebende gab, um die Toten zu begraben. Um den drohenden Seuchen zuvorzukommen, schichtete man die Leichen zu riesigen Scheiterhaufen und äscherte sie unter freiem Himmel mitten in der Stadt ein. Auf einem Mahnmal im Waldfriedhof zu Dresden:

„Wieviele starben? Wer kennt die Zahl?
An deinen Wunden sieht man die Qual
Der Namenlosen
Die hier verbrannt
Im Höllenfeuer
Aus Menschenhand."

Ein einziges Mal brachte der englische Rundfunk in den Nachrichten nach dem Dresdner Inferno die Meldung, daß man Stalin in Jalta die Vernichtung Dresdens versprochen habe. Danach war nie wieder davon die Rede. Im selben Februar 1945 stimmten Churchill und Roosevelt in Jalta der sowjetischen Machtausdehnung bis zur Elbe-Werra-Linie und der Vertreibung von 14 Millionen Deutschen zu. Vor dem Unterhaus hatte Churchill schon am 15. Dezember 1944 gesagt: „Ich bin nicht alarmiert bei der Aussicht auf das Herausziehen der Bevölkerung. Sechs Millionen Deutsche sind im Krieg gefallen, und wir können erwarten, daß bis Kriegsende noch viele Deutsche mehr getötet werden und daher Platz für die zu Vertreibenden sein wird."

DAS ENDE

So wenig man eindeutig weiß, wann Eva endgültig nach Berlin kam, so ungewiß bleibt auch, auf welche Weise sie ihren letzten Weg zurücklegte. Nicolaus von Below berichtet von den „letzten Märztagen", da Eva plötzlich da gewesen sei, und Speer schreibt etwas von „Mitte April". Schwester Gretl kann sich nicht mehr erinnern. Am 17. Februar hatten sich Herta Schneider und Eva noch in München gesehen. Als Heinrich Hoffmann Anfang April im Bunker auftauchte, fand er dort seine Mitarbeiterin Eva Braun. In einem Notizkalender, angeblich irgendwo gefunden und den Sowjets übergeben, glaubten sie die Handschrift Bormanns erkannt zu haben. Unter vielen anderen Notizen war unter dem 7. März zu lesen: „Abends Eva B. mit Kurierwagen nach Bln. 20.14 Uhr." Ob echt oder unecht, kommt dieses Datum der Wahrheit wohl am nächsten.

Wie alle anderen, die zum Obersten Befehshaber wollten, ging auch Eva durch den Keller der alten Reichskanzlei mehrere Treppen hinunter, vorbei an Aufwaschküche, Mannschaftskantine und Speisekammer. Durch doppelte Panzertüren, luft- und wasserdicht, in den Korridor und zugleich Speiseraum des Vorbunkers. Dann nochmals eine betonierte Wendeltreppe zwei Meter tiefer hinunter in die Katakombe Hitlers. Dazwischen immer wieder bewaffnete SS-Wachen, die jeden Passanten streng kontrollierten. Hier unten fand sie sich wieder inmitten einer Schar von unterschiedlichen Charakteren. Sie teilte den engen, winkeligen und manchmal noch feuchten Beton mit gefallenen Größen des Ränkespiels, mit großen Kriegern und solchen, die es gern sein wollten, mit wahren Helden und verwegenen Haudegen. Denunzianten waren unter ihnen und Speichellecker, die um ihr Leben zitterten. Aber auch jene, die alles auf ein Pferd gesetzt, an die gerechte, große Sache geglaubt hatten. Die Zukunft, auf die sie gebaut, war keine Zukunft mehr. Sie standen vor einem Nichts. Es war ihnen gleichgültig, ob sie starben, wie sie starben. Mancher von ihnen setzte sich die Pistole an die Schläfe, als die Rotarmisten schon vor ihnen standen. Dann jene, die mitgelaufen waren, die immer da zu finden sind, wo es gut geht, die immer rasch an die Seite ihres Chefs geeilt waren, wenn der Photograph seine Kamera auf den Führer gerichtet hatte, um mit im Bild zu sein. Sie hatten den Absprung versäumt und grämten sich darum. Schließlich jene Männer, die ehrlichen Herzens dabei waren und jetzt trotz finsterer Zukunft überleben wollten. Sie zählten nicht zu den schlechtesten.

Viele Räume gab es in diesem Beton-Labyrinth, einer enger als der andere. Fünf davon zählten zur „Führerwohnung", eingeschlossen der Arbeitsraum des Führers. Auch der Raum Evas gehörte dazu, den sie sich als Wohn-Schlafzimmer mit einigen Möbeln aus ihrer Bleibe eingerichtet hatte. Hier, tief unter der Erde, hauste sie auf wenigen Quadratmetern und in dicker Luft. Sie klagte nicht, sie war freiwillig gekommen. „Eingesargt" fühlten sich einige Mitbewohner, aber für jene gab es immer noch Hoffnung, auf irgendeine Weise dieses Furioso zu überleben. Viele von denen unter der Erde sahen sie und hörten von ihr das erstemal. Für manche, die sie kannten, die wußten zu wem sie kam, war sie als Todesengel in den Bunker gekommen, wenngleich auch bei ihr bis zuletzt die Hoffnung Pate stand. Rittmeister Gerhard Bold, in der zweiten Hälfte des April zur Arbeit in den Führerbunker befohlen, war einer der Bunkerbewohner, denen Name und Person Eva Brauns bisher unbekannt war: „Kurz vor der Mittagsorientierung bei Hitler sah ich Eva Braun zum erstenmal. Sie saß mit Hitler und mehreren Männern seiner Umgebung am Tisch im Vorraum und unterhielt sich lebhaft. Hitler hörte ihr zu. Sie hatte die Beine übergeschlagen und blickte jedem, mit dem sie sprach, offen ins Gesicht. Auf den ersten Blick fielen mir besonders ihr ovales Gesicht, zwei glänzende Augen, eine klassische Nase und schönes blondes Haar auf. Sie trug ein eng anliegendes graues Kostüm, das die Linien einer sehr gut gewachsenen Frau erkennen ließ, geschmackvolle Schuhe und auf ihrem schlanken Handgelenk eine hübsche, mit Brillanten besetzte Armbanduhr. Zweifellos eine wirklich schöne Frau."

Anfangs war es noch möglich, in den Feuerpausen nach oben zu gehen, frische Luft zu schnappen zusammen mit Frau Traudl Junge, eine der drei Sekretärinnen Hitlers im Bunker. Mit den Hunden gingen sie an den Rand des Tiergartens spazieren oder auch nur noch im Garten der Reichskanzlei. In den vielen Gesprächen der beiden jungen Frauen im Bunker war immer viel die Rede vom Sterben und vom Tod. Traudl Junge, geborene Humbs, vierundzwanzig Jahre alt, war erst 1943 rein zufällig als Sekretärin zu Hitler gekommen. Im

Hauptquartier hatte sie den Ordonnanzoffizier Hans Junge kennengelernt, sich in ihn verliebt und ihn geheiratet. Junge, von dem Hitler große Stücke hielt, hatte jetzt die Gelegenheit gesehen, zur Truppe zu kommen. „Ein Eheleben im Führerhauptquartier", so Traudl Junge, „wäre deplaziert gewesen und Hitler ließ lieber ihn gehen als mich." In Frankreich war Hans Junge im August 1944 bei einem Tieffliegerangriff ums Leben gekommen. So war auch die junge Frau nicht frei von Leid. Über die vergangene Ernte des Todes zur künftigen hatten die beiden Seelen zusammengefunden.

Am 12. April kam die Nachricht von Roosevelts Tod. Viele knüpften daran neue Hoffnung, und besonders Goebbels sah damit die große politische Wende. Hier war Hitler Realist und winkte ab.

Am 13. April gehörte Wien der Roten Armee. In der Nacht des 17. April saß Eva mit den Sekretärinnen und ihrem Gefährten zusammen beim Tee. Bis 06.00 Uhr morgens gingen die Gespräche. Hitler zeigte sich den Frauen zuversichtlich. Wenn es auch den Sowjets gelungen sei, einen kleinen Keil in den Verteidigungsgürtel der Deutschen zu treiben, bedeute dieser vorübergehende Erfolg der Rotarmisten aber nur die zeitweise Überlegenheit des Angreifers. Immer wieder brachte Verzweiflung neue Hoffnung hervor. Seit Monaten schon nahm er seine Mahlzeiten im kleinen Damenkreis ein, trank seinen Tee in Gesellschaft seiner Sekretärinnen Johanna Wolf, Christa Schroeder, Gerda Christian und Traudl Junge, seit Jahren gewohnte Gesichter. Besonders Traudl Junge, die ihr Leid tapfer zu tragen wußte, kam er mit Liebenswürdigkeiten entgegen. Niemand sonst hatte mehr Zutritt zu seiner Tafel. Diese Frauen ließen sich auch nicht von ihm aus dem Bunker schicken. Dieselbe Treue vermißte er in diesen Wochen bei einigen der Herren, die sich in den Jahren zuvor in seiner Sonne gewärmt hatten.

Am 16. April 1945 begann die Schlacht an der Oder. Der letzte Akt dieses mörderischen Dramas nahm seinen Anfang.

Am 19. April schrieb Eva ihrer Freundin:

„Liebes Hertalein!

Hab' herzlichen Dank für Deine beiden lieben Briefe und nimm bitte noch meine schriftlichen Geburtstagswünsche entgegen. Die schlechte Telephonverbindung machte es mir unmöglich, sie auszusprechen. Ich wünsche Dir ein baldiges, gesundes Wiedersehen mit Deinem Erwin. Sicher komme ich damit auch Deinem Denken und

Fühlen am nächsten. Hoffentlich kommt der Geburtstagsbrief von ihm noch an. Er kann doch nicht verloren gegangen sein! Ich bin sehr froh, daß Du dich entschlossen hast, Gretl auf dem Berghof Gesellschaft zu leisten. Seitdem gestern Traunstein angegriffen wurde, bin ich nicht mehr so fest überzeugt, daß Ihr in Garmisch sicher seid. Gott sei Dank, daß auch Mutter morgen zu Euch kommt. So brauche ich mir doch keine Sorgen mehr zu machen.

Wir hören hier bereits den Artilleriebeschuß der Ostfront und haben naturgemäß jeden Tag Fliegerangriffe. Vom Osten und Westen, wie's ihnen gerade gefällt. Leider muß ich auf Befehl bei jedem Alarm parat stehen, wegen des eventuellen Wassereinbruchs, trotzdem sich mein Leben nur noch im Bunker abspielt. Du kannst Dir denken, daß der Schlaf dabei sehr zu kurz kommt. Ich bin aber sehr glücklich, gerade jetzt in seiner Nähe zu sein. Es vergeht zwar kein Tag ohne Aufforderung, mich auf dem Berghof in Sicherheit zu bringen, aber bis jetzt habe immer noch ich gesiegt. Außerdem: ab heute ist wohl an ein Durchkommen mit dem Wagen nicht mehr zu denken. Wenn alle Stricke reißen, wird sich aber sicher ein Weg für uns alle finden, Euch wiederzusehen.

Mit Brandt ist eine tolle Schweinerei passiert, d. h. er hat sie gemacht. Näheres kann ich hier nicht berichten.

Die Sekretärinnen und ich schießen jeden Tag mit der Pistole und haben es bereits zu solcher Meisterschaft gebracht, daß kein Mann es wagt, mit uns in Konkurrenz zu treten. Gestern habe ich, vermutlich, das letzte Gespräch mit Gretl geführt. Seit heute ist kein Anschluß mehr zu bekommen. Aber ich bin fest überzeugt, daß sich alles wieder zum Guten wenden wird und e r ist hoffnungsvoll wie selten.

Was macht Anneliese? Fliehen konnte sie sicher nicht, der Fabrik wegen. Ich habe ihr und Tante, in s e i n e m Auftrag den Berghof als Asyl angeboten. Wenn sie noch eintreffen sollten, sind sie herzlich willkommen. Wo Ilse jetzt steckt? Bitte schreib doch mal, wenn möglich. Vielleicht kann die Beförderung durch ein Flugzeug geschehen. Kapitän Baur hat regen Flugverkehr mit Bayern. Auch Frau Bormann wird wissen, wie Ihr am besten einen Brief durchbringt.

Wo ist Käthl? Georg, Bepo, und wie gehts Gretl? Bitte schreibt bald und viel! Entschuldige, wenn der Stil dieses Briefes nicht dem sonstigen entspricht, aber es eilt, wie immer.

Mit herzlichen Grüßen für Euch alle bin ich immer

Deine Eva

N.S. Das Photo ist für Gretl bestimmt. Eins von den Würstchen soll Ihr Eigentum werden. Sag bitte Frau Mittelstrasser, sie soll den Mädchen aus Österreich auf allerhöchsten Befehl Urlaub geben, um nach Hause zu fahren. Aber nur auf beschränkte Zeit. Ich denke an 14 Tage oder so. Grüß sie bitte ebenfalls herzlich."

Dem Brief lag ein Photo bei, auf dem Schäferhündin „Blondi" mit ihren Jungen zu sehen war.

Jene „Schweinerei" von Dr. Brandt aber war, daß er Frau und Kind von den Amerikanern „überrollen" ließ, obwohl Hitler seinem Begleitarzt Unterkunft auf dem Berghof für die Familie angeboten hatte und das von Brandt und seiner Frau auch akzeptiert worden war. Von Geheimakten war noch die Rede, es drehte sich um die Unterlagen „Kampfgas", die Brandt möglicherweise durch seine Frau dem Amerikaner habe übergeben lassen. Aber die Akten fanden sich in der Reichskanzlei. Gleichviel sollte ein Kriegsgericht urteilen, der Tod war dem Doktor so gut wie sicher. Nichts zeichnete den moralischen Verfall, die Weltuntergangsstimmung, das Drama von Kampf, Ende und Tod in dem Bunkerlabyrinth mehr, als das Mißtrauen, das den Freund und Mitstreiter von gestern zum Feind und Verräter von heute werden ließ. Hier war Bormann in seinem Element, das Nervenwrack Hitler bot ihm dazu leichtes Spiel. Chefsekretärin Johanna Wolf, lange Jahre in Hitlers Diensten, gestand ihrer ratlos aufgebrachten Umgebung: „Ich verstehe ihn nicht mehr." Himmler kam in den Bunker und beruhigte. Einen wichtigen Zeugen müsse er noch vernehmen und, so fügte er vielsagend hinzu, „dieser Zeuge wird nicht gefunden". Beim Verhör mußte Brandt zugeben, daß er Frau und Sohn den Amerikanern nach Bad Liebenstein entgegengeschickt habe, um sie in Sicherheit zu wissen. Als Verhafteter kam er über Kiel nach Flensburg, wo ihn Dönitz frei ließ.[85])

Und die Menschen draußen, in der Reichshauptstadt, und im noch verbliebenen Land? Wilfred von Oven, persönlicher Pressereferent des Reichspropagandaministers Dr. Goebbels, in seinem Tagebuch: „Die Stimmung der Bevölkerung kann nicht mehr tiefer sinken. An einen glimpflichen Ausgang des Krieges glauben nur noch wenige, und auch die wissen nicht, was sie zu dieser Hoffnung berechtigt. Das Verkehrswesen ist ein Chaos. Die Rüstung pfeift auf dem letzten Loch. Die Ernährung wird immer schwieriger. Die Verwaltung funktioniert nicht mehr. Die Führerschaft versagt . . . Wo bleibt der Haß auf die Bolschewisten, die Tag für Tag unvorstellbare Greuel an deutschen Menschen anrichten? Wo bleibt die Wut auf die angelsächsischen Feinde, unter deren mitleidlosen Bomben täglich Tausende wehrloser unschuldiger Zivilisten grausam getötet oder verstümmelt werden? Wer denkt an Rache an den Nazibonzen, die statt zu kämpfen jetzt sich und ihre Habe in Sicherheit zu bringen versuchen . . .? Nichts davon zu spüren . . . Das deutsche Volk ist auch moralisch ausgeblutet. Die physische und psychische Anspannung war zu groß und zu anhaltend. Jetzt versinkt das deutsche Volk, innerlich ausgebrannt in dumpfe Massenstupidität, aus der es niemand und nichts mehr emporreißen kann."

Am 19. April 1945 traf Oberst Rudel im Hauptquatier ein, der Flieger mit dem „Kanonenvogel", der mit dem Sturzkampflugzeug Ju 87 erfolgreich Sowjetpanzer knackte, trotz seiner Beinprothese. Hitler hatte ihn rufen lassen und wollte den höchst ausgezeichneten Soldaten mit der Führung der Düsenjäger betrauen. Hans-Ulrich Rudel lehnte ab – wie schon einmal – da die Panzerabwehr an der Front wichtiger sei. Er sagte seinem Führer auch klipp und klar, daß seines Erachtens dieser Krieg nur noch nach einer Seite erfolgreich beendet werden könne, wenn mit der anderen Seite ein Waffenstillstand zu erreichen sei. Hitler lächelte: „Sie haben leicht reden. Seit 1943 versuche ich ununterbrochen Frieden zu schließen, aber die Alliierten wollen es nicht, sie forderten von Anfang an die bedingungslose Kapitulation. Mein persönliches Schicksal spielt natürlich keine Rolle, aber daß ich eine bedingungslose Kapitulation für das deutsche Volk nicht annehmen konnte, wird jedem vernünftigen Menschen einleuchten."

Einen Tag später, am 20. April, dem 56. Geburtstag Hitlers, hatten die Russen den Spreewald erreicht. Gratulanten wolle er keine sehen, sagte Hitler seinem Diener Linge, denn es gäbe nichts, wozu man ihm gratulieren könne. Vergeblich wartete zunächst die Gratulantenschar gegen Mitternacht vom 19. auf den 20. April auf ihren Führer. Schließlich wandte sich Fegelein an seine Schwägerin und bat sie um ihre Fürsprache. Und „Eva schaffte es", wie Linge schrieb. „Widerwillig erhob Hitler sich und ging, gebückt, mit schleifenden Schritten, in den Vorraum, wo jeder gerade „ich gratuliere" sagen konnte – und dann Hitlers gebeugten Rücken von hinten sah."

Nach der kurzen Lagebesprechung ging Eva zu ihm ins Arbeitszimmer, wo sie gemeinsam Tee tranken. Sie wollten allein sein. Überhaupt wollte er außer Eva am liebsten niemanden mehr sehen. Aber nach einigen Stunden Schlaf wartete oben im Hof erneut eine Gratulationskur auf ihn. Es war eine Abordnung der jetzt tapfer kämpfenden Hitlerjugend und einige hohe Herren. Noch war alles Realität, noch war er der Gegenwart nicht entflohen. Zur Lagebesprechung an diesem Tag fand sich noch einmal die gesamte noch in Berlin weilende Prominenz ein. „Am späten Abend“, so berichtet Nicolaus von Below, „versammelten wir uns in Hitlers kleinem Wohnraum zu einem Umtrunk. Es kamen Eva Braun, Frau Christian geb. Daranowski, Frau Junge geb. Humbs, auch Hitlers Diätköchin Fräulein Manziarly sowie Schaub, Lorenz und ich. Vom Krieg sprachen wir in dieser kleinen Runde nicht. Am besten verstand es wie immer Gerda Christian, Hitler auf andere Gedanken zu bringen.“

Den Sekretärinnen Johanna Wolf und Christa Schroeder hatte er am selben Abend befohlen, Berlin zu verlassen. Von jeher hatte sich Christa Schroeder gegen plötzlich und unerwartet befohlene Reisen innerlich gesträubt, und sie war damit in den Jahren bei Hitler recht oft konfrontiert worden. Jetzt aber hatte sie mit dem Leben abgeschlossen und wollte nicht gehen. Hitler blieb hart und sagte ihr zum Trost: „Wir sehen uns bald wieder, ich komme in einigen Tagen nach.“ Auf abenteuerlichen Wegen gelangten sie nach Berchtesgaden. Auch Gerda Christian, Traudl Junge, die Diätköchin Manziarly und Eva sollten mit dem Flugzeug aus Berlin. Aber diese vier Frauen verweigerten ihm den Befehl. Es war sicher das erstemal, daß Hitler eine Befehlsverweigerung ernst aber wohlwollend aufnahm. „Schau“, sagte Eva, ging auf ihn zu und legte ihren Kopf an den seinen: „Du weißt doch, daß wir hier bleiben bei Dir.“ Und jetzt sahen alle Umstehenden, was sie noch nie gesehen hatten: der Führer gab Eva einen Kuß.

Zwei Tage später war es gewiß: Hitler wollte aus Berlin nicht mehr heraus. War er bisher noch unschlüssig gewesen, obwohl die Militärs ihn ständig gedrängt hatten, Berlin zu verlassen, so hatten schließlich seine engsten Mitarbeiter daraus Hoffnung geschöpft und in Theorie und Praxis alles für einen Abzug des Führerhauptquartiers in die „Alpenfestung“ vorbereitet. Am 22. April aber, da in der Lagesprechung zutage kam, daß die Armeeführer jeder einzeln für sich kämpften, daß Befehle nicht mehr galten, daß der zwanzigfachen Übermacht gegenüber die eigene Abwehr mehr Chaos als Kampf war und nachdem er sich wütend über die Heerführer ausgelassen hatte, gab er auf. Zu Diener Linge: „Jetzt werde ich in Berlin bleiben und hier sterben. Da ich zu krank bin, um eine Waffe führen zu können, werde ich mir selbst das Leben nehmen, wie es sich für einen Festungskommandanten gehört."

Besonders Bormann war von diesem Entschluß tief betroffen. Er selbst versuchte seinen Chef umzustimmen und auch Fürsprecher schickte er vor. Aber es blieb dabei. Reichsjugendführer Arthur Axmann, der Hitler ebenfalls ermunterte, auf den Obersalzberg zu gehen, bekam zur Antwort: „Am liebsten würde ich draußen fallen. Aber kämpfen kann ich nicht mehr. Und mit dem Feind zu verhandeln ist für mich unmöglich. Meine Person steht im Wege. Wenn ich tot bin, können andere das tun, beispielsweise Göring."

An diesem Tag wollte Hitler seinem Leben ein Ende machen. Und so schrieb Eva an diesem 22. April 1945 an ihre Freundin:

„Mein liebes Hertalein!

Dies werden wohl die letzten Zeilen und damit das letzte Lebenszeichen von mir sein. Ich wage es nicht an Gretl zu schreiben, Du mußt ihr also das schonend beibringen. Ich werde Euch meinen Schmuck senden und bitte ihn nach meinem Testament in der Wasserburgstr. liegend zu verteilen. Ich hoffe, daß Ihr Euch damit noch etwas über Wasser halten könnt.

Geht bitte nach Möglichkeit vom Berg runter. Der Ort ist zu gefährlich für Euch, wenn alles zu Ende sein sollte. Wir kämpfen hier bis zum letzten, aber ich fürchte, das Ende rückt bedrohlich näher und näher. Was ich persönlich um den Führer leide, kann ich Dir nicht schildern.

Entschuldige bitte wenn ich etwas konfus schreibe, aber um mich sind die 6 Kinder von G. und die sind beileibe nicht ruhig. Was soll ich Dir noch sagen? Ich kann nicht verstehen, wie alles kommen konnte, aber man glaubt an keinen Gott mehr!

Der Mann wartet schon auf den Brief!

Alles Liebe und Gute für Dich, meine treue Freundin!

Grüße die Eltern, sie sollen zurück nach München oder Traunstein

gehen. Grüße alle Freunde, ich sterbe so, wie ich gelebt habe. Schwer fällt es mir nicht. Das weißt Du.
Seid alle herzlich gegrüßt und geküßt von
Eurer
Eva
Halte diesen Brief zurück bis Ihr unser Ende erfahrt.
Ich weiß, ich verlange viel von Dir, aber Du bist tapfer.
Vielleicht wird alles wieder gut, aber er hat den Glauben verloren und wir, fürchte ich, hoffen umsonst."

Es war auch an jenem 22. April 1945, als Goebbels und seine Familie in den Bunker kam und dem Führer seinen Entschluß wieder ausredete. Am Notausgang zum Hof der Reichskanzlei begegneten sich Eva Braun und Magda Goebbels. Nicht immer war Eva imstande, ihrer seelischen Belastung zu widerstehen. Sie weinte, als sie das Feuer sah, in dem Akten, Dokumente und sonstige Papiere aus den Räumen Hitlers verbrannt wurden, denn das Feuer und die von der Hitze hochwirbelnden Papierfetzen kündeten auch ihr eigenes Ende. Die Frau des Ministers blieb äußerlich unbewegt. Schon am 21. Januar hatte Magda Goebbels gesagt: „Wenn unser Staat jetzt in die Brüche geht, dann ist es auch mit uns aus. Mein Mann und ich haben schon längst mit dem Leben abgeschlossen. Für das nationalsozialistische Deutschland haben wir gelebt, mit dem werden wir auch sterben. Der Gedanke ist mir ganz vertraut und hat nichts Schreckliches für mich. Worüber ich aber bis jetzt noch nicht hinweg kann, das ist das Schicksal der Kinder. Gewiß sagt mir die Vernunft, daß ich sie nicht einer Zukunft überlassen darf, in der sie als unsere Kinder der jüdischen Rachsucht schutz- und rechtlos ausgeliefert wären. Aber wenn ich sie hier so herumtollen sehe, kann ich mich nicht mit dem Gedanken abfinden, sie zu töten. Das ist doch wohl das Schwerste, was einer Mutter überhaupt zugemutet werden kann. Als Hilde mir heute Gute Nacht sagte, legte sie mir die Arme um den Hals und flüsterte mir ins Ohr: ‚Ist es denn so schlimm, Mutti, daß ihr so viel seufzen müßt?' Natürlich wissen sie es nicht, wie es um uns steht. Aber sie ahnen es doch."
Goebbels hatte dabei sinnend in das Kaminfeuer geblickt und dann seiner Frau geantwortet: „Weißt Du, man muß sich in verzweifelten Situationen wie dieser auf den Standpunkt Friedrichs des Großen

stellen, der sich in Gedanken auf einen fernen Stern versetzte, von dem aus die Ereignisse auf unserem kleinen Planeten, so ungeheuer wichtig sie uns selbst erscheinen, ganz unbedeutend wirken." „Du magst recht haben", hatte ihm seine Frau darauf leise geantwortet, „aber Friedrich der Große hatte keine Kinder."
Und diese Kinder, fünf Mädchen und ein Junge im Alter zwischen vier und zwölf Jahren tollten nun um Eva herum. Oft ging sie in die Goebbelschen Räume und erzählte ihnen Geschichten oder las ihnen Märchen vor.
Unerwartet, so scheint es, bekam Eva einen Tag nach dem Brief an Herta Schneider noch einmal Gelegenheit, einem Kurier Post mitzugeben. Die Sorge um Angehörige und Freunde, selbst im Anblick ihres eigenen Endes, ließ ihr keine Ruhe. So schrieb sie an Gretl Fegelein:

„Berlin, den 23.IV.45
Mein liebes Schwesterlein!
Wie tust Du mir leid, daß Du solche Zeilen von mir bekommst! Aber es geht nicht anders. Es kann jeden Tag und jede Stunde zu Ende sein und da muß ich die letzte Gelegenheit benützen, um Dir zu sagen was noch getan werden muß. Vorausgeschickt: Hermann ist nicht bei uns! Er ist nach Nauen gefahren um ein Bataillon oder sowas aufzustellen. Ich bin der felsenfesten Überzeugung, daß Du ihn noch einmal sehen wirst, er wird sich sicher durchschlagen, um vielleicht in Bayern den Widerstand, wenigstens für einige Zeit, fortzusetzen. Der Führer selbst hat jeden Glauben an einen glücklichen Ausgang verloren. Wir alle hier und ich inbegriffen, hoffen, solange noch Leben in uns ist. Bitte behaltet jetzt den Kopf oben und verzweifelt nicht! Noch gibt es Hoffnung. Aber es ist auch selbstverständlich, daß wir uns nicht lebend fangen lassen.
Die treue Liesl will nicht weg von mir. Ich habe es ihr oft und oft angeboten. Ich möchte ihr gerne meine goldene Uhr schenken. Leider habe ich sie Miezi vermacht. Vielleicht gibst Du Miezi gleichwertigen Ersatz von meinem Schmuck dafür. Du wirst das schon recht machen. Außerdem möchte ich das goldene Armband mit dem grünen Stein bis zum Schluß tragen. Dann lasse ich es mir abnehmen und Du sollst es immer tragen, so wie ich es immer getragen habe. Es ist ebenfalls für Miezi im Testament vorgesehen. Also mache es wie

oben. Meine Brillantuhr habe ich unglücklicherweise hier zum Richten gegeben, die Adresse schreibe ich unten an. Vielleicht hast Du Glück und bekommst sie noch. Sie soll Dir gehören, Du hast Dir doch immer eine gewünscht. Ebenfalls gehört Dir das Brillantarmband und der Topasanhänger, Geschenk des Führers zu meinem letzten Geburtstag. Ich hoffe, daß diese meine Wünsche von den anderen respektiert werden.
Außerdem muß ich Dich um folgendes bitten: Vernichte meine ganze Privatkorrespondenz und vor allem die geschäftlichen Sachen. Es dürfen unter keinen Umständen Rechnungen von der Heise gefunden werden. Vernichte auch ein Kuvert, das an den Führer adressiert ist und sich im Bunker im Safe befindet. Bitte nicht lesen! Die Briefe des Führers und meine Antwortentwürfe (Blaues Lederbuch) bitte ich wasserdicht zu verpacken und eventuell zu vergraben. Bitte nicht vernichten!
Der Firma Heise bin ich noch einliegende Rechnung schuldig. Es könnten auch noch weitere Forderungen kommen. Aber sie dürfen RM 1.500 kaum überschreiten. Was Du mit den Filmen und Alben machst, weiß ich nicht. Auf jeden Fall bitte ich Dich, vernichte alles erst im letzten Moment, außer den Geschäfts- und Privatbriefen und dem Kuvert an den Führer. Diese kannst Du gleich verbrennen. Ich schicke mit gleicher Gelegenheit Eß- und Rauchwaren. Bitte gebt auch Linders und Kathl von dem Kaffee. Linders bitte ich auch etwas Konserven aus meinem Keller zu geben. Die Zigaretten in München gehören Mandi, ebenfalls die im Koffer befindlichen. Der Tabak ist für Papa. Die Schokolade für Mutti. Auf dem Berg ist ebenfalls noch Schokolade und Tabak. Laßt Euch alles geben.
So, nun weiß ich nichts mehr. Augenblicklich heißt es wieder, es würde besser und General Burgdorf, der gestern nur 10% gab für unsere Lage, ist heute auf 50% gestiegen.
Also! Vielleicht kann doch noch alles gut werden!
Ist Arndt mit dem Brief und Koffer angekommen? Wir hörten hier nur, das Flugzeug sei überfällig.[86]) Hoffentlich ist Morell mit meinem Schmuck bei Euch gelandet. Das wäre ja fürchterlich, wenn etwas passiert wäre. Mutti und Herta, auch Georg schreibe ich, wenn es geht, noch morgen. Für heute genügt es.
Nun wünsche ich Dir, mein liebes Schwesterlein, viel, viel Glück! Und vergiß nicht! Hermann siehst Du bestimmt wieder!
Mit den herzlichsten Grüßen und einem Kuß bin ich
Deine Schwester Eva

N.S. Eben habe ich den Führer gesprochen. Ich glaube, auch er sieht heute schon heller als gestern in die Zukunft.
Adr. des Uhrmachers: SS-Unterscharf. Stegemann Lager Oranienburg nach Kyritz evakuiert."

An jenem Tag, mit dem Eva den Brief an ihre Schwester datierte, dem 23. April 1945 also, tauchte plötzlich Albert Speer im Bunker auf. Der Minister selber: „In der Nacht vom 23. zum 24. April bin ich zum letzten Mal in Berlin gewesen und habe im Bunker von Hitler Abschied genommen. Bei dieser Gelegenheit habe ich auch Eva Braun zum letzten Mal gesehen . . . Gegen Mitternacht ließ mich Eva Braun durch einen SS-Diener bitten, in ihren kleinen Bunkerraum zu kommen, der gleichzeitig Schlaf- und Wohnzimmer war. Der Raum war freundlich eingerichtet, sie hatte sich die aufwendigen Möbel vom oberen Geschoß mitgenommen, die ich vor Jahren für ihre zwei Räume in der Kanzlerwohnung entworfen hatte. Weder die Proportionen noch die ausgewählten Furniere wollten zu der düsteren Umgebung passen. Zu allem Überfluß zeigte eine der Intarsien auf den Türen der Kommode ihre Initialien zu einem Glücksklee stilisiert."

Eva freute sich, als er kam, war er für sie doch stets so etwas wie ein Vertrauter gewesen. Aber wer war er eigentlich, dieser Albert Speer? Als „Erster Architekt des Reiches" hatte er sich vorgenommen, in die Geschichte der Architektur einzugehen, einmal davon geträumt, ein Schinkel, Klenze oder Semper zu werden und sogar mit der Nachfolge Hitlers geliebäugelt. Für diese ehrgeizigen Pläne hatte er weder seine Ellenbogen geschont noch eine Intrige gescheut. Sein großes Organisationstalent hatte ihn als Architekten nach oben getragen und im Krieg zum Rüstungsminister emporgehoben. Trotz Bombenschäden riesigen Ausmaßes, trotz schlechter werdender Kriegswirtschaft war unter seiner Hand die Produktion von Waffen und Munition gestiegen, wenngleich seinem grandiosen Spiel mit den Produktionsziffern nicht erst nach dem Krieg nicht recht zu trauen war.

Es war wohl weniger Hitlers „Natürlichkeit", wie er einmal in seinen „Erinnerungen" kundtat, die den jungen Architekten „beeindruckte", mehr wohl sicher die Aussicht „zu Ruf und auch zu Ruhm zu gelangen", wie er später zugeben wird. Und jetzt, vor Minuten, als er bei Hitler war, fühlte er plötzlich, wie faszinierend und abstoßend zugleich der Führer all die Jahre auf ihn gewirkt hatte. Er hatte dabei nur vergessen, die Begriffe zu trennen. Fasziniert sicher in jener Phase, da der Stern des Führers stieg, auf dem Zenit sich befand; abstoßend dagegen, als der Sturz in den Abgrund sicher war. In der Erkenntnis, daß seine Karriere zu Ende ist mit dem Sturz jener Welt, die auch die seine gewesen war, liegt unversehens die Gewißheit, daß er Hitler eigentlich niemals richtig mochte. Hier bereits setzt er an zur Legende, zu jenem Mythos, zu dem er nach dem Krieg seine Person hochstilisieren wird. Vor dem Siegertribunal in Nürnberg wird er nur von seiner Schuld sprechen, zugleich aber auch als Kronzeuge seine Kollegen, seine Mitstreiter verraten und damit seinen Hals aus der Schlinge ziehen. Das nicht zuletzt deshalb, da er den Anklägern erzählen wird, daß er drauf und dran war, Hitler – und damit alle anderen im Bunker – über das Luftfilter der Belüftungsanlage mit Gas zu vergiften.

Daß er es war, der als Rüstungsminister den Krieg unnötig in die Länge zog, damit viele Menschenleben auf dem Gewissen hatte, der die Fremdarbeiter hin und her schob, wie es ihm paßte, werden die Sieger übersehen. Er wird ihnen zu Willen sein und sagen, was sie hören wollen. Mit seinen verwirrenden Bekenntnissen, seinem Gesinnungswandel, wird der Ehrgeizling auch dort für Popularität sorgen. Freilich, zwanzig Jahre Wände und Mauern werden ihm beschieden sein. Danach aber wird er auch „die raffinierteste Apologie eines führenden Mannes des Dritten Reiches“ schreiben.[87])

Dazu wird er seine Aufzeichnungen manipulieren, Belastendes weglassen und auf Kosten anderer sich selbst beweihräuchern. Als ehemaliger Generalbauinspektor, im Kriege Rüstungsminister, selbstherrlich, allgewaltiger Ränkeschmied, zum Intimkreis des Führers gehörend und ihm begeistert und treu ergeben, wird er nach dem Krieg von der Megalonomie seines Auftraggebers reden. Er wird nicht sagen, daß er es gewesen ist, der die Bauten Hitlers ins Gigantische getrieben hat.

Historiker haben inzwischen entdeckt, „daß es eigentlich nicht so gewesen ist, wie Albert Speer es uns weismachen wollte“. Nein, der Parteien Gunst und Haß wird er nicht benötigen für sein Charakterbild, das mehr als schwankend ist in der Geschichte. Als Vielschreiber wird er selbst dafür sorgen und bis zu seinem Tode daran glauben, daß die Welt ihm alles abnehmen wird, was er ihr vorgefälscht hat. Bleiben aber wird weder Gunst noch Haß, nur Achselzucken über einen Charakterzwerg, dessen Rolle kläglicher nicht sein konnte. „Den Mann mag ich einfach nicht", wird der englische Schauspieler Alex Mc Cowen neununddreißig Jahre später sagen, als er Speer in einem englischen Fernseh-Drama über dessen Spandauer Aufenhalt verkörpern soll. „Ich halte Speer für einen Heuchler, der auf beide Seiten setzen wollte."

Mag er ein Großer des Dritten Reiches gewesen sein; da er glaubte, sich „mit ein paar bußfertigen Entschuldigungen aus dem Staube machen" zu können, hat er diese Größe zu seinen Lebzeiten nicht überstanden. Bezeichnend, daß mit seinem Tod auch sein Mythos zu Grabe getragen wurde, was freilich ein Mann seiner Art nicht ahnen konnte. Als Karriere-Mensch war er stets nur im Denken seiner Zeit befangen. Er war es vor 1945 und er war es danach.

Jetzt aber stand er vor ihr, der „Freund". Eva konnte nicht in die Zukunft sehen, sie hatte deshalb auch keinen Grund, sich mit Abscheu von ihm zu wenden; sie glaubte, wie ehedem den guten Vertrauten vor sich zu haben, während er bereits die Zukunft auf der anderen Seite plante. Und er wunderte sich, daß die Todgeweihte so war, wie er sie antraf: gepflegt, adrett gekleidet, in einer bewundernswerten überlegenen Ruhe, ja geradezu „heiteren Gelassenheit". „Wie wäre es mit einer Flasche Sekt zum Abschied?" sagte Eva, „und etwas Konfekt. Sie haben sicher schon längere Zeit nichts mehr gegessen." Daß sie an seinen Hunger gedacht hatte, fand er rührend. Der Diener brachte Kuchen und Konfekt, und bei einer Flasche Moet et Chandon stießen sie ihre Gläser an. „Wissen Sie, es war gut, daß Sie noch einmal kamen", sagte Eva, „der Führer hatte angenommen, Sie würden gegen ihn arbeiten. Aber Ihr Besuch hat ihm das Gegenteil bewiesen. Nicht wahr?" Ungewollt war hier die Feststellung Evas zur Frage geworden, und Speer antwortete nicht. „Übrigens hat ihm gut gefallen", sprach Eva weiter, „was Sie ihm heute sagten. Er hat sich entschlossen, hier zu bleiben und ich bleibe mit ihm. Und das Weitere wissen Sie ja auch . . . Er wollte mich zurückschicken nach München . . . Warum müssen noch so viele Menschen fallen? Es ist doch alles umsonst . . . Übrigens hätten Sie uns fast nicht mehr angetroffen. Gestern war die Lage so trostlos, daß wir mit einer schnellen Besetzung Berlins durch die Russen rechnen mußten. Der Führer

wollte schon aufgeben. Aber Goebbels redete auf ihn ein, und so sind wir noch hier . . ."
Sie sei glücklich, hier im Bunker zu sein, sagte sie. Dann ging er, der Rüstungsminister, ging zu seinem Chef, um Abschied zu nehmen. Es war gegen drei Uhr morgens, und Hitlers „Worte kamen so kalt wie seine Hand". War Speer kurz zuvor „gerührt und verwirrt zugleich" gewesen, so verlor er jetzt die Fassung und murmelte etwas von „noch einmal wiederkommen". Aber sowenig er seinem Chef mit seinem Besuch in Berlin „das Gegenteil" beweisen konnte, so gut durchschaute der Führer von neuem seinen Architekten und Rüstungsminister, ließ ihn stehen und wandte sich anderen Dingen zu.
Auch der Reichsmarschall war eben seiner Ämter enthoben worden und stand unter Bewachung auf dem Obersalzberg. Dabei freilich hatte sein Telegramm eine Rolle gespielt, wie es sich Göring nicht denken konnte. Er hatte bei Hitler angefragt, ob die Nachfolge-Regelung einträfe, da Berlin eingeschlossen und der Führer daher handlungsunfähig sei. Er erwarte Antwort zur festgesetzten Stunde, käme keine, würde er die Regierungsgewalt übernehmen. Hitler war zunächst gelassen. Mit wiederholten Anläufen aber gelang es Bormann, daraus einen „Staatsstreich" zu machen.
Mittlerweile hatten sich die Sowjets auf die Reichskanzlei eingeschossen. Der Bunker bebte unter den Einschlägen der Artillerie, es rieselte von den Wänden. Es entbrannte der Kampf von Haus zu Haus, von Straße zu Straße. Ätzender, beißender Geruch nach Brand und Schwefel. Straßen waren keine Straßen mehr, Häuser waren Ruinen. Menschen hetzten durch die Straßen nach Brot. Viele kamen nicht mehr zurück, blieben irgendwo liegen im Chaos zwischen den Trümmern, hilflos oder tödlich getroffen.[88]) Sie standen an nach Lebensmitteln, Granaten schlugen ein und mähten sie nieder. Dazwischen immer wieder erbarmungswürdige Flüchtlingsströme aus dem Osten der Stadt. Völlig sinnlos diese Flucht, denn bald war der Ring geschlossen. Und immer wieder schwere Bombenangriffe auf die Stadt. Es gab kein Wasser mehr, keinen Strom, also keine Meldungen aus dem Radio; nur Durchhalteappelle von Goebbels im „Völkischen Beobachter". So war am 21. April 1945 zu lesen gewesen: „Alle mit der Verteidigung der Reichshauptstadt eingeteilten Soldaten und Volkssturmmänner haben die ihnen befohlenen Plätze besetzt

und nehmen, sobald sowjetische Panzer oder Truppen sich zeigen, sofort den Kampf auf . . . Die Zivilbevölkerung hat allen Anordnungen, die von zivilen oder militärischen Stellen getroffen werden, unbedingt Folge zu leisten . . . In den zurückliegenden Wochen ist in der Reichshauptstadt ein beachtliches Verteidigungswerk geschaffen worden. Viele tausend Panzersperren, Straßensperren und Barrikaden sind entstanden . . . und die Reichshauptstadt in einen Zustand höchster Verteidigungsbereitschaft gesetzt . . . Die Sowjets wollen in Deutschland ein für uns unvorstellbares Schreckensregiment errichten . . . Mein Denken und Handeln gilt Eurem Wohl . . ."

Aus einem Tagebuch vom 23. April 1945: „Schlangen von unvorstellbaren Ausmaßen vor den Geschäften . . . Währenddessen rast an uns vorüber, was die letzten Tage aus Berlin gemacht haben: Flüchtlinge, Soldaten, Mädchen in Uniform, Knaben, zwölf- und dreizehnjährige, die mit ernsten Gesichtern marschieren, den viel zu schweren Stahlhelm über schmalen, übernächtigten Kindergesichtern, Maschinengewehrmunition umgehängt. Über uns kurven Tiefflieger, Artillerie schießt fast pausenlos mit ungeheurem Dröhnen . . ."

Je näher die Front rückte, desto mehr wurden Keller und Luftschutzbunker zu ständigen Behausungen, belegt nicht nur mit Frauen, alten Männern und Kindern; auch verwundete Soldaten mußten hier ihrem Schicksal entgegenbangen. Die Lazarette waren ohnehin hoffnungslos überfüllt. Was vor Tagen noch unmöglich schien, war jetzt zur bitteren Wahrheit geworden. Trotz fernem Donnergrollen, trotz nahendem Gefechtslärm hatten die Berliner gewünscht und deshalb auch geglaubt: „Berlin bleibt deutsch". Seit 1813 hatte Berlin keine fremden Truppen mehr gesehen. Die Rotarmisten in Berlin, das war unvorstellbar für die Berliner, war „zu unvorstellbar" für jene Menschen, die aus dem Baltikum oder dem Osten waren und diese Soldaten schon einmal erlebt hatten. Und Hitler wartete auch jetzt immer noch auf die „Armee Wenck", die von Westen zum Entsatz auf die Hauptstadt antreten und die Angriffsarmee der Sowjets vernichten sollte. Über einen schwachen Vorangriff aber kam General Wenck mit seinen schwachen Kräften nicht hinaus. Auch der SS-General Steiner sollte von Norden antreten, auf ihn setzte Hitler seine letzte Hoffnung. Der General aber weigerte sich, seine Soldaten in eine Schlacht zu treiben, die von vornherein aussichtslos war. Und es war merkwürdig: Je mehr sich der Kampf dem Zentrum Berlins näherte, je enger der Verteidigungsring zusammenschrumpfte, desto mehr steigerte sich die Abwehr, desto verbissener kämpften die Soldaten. Paul David von der Schweizer Gesandtschaft erlebte es mit: „In den Teich, in die Ruinen, auf die Straßen spritzten die Granaten aus dem anderen Lager: dann regnet es von Geschossen. Die Russen erkämpfen verbissen Straße um Straße. Der Verteidiger gibt gruppenweise auf.

Hier kämpfen eine Handvoll Kanoniere einen aussichtslosen Kampf. Zäh und mutig, pausenlos feuern sie, was die Rohre halten. Qualm und Rauch schleichen über den Tiergarten. Zersplitterte Baumäste, Steine und Staub wirbeln auf. Der Himmel ist nicht mehr zu sehen. Es riecht nach Dynamit. „Feuer", donnert der Kommandant. Wenn der Königsplatz erobert wird, dann ist Berlin gefallen. ‚Feuer' – – ‚Feuer!' . . . Wie die Löwen kämpfen diese Kanoniere. Jetzt kämpfen sie um ihre eigene Erde. – – Schuß! – – Schuß! – – Schlag und Gegenschlag! Nun wenden sie die Rohre. Ziel Moabit. ‚Feuer!' – – bum! – – ratsch! – – tatsch! – – Der Qualm hüllt Soldaten, Bäume und Ruinen ein. Jetzt greifen russische Jäger aus Osten in den Kampf ein. Sie flitzen heran: Bordwaffen rattern – – und verschwunden sind sie. – – Schon kommen sie zurück, aus Westen, klettern hoch, beschreiben einen Kreis und rasen herunter – – ratata! Soldaten schreien auf; Befehle erschallen. Eine Weile schweigen die Kanonen. – – Männer rennen mit Tragbahren herbei. Jemand flucht entsetzlich, und ehe die Verwundeten alle weggeschafft sind, nehmen die Geschütze das Feuer wieder auf. – – ‚Feuer!' – – ‚Feuer.'"

An den Kellerluken lauerten sie und in den Hauseingängen: Die alten Männer des Volkssturms und die ganz jungen. Während die Alten die nächstbeste Gelegenheit benützten, aus dem Kampf-Chaos zu verschwinden und in den Kellerlöchern bei ihren Frauen unterzutauchen, schlugen sich die Vierzehn- bis Sechzehnjährigen mit der Todesverachtung alter Frontsoldaten. Bewaffnet mit der Panzerfaust, lehrten sie, ohne Ausbildung, ohne Kampferfahrung den russischen Panzern noch im Chaos der Hauptstadt das Fürchten. 800 Panzer verloren die Russen im Kampf um Berlin. Aus dem Tagebuch eines Panzeroffiziers vom 27. April: „In der Nacht anhaltende Angriffe. Russen versuchen Durchbruch zur Leipziger Straße. Prinz-Albrecht-Straße wird zurückgenommen. Ebenso die Köthener Straße. Zunehmende Auflösungserscheinungen und Verzweiflung. Aber es

hat keinen Sinn. Man darf nicht im letzten Augenblick kapitulieren und hinterher ein Leben lang bereuen, nicht durchgehalten zu haben. K. bringt Nachricht, daß amerikanische Panzerdivisionen unterwegs nach Berlin sind.
Es heißt, in der Reichskanzlei sei man fester vom Endsieg überzeugt als je zuvor . . . Die körperliche Verfassung ist unbeschreiblich. Weder Ablösung noch Ruhe. Keine regelmäßige Verpflegung. Nervenzusammenbrüche unter dem dauernden Artilleriefeuer. Wasser wird aus Schächten und aus der Spree gepumpt und filtriert . . . Der Potsdamer Platz ist ein Trümmerfeld. Die Menge der zerschlagenen Fahrzeuge ist nicht zu übersehen. Die Verwundeten liegen noch in den zusammengeschossenen Sankas. Tote überall . . ."
Es gab in Berlin keine „Stunde Null". Während in dem einen Bezirk noch der Kampf tobte, etablierten sich in einem anderen bereits die neuen Machthaber. Ein totales Regime war gewichen, ein totaleres gekommen. Aber wie unterschied sich jetzt der Schrecken ohne Ende vom Ende mit Schrecken? Der große Friedrich Kayssler hatte zwei junge ausgebombte Schauspielerkolleginnen bei sich aufgenommen. Als die Russen kamen und die jungen Frauen verlangten, war er auch im Leben das, was er auf Bühne und Leinwand immer dargestellt hatte: als Kavalier alter Schule stellte er sich schützend und tapfer vor die Frauen. Man fand ihn tot am Boden, im Zimmer nebenan lagen die Leichen der beiden jungen Frauen in ihrem Blut mit aufgeschlitzten Leibern.
Aus dem Bericht einer Berlinerin: „Drei Russen stehen neben mir . . . Ich schreie, schreie. Hinter mir klappt dumpf die Kellertür zu. Der eine zerrt mich an den Handgelenken weiter den Gang hinauf. Nun zerrt auch der andere, wobei er mir seine Hand so an die Kehle legt, daß ich nicht mehr schreien will, in der Angst, erwürgt zu werden. Beide reißen an mir, schon liege ich am Boden . . ., spüre im Rücken naßkühl die Fliesen . . . Als ich taumelnd hochzukommen versuche, wirft sich der zweite über mich . . ."
Jene Frauen, über die zehn und zwanzig Russen herfielen, konnten nicht mehr berichten. Man fand auch friedlich schnarchende Russen neben zerstochenen und aufgehängten Leichen junger Mädchen.
An jenem 27. April 1945 aber, an dem der Panzeroffizier vom Optimismus in der Reichskanzlei gehört hatte, konnte davon so wenig die Rede sein wie ehedem. Am Tag zuvor hatte Herta Schneider den

Berghof mit ihren Kindern Ursel und Gitta verlassen. Noch wäre ein notdürftiges Hausen in den Luftschutzkavernen möglich gewesen, vor Kriegseinwirkungen sicherer als anderswo. Politisch gesehen aber waren die Frauen nirgends mehr gefährdet als hier. Das hatte ja auch Eva erkannt und in ihren Zeilen vom 22. April vom Verbleib auf dem Berg abgeraten, „wenn alles zu Ende sein sollte". Mit Frau Schneider war die hochschwangere Gretl Fegelein gegangen, mit nach Garmisch-Partenkirchen, wo die werdende Mutter auf die Aufnahme in ein Entbindungsheim hoffte.[89]) Hoffnung war es wohl auch, was sie auf den Vater ihres Kindes setzte. „Und vergiß nicht!", hatte ihr Eva vor Tagen geschrieben, „Hermann siehst Du bestimmt wieder!"

Was war es gewesen, was Eva diese Worte an ihre Schwester eingegeben hatte? War es eine Vorahnung, die sie mit Optimismus zu verdrängen suchte? Immer wieder fragte sie nach dem Verbleib Fegeleins, so bekunden Zeugen, nachdem er die Reichskanzlei verlassen hatte. Und dann kam der Anruf ihres Schwagers gerade an jenem Tag, da seine Frau den Berghof verließ. Eva möge schleunigst den Bunker verlassen und mit ihm aus Berlin fliehen. Im Bunker sei es viel zu gefährlich für sie. Eva widersprach energisch und flehte ihn an, in die Reichskanzlei zurückzukommen. Wenig später verlangte Hitler nach ihm, aber der General war nicht aufzutreiben. Irgend jemandem fiel die Privatwohnung Fegeleins in der Bleibtreustraße ein. In der Tat erreichte Brigadeführer Rattenhuber am nächsten Tag den persönlichen Vertreter Himmlers telephonisch in seiner Wohnung. Er sei betrunken, sagte Fegelein, und könne so unmöglich vor dem Führer erscheinen. Auch ein Kommando, das in die Wohnung kam – es hatte auf dem Weg dorthin auch noch einen Verwundeten gegeben, da die Wohnung bereits im sowjetischen Machtbereich lag – konnte den General nicht zur Rückkehr überreden. Aber er blieb und blieb in seiner Wohnung. Wartete er immer noch auf Eva? Mehr wahrscheinlich, daß ihn der Alkohol matt gesetzt und urteilslos gemacht hatte. Nachdem mehrere Telephongespräche nichts gefruchtet hatten, brachte ihn schließlich Kriminaldirektor Peter Högl mit drei Offizieren in den Bunker, vollkommen betrunken. Sie hatten ihn in seiner Wohnung in Zivilkleidung vorgefunden, zusammen mit einer jungen Frau aus dem Berliner Diplomatenkreis. Wieder in Uniform und mit einem Koffer, in dem Gold und

hohe Geldsummen in verschiedenen Währungen gefunden wurden, wartete er in seinem Zimmer. Warum er sich zwölf Stunden suchen und bitten lasse, fragte ihn Hitlers Pilot, Flugkapitän Baur. Schließlich seien die Verdachtsmomente durch sein Verhalten in den letzten Stunden nicht geringer geworden. „Wenn weiter nichts ist", erwiderte er, „dann erschießt mich halt!"
Hitler wollte seinen Schwager nicht sehen und ordnete eine Untersuchung wegen Fahnenflucht an. Mitten in dieses Desaster hinein platzte eine Reuter-Meldung, die über Funk aufgefangen wurde, von einem Kapitulationsangebot Himmlers an die Westalliierten. Das machte die Situation Fegeleins nicht besser, auch wenn der Beweis nicht erbracht werden konnte, daß der Verbindungsmann davon gewußt hatte.
Nach der Ausnüchterung wurde Fegelein noch einmal vernommen. Ergebnis: Fahnenflucht. Aber es gab keine Kriegsgerichtsverhandlung. Hitler befahl: Tod durch Erschießen. Fegelein nahm das Urteil wortlos entgegen. Seiner Rangabzeichen und Tapferkeitsauszeichnungen entledigt, die er sich Stunden zuvor in alkoholischem Zorn, als er degradiert werden sollte, selbst abgerissen hatte, brach SS-General Hermann Fegelein am 28. April 1945 unter den Kugeln des Erschießungskommandos zusammen. „Das war vielleicht das Schrecklichste in jenen letzten Tagen des Verendens", so berichtet Flugkapitän Baur, „daß jeder alles für möglich hielt, daß die Begriffe sich so stark verschoben, sogar in einem Kreis, der nicht allzu groß war, in dem einer den anderen kannte und doch jetzt keiner dem andern mehr traute. So wurde auch sofort rückgefragt, als das mit der Vollstreckung des Urteils beauftragte Kommando nicht gleich zurückkam. In Wirklichkeit war der Beschuß so stark geworden, daß jeder Gang aus dem Bunker einem Rennen um Leben oder Tod gleich kam. (Das Kommando war im starken Beschuß über den Wilhelmplatz gelaufen.) Im Garten des Auswärtigen Amtes haben die Kugeln aus der Maschinenpistole einen Mann erreicht, der noch einen Tag zuvor Hitlers Vertrauen genoß und der mit der Schwester seiner Frau verheiratet war." Und Hanna Reitsch, die sich ja in jenen Stunden im Bunker aufhielt, berichtet darüber: „In solchen Augenblicken erschien es mir, als verlöre ich den Boden unter den Füßen."
Das Entsetzen Eva Brauns und der Zwiespalt in ihr können Zeit ihres Lebens niemals größer gewesen sein. In solch einem Fall, so klagte sie

weinend Hans Baur, würde Hitler sogar seinen eigenen Bruder umbringen. Es war ihr nicht möglich, für ihren Schwager bei Hitler Gnade zu erreichen. Die Schwester war jetzt ihre große Sorge, und sie wünschte, Gretl würde niemals erfahren, wie der Gatte und Vater ihres Kindes umgekommen sei. Es liegt nah, daß dieses Ereignis ihr eigenes Sterben leichter machte, daß sie es wenigstens als Teil einer Sühne sah, da sie den Tod ihres Schwagers nicht zu verhindern gewußt hatte. Denn Angst vor dem Sterben hatte auch sie, und seit dem Entschluß Hitlers, in Berlin zu bleiben, war der Tod für sie, mit den Worten Traudl Junges „ein zwangsläufiges, unausweichliches Schicksal . . ." Und er, der am Ende stand, dem die Alten vertraut hatten und den Jungen zum Idol geworden war, er wollte jetzt die Ehe schließen, nachdem er eben erst eine zerbrochen hatte. Alle Hoffnungen, alle Sehnsüchte auf ein offenes, legales Leben an seiner Seite, waren in den verflossenen Jahren dahingeschmolzen wie Schnee in der Frühlingssonne. Jetzt aber sollte sie dennoch Frau Hitler werden, die Frau jenes Mannes, unter dem über Deutschland einmal die Sonne geleuchtet hatte, unter dem Deutschland vor einem Ende stand, wie es katastrophaler nie eines gegeben hatte. Da Eva mit ihm sterben wollte, sollte sie als seine Frau mit ihm in den Tod gehen. Das aber war gewiß wiederum ein Grund mehr für sie, dem Tod leichter ins Auge zu sehen.

Auf einem Felsplateau über Linz, hoch über der Donau, sollte aus der Grundidee eines Vierkant-Hofes nach dem Krieg der Alters- und Ruhesitz Hitlers entstehen. In den Kriegsjahren waren die ersten Skizzen unter Architekt Hermann Giesler gediehen, in Beratungen mit dem Auftraggeber. Eine große Halle sollte es dabei geben mit Terrasse, ein Raum für eine „Artus-Runde". „Ich versuchte", so Giesler, „seine Auffassungen über weitere Einzelheiten zu hören, über den Wirtschaftsteil, den Garten, den schützenden Laubengang zum Tee-Pavillon. Nein, sagte Adolf Hitler, das ist Angelegenheit von Fräulein Braun, alle diese Fragen besprechen Sie erst mit ihr, sie wird Hausherrin sein. Denn wenn ich meinen Nachfolger eingesetzt habe und zurücktrete, werde ich Fräulein Braun heiraten."

Jetzt, unter der Erde, hatte eine Heirat mit jener, bei der Eva Braun Herrin des Ruhesitzes werden sollte, nichts gemein. Aber sie war aufgeregt, als fände diese Trauung in den Wänden eines Standesamtes statt oder unter den sakralen Gewölben eines Gotteshauses, als ginge

sie mit dieser Zeremonie erst dem Leben entgegen. Mittlerweile hatte Hitler angeordnet, soviel wie möglich Benzin heranzuschaffen, für die Verbrennung der Leichen.
In der Nacht zum 29. April 1945 standen vier Sessel vor dem Tisch im Karten- und Lagezimmer für das Paar und die Trauzeugen Goebbels und Bormann. „Ich komme nunmehr“, so begann der unter Gefahr herbeigeeilte, als Standesbeamter fungierende Stadtrat Wagner in Volkssturmuniform, „zum feierlichen Akt der Eheschließung. In Gegenwart der Zeugen frage ich Sie, mein Führer Adolf Hitler, ob Sie gewillt sind, die Ehe mit Fräulein Eva Braun einzugehen. In diesem Falle bitte ich Sie mit ‚ja‘ zu antworten.“ „Ja“, sagte Hitler. „Nunmehr frage ich Sie, Fräulein Eva Braun, ob Sie gewillt sind, die Ehe mit meinem Führer Adolf Hitler einzugehen. In diesem Falle bitte ich Sie mit ‚ja‘ zu antworten.“ „Ja“, sagte Eva, und es klang sogar so etwas wie Freude mit. „Nachdem nunmehr beide Verlobte die Erklärung abgegeben haben die Ehe einzugehen, erkläre ich die Ehe vor dem Gesetz rechtmäßig für geschlossen.“
Es unterschrieben das Paar, die Trauzeugen Goebbels und Bormann, an letzter Stelle der Standesbeamte Walter Wagner. Dabei verschrieb sich Eva, begann ihren Namen nach alter Gewohnheit mit B, strich den Buchstaben durch und schrieb „Eva Hitler geb. Braun“.
Von alters her bedeutete der neue Name der jungen Ehefrau eine Wiedergeburt, ein neues Leben. Für Eva bedeutete er den Tod. Es war das erste und letzte Mal, daß sie mit „Hitler“ unterschrieb. Die Anrede von Diener Linge, der sich absichtlich nicht auf „gnädige Frau“ festlegte, sondern sie mit „Frau Hitler“ ansprach, nahm Eva sichtlich mit Dankbarkeit entgegen: „Sie lächelte glücklich und legte einen Augenblick lang eine Hand auf meinen Oberarm.“
Die Hochzeitsgesellschaft oder das, was man so nennen konnte beglückwünschte das Paar und auch die Goebbelsche Kinderschar kam und gratulierte ihrer „Tante Eva“. Wie oft hatte sie gesungen mit den Kindern in den letzten Tagen und Wochen: „Guten Abend, gute Nacht . . . morgen früh, wenn Gott will, wirst du wieder geweckt . . .“
Sie hatte jetzt für ein kleines Weilchen alles vergessen, was um sie herum geschah. Hitler, der seine Eva kannte, hatte es vermocht, ihr jetzt noch eine Freude zu machen, ihm selber war es niemals um den „Stempel“ gegangen. Und nun gab es belegte Brote, Tee und Sekt, während der Bunker unter den Detonationen der Sowjetgranaten

erzitterte wie bei einem Erdbeben. Hin und wieder kamen Gespräche auf, Erinnerungen an früher. Dazwischen ging Hitler immer wieder hinüber zu Traudl Junge, die dabei war, das politische und das private Testament vom Stenoblock in die Maschine zu tippen, das ihr der Chef vorher diktiert hatte. Eva vergaß nicht, auch der Sekretärin ein belegtes Brot und ein Glas Sekt zu bringen.

Es mag nach mehr als einer Stunde gewesen sein, als das neu vermählte Paar noch einmal mit den bescheidenen Hochzeitsgästen die Gläser anstieß und sich dann zum Schlafen zurückzog. Mitternacht war längst vorüber. Die Familie Goebbels saß noch am Tisch, Gerda Christian, Bormann, General Burgdorf, Botschafter Hewel, Jugendführer Axmann, Luftwaffenadjutant von Below, der persönliche Adjutant und Diener Linge. Sie alle setzten diese Feier des Untergangs noch ein Weilchen fort. Einige von ihnen wußten, daß es ihre letzte war.

Und oben die sterbende unsterbliche Stadt. „Ich will Baumeister sein", hatte Hitler einmal gesagt, „Feldherr bin ich wider Willen."

Jetzt aber war nicht nur die umfassende Planung für einen großen Neuaufbau Berlins umsonst gewesen – ein Baugedanke des frühen 19. Jahrhunderts, von Schinkel stammend, war hierfür aufgegriffen worden –, nicht nur das stürzte, was er bereits geschaffen hatte; auch das Alte, Überlieferte, die Geschichte in Stein, fiel zusammen. „Saget, Steine mir an! O sprecht ihr hohen Paläste! Straßen, redet ein Wort!" Selbst einem Goethe mußten sie stumm bleiben, die Steine, die Paläste, die Straßen; stumm, blutend und blind waren sie geworden im Chaos der Granaten, der Bomben und des Feuers. Der Kampflärm näherte sich mehr und mehr dem Zentrum der Stadt. Unter jenen, welche die letzten Meter vor der Reichskanzlei zäh und verbissen verteidigten, waren neben den SS-Freiwilligen Balten, Belgiern, Holländern, Skandinaviern, Schweizern, Engländern und Spaniern auch junge französische SS-Angehörige der „Division Charlemagne". Bei Stargard schon arg dezimiert, hatte es ihnen vor Berlin SS-Obergruppenführer und General der Waffen-SS Krukenberg freigestellt, bei Kriegsgefangenen und Fremdarbeitern unterzutauchen oder weiterzukämpfen. Sie waren geblieben. Es waren 300, von denen nur 30 überlebten. Viele von ihnen wurden bei Kriegsende noch in Gefangenschaft von ihren eigenen Landsleuten niedergemacht.

So bei Karlstein, in der Nähe von Bad Reichenhall, wo zwölf dieser Kämpfer im Chaos der Fronten von den Amerikanern gefangen und der 2. gaullistischen Panzerdivision übergeben wurden. Der französische General Leclerc verhörte die Männer und nahm ihnen übel, daß sie sich nicht einschüchtern ließen. Auf den Vorwurf, sie hätten die Uniform der „Boches" angezogen, bekam er zu hören, er würde sich in der Uniform der Amerikaner wohl auch ganz wohlfühlen. Von einem Stabsoffizier kam der Befehl, die Gefangenen ohne Urteil zu erschießen. Ein junger Leutnant, mit dem Hinrichtungskommando betraut, war entsetzt und dachte ernstlich daran, den Befehl zu verweigern. Es liegt nah, daß Leclerc es war, der den Erschießungsbefehl gab. Die Männer, der jüngste siebzehn Jahre, ließen sich nicht die Augen verbinden. „Es lebe Frankreich", riefen sie und brachen unter den Schüssen zusammen. Die Franzosen ließen die Leichen liegen, die Amerikaner mußten sich um die Bestattung kümmern. Nach mehrmaligem Umbetten fanden sie auf dem Friedhof in Bad Reichenhall neben dem Kriegerdenkmal ihre letzte Ruhe. Heute erinnert an der Sterbestelle ein Ehrenmal an die aufrechten Männer und die Morde eines französischen Offiziers.
In Berlin kämpften diese jungen Franzosen getreu ihrem Eid – ihr Einsatz nur gegen den Osten war mit eingebunden – „bis zum Tod". Sie hatten nichts zu verlieren. Davon ein Überlebender: „Allmählich waren wir kaum noch Menschen ähnlich. Unsere Augen brannten, die Gesichter waren eingefallen und vom Staub verschmiert. Vor allem fehlte es an Wasser. Verpflegung kam nur tropfenweise von der Division. Auf alle Ereignisse reagierten wir noch automatenhaft. Es war ein Höllenleben. Die Zukunft interessierte uns nicht mehr. Uns bewegte nur noch ein Gedanke: Panzer zerstören, auf die Roten schießen, Handgranaten werfen, aushalten, den Feind nicht durchlassen. Dies war das Ziel, der Zweck unseres Lebens und Sterbens zugleich."
Am 29. April 1945 läßt Hitler den SS-Brigadeführer Mohnke kommen, der für die Verteidigung der Reichskanzlei verantwortlich ist: „Mohnke, wo steht der Russe?" Der SS-Offizier breitet die Karte aus: „Im Norden steht der Russe kurz vor der Weidendammer Brücke. Im Osten am Lustgarten. Im Süden am Potsdamer Platz und am Luftfahrtministerium. Im Westen am Tiergarten, 300 bis 400 Meter vor der Reichskanzlei." „Wie lange können Sie noch halten?"

fragt Hitler. „Höchstens zwanzig bis vierundzwanzig Stunden, mein Führer, nicht länger", antwortet Mohnke.
In den Nachmittagsstunden läßt Hitler seine Lieblingshündin Blondi töten. Er will damit zugleich Gewißheit haben, ob das Gift auch wirkt, das Himmler geliefert hat. Eva hat ihre Kapsel längst bei sich.
Um 01.00 Uhr morgens des 30. April trifft ein Funkspruch von General Keitel ein. Es ist die Antwort auf Hitlers Anfrage vom Tag zuvor.
1. Spitze Wenck liegt südlich Schwilowsee fest.
2. 2. Armee kann daher Angriff auf Berlin nicht fortsetzen.
3. 9. Armee mit Masse eingeschlossen.
4. Korps Holste (Steiner) in die Abwehr gedrängt.
Mit dieser Antwort ist auch der letzte Hoffnungsschimmer verflogen. In dieser Nacht liegt Hitler, liegt wahrscheinlich auch Eva angekleidet auf dem Bett. Seit der Trauungszeremonie wird sie kaum noch gesehen. Sie hat sich zurückgezogen in ihre Betonwände, sie schließt ab mit ihrem Leben. Das grausige Ende ihres Schwagers und damit das Schicksal ihrer Schwester, das sie nicht hat abwenden können, macht sie jetzt, nachdem ihre Trauung vorüber ist, jetzt, da sie Hitler heißt, erst so recht fassungslos. Und ihr eigenes Schicksal kann sie den Verbleibenden nicht ersparen. Zweimal in ihrem Leben hat sie den Tod herausgefordert, und es erscheint erst jetzt, da sie dem Tod gefaßt, ja beinah erleichtert ins Auge sieht, als habe stets die Todessehnsucht in ihr geschlummert. Der Schmerz von Vater, Mutter und Schwester, von Freundin Herta ist ihr bewußt, aber sie hat niemals an eine Wahl gedacht. Sie hofft bei allen auf Verständnis. Die Giftkapsel wird ihr, je schneller das Ende naht, mehr und mehr vom Gift zur Arznei. Erschießen möchte sie sich nicht, so hat sie zu Traudl Junge gesagt, denn dabei werde man entstellt. Sie möchte auch im Tode schön sein. Eine echte „Eva", eine Frau, deren Verhalten nicht weiblicher sein kann. Nicht heroisch will sie sterben, sondern sanft aus den Leben gehen, soweit ein gewaltsamer Tod eben sanft sein kann. Auch das Sterbekleid liegt schon bereit. Es ist ihr schönstes und auch das Lieblingskleid Hitlers. Ein stiller Triumph liegt in ihren Augen. Sie ist sich bewußt, daß sie, die Anonyme, die Nichtexistierende, in Tagen, vielleicht schon in Stunden für die Welt erneut geboren und als Tote heraustreten wird aus jener Zeit, die nur am Rande die ihre war. Gewiß, ihr Name wird um den Erdball gehen

zusammen mit dem ihres nun Angetrauten, der mit ihr an seinem Ende der Welt seinen letzten Trick offenbart. Aber was ist das schon gegen ein lebenswertes Leben? „Kein Mädchen schenkt ihr Herz weg", so glaubte Lichtenberg, „sie verkauft es entweder für Geld oder Ehre oder vertauscht es gegen ein anderes, wobei sie Vorteil hat oder doch zu haben glaubt."

Hier irrt der große Philosoph. Es gibt noch Liebe, noch Treue, ohne Verkauf, ohne Tausch, das beweist dieses junge Frauenleben. Denn die erste offizielle Handlung als Frau des Führers und Reichskanzlers ist die Vorbereitung auf den Tod.

Ein letztes Mal kocht Constanze Manziarly für Hitler: Spaghetti mit Tomatensauce. Wie immer sitzen die Sekretärinnen mit an der Tafel, diesmal auch die Diätköchin. Eva ist nicht dabei. Nach dem Essen ist Hitler allein. Traudl Junge geht noch einmal zu seiner Frau. Eva wirkt abgeklärt. Sie schenkt der Sekretärin, ebenfalls eine Münchnerin, einen Pelzmantel und einen Silberfuchs: „Sie umarmte mich und sagte mit einem Lächeln, ‚Schauen Sie, daß Sie durchkommen und grüßen Sie mein geliebtes Bayern.'"

Den Befehl zum Ausbruch der Bunkerinsassen hat Hitler längst gegeben. Gegen 15.00 Uhr erscheint das Paar im Lagevorraum zum endgültigen Abschied. Die Goebbels' sind da, die Sekretärinnen, die Diener, die Adjutanten, Rattenhuber, Bormann, Flugkapitän Hans Baur, die Generäle Krebs und Burgdorf, Botschafter Hewel und Vizeadmiral Voß, der Vertreter von Dönitz im Führerhauptquartier. Goebbels beschwört Hitler noch einmal, sich von der Hitlerjugend aus Berlin herausbringen zu lassen. „Doktor, Sie kennen meinen Entschluß, dabei bleibt es. Sie können natürlich Berlin mit Ihrer Familie verlassen", antwortet Hitler unwillig. Schon kurz zuvor hat Magda Goebbels ihn allein in seinem Zimmer aufgesucht. Goebbels erwidert jetzt stolz, auch er werde in Berlin bleiben.

Hitler, wie immer in schwarzer Hose und Soldatenrock mit dem Eisernen Kreuz Erster Klasse. Eva trägt ein schwarzes Kleid mit einem großen viereckigen Ausschnitt, den eine rosarote Rose ziert. Die Frauen weinen, die Männer sind starr. Dann geht das Paar, Hitler schließt hinter sich die Tür. SS-Adjutant Günsche hält davor Wache. Auch ihm hat Hitler eingeschärft, wie noch zwei oder drei anderen Männern seiner Umgebung, unbedingt für die Verbrennung der Leichen zu sorgen. Aber da kommt noch einmal Magda Goebbels.

„In Tränen aufgelöst und äußerst erregt", so erinnert sich Günsche, „bat sie mich, sie ein letztes Mal zu Hitler zu lassen. Ich erklärte ihr, der Führer habe sich bereits verabschiedet und wünsche nicht mehr gestört zu werden, aber ich wolle es noch einmal versuchen. Ich ging in den kleinen Vorraum und klopfte an die Tür des Wohnzimmers. Hitler kam mir entgegen – seine Frau war nicht zu sehen – und fragte mich barsch: ‚Was wollen Sie?' ‚Kann Frau Goebbels Sie noch einmal sprechen?' ‚Nein, ich will nicht mehr mit ihr reden.' Doch in diesem Augenblick hatte sie sich schon an mir vorbei in Hitlers Zimmer gedrängt. Sie beschwor ihn, Berlin zu verlassen; es sei doch immer noch möglich. Hitlers kategorisches ‚Nein', beendete das Gespräch; er war über diesen Zwischenfall sichtlich ungehalten. Etwa nach einer Minute hatte Magda Goebbels das Wohnzimmer wieder verlassen und zog sich weinend zurück." Der bevorstehende Tod ihrer Kinder ist es, der sie verzweifeln läßt.

Jugendführer Artur Axmann kommt zum Abschied zu spät. Günsche läßt niemanden mehr ein. Niemand sieht, was zwischen 15.15 und 15.30 Uhr hinter den Betonwänden geschieht. Die Männer stehen im Lageraum und sehen sich wortlos an. Plötzlich fragt Goebbels: „War da nicht ein Schuß?" Und schon kommt Günsche und meldet: „Der Führer ist tot!" Und dann stehen sie vor ihm, noch einmal grüßend, vor ihm, der „einen Irrweg der Menschheit beenden" wollte und dem die Zeit nach seinem eigenen Ende den Stempel des Irrtums aufgedrückt hat. In der linken Ecke eines kleinen Sofas sitzt er, bleich im Gesicht, von den Schläfen rinnt Blut. Der linke Arm liegt am Körper, der rechte hängt außen an der Lehne herab. Polster und Teppich sind mit Blut bespritzt. Er hat die Pistole, die auf dem Boden liegt, abgedrückt und zugleich die Kapsel zerbissen. Eva sitzt neben ihm, die Schuhe abgestreift und die Beine auf das Sofa gezogen. Ihr Kopf ruht an seiner Schulter. Ihre 6,35-Pistole liegt neben ihr, für alle Fälle. Sie hat sich vergiftet, der Biß auf die Kapsel ist an ihren Lippen noch abzulesen. Sie bietet den Anblick einer Schlafenden. Alles hat nun für sie ein Ende: die Sehnsüchte, die Nöte, die Ängste. „Da ich in den Jahren des Kampfes glaubte, es nicht verantworten zu können, eine Ehe zu gründen", so hat Hitler vor Stunden sein privates Testament diktiert, „habe ich mich nun vor Beendigung dieser irdischen Laufbahn entschlossen, jenes Mädchen zur Frau zu nehmen, das nach langen Jahren treuer Freundschaft aus freiem Willen in die schon fast belagerte Stadt hereinkam, um ihr Schicksal mit dem meinen zu teilen. Sie geht auf ihren Wunsch als meine Gattin mit mir in den Tod. Er wird uns das ersetzen, was meine Arbeit im Dienst meines Volkes uns beiden raubte."

Es bleibt keine Zeit für untätige Trauer. Diener Linge breitet die Decken aus, legt seinen toten Chef darauf und wickelt ihn ein. Erich Kempka, auch er hat seinen Chef nicht mehr lebend angetroffen, nimmt Eva auf seine Arme, kann sie im Flur nicht mehr halten und übergibt sie Günsche. Bormann kommt hinzu, nimmt sie ab und tritt aus dem Raum. Erich Kempka kann nicht sehen, wie ausgerechnet jener Mann, den Eva verachtete, ihr das letzte Geleit gibt. Er nimmt sie Bormann wieder ab und trägt sie hinaus.

Linge und zwei Offiziere des Begleitkommandos tragen Hitler hinauf. Unweit der Bunkertür im Park der Reichskanzlei legen sie Hitler neben Eva in eine Mulde. Die Männer gießen Benzin über die Leichen. Es gelingt zunächst nicht, das Feuer zu entfachen. Der Feuersturm, ähnlich den Luftangriffen, läßt jedes Streichholz sofort erlöschen. Der Artilleriebeschuß ist stark, die Männer können immer nur für Augenblicke den Notausgang des Bunkers verlassen. Aus Papier dreht Linge einen Fidibus, zündet ihn an und wirft ihn auf Hitlers Leiche. Das Feuer brennt. Liebe und Tod, die beiden großen Gegenspieler, haben zusammengefunden, sind vereint. Die Flammen im Park der Reichskanzlei verzehren das Verbliebene zweier Menschenleben. Ihm, Hitler, blieb nur der Tod; sie, Eva Braun, hat mit ihrem Sterben ihre menschliche Größe bewiesen und beginnt vor der Welt erst jetzt zu leben. So wenig, wie von ihrem Gefährten, der unter Zwang die Welt in Atem hielt, so wenig ist der Nachwelt von ihr erhalten geblieben.[90]) Kein Hügel, kein Stein kündet von ihrem Leben, von ihrem Sterben. Aber was ist ein Hügel, was ein Stein?

Was war, ist geblieben: Die Liebe einer großen Frauenseele, die erst mit dem Tod Erfüllung fand. – –

ANMERKUNGEN

1 Heinz Linge.
2 Ritter von Greim nahm sich in amerikanischer Gefangenschaft das Leben.
3 Einzelheiten über die Ursachen des I. Weltkrieges in: Hellmut Diwald, „Die Erben Poseidons. Seemachtpolitik im 20. Jahrhundert". Diwald ist Professor für Geschichte in Erlangen, schreibt mit der Brillanz eines Literaten und ist ein hervorragender Kenner der Materie.
4 Lord Bruckmaster in seinem Buch: „Die Alleinkriegsschuld".
5 Philip Snowdon in „Labour Leader" vom 22. Mai 1919.
6 Literatur über den Versailler Vertrag, „Europas meist gehaßten Papierfetzen" (Stockholmer Aftonbladet) gibt es reichlich. Einzelheiten würden den Rahmen dieser Zeilen sprengen.
7 Viktor Margueritte, La patrie humain. 1931.
8 David L. Hoggan. Der erzwungene Krieg. Tübingen 1977.
9 Abbildung der Postkarte in der „Kölnischen Zeitung" vom 11. Juni 1939.
10 R. Trenkel, Der Bromberger Blutsonntag.
11 Emmy Göring, An der Seite meines Mannes, Preußisch Oldendorf.
12 Dietrich Aigner, Das Ringen um England. München 1969.
13 Dem Verfasser von Augenzeugen berichtet.
14 Erasmus von Rotterdam.
15 Die Ehe dauerte vierundfünfzig Jahre. Fritz Braun starb am 22. Januar 1964, Franziska Braun am 13. Januar 1975, beide in Ruhpolding.
16 Walter von Cube in einem Rundfunkvortrag über „50 Jahre Freistaat Bayern", 1968.
17 In Rußland befanden sich vor der Säuberung Stalins im „Rate der Volkskommissare" 17 Juden von 22 Mitgliedern, im Kriegskommissariat 33 von 43, im Kommissariat des Auswärtigen 13 von 16, bei den Finanzen 30 von 34, Justiz 20 von 21, Kultus 41 Juden von 52 Mitgliedern. Trotzki hieß mit richtigem Namen Bronstein und hatte sich zuvor in der deutschen Sozialdemokratie großen Ansehens erfreut. Er war Mitarbeiter bei den Zeitungen „Neue Zeit", „Leipziger Volkszeitung", „Bremer Bürgerzeitung" und anderen. Auch Radek = Sobelsohn kam aus Deutschland. Karski, Rjasonow = Goldenberg und Marchlewski waren ebenfalls im kaiserlichen Deutschland einschlägig tätig gewesen.
18 Theodor Heuss 1932 in seinem Buch „Hitlers Weg".
19 Otto Wagener.
20 Otto Wagener wurde in den ersten Monaten der Macht durch Intrigen als Wirtschaftsexperte ausgebootet und zog sich vom Leben der NSDAP zurück.
21 Später kaufte A. Hitler das Haus dem Besitzer ab. Heute befindet sich darin die „Zentrale Bußgeldstelle im Bayr. Polizeiverwaltungsamt".
22 Hanfstaengl erhielt den Auftrag, mit Fallschirm und entsprechender Ausrüstung ein Flugzeug zu besteigen, in dem er erst in der Luft instruiert wurde: Absprung über rot-spanischem Gebiet des spanischen Bürgerkrieges, zum Zweck der Berichterstattung. Im Ernstfall konnte man davon ausgehen, daß er, als Spion verdächtigt, nicht mehr lebend wiederkehrte. Das Flugzeug kreiste stundenlang bei Dunkelheit über Deutschland. Plötzlich bekam das Flugzeug „Motorschaden", setzte zur Landung an – auf einen deutschen Flugplatz. Einige Herren hatten sich einen derben Scherz erlaubt. Aber Hanfstaengl nahm Reißaus und setzte sich in die Schweiz ab. Trotz wiederholter Aufforderung kam er nicht zurück, sondern ging nach Amerika.
23 Dieser Brief ist das einzige Dokument, welches über Angela Raubal aussagt und das Ende überstanden hat. Christa Schroeder rettete diese Zeilen durch einen

raschen unbeobachteten Griff in einen Karton, als 1945 alle Dokumente und Unterlagen von Hitlers Adjutanten Schaub auf dem Berghof den Flammen übergeben wurden. Der Brief wurde der Sekretärin von einem „Verhörer" abgenommen, tauchte in einer Publikation auf, wo ihn Frau Schroeder erkannte.

24 Zitiert in: Georg Markus, Katharina Schratt, Die heimliche Frau des Kaisers. Wien und München 1982.

25 Hermann Kremers in einer Broschüre des Evangelischen Bundes 1931.

26 Zitiert in: Margarete Buber-Neumann, Von Potsdam nach Moskau. Stuttgart 1967.

27 Entgegen steten Behauptungen nach dem Krieg, der Bau der Autobahnen gehörte zu den Kriegsvorbereitungen, bleibt festzustellen: Die Autobahnen spielten im Krieg keinerlei Rolle. Sie waren nicht auf die Grenzen Deutschlands ausgerichtet, bei der Planung waren keine Strategen zugezogen. Auch die Ausstattung mit empfindlichen Kunstbauten machte die Autobahnen für militärischen Nachschub unbrauchbar. Die fertigen 3000 Kilometer bei Kriegsbeginn 1939 lagen an strategisch unwichtigen Stellen und waren auf die binnenländische Wirtschaft ausgerichtet. Unmittelbar nach Kriegsende berichtete eine offizielle britische Kommission aus Wissenschaftlern und Politikern mit großer Anerkennung vom Autobahnbau in Deutschland. Die kunstvolle Einbettung der Trassen in die Landschaft ist beim weiteren Ausbau nach dem Krieg weitgehend verlorengegangen. Vergewaltigung und Zerstörung der Natur sind – ob aus Mangel an Experten oder aus Profitstreben? – an ihre Stelle getreten.

28 Hier endet das Tagebuch Eva Brauns. 1945 bat sie ihre Schwester Gretl, diese Blätter zu vernichten. Die Aufzeichnungen liegen im Nationalarchiv in Washington. Weitere Aufzeichnungen wurden in den letzten Kriegstagen 1945 auf dem Obersalzberg vernichtet.

29 Ilse Braun gab die Blätter ihrer Schwester wieder zurück, so blieben sie dem Tagebuch erhalten.

30 Der Wortlaut des Briefes blieb erhalten, da Fritz Braun eine Abschrift angefertigt und aufbewahrt hatte.

31 Das Haus überstand den Krieg.

32 A. Helm, Das Berchtesgadener Land im Wandel der Zeit.

33 Kunstmaler Georg Waltenberger, gestorben in Berchtesgaden am 6. Februar 1961 im 95. Lebensjahr, beigesetzt in Berchtesgaden.

34 Carl von Linde, Erfinder der Kältemaschine.

35 Das „Kehlsteinhaus", wie es heute heißt, das als einziges dieser Region unbeschädigt blieb, wollten die Besatzungsmächte in die Luft sprengen. Der Berchtesgadener Landrat Th. Jacob widersetzte sich entschieden, der Bayerische Ministerpräsident Dr. Wilhelm Hoegner überzeugte sich augenscheinlich von diesem Unsinn und konnte Ministerrat und Besatzer umstimmen. Nach dem Alpenverein betreibt seit 1962 die Berchtesgadener Landesstiftung das Berggasthaus. Vom Obersalzberg aus ist es mit Spezialbussen der Bundespost zu erreichen oder auf naturschönen Wanderwegen. An der demolierten Marmorverkleidung des Kamins ist noch heute der Vandalismus der amerikanischen Sieger-Soldaten zu sehen, die das Berchtesgadener Land kampflos eroberten. Den Sprengungen auf dem Berg entging außer dem Platterhof noch dessen Gästehaus, das auch beim Bombenangriff kaum Schaden litt. Nach der Plünderung verfällt es seit Jahrzehnten mehr und mehr.

36 Angela Raubal verließ den Obersalzberg am 18. Februar 1936. Während einer anschließenden Kur in Bad Nauheim lernte sie den Direktor der Staatsbauschule in Dresden, Professor Martin Hamitsch, kennen und heiratete ihn Ende des gleichen Jahres. Er ist in Rußland gefallen. Angela Raubal starb am 30. Oktober 1949 im Alter von 66 Jahren in Dresden.

37 Heinz Linge.
38 Heinz Linge.
39 Nicht zu verwechseln mit dem „Mooslahner Kopf" an der Westseite des Königsees, zur Watzmanngruppe gehörend und 1815 m hoch.
40 Albert Speer.
41 Otto Wagener.
42 Nach Albert Speer.
43 Riché Pierre. Die Welt der Karolinger. Stuttgart 1981.
44 Friedrich Daniel Ernst Schleiermacher, evang. Theologe und Philosoph. Geb. in Breslau 1768, gest. in Berlin 1834.
45 Wilhelm Raabe, Erzähler des „poetischen Realismus". Geb. in Eschershausen (Braunschweig) 1831, gest. in Braunschweig 1910.
46 Erna Grauenhorst, Katechismus für das feine Haus- und Stubenmädchen. Berlin 1896.
47 Dieter Ungerer, Leistungs- und Belastungsfähigkeit im Kindes- und Jugendalter. Schorndorf 1977.
48 Françoise d'Abigné Maintenon, seit 1674 Marquise. Zuerst Geliebte, dann zweite Gemahlin Ludwig XIV. Geb. 1635, gest. 1719.
49 Otto Dietrich.
50 „Völkischer Beobachter" vom 27.5.1936.
In ihrem Buch „Das Genie der Frauen", 1983, stellt die französische Schriftstellerin Marie-Madeleine Martin weibliche Anmut, Mütterlichkeit und Haushaltssinn in den Vordergrund. Ihr Bekenntnis zum „Ewig-Weiblichen" und zur Entwicklung der geistigen Fähigkeiten der Frau läßt die Sehnsucht erkennen, die natürlichen alten Werte der Frau mit den neuen modernen zu verschmelzen. Nichts anderes wollte die Gesellschaft der dreißiger Jahre. Nach Jahrzehnten gesteuerter Fehlentwicklung ist es jetzt den Literaten vorbehalten, an die natürlichen, unersetzlichen Werte der Frau zu erinnern.
51 Die Amerikaner haben zu keiner Zeit ein Frauenbild proklamiert, aber zu allen Zeiten war die Frau aus den Staaten neben anderen zu erkennen. Auch in unseren Tagen geben die US-Frauen das Bild einer Fließbandproduktion. Das war bei den deutschen Frauen zu keiner Epoche der Fall.
52 Friedrich Percyval Reck-Malleczewen.
53 Im „Briefwechsel zwischen Marx und Engels", von Bebel und Bernstein herausgegeben, Verlag Dietz Nachf., Berlin 1913, steht in Band 3, S. 391 abgemildert: „Diese Woche wird also die Schmiere fertig."
54 F. Heinz Jansen, Marx und die Linken, Die naturwidrige Ideologie. Publiziert in „Deutschland in Geschichte und Gegenwart" 32/2 Tübingen 1984.
55 Die Aktualität dieser Berichte ist erdrückend. Die Zaren sind verschwunden, die Methoden sind die gleichen geblieben oder schlimmer geworden.
56 Die Losung des „Komitee zur Unterstützung der Frau im Widerstand". Das Komitee tagte 1982 in Bochum und ist eine Organisation der chilenischen kommunistischen Partei, unterstützt von der DKP.
57 Iris Turnbull, Rheinisch-Westfälische Zeitung vom 19.10.1937.
58 Leni Riefenstahls Film „Fest der Völker" von der Olympiade in Berlin gewann 1938 in Venedig eine Goldmedaille. Ein französischer Kritiker hielt den Film für einen der „Höhepunkte in der Filmgeschichte". Reportern zufolge habe es keine schöneren Sportaufnahmen gegeben. Sie produzierte den Film „Das blaue Licht", führte Regie und spielte die Hauptrolle. Vom Parteitag 1934 drehte sie den Film „Triumph des Willens".
59 Cosima Wagner, Tagebücher.
60 Georg Christoph Lichtenberg, 1742–1799, Gelehrter und Schriftsteller in Göttingen.

61 Otto Wagener.
62 Die junge Frau ließ sich in den östlichen Geheimdienst verwickeln. Sie lebte nach dem Krieg in Prag.
63 Friederike Sophie Wilhelmine, Königlich Preußische Prinzessin, Markgräfin von Bayreuth, Schwester Friedrichs des Großen. Memoiren 1709–1742, Leipzig 1899.
64 Cosima Wagner, Tagebücher.
65 Bryan Guiness ist heute Lord Moyne.
66 Sir Oswald Mosleys Partei hatte 1938 rund 3000 aktive und etwa 15 000 inaktive Mitglieder. Bei Ausbruch des Krieges wurden er und seine tätigen Anhänger verhaftet, obwohl er seine Schwarzhemden aufgefordert hatte, zu England zu stehen. Seine Devise: „Ich werde bis zum Letzten kämpfen für die Freundschaft zwischen England und Deutschland und die Verhinderung eines Krieges. Wird der Krieg aber erklärt, kämpfe ich für mein Land." Auch Lady Diana Mosley mußte ihre Kinder im Stich lassen – das Jüngste gerade elf Wochen alt – und auf Weisung keines geringeren Verwandten als des Premiers ins Gefängnis. Sie selbst berichtete, daß in der Zelle auf dem Boden das Wasser stand und keine Pritsche, sondern nur eine dünne Matratze vorhanden war. Es war ein Kellerloch des Londoner Holloway-Gefängnisses, verdreckt – wie auch das Eßgeschirr –, im Winter ungeheizt. Ein Beweis, daß auch eine Demokratie mit ihren politischen Gegnern nicht zimperlich umgeht. „Für ein Wochenende", hatte man ihr gesagt und sie als stillende Mutter von ihrem Kind weggerissen, ohne sich weiter um ihren Zustand zu kümmern, der bei plötzlichem Abbruch des Stillens entsteht. Ohne Anklage, ohne Prozeß, ohne Verurteilung wartete Diana Mosley in ihrer verwahrlosten Zelle auf die ungewisse Zukunft. Nach drei Jahren erkrankte Mosley schwer und wurde mit seiner Frau entlassen. Gelegentlichem Unwillen darüber in der Öffentlichkeit antwortete George Bernhard Shaw: „Die Aufregung Mosleys wegen ist geradezu schändlich. Was sind das eigentlich für Menschen, die aus Angst vor einem einzigen Mann total den Verstand verlieren? Selbst wenn Mosley gesund wäre, würde es höchste Zeit ihn freizulassen und sich dafür zu entschuldigen, daß wir uns von ihm haben verleiten lassen, die Verfassung zu verletzen … wir haben immer noch Angst, Mosley zu erlauben, sich zu verteidigen, und es besteht die lächerliche Lage, daß man in jeder englischen Buchhandlung ‚Mein Kampf' kaufen kann, nicht aber zehn Zeilen von Mosley. Die ganze Angelegenheit ist so albern, daß man kein Wort mehr darüber verlieren möchte."
Zu Beginn der achtziger Jahre urteilte Labor-Chef Michael Foot: „Wäre man Mosley gefolgt, hätten wir uns die bitteren dreißiger Jahre und den zweiten Weltkrieg erspart." Der ehemalige konservative Premierminister Harold Macmillan hielt Mosley für einen Mann „seltener Befähigung und großartiger Charakterstärke".
67 Herman George Scheffauer, Wenn ich Deutscher wär! Die Offenbarungen eines Amerikaners über Deutschlands Größe und Tragik. Deutsch von B. Wildberg, Leipzig 1926.
68 War Morell einerseits Forscher und Wissenschaftler, dessen Schriften und Abhandlungen noch heute zitiert werden, war er in den Augen mancher Mediziner ein Scharlatan, der es wunderbar verstand, Patienten zu behandeln, „denen nichts fehlte". Aber auch jene Stimmen unter den Medizinern halten sich hartnäckig, die behaupten, Morell habe Hitler krank gemacht, habe ihn zu einer geistigen und körperlichen Ruine gespritzt. Mit seinen „Antigaspillen Dr. Köster", die Hitler schon vor Morell eingenommen hatte und geringe Mengen Strychnin enthielten, die er Hitler, so wird berichtet, leichtfertig und unbegrenzt überließ, sei dieser einer schleichenden Vergiftung ausgesetzt gewesen. In der

Tat nahm Hitler diese Pillen in weit überhöhten Dosen völlig unkontrolliert. Inwieweit er einer Vergiftung unterlag, ist kaum noch festzustellen, wenngleich von vielen Personen seiner Umgebung die speziellen äußeren Erscheinungen einer langzeitlichen Vergiftung beobachtet wurden. Hitler war ein schwieriger Patient, der sich den Anordnungen des Arztes nicht fügte, weil er keine Zeit hatte. Da aber wäre es an Morell gewesen, die Behandlung abzulehnen, nicht aber zu stets stärkeren, aufputschenden Mitteln (Spritzen) zu greifen, um Hitler – die humane herkömmliche Therapie mißachtend – stets fit zu halten. Obwohl eine Million auf dem Konto, obwohl reichlich im Besitz von Immobilien, starb Dr. Morell – die amerikanischen Verhörer hatten ihm die Zehennägel herausgerissen – nach fünf amerikanischen Lagern als armer Mann an schwerer Krankheit und gebrochenem Herzen am 26. Mai 1948 im Krankenhaus zu Rottach-Egern.

69 André François-Poncet, Botschafter in Berlin 1931–1938. Berlin/Mainz 1962.

70 Hermann Stresau, Von Jahr zu Jahr. Berlin 1948.

71 Eine Dokumentation, im Stil einer Autobiographie von einem Überlebenden geschrieben, schildert diese zeitgeschichtliche Tragödie eindrucksvoll und wird damit zum Standardwerk: Heinz Schön, Die „Gustloff" Katastrophe. Motorbuchverlag Stuttgart 1984.

72 Friedrich Percyval Reck-Malleczewen.

73 Nicolas Baciu, Rumäne, Rechtsanwalt und in den USA lebend, schrieb das Buch: „Verraten und verkauft". München 1986.

74 Franz Schönhuber, Ich war dabei. München 1981.

75 Aus einem Bericht des Generals Hasso von Manteuffel in: Joachim von Schaulen, Hasso von Manteuffel – Panzerkampf im Zweiten Weltkrieg.

76 Schukow, Erinnerungen und Gedanken. Nowosty-Verlag, Moskau 1969.

77 Zu diesem Thema ein Zitat aus „Kristall", 1963 Nr. 2: „Sefton Delmer, 58, englischer Star-Journalist, der seine Jugend in Berlin verlebte, 1933 Hitler interviewte und später ein erklärter Deutschenfeind wurde, übernahm ein Rezept, das achteinhalb Jahre zuvor Arne Falk Rönne, Reporter des Kopenhagener „Ekstrabladet", (und Reiseschriftsteller, der in Deutschland Vorträge hielt, der Verfasser) erfand. Um das Verhalten der Dänen gegen die einstigen deutschen Besatzer zu testen, mietete sich Falk Rönne in Hamburg einen Volkswagen, zog sich ‚eine häßliche deutsche Jacke mit den Eichenblättern auf den Aufschlägen' an und fuhr, dergestalt als Deutscher verkleidet durch Dänemark. Sefton Delmer mietete sich einen VW in Frankfurt und fuhr – mit Seppelhut und Lodenmantel gleichfalls als Deutscher hergerichtet – durch Frankreich. Der Däne berichtete 1954 in „Ekstrabladet": „Die Fahrt wurde ein Triumphzug, selbst dort, wo ich erzählte, daß ich während des Krieges an jenem Ort als Gefreiter gewesen sei und – o herrliche Zeit! – kleine dänische Freundinnen gehabt hätte. Dänische Soldaten sangen mit mir ‚Denn wir fahren gegen Engeland'." Der Brite Delmer schrieb jetzt in Londons „Daily Telegraph": „Überall war ich den Franzosen als Deutscher willkommen. Als ich den Fremdenführer im ehemaligen Konzentrationslager Natzweiler in den Vogesen fragte, wer denn an dem schrecklichen Krieg eigentlich schuld gewesen sei, antwortete er: ‚Die Engländer. Mit ihren perfiden Intrigen haben sie uns Franzosen und Deutsche daran gehindert, Freunde zu werden.'"

78 Hans Leip, später Romandichter, schrieb diese Reime 1915 als einundzwanzigjähriger Gardefüselier. Von Deutschland ausgehend, trug der Zweite Weltkrieg die Verse, mittlerweile von Norbert Schultze einfühlend vertont, in vielen Sprachen rund um den Erdball. Noch im Alter lebte der Autor von seinem jugendlichen Glückswurf, zu dem ihm sicher auch die Melodie verholfen hatte.

79 J.M. Spaight, Bombing vindicated. London 1944.

80 Ein ehemaliger leitender Geheimdienstler, Mr. Crossmann, schrieb diese Zeilen in der Times anläßlich der Watergate-Affaire. Zitiert in: Ellic Howe, Die schwarze Propaganda, München 1983.

81 Dazu ist aufschlußreich: J.F. Taylor, Der 20. Juli 1944, Bremen 1968.

82 Zitiert in: Franz Schönhuber, Ich war dabei, München 1982.

83 K. Oberbauer, Oberstleutnant a.D. in: Geschichte, Historisches Magazin. Küsnacht-Zürich 1980/34.

84 Aus dem Feldpostbrief eines Sowjetsoldaten. Bundesarchiv – Militärarchiv, Bestand H 3/1177.

85 Dr. Brandt wurde von den Siegern gehängt.

86 Wilhelm Arndt, Ein Diener Hitlers, 32 Jahre alt. Er flog mit einer Ju 352 aus der Führerstaffel am 22. April 1945 von Berlin-Staaken ab und hatte Dokumente Hitlers bei sich, die der Nachwelt Erklärungen abgeben sollten. Das Flugzeug stürzte durch Abschuß über Börnersdorf bei Dresden ab. Arndt kam mit allen anderen Insassen ums Leben. Für dieselbe Maschine waren die Sekretärinnen Johanna Wolf und Christa Schroeder vorgesehen. Im allgemeinen Chaos wurden die beiden Damen aus Versehen mit einem Fahrzeug durch das brennende Berlin nach Tempelhof gebracht, von wo sie mit einer anderen Maschine nach Salzburg gelangten. In der abgestürzten Maschine befand sich das Gepäck der Sekretärinnen, und für die frei gebliebenen Plätze waren zwei andere Frauen mitgenommen worden. So kam es, daß einige Jahre auf dem Börnersdorfer Friedhof der Name von Christa Schroeder auf einem Grabstein stand.

87 Matthias Schmidt.

88 Rund 150 000 Zivilisten kamen ums Leben, etwa 20 000 erlagen schweren Erkrankungen. 6000 Berliner begingen nach dem Sieg der Roten Armee Selbstmord, ca. 100 000 Berlinerinnen wurden unter viehischen Umständen vergewaltigt.

89 Nur unter der drohenden Pistole eines amerikanischen Offiziers nahmen die Schwestern eines katholischen Entbindungsheimes in Garmisch-Partenkirchen die von den Wehen geplagte Gretl Fegelein auf. Sie brachte eine Tochter zur Welt, die auf den Namen Eva getauft wurde. Das Mädchen nahm sich 1973 aus Liebeskummer das Leben.

90 Die Leichen Hitlers und seiner Frau verbrannten nicht völlig. Die Flammen verlöschten immer wieder, stets mußte erneut Benzin darüber gegossen und wieder entzündet werden. Schließlich wurden die Reste zugeschaufelt. Sooft die Sowjets auch behaupten, sie hätten die Leichen gefunden, ist doch gerade aus den Verhören bei den Männern der engsten Umgebung Hitlers zu entnehmen, daß sie eine andere Leiche für die Hitlers gehalten haben. Man kann davon ausgehen, daß die Leichen niemals gefunden wurden. Gerade um jene Stunden war das Bombardement sehr heftig. Möglicherweise hat ein Volltreffer alles Suchen überflüssig gemacht.

PERSONENREGISTER

LITERATUR- UND QUELLENVERZEICHNIS

Der Aufstieg der NSDAP in Augenzeugenberichten. Herausgegeben von Ernst Deuerlein. München 1974.

Ausnahmezustand. Eine Anthologie aus „Weltbühne" und „Tagebuch". Herausgegeben von Wolfgang Weyrauch. Müchen 1966.

Baur, Hans, Mit Mächtigen zwischen Himmel und Erde. Preußisch Oldendorf 1979.

Below, Nicolaus von, Als Hitlers Adjutant 1937–45. Mainz 1980.

Besymenski, Lew, Die letzten Notizen von Martin Bormann. Stuttgart 1974.

Bold, Gerhard, Die letzten Tage der Reichskanzlei. Hamburg und Stuttgart 1947.

Brüning, Heinrich, Memoiren 1918–1934. Stuttgart 1974.

Devrient, Paul, Mein Schüler Hitler. Herausgegeben von Werner Maser. Pfaffenhofen/Ilm 1975.

Dietrich, Otto, Zwölf Jahre mit Hitler. München 1955.

Domarus, Max, Hitler – Reden und Proklamationen 1932–1945. Wiesbaden 1973.

Ebermayer, Erich und Roos, Hans, Gefährtin des Teufels. Leben und Tod der Magda Goebbels. Hamburg 1952.

Fest, Joachim C., Hitler. Eine Biografie. Berlin und Wien 1973.

Fraenkel, Heinrich und Manvell, Roger, Der 20. Juli. Frankfurt/M. und Berlin 1965.

François-Poncet, André, Als Botschafter im „Dritten Reich". Mainz 1980.

Geis, Josef, Obersalzberg. Die Geschichte eines Berges. Berchtesgaden 1977.

Giesler, Hermann, Ein anderer Hitler. Berichte seines Architekten Hermann Giesler. Leoni 1978.

Goebbels, Joseph, Tagebücher 1945. Die letzten Aufzeichnungen. Hamburg 1977.

Göring, Emmy, An der Seite meines Mannes. Preußisch Oldendorf 1972.

Guinness, Jonathan und Catherine, The House of Mitford. London 1984.

Hanfstaengl, Ernst, Zwischen Weißem und Braunem Haus. München 1970.

Heim, Heinrich, Adolf Hitler. Monologe im Führerhauptquartier 1941–1944. Hamburg 1980.

Hitler, Adolf, Mein Kampf. München 1935.

Hitler, Adolf, Adolf Hitlers drei Testamente. Herausgegeben von Dr. phil. Gert Sudholt. Leoni.

Höcker, Karla, Die letzten und die ersten Tage. Berliner Aufzeichnungen 1945. Berlin 1966.

Hoffmann, Heinrich, Hitler wie ich ihn sah. Aufzeichnungen seines Leihfotografen. München und Berlin 1974.

Hoggan, David L., Der erzwungene Krieg. Die Ursachen und Urheber des 2. Weltkrieges. Tübingen 1977.

Irving, David, Und Deutschlands Städte starben nicht. Zürich 1967.

Irving, David, Wie krank war Hitler wirklich? München 1980.

Irving, David, Die geheimen Tagebücher des Dr. Morell – Leibarzt Adolf Hitlers. München 1983.

Der Kampf um Berlin 1945 in Augenzeugenberichten. Herausgegeben von Peter Gosztony. Düsseldorf 1970.

Kempka, Erich, Die letzten Tage mit Adolf Hitler. Preußisch Oldendorf 1976.

Kohl, Louis von, Der Wortbruch von Versailles. Berlin 1935.

Kriegstagebuch des Oberkommandos der Wehrmacht 1940–1945. Zusammengestellt und erläutert von Hans-Adolf Jacobsen. Herausgegeben von Percy E. Schramm. München 1982.

Kubizek, August, Adolf Hitler mein Jugendfreund. Graz und Stuttgart 1966.

Kunert, Dirk, Ein Weltkrieg wird programmiert. Hitler, Roosevelt, Stalin: Die Vorgeschichte des 2. Weltkrieges nach Primärquellen. Kiel 1984.

Linge, Heinz, Bis zum Untergang. Als Chef des Persönlichen Dienstes bei Hitler. München 1980.

Mandell, Richard, Hitlers Olympiade. Berlin 1936. München 1980.
Maser, Werner, Adolf Hitler. Legende-Mythos-Wirklichkeit. München 1975.
Maser, Werner, Hitlers Briefe und Notizen. Sein Weltbild in handschriftlichen Dokumenten. Düsseldorf 1973.
Mosley, (Mitford) Diana, Lady, A Life of Contrasts. London 1977.
O'Donnell, James P., Bahnsen, Uwe, Die Katakombe. Das Ende in der Reichskanzlei. Stuttgart 1975.
Oven, Wilfred von, Finale Furioso. Mit Goebbels bis zum Ende. Tübingen 1974.
Papen, Franz von, Der Wahrheit eine Gasse. München 1952.
Reck-Mallezewen, Friedrich Percyval, Tagebuch eines Verzweifelten. Lorch 1947.
Reitsch, Hanna, Fliegen – mein Leben. Stuttgart 1953.
Reitsch, Hanna, Das Unzerstörbare in meinem Leben. Autobiographie. München 1981.
Rüdiger, Jutta, Der Bund Deutscher Mädel. Eine Richtigstellung. Lindhorst 1984.
Schaffing Ferdinand, Baumann Ernst, Hoffmann Heinrich, Der Obersalzberg. Brennpunkt der Zeitgeschichte. München 1985.
Schirach, Henriette von, Der Preis der Herrlichkeit. München 1975.
Schmidt, Matthias, Albert Speer: Das Ende eines Mythos. Bern und München 1982.
Scholtz-Klink, Gertrud, Die Frau im Dritten Reich. Eine Dokumentation. Tübingen 1978.
Schroeder, Christa, Er war meine Chef. Aus dem Nachlaß der Sekretärin von Adolf Hitler. Herausgegeben von Anton Joachimsthaler. München 1985.
Speer, Albert, Erinnerungen. Frankfurt/M.–Berlin–Wien 1969.
Taege, Herbert, Über die Zeiten fort. Das Gesicht einer Jugend im Aufgang und Untergang. Lindhorst 1978.
Toland, John, Adolf Hitler. Bergisch Gladbach 1977.
Voß, Richard, Aus einem phantastischem Leben. Stuttgart 1922.
Wagener, Otto, Hitler aus nächster Nähe. Frankfurt 1978.
Weckert, Ingrid, Feuerzeichen. Die „Reichskristallnacht". Anstifter – Opfer und Nutznießer. Tübingen 1981.
Wickert, Erwin, Dramatische Tage in Hitlers Reich. Stuttgart 1953.
Wilamowitz-Moellendorf, Fanny Gräfin von, Carin Göring. Berlin 1934.

BENUTZTE PERIODIKA

Vor 1945: Frankfurter Zeitung · Kölnische Volkszeitung · Kölnische Zeitung · Koralle · Rheinisch-Westfälische Zeitung · Völkischer Beobachter
Nach 1945: Deutscher Anzeiger, München · Deutschland in Geschichte und Gegenwart, Tübingen · Informationen zur politischen Bildung, Bonn · Vierteljahreshefte für Zeitgeschichte, Stuttgart · Zeitgeschichte, Salzburg.

DOKUMENTE

Aloys Becker: „Meine Stellungnahme zu der Person des Professor Morell als Arzt des Führers und Mensch und über seine geschäftlichen und wissenschaftlichen Erfolge". Institut für Zeitgeschichte München, Sammlung David Irving. Unveröffentlicht.
Eva Braun: Tagebuchaufzeichnungen. National-Archiv Washington.
Eva Braun: Briefe. Im Besitz von Herta Schneider. Davon zwei Briefe bisher unveröffentlicht.
Herta Schneider: Berichte, Stellungnahmen. Dem Verfasser ausgehändigt.

ZEITZEUGEN

Gretl und Kurt Berlinghoff: Schriftliche Mitteilung an den Verfasser.
Gertraud Junge: Mündliche Übermittlung, schriftliche Mitteilungen in Briefen an den Verfasser.
Diana Mosley, Lady: Ein Gespräch mit dem Verfasser.
Herta Schneider: Gespräche, Briefe, Mitteilungen an den Verfasser.

INHALT